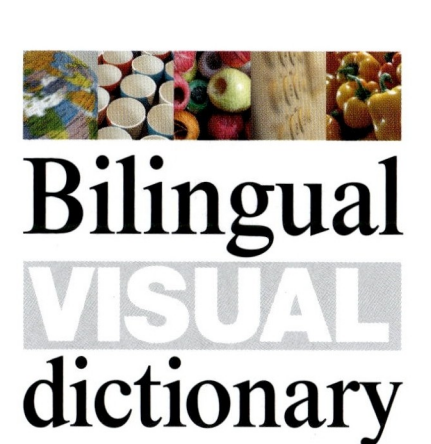

Bilingual
VISUAL
dictionary

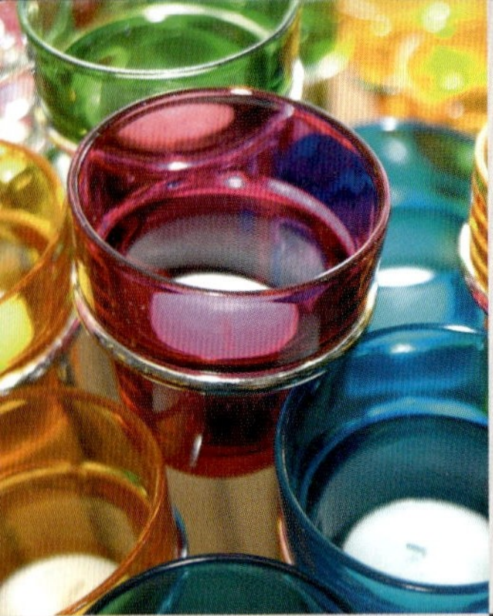

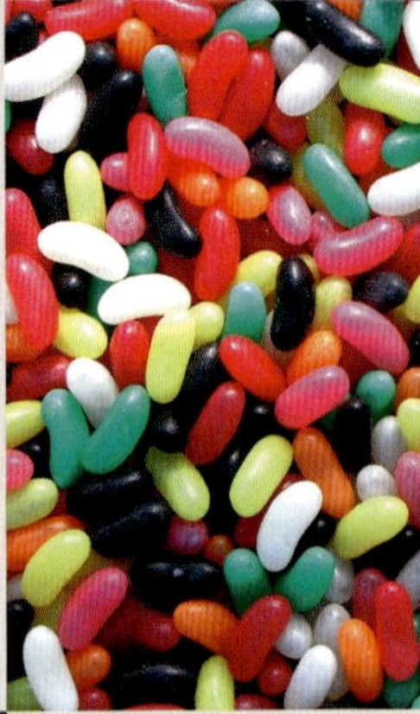

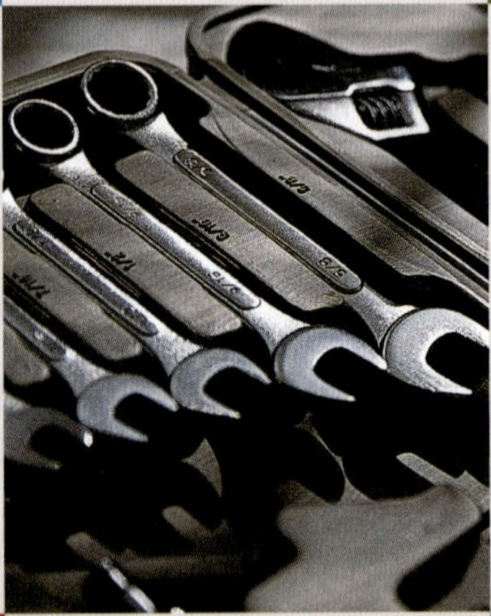

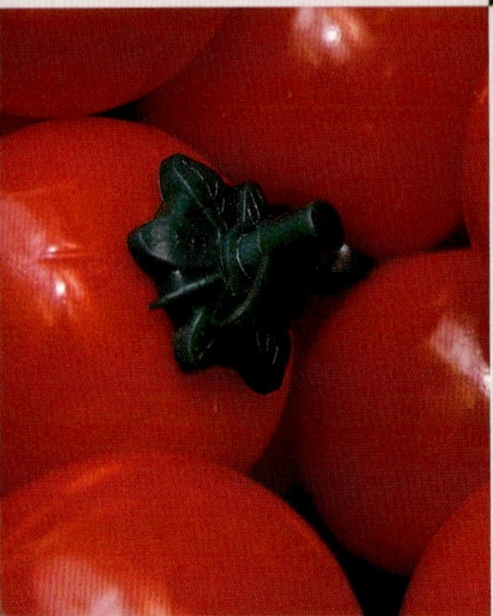

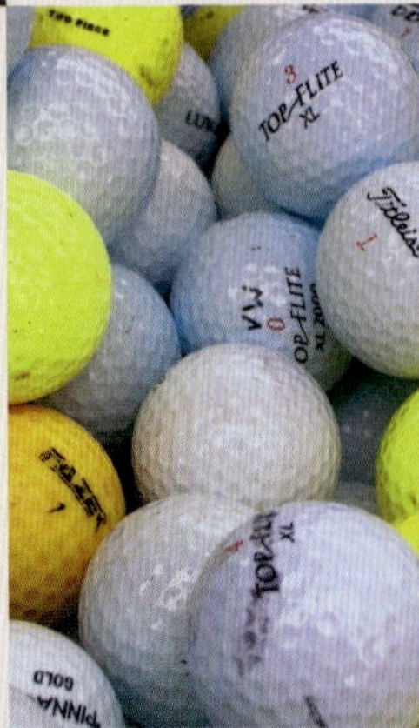
TOP-FLITE
XL

Bilingual
VISUAL
dictionary

DK

DK LONDON
Managing Editor Christine Stroyan
Managing Art Editor Anna Hall
Jacket Design Development Manager Sophia MTT
Jacket Editor Emma Dawson
Producer, Pre-Production Andy Hillard
Senior Producer Jude Crozier
Art Director Karen Self
Associate Publishing Director Liz Wheeler
Publishing Director Jonathan Metcalf

DK INDIA
Editor Arpita Dasgupta
Assistant Editor Ishita Jha
Assistant Art Editor Garima Agarwal
DTP Designers Vishal Bhatia, Rakesh Kumar, Anita Yadav
Jacket Designer Tanya Mehrotra
Jackets Editorial Coordinator Priyanka Sharma
Managing Jackets Editor Saloni Singh
Senior Managing Editor Rohan Sinha
Preproduction Manager Balwant Singh
Production Manager Pankaj Sharma

Language content for Dorling Kindersley by
Andiamo! Language Services Ltd.

First published in Great Britain in 2019 by
Dorling Kindersley Limited,
One Embassy Gardens, 8 Viaduct Gardens, London, SW11 7BW

Copyright © 2019 Dorling Kindersley Limited
A Penguin Random House Company

10 9 8 7 6 5 4 3 2
002 – 317271 – Oct/2019

All rights reserved.
No part of this publication may be reproduced, stored in
a retrieval system, or transmitted in any form or by any
means, electronic, mechanical, photocopying, recording or
otherwise, without the prior written permission of the
copyright owner.

A CIP catalogue record for this
book is available from the British Library.

ISBN: 978-0-2414-2137-6

Printed in China

A WORLD OF IDEAS:
SEE ALL THERE IS TO KNOW

www.dk.com

목차
mogcha
contents

42
건강
geongang
health

146
외식
waesik
eating out

252
레저
lejeo
leisure

9 이 사전에 대하여 i sajeon ehdaehayo **about the dictionary**	**9** 발음에 대한 추가 정보 baruem edaehan chuga jeongbo **more on pronunciation**	**10** 사람 saram **people**	**28** 외모 waemo **appearance**
56 가정 gajeong **home**	**92** 서비스 seobiseu **services**	**102** 쇼핑 shoping **shopping**	**116** 식품 sikpoom **food**
160 학업 hakeop **study**	**170** 업무 eobmu **work**	**192** 수송 susong **transport**	**218** 스포츠 seupocheu **sports**
278 환경 hwan-gyeong **environment**	**302** 참고 chamgo **reference**	**324** 색인 saekin **indexes**	**360** 감사 gamsa **acknowledgments**

목차 MOGCHA • CONTENTS

사람 saram • people

신체 sinchae | **body**	12
얼굴 eolgul | **face**	14
손 son | **hand**	15
발 bal | **foot**	15
근육 geunyook | **muscles**	16
골격 golgyeok | **skeleton**	17
장기 janggi | **internal organs**	18
생식 기관 saengsig gigwan **reproductive organs**	20
가족 gajok | **family**	22
대인 관계 daein gwangye **relationships**	24
감정 gamjeong | **emotions**	25
인생 중대사 insaeng jungdaesa | **life events**	26

외모 waemo • appearance

아동복 adongbog **children's clothing**	30
남성복 namseongbok **men's clothing**	32
여성복 yeoseongbok **women's clothing**	34
액세서리 aekseseori **accessories**	36
머리카락 meorikarag | **hair**	38
미용 miyong | **beauty**	40

건강 geongang • health

질병 jilbyeong | **illness**	44
의사 uisa | **doctor**	45
부상 busang | **injury**	46
응급 처치 eung-geub cheochi | **first aid**	47
병원 byeong-won **hospital**	48
치과 의사 chigwa uisa **dentist**	50
안경사 angyeongsa **optician**	51

임신 imsin | **pregnancy**	52
출산 chulsan | **childbirth**	53
대체 치료 daeche chiryo **alternative therapy**	54

가정 gajeong • home

집 jib | **house**	58
실내 시스템 silnae siseutem **internal systems**	60
거실 geosil | **living room**	62
식당 sigdang | **dining room**	64
주방 joobang | **kitchen**	66
주방용품 jubang-yongpum **kitchenware**	68
침실 chimsil | **bedroom**	70
욕실 yoksil | **bathroom**	72
어린이집 eorin-i jib | **nursery**	74
다용도실 dayongdosil **utility room**	76
작업장 jak-eobjang **workshop**	78
공구함 gong-gooham **toolbox**	80
장식 jangsik | **decorating**	82
정원 jeong-won | **garden**	84
정원수 jeong-wonsu **garden plants**	86
정원 도구 jeong-won dogu **garden tools**	88
원예 won-ye | **gardening**	90

서비스 seobiseu • services

응급 서비스 eung-geub seobiseu **emergency services**	94
은행 eunhaeng | **bank**	96
통신 tongsin | **communications**	98
호텔 hotel | **hotel**	100

쇼핑 shoping • shopping

쇼핑 센터 shoping centeo | **shopping centre**	104
백화점 baekhwajeom **department store**	105
슈퍼마켓 shoopeomaket **supermarket**	106
약국 yakgook | **chemist**	108
꽃집 kkotjib | **florist**	110
신문 가게 sinmun gage | **newsagent**	112
과자점 gwajajeom **confectioner**	113
기타 상점 gita sangjeom **other shops**	114

식품 sikpoom • food

육류 yukryu | **meat**	118
어류 eoryu | **fish**	120
채소류 chaesoryu **vegetables**	122
과일류 gwailryu | **fruit**	126
곡물 및 콩류 gogmul mit kongryu **grains and pulses**	130
허브 및 향신료 heobeu mit hyangsinryo **herbs and spices**	132
병조림 byeongjorim **bottled foods**	134
유제품 yujepum **dairy produce**	136
빵과 밀가루 ppang-gwa milgaru | **breads and flours**	138
케이크 및 디저트 keikeu mit dijeoteu **cakes and desserts**	140
델리카트슨 dellikateuseun **delicatessen**	142
음료 eumryo | **drinks**	144

한국어 hangookeo • english

목차 MOGCHA • CONTENTS

외식 waesik • eating out

카페 kape | **café**	148
바 ba | **bar**	150
레스토랑 leseutorang **restaurant**	152
패스트푸드 paeseuteupudeu **fast food**	154
아침식사 achimsigsa **breakfast**	156
저녁식사 jeonyeoksigsa **dinner**	158

학업 hakeop • study

학교 hakgyo | **school**	162
수학 soohak | **maths**	164
과학 gwahak | **science**	166
대학 daehak | **college**	168

업무 eobmu • work

사무실 samusil | **office**	172
컴퓨터 keompyuteo | **computer**	176
미디어 midieo | **media**	178
법 beob | **law**	180
농장 nongjang | **farm**	182
건설 geonseol | **construction**	186
직업 jig-eob | **occupations**	188

수송 susong • transport

도로 doro | **roads**	194
버스 beoseu | **bus**	196
자동차 jadongcha | **car**	198
오토바이 otobai | **motorbike**	204
자전거 jajeongeo | **bicycle**	206
기차 gicha | **train**	208
비행기 bihaeng-gi | **aircraft**	210
공항 gonghang | **airport**	212
배 bae | **ship**	214
항구 hang-goo | **port**	216

스포츠 seupocheu • sports

미식축구 misigchookgu **American football**	220
럭비 leogbi | **rugby**	221
축구 chookgu | **soccer**	222
하키 haki | **hockey**	224
크리켓 keuriket | **cricket**	225
농구 nong-gu| **basketball**	226
야구 yagu | **baseball**	228
테니스 teniseu | **tennis**	230
골프 golpeu | **golf**	232
육상경기 yooksang-gyeong-gi | **athletics**	234
투기 toogi | **combat sports**	236
수영 sooyeong | **swimming**	238
요트타기 yoteutagi | **sailing**	240
승마 seungma | **horse riding**	242
낚시 naksi | **fishing**	244
스키타기 seukitagi | **skiing**	246
기타 스포츠 gita seupocheu **other sports**	248
피트니스 piteuniseu | **fitness**	250

레저 lejeo • leisure

극장 geugjang | **theatre**	254
오케스트라 okeseuteura **orchestra**	256
콘서트 konseoteu | **concert**	258
관광 gwangwang **sightseeing**	260
야외 활동 ya-wae hwaldong **outdoor activities**	262
해변 haebyeon | **beach**	264
캠핑 kaemping | **camping**	266
홈 엔터테인먼트 hom aenteoteinmeonteu **home entertainment**	268
사진술 sajinsul | **photography**	270
게임 geim | **games**	272
공예 gong-ye | **arts and crafts**	274

환경 hwan-gyeong • environment

우주 ujoo | **space**	280
지구 jigu | **Earth**	282
풍경 poong-gyeong **landscape**	284
날씨 nalssi | **weather**	286
암석 amseok | **rocks**	288
광물 gwangmul | **minerals**	289
동물 dongmul | **animals**	290
식물 sikmul | **plants**	296
도시 dosi | **city**	298
건축물 geonchookmool | **architecture**	300

참고 chamgo • reference

시간 sigan | **time**	304
달력 dallyeok | **calendar**	306
숫자 sutja | **numbers**	308
무게 및 치수 moogae mit chitsu **weights and measures**	310
세계 지도 segye jido **world map**	312
불변화사 및 반의어 bulbyeonhwasa mit ban-ui-eo **particles and antonyms**	320
유용한 표현 yuyonghan pyohyeon | **useful phrases**	322

한국어 hangookeo • english

이 사전에 대하여

입증된 이론에 의하면, 그림(사진)은 정보 이해와 기억에 도움이 됩니다. 이러한 원칙에 따라, 저희는 본 영한 시각 사전에 상세한 그림 및 사진과 광범위하고 유용한 단어을 포함했습니다.

이 사전은 주제에 따라 구성되어 있으며, 식당에서 헬스클럽까지, 가정에서 직장까지, 그리고 우주 공간에서 동물세계까지 모두 아우르는 일상 생활에 쓰이는 거의 모든 단어들을 찾을 수 있습니다. 또한 여러분의 단어 실력을 향상시키고, 대화에서 활용할 수 있는 유용한 단어 및 문구를 추가적으로 포함했습니다.

이 사전은 언어에 관심이 있는 사람들을 위해 준비되었으며, 실용적이고, 고무적이며 사용하기 쉽게 디자인된 필수 도구입니다.

유의 사항

이 사전에서 한국어는 대한민국(남한) 및 조선민주주의인민공화국(북한)의 공식 표기 체계인 한글로 표시되었습니다.

발음은 표준말의 원칙을 따랐으며, 한글의 영어 표기는 최근에 가장 많이 이용되는 로마자로 표기했습니다.

각 항목은 한국어, 한국어 로마자 표기, 영어순으로 일관적으로 제시됩니다.

안전 벨트	점심
anjeon belteu	jeomsim
seat belt	**lunch**

동사는 영어 단어 옆에 (v) 로 표시되고 있습니다. 예를 들어서,

수확하다　soohwakhada | **harvest (v)**

영어와 한국어의 색인은 이 사전의 끝 부분에서 찾을 수 있습니다. 색인에서 영어 또는 한국어 로마자 표기로 단어를 찾을 수 있으며, 해당 단어가 등장하는 페이지가 각 단어 옆에 제시되고 있습니다. 특정 단어에 대한 한국어 표현을 확인하기 위해, 한국어 로마자 표기 또는 영어 색인을 찾아 보고 관련 페이지로 이동하시면 됩니다.

이 사전의 활용 방법

사업, 취미, 여행을 위해 새로운 언어를 배우거나, 이미 잘 알고 있는 언어의 단어 실력을 향상시키고 싶은 사람들 모두가 다양한 방법으로 활용할 수 있는 이 사전은 매우 가치 있는 학습 도구로 자리매김할 것입니다.

새로운 언어를 배울 때, 어원(다른 언어들에 존재하는 유사 단어) 및 파생어(특정 언어에서 같은 어원에서 파생한 단어)를 찾으십시오. 또한, 여러분들은 어떤 상황에서 여러 언어가 서로에게 영향을 주는지 이해할 수 있습니다. 예를 들어, 음식에 대한 영어 단어 중에는 한국어의 영향을 받은 것들이 있습니다. 또한 테크놀로지 및 대중 문화에 대한 영어 단어를 다른 언어에서 채택하기도 합니다.

실용적인 학습 활동

- 집, 직장 또는 대학에 있을 때 해당 환경과 관련한 표현을 이 사전에서 찾아보세요. 그리고, 사전을 닫고 주변을 둘러보면서 몇 개의 대상 및 특징들에 대한 표현을 기억할 수 있는지 스스로 시험해 보세요.

- 단어 카드를 준비하세요. 카드의 각 면에 한국어와 영어 뜻을 쓰세요. 이 카드들을 항상 소지하고, 시간이 날 때마다 본인의 언어 실력을 시험해 보세요. 카드들의 차례를 자주 섞는 것을 잊지 마세요.

- 특정 페이지에 있는 단어들을 최대한 많이 사용해서 편지, 이야기, 또는 대화를 써 보세요. 이런 방법을 통해 단어 및 철자의 암기력을 향상시킬 수 있습니다. 더 긴 글을 쓰고 싶다면, 한 문단에 2~3개의 단어를 한꺼번에 사용해 보세요.

- 시각적 암기력을 가지고 있다면, 이 사전에 있는 항목을 그림으로 그리고, 사전을 덮고 각 그림에 해당되는 표현을 그림 아래에 적어 보세요.

- 자신감이 더 생기면, 영어 색인목록에서 단어를 골라서, 해당 단어의 한국어 뜻을 생각하고, 이 단어가 나오는 관련 페이지에서 정답을 확인하세요.

무료 오디오 앱

오디오 앱에는 이 사전에 있는 모든 단어 및 문구가 포함되어 있습니다. 각 단어 및 문구는 한국어 및 영어 원어민이 직접 발음한 것으로, 중요한 단어를 배우고 발음을 향상시키는 데 도움이 됩니다.

오디오 앱 사용 방법

- 테블릿 또는 스마트폰을 이용하여 앱스토어에서 "DK Visual Dictionary" (영한 시각 사전)을 찾아 무료 앱을 다운로드하세요.

- 앱을 열고, 바코드를 스캔하거나 ISBN 번호를 입력하여 라이브러리에서 귀하의 "시각 사전"에 접속하십시오.

- 오디오 파일 다운로드 방법

- 페이지를 입력하고, 원하는 단어 및 문구를 찾기 위해서 목록을 아래로 스크롤하세요.

- 단어를 치면 발음을 들을 수 있습니다.

- 이전 페이지나 다음 페이지를 보기 위해서 좌우로 밀어 보세요.

- 즐겨 찾는 단어 목록에 해당 단어를 추가하세요.

about the dictionary

The use of pictures is proven to aid understanding and the retention of information. Working on this principle, this highly illustrated English–Korean bilingual dictionary presents a large range of useful current vocabulary.

The dictionary is divided thematically and covers most aspects of the everyday world in detail, from the restaurant to the gym, the home to the workplace, outer space to the animal kingdom. You will also find additional words and phrases for conversational use and for extending your vocabulary.

This is an essential reference tool for anyone interested in languages – practical, stimulating, and easy-to-use.

A few things to note

The Korean in the dictionary is presented in Hangul script, the official writing system of both the Republic of Korea (South Korea), and the Democratic People's Republic of Korea (North Korea). The pronunciation given follows standard Korean dialect, as spoken around Seoul, and is shown in Revised Romanization of Korean, the most common method of expressing Hangul characters in the English language. The entries are always presented in the same order – Korean, romanized Korean, English; for example:

> 안전 벨트
> anjeon belteu
> **seat belt**

> 점심
> jeomsim
> **lunch**

Verbs are indicated by a **(v)** after the English, for example:

> 수확하다
> soohwakhada
> **harvest (v)**

Each language also has its own index at the back of the book. Here you can look up a word in either English or romanized Korean and be referred to the page number(s) where it appears.

More on pronunciation

The pronunciation given in this book is for the Korean dialect which is taught in primary and secondary schools, used in news broadcasts, and most commonly heard in Seoul. Numerous systems for representing Korean in roman script have been developed over the past few decades, but the most recent and widely used has been adopted in this dictionary. Be aware that the pronunciation of native speakers will often vary from that given in the dictionary. The best way to perfect your pronunciation is to listen to the spoken Korean on the app and copy the pronunciation.

Some Korean sounds cannot be fully expressed by romanization. A common one is the "ui" sound, found in words such as:

의사	의자
uisa	uija
doctor	**chair**

This sound is very close to an "e" or "ee" sound in English ("bleed", "medium", "to lead"), but equal emphasis is placed on the "u" and "i." Try to imagine you are saying "bleed", "medium" or "to lead", and then someone presses down hard on your stomach for the "ee" sound. If you feel discomfort trying to pronounce such words, then you are probably doing it correctly! Listen to how these words sound on the app, and practise making the sound.

free audio app

The audio app contains all the words and phrases in the book, spoken by native speakers in both Korean and English, making it easier to learn important vocabulary and improve your pronunciation.

how to use the audio app

• Search for "DK Visual Dictionary" and download the free app on your smartphone or tablet from your chosen app store.
• Open the app and scan the barcode (or enter the ISBN) to unlock your Visual Dictionary in the Library.
• Download the audio files for your book.
• Enter a page number, then scroll up and down through the list to find a word or phrase.
• Tap a word to hear it.
• Swipe left or right to view the previous or next page.
• Add words to your Favourites.

한국어 hangookeo • **english**

사람 saram
people

사람 SARAM · **PEOPLE**

신체 sinchae · **body**

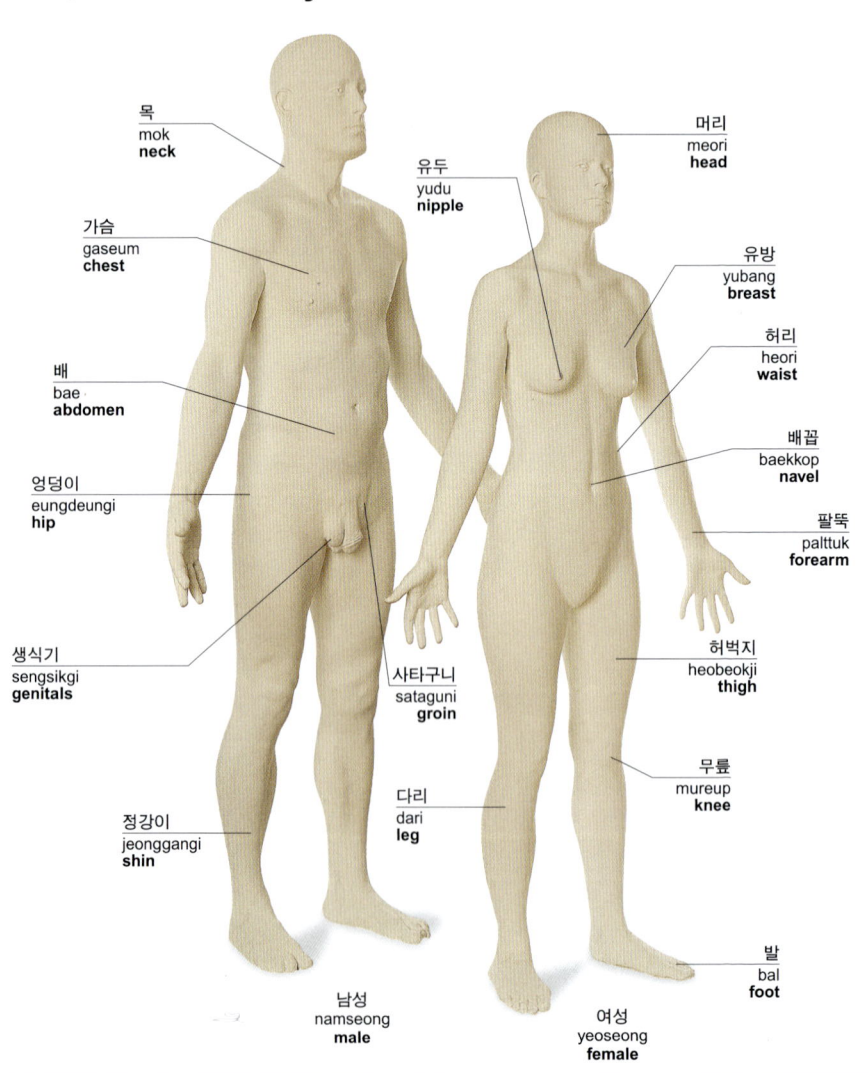

- 목 / mok / **neck**
- 가슴 / gaseum / **chest**
- 배 / bae / **abdomen**
- 엉덩이 / eungdeungi / **hip**
- 생식기 / sengsikgi / **genitals**
- 정강이 / jeonggangi / **shin**
- 유두 / yudu / **nipple**
- 사타구니 / sataguni / **groin**
- 다리 / dari / **leg**
- 머리 / meori / **head**
- 유방 / yubang / **breast**
- 허리 / heori / **waist**
- 배꼽 / baekkop / **navel**
- 팔뚝 / palttuk / **forearm**
- 허벅지 / heobeokji / **thigh**
- 무릎 / mureup / **knee**
- 발 / bal / **foot**

남성 / namseong / **male**

여성 / yeoseong / **female**

한국어 hangookeo · **english**

사람 SARAM • **PEOPLE**

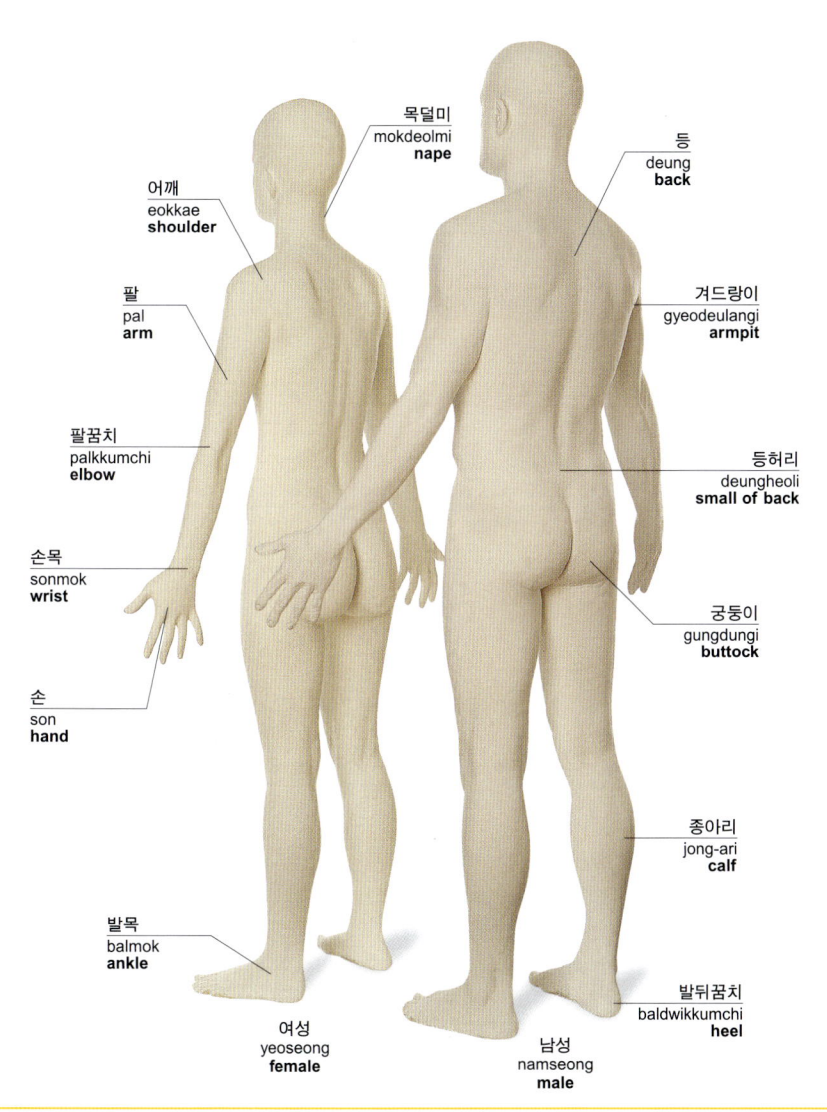

한국어	romanization	**english**
어깨	eokkae	**shoulder**
팔	pal	**arm**
팔꿈치	palkkumchi	**elbow**
손목	sonmok	**wrist**
손	son	**hand**
발목	balmok	**ankle**
목덜미	mokdeolmi	**nape**
등	deung	**back**
겨드랑이	gyeodeulangi	**armpit**
등허리	deungheoli	**small of back**
궁둥이	gungdungi	**buttock**
종아리	jong-ari	**calf**
발뒤꿈치	baldwikkumchi	**heel**
여성	yeoseong	**female**
남성	namseong	**male**

한국어 hangookeo • **english**

사람 SARAM • **PEOPLE**

얼굴 eolgul • **face**

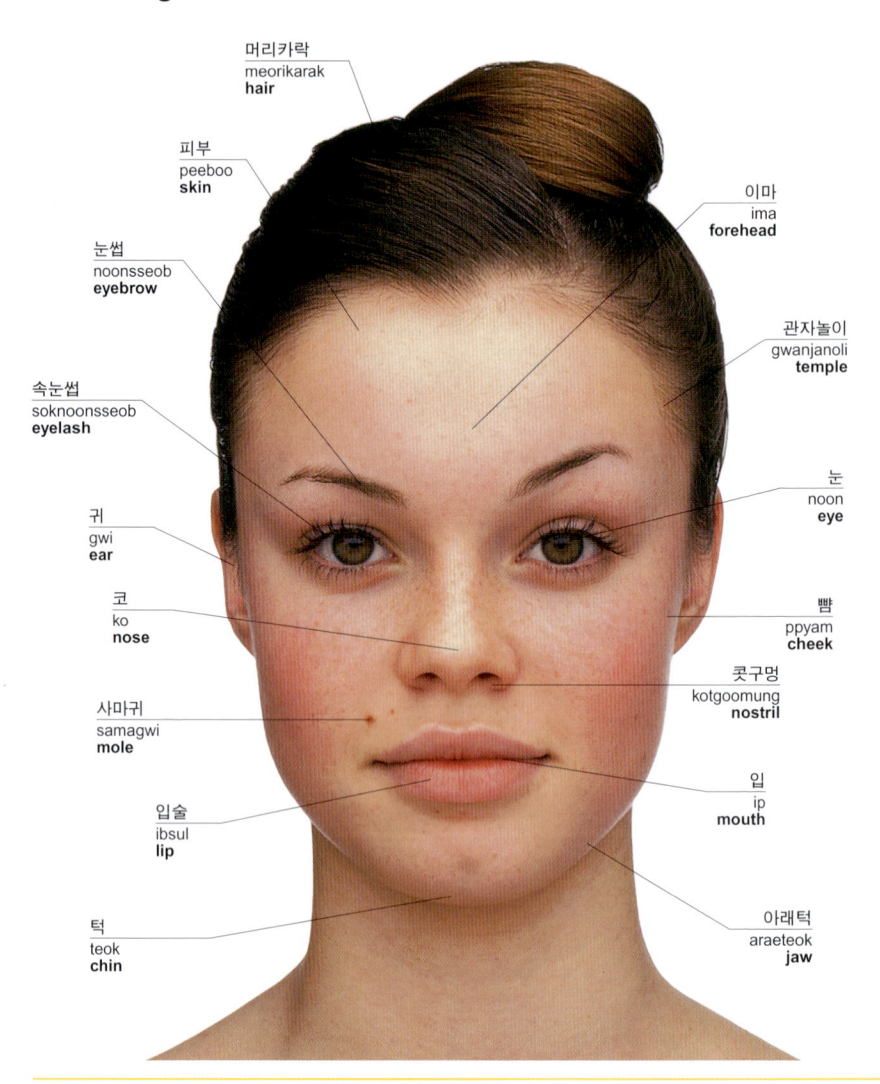

머리카락	meorikarak	**hair**
피부	peeboo	**skin**
눈썹	noonsseob	**eyebrow**
속눈썹	soknoonsseob	**eyelash**
귀	gwi	**ear**
코	ko	**nose**
사마귀	samagwi	**mole**
입술	ibsul	**lip**
턱	teok	**chin**
이마	ima	**forehead**
관자놀이	gwanjanoli	**temple**
눈	noon	**eye**
뺨	ppyam	**cheek**
콧구멍	kotgoomung	**nostril**
입	ip	**mouth**
아래턱	araeteok	**jaw**

한국어 hangookeo • **english**

사람 SARAM • **PEOPLE**

주름살
jureumsal
wrinkle

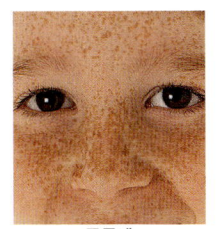

주근깨
joogeunkkae
freckle

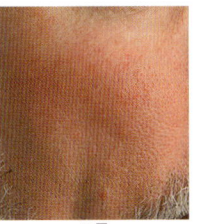

모공
mogong
pore

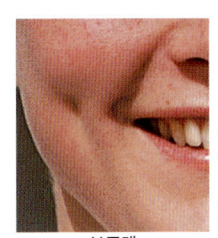

보조개
bojogae
dimple

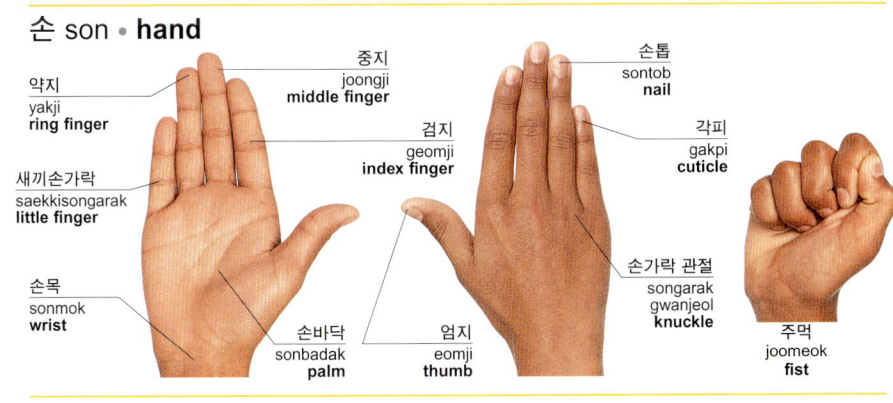

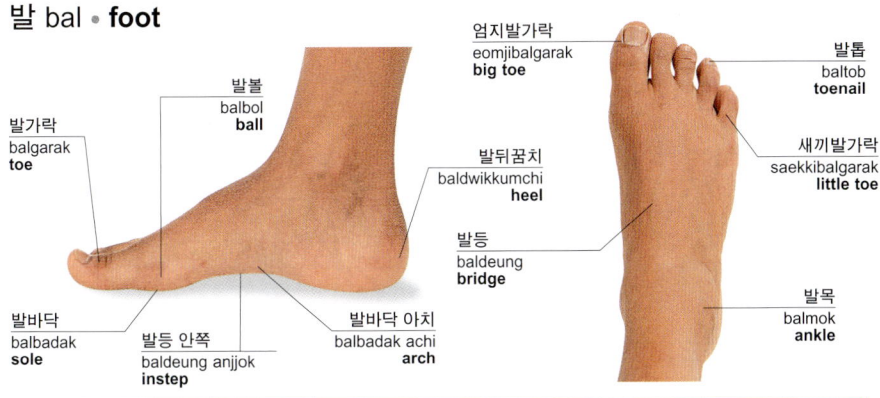

손 son • hand

약지
yakji
ring finger

중지
joongji
middle finger

손톱
sontob
nail

검지
geomji
index finger

각피
gakpi
cuticle

새끼손가락
saekkisongarak
little finger

손목
sonmok
wrist

손바닥
sonbadak
palm

엄지
eomji
thumb

손가락 관절
songarak gwanjeol
knuckle

주먹
joomeok
fist

발 bal • foot

발볼
balbol
ball

엄지발가락
eomjibalgarak
big toe

발톱
baltob
toenail

발가락
balgarak
toe

발뒤꿈치
baldwikkumchi
heel

새끼발가락
saekkibalgarak
little toe

발등
baldeung
bridge

발바닥
balbadak
sole

발등 안쪽
baldeung anjjok
instep

발바닥 아치
balbadak achi
arch

발목
balmok
ankle

한국어 hangookeo • **english**   15

사람 SARAM • **PEOPLE**

근육 geunyook • **muscles**

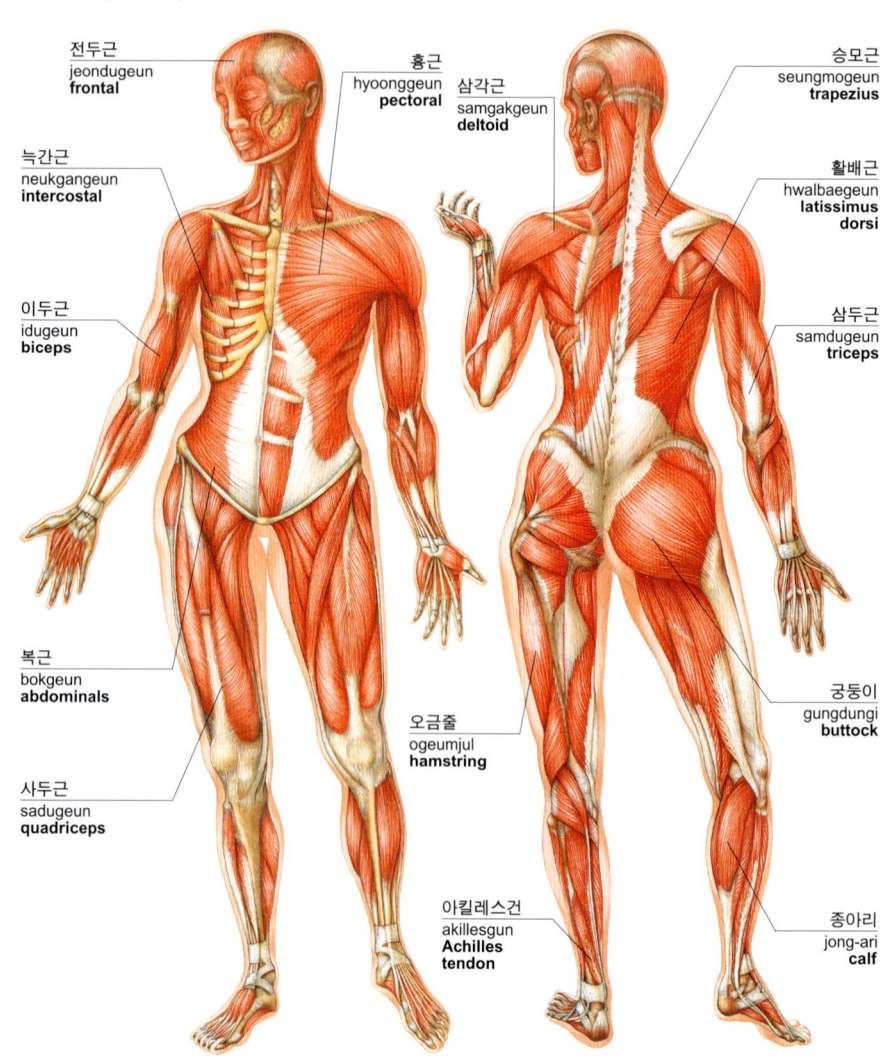

전두근	jeondugeun	**frontal**
늑간근	neukgangeun	**intercostal**
이두근	idugeun	**biceps**
흉근	hyoonggeun	**pectoral**
삼각근	samgakgeun	**deltoid**
복근	bokgeun	**abdominals**
사두근	sadugeun	**quadriceps**
오금줄	ogeumjul	**hamstring**
아킬레스건	akillesgun	**Achilles tendon**
승모근	seungmogeun	**trapezius**
활배근	hwalbaegeun	**latissimus dorsi**
삼두근	samdugeun	**triceps**
궁둥이	gungdungi	**buttock**
종아리	jong-ari	**calf**

한국어 hangookeo • **english**

사람 SARAM • **PEOPLE**

골격 golgyeok • **skeleton**

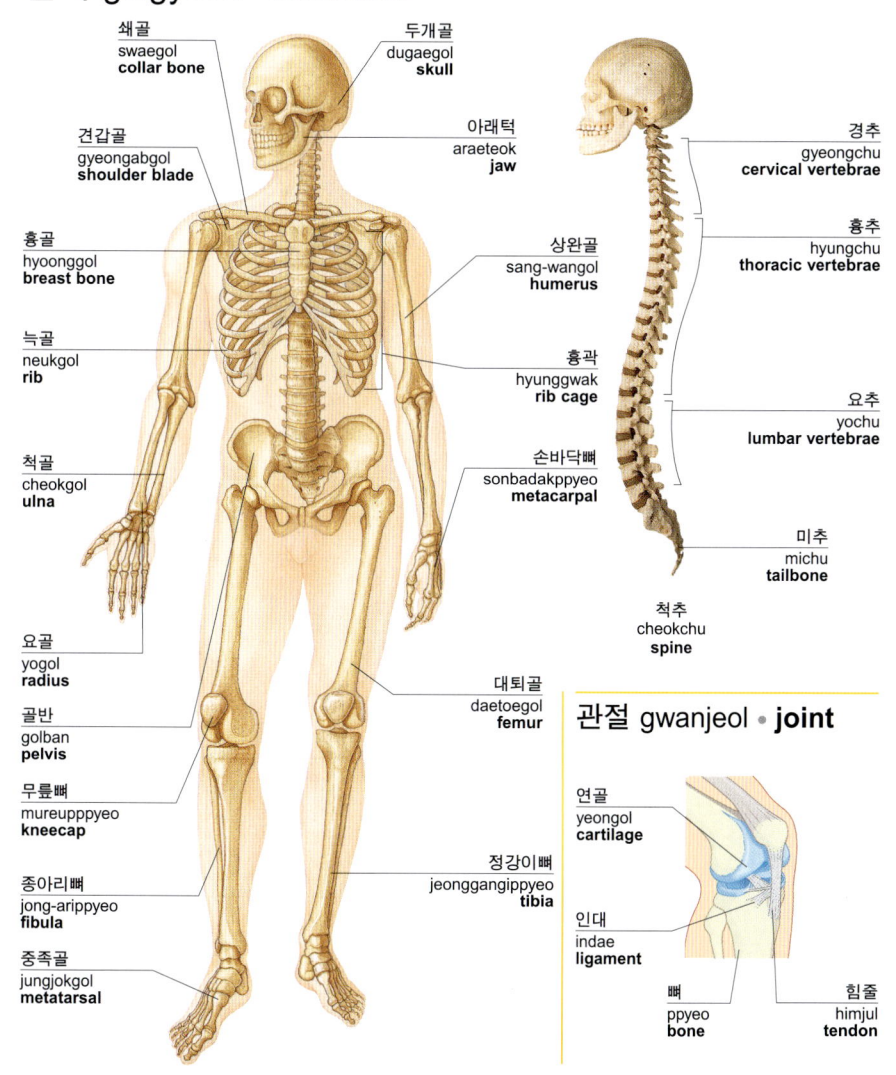

쇄골 swaegol **collar bone**

두개골 dugaegol **skull**

견갑골 gyeongabgol **shoulder blade**

아래턱 araeteok **jaw**

흉골 hyoonggol **breast bone**

상완골 sang-wangol **humerus**

늑골 neukgol **rib**

흉곽 hyunggwak **rib cage**

척골 cheokgol **ulna**

손바닥뼈 sonbadakppyeo **metacarpal**

요골 yogol **radius**

골반 golban **pelvis**

무릎뼈 mureupppyeo **kneecap**

대퇴골 daetoegol **femur**

종아리뼈 jong-arippyeo **fibula**

정강이뼈 jeonggangippyeo **tibia**

중족골 jungjokgol **metatarsal**

경추 gyeongchu **cervical vertebrae**

흉추 hyungchu **thoracic vertebrae**

요추 yochu **lumbar vertebrae**

미추 michu **tailbone**

척추 cheokchu **spine**

관절 gwanjeol • **joint**

연골 yeongol **cartilage**

인대 indae **ligament**

뼈 ppyeo **bone**

힘줄 himjul **tendon**

한국어 hangookeo • **english**

사람 SARAM • PEOPLE

장기 janggi • internal organs

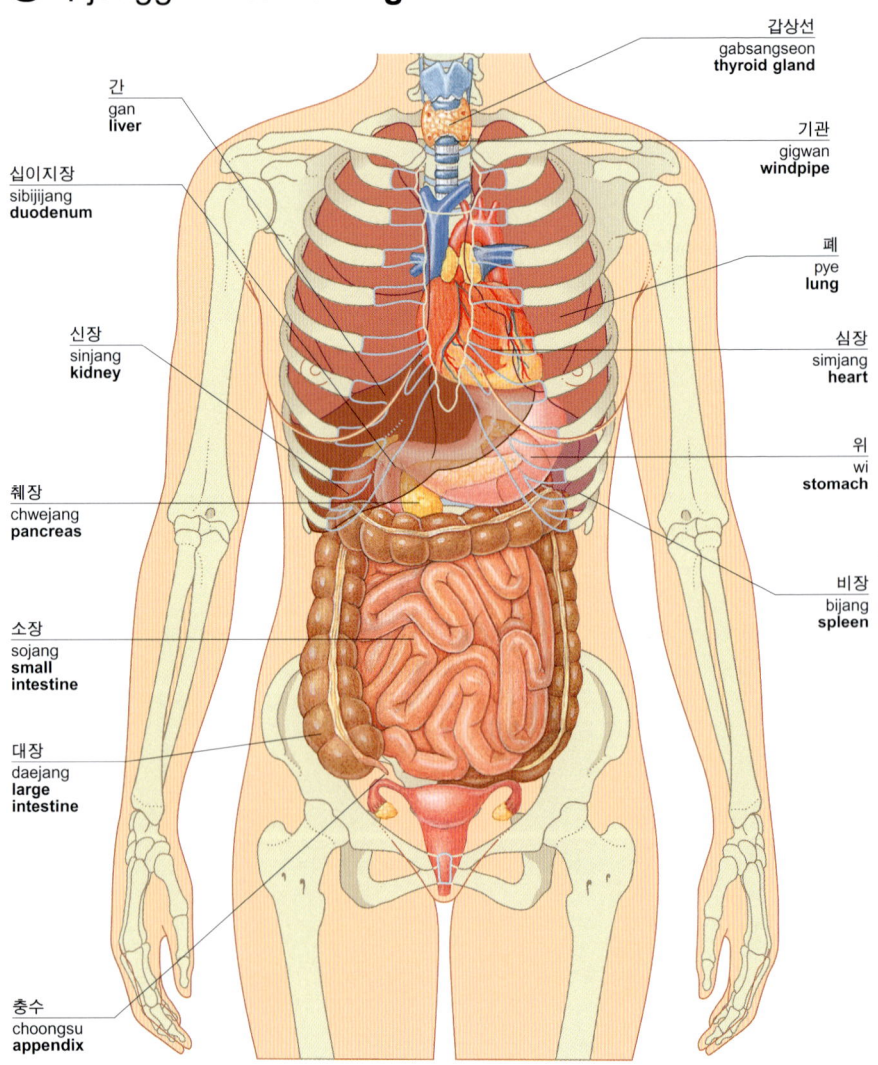

갑상선
gabsangseon
thyroid gland

간
gan
liver

기관
gigwan
windpipe

십이지장
sibijijang
duodenum

폐
pye
lung

신장
sinjang
kidney

심장
simjang
heart

위
wi
stomach

췌장
chwejang
pancreas

비장
bijang
spleen

소장
sojang
small intestine

대장
daejang
large intestine

충수
choongsu
appendix

18　　　　　　　　　　　　　　　　　　　　　　　한국어 hangookeo • **english**

사람 SARAM • **PEOPLE**

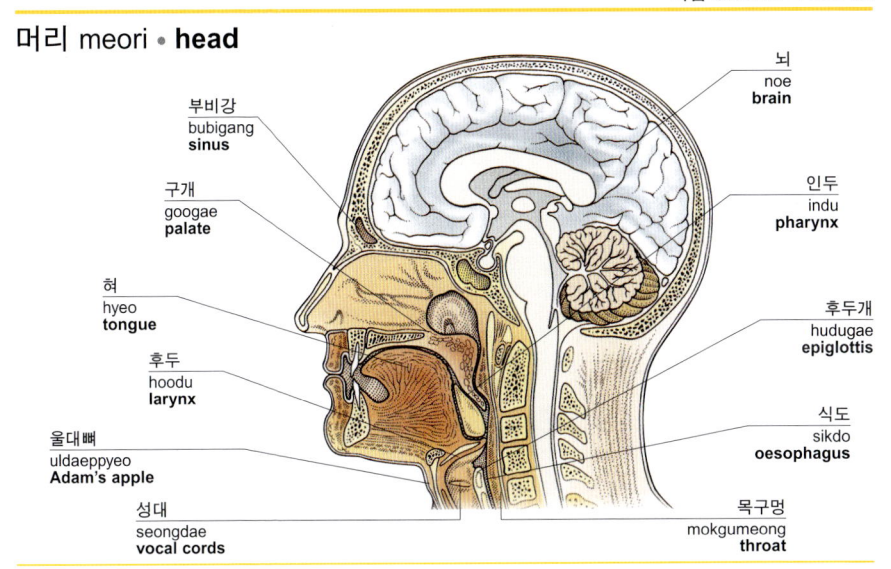

머리 meori • **head**

- 부비강 bubigang **sinus**
- 구개 googae **palate**
- 혀 hyeo **tongue**
- 후두 hoodu **larynx**
- 울대뼈 uldaeppyeo **Adam's apple**
- 성대 seongdae **vocal cords**
- 뇌 noe **brain**
- 인두 indu **pharynx**
- 후두개 hudugae **epiglottis**
- 식도 sikdo **oesophagus**
- 목구멍 mokgumeong **throat**

신체 계통 sinche gyetong • **body systems**

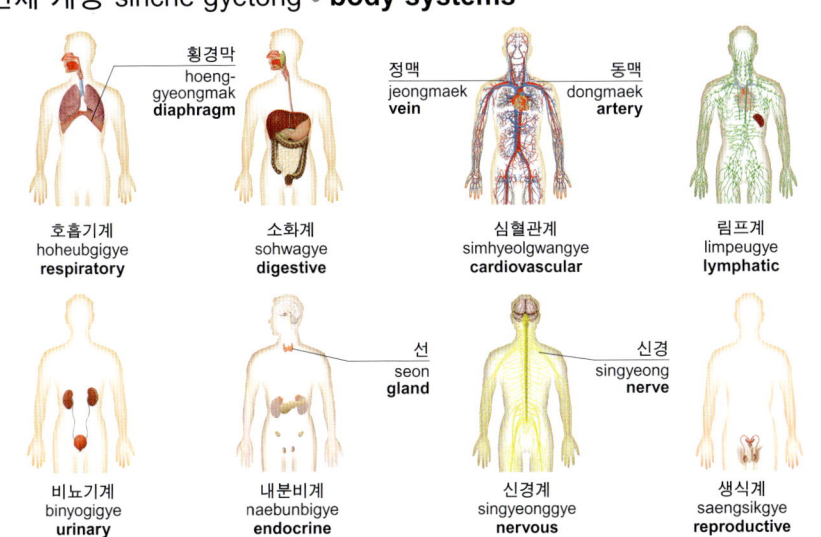

횡경막 hoeng-gyeongmak **diaphragm**

정맥 jeongmaek **vein**

동맥 dongmaek **artery**

호흡기계 hoheubgigye **respiratory**

소화계 sohwagye **digestive**

심혈관계 simhyeolgwangye **cardiovascular**

림프계 limpeugye **lymphatic**

선 seon **gland**

신경 singyeong **nerve**

비뇨기계 binyogigye **urinary**

내분비계 naebunbigye **endocrine**

신경계 singyeonggye **nervous**

생식계 saengsikgye **reproductive**

한국어 hangookeo • **english** 19

사람 SARAM • **PEOPLE**

생식 기관 saengsig gigwan • **reproductive organs**

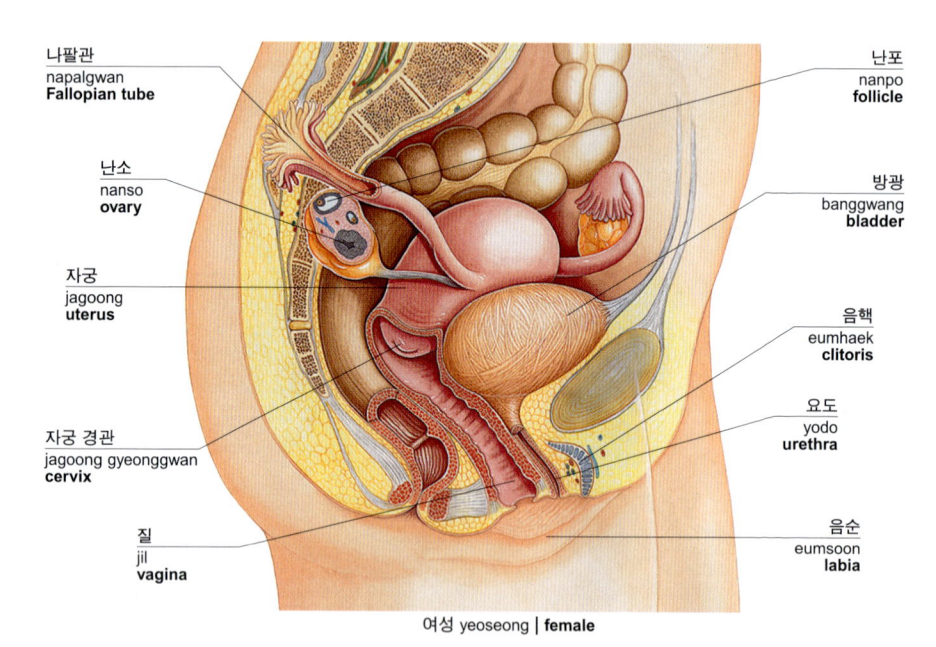

나팔관
napalgwan
Fallopian tube

난소
nanso
ovary

자궁
jagoong
uterus

자궁 경관
jagoong gyeonggwan
cervix

질
jil
vagina

난포
nanpo
follicle

방광
banggwang
bladder

음핵
eumhaek
clitoris

요도
yodo
urethra

음순
eumsoon
labia

여성 yeoseong | **female**

생식 saengsik • **reproduction**

정자°
jeongja
sperm

난자
nanja
egg

수정 sujeong
fertilization

어휘 eohwi • **vocabulary**

호르몬 horeumon **hormone**	발기부전 balgi bujeon **impotent**	가임(의) gaim(ui) **fertile**
배란 baeran **ovulation**	임신하다 imsinhada **conceive**	월경 wolgyeong **menstruation**
불임(의) bul-im(ui) **infertile**	성교 seonggyo **intercourse**	성병 seongbyeong **sexually transmitted disease**

한국어 hangookeo • **english**

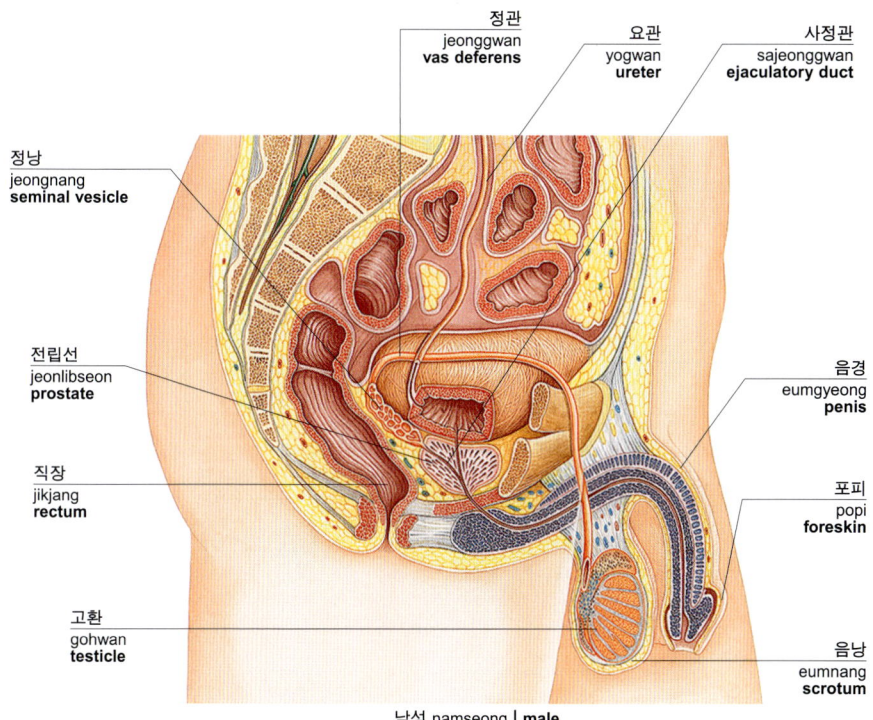

사람 SARAM · **PEOPLE**

정관 jeonggwan **vas deferens**
요관 yogwan **ureter**
사정관 sajeonggwan **ejaculatory duct**
정낭 jeongnang **seminal vesicle**
전립선 jeonlibseon **prostate**
음경 eumgyeong **penis**
직장 jikjang **rectum**
포피 popi **foreskin**
고환 gohwan **testicle**
음낭 eumnang **scrotum**

남성 namseong | **male**

피임 peeim · **contraception**

피임용 페서리 peeim-yong peseori **cap**

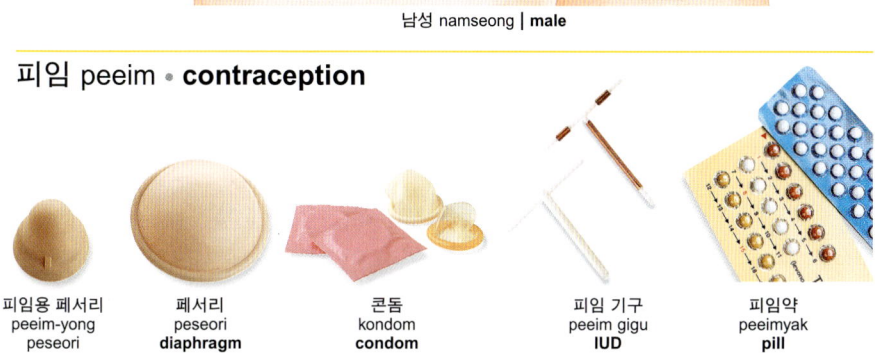

페서리 peseori **diaphragm**

콘돔 kondom **condom**

피임 기구 peeim gigu **IUD**

피임약 peeimyak **pill**

한국어 hangookeo · **english**

사람 SARAM • PEOPLE

가족 gajok • **family**

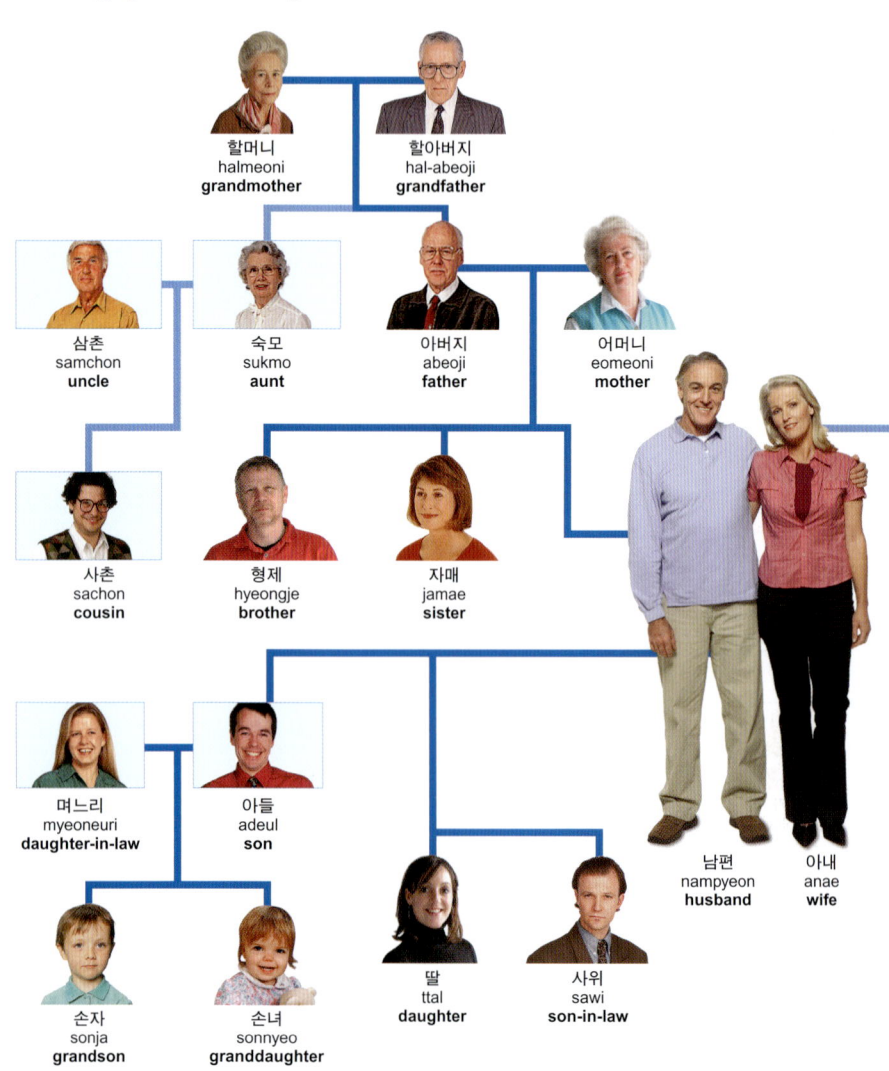

할머니 halmeoni **grandmother**

할아버지 hal-abeoji **grandfather**

삼촌 samchon **uncle**

숙모 sukmo **aunt**

아버지 abeoji **father**

어머니 eomeoni **mother**

사촌 sachon **cousin**

형제 hyeongje **brother**

자매 jamae **sister**

며느리 myeoneuri **daughter-in-law**

아들 adeul **son**

손자 sonja **grandson**

손녀 sonnyeo **granddaughter**

딸 ttal **daughter**

사위 sawi **son-in-law**

남편 nampyeon **husband**

아내 anae **wife**

22   한국어 hangookeo • **english**

사람 SARAM • **PEOPLE**

어휘 eohwi • vocabulary

친척 chincheok **relatives**	부모님 bumonim **parents**	손주 sonju **grandchildren**	계모 gyemo **stepmother**	의붓아들 uibut-adeul **stepson**	동거인 donggeoin **partner**
세대 sedae **generation**	자녀 janyeo **children**	조부모 jobumo **grandparents**	계부 gyebu **stepfather**	의붓딸 uibuttal **stepdaughter**	쌍둥이 ssangdungi **twins**

단계 dangye • stages

배우자의 어머니
baeujaui eomeoni
mother-in-law

배우자의 아버지
baeujaui abeoji
father-in-law

배우자의 남자 형제
baeujaui namja hyeongje
brother-in-law

배우자의 여자 형제
baeujaui yeoja hyeongje
sister-in-law

여조카
yeojoka
niece

남조카
namjoka
nephew

(기혼녀) 씨
(gihonnyeo) ssi
Mrs...

아기
agi
baby

어린이
eolini
child

남자아이
namjaai
boy

여자아이
yeojaai
girl

청소년
cheongsonyeon
teenager

성인
seong-in
adult

남자
namja
man

여자
yeoja
woman

호칭 hoching • titles

(남자) 씨
(namja) ssi
Mr...

(여자) 씨
(yeoja) ssi
Miss.../Ms...

한국어 hangookeo • **english**

사람 SARAM • **PEOPLE**

대인 관계 daein gwangye • **relationships**

| 비서 biseo **assistant** | 상사 sangsa **manager** | 임원 imwon **business partner** | 고용주 goyongju **employer** | 직원 jik-won **employee** | 동료 dongryo **colleague** |

사무실 samusil | **office**

이웃 iut **neighbour**

친구 chingu **friend**

지인 jiin **acquaintance**

펜팔 penpal **penfriend**

남자친구 namjachingu **boyfriend**

여자친구 yeojachingu **girlfriend**

약혼자 yakhonnam **fiancé**

약혼녀 yakhonnyeo **fiancée**

커플 keopeul | **couple**

약혼한 커플 yakhonhan keopeul | **engaged couple**

한국어 hangookeo • **english**

사람 SARAM • **PEOPLE**

감정 gamjeong • **emotions**

미소
miso
smile

행복한
haengbokhan
happy

슬픈
seulpeun
sad

흥분한
heungboonhan
excited

심심한
simsimhan
bored

놀란
nollan
surprised

겁먹은
geobmeogeun
scared

찌푸림
jjipurim
frown

화난
hwanan
angry

혼란스러운
honlanseureoun
confused

걱정스러운
geogjeongseureoun
worried

초조해하는
chojohaehaneun
nervous

자랑스러운
jarangseureoun
proud

자신만만한
jasinmanmanhan
confident

창피한
changpihan
embarrassed

수줍어하는
sujubeohaneun
shy

어휘 eohwi • **vocabulary**

속상한 soksanghan **upset**	웃다 utda **laugh (v)**	한숨짓다 hansumjitda **sigh (v)**	소리 지르다 sori jireuda **shout (v)**
충격을 받은 chunggyeok-eul bat-eun **shocked**	울다 ulda **cry (v)**	기절하다 gijeolhada **faint (v)**	하품하다 hapumhada **yawn (v)**

한국어 hangookeo • **english**

25

사람 SARAM • **PEOPLE**

인생 중대사 insaeng jungdaesa • **life events**

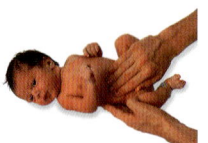

태어나다
taeeonada
be born (v)

취학하다
chwihakhada
start school (v)

친구를 사귀다
chinguleul sagwida
make friends (v)

졸업하다
jol-eobhada
graduate (v)

취직하다
chwijighada
get a job (v)

사랑에 빠지다
sarang-e ppajida
fall in love (v)

결혼하다
gyeolhonhada
get married (v)

아이를 낳다
aileul natda
have a baby (v)

결혼 gyeolhon | **wedding**

이혼
ihon
divorce

장례
janglye
funeral

어휘 eohwi • **vocabulary**

세례
serye
christening

유언장을 작성하다
yueonjang-eul jakseonghada
make a will (v)

기념일
ginyeom-il
anniversary

출생 증명서
choolsaeng jeungmyeongseo
birth certificate

이민 가다
imin gada
emigrate (v)

결혼 피로연
gyeolhon piroyeon
wedding reception

은퇴하다
euntoehada
retire (v)

신혼여행
sinhon-yeohaeng
honeymoon

죽다
jookda
die (v)

바르미츠바 의식
bareumicheuba uisik
bar mitzvah

한국어 hangookeo • **english**

사람 SARAM • PEOPLE

축하 chukha • celebrations

생일 파티
saeng-il pati
birthday party

카드
kadeu
card

선물
seonmul
present

생일
saeng-il
birthday

성탄절
seongtanjeol
Christmas

신정
sinjeong
New Year

카니발
kanibal
carnival

행진
haengjin
procession

리본
libon
ribbon

추수 감사절
chusu gamsajeol
Thanksgiving

부활절
buhwaljeol
Easter

핼러윈
haelleowin
Halloween

축제 chukje • festivals

유월절
yuwoljeol
Passover

라마단
lamadan
Ramadan

디왈리
diwalli
Diwali

한국어 hangookeo • english   27

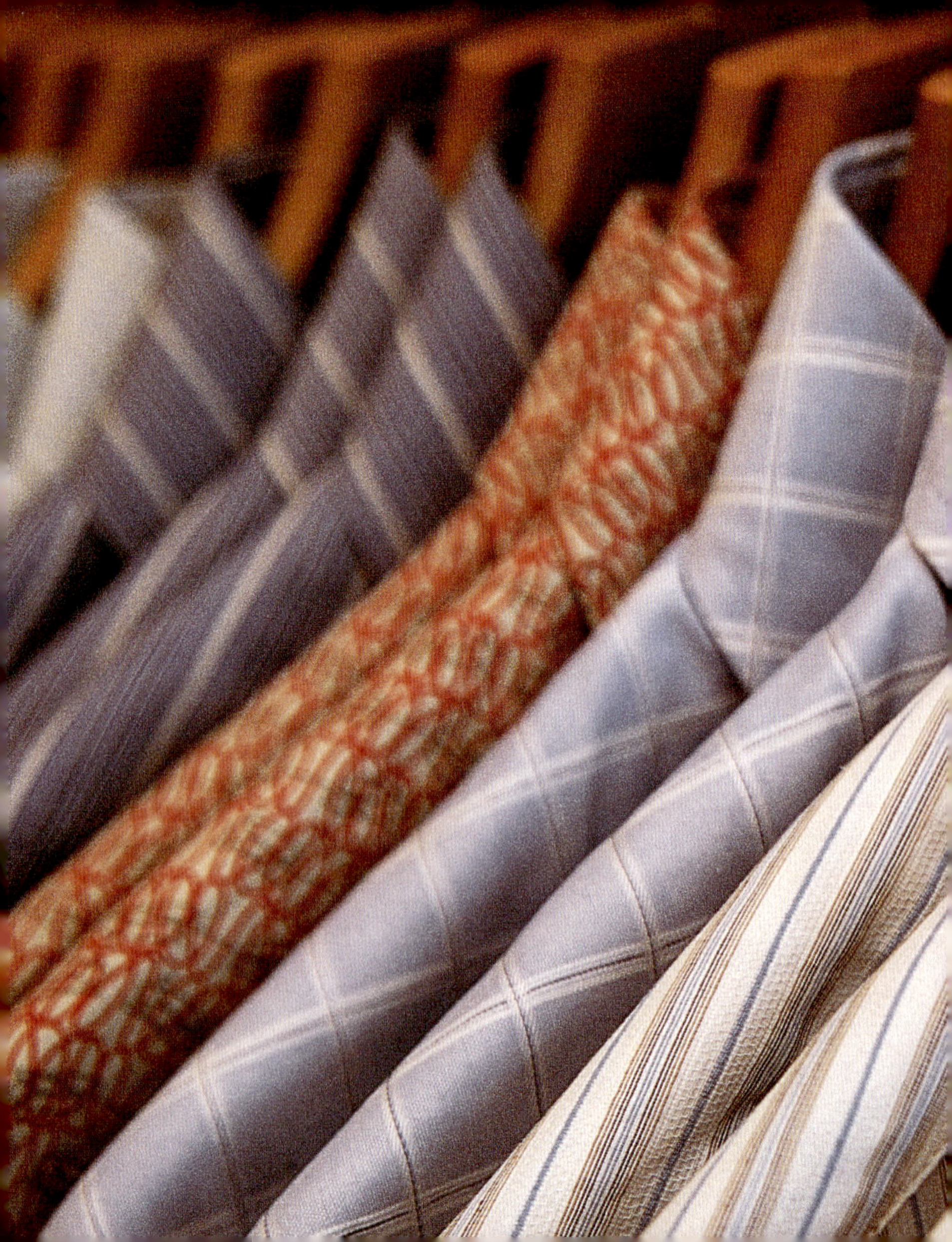

외모 waemo
appearance

외모 WAEMO • **APPEARANCE**

아동복 adongbog • **children's clothing**

아기 agi • **baby**

방한복
banghanbok
snowsuit

똑딱단추
ttogttagdanchu
popper

민소매 셔츠
minsomae sheocheu
vest

유아 우주복
yua ujubog
babygro

잠옷
jam-ot
sleepsuit

롬퍼
lompeo
romper suit

턱받이
teokbagee
bib

벙어리장갑
beong-eori janggab
mittens

아기 신발
agi shinbal
booties

천 기저귀
cheon gijeogwi
terry nappy

일회용 기저귀
ilhoeiyong gijeogwi
disposable nappy

방수 팬티
bangsu paenti
plastic pants

유아 yua • **toddler**

챙모자
chaengmoja
sunhat

턱받이
teokbat-i
apron

멜빵바지
melppangbaji
dungarees

반바지
banbaji
shorts

티셔츠
teesheocheu
T-shirt

치마
chima
skirt

30   한국어 hangookeo • **english**

외모 WAEMO • APPEARANCE

아동 adong • child

원피스
wonpiseu
dress

후드
hoodeu
hood

청바지
cheongbaji
jeans

배낭
baenang
backpack

토글
togeul
toggle

스카프
seukapeu
scarf

파카
paka
anorak

샌들
saendeul
sandals

고무장화
gomujanghwa
wellington boots

여름
yeoreum
summer

비옷
biot
raincoat

가을
ga-eul
autumn

더플 코트
deopeul koteu
duffel coat

겨울
gyeowool
winter

실내 가운
silnae gaun
dressing gown

로고
logo
logo

운동화
undonghwa
trainers

잠옷
jam-ot
nightie

축구복
chookgubog
football strip

운동복
undongbok
tracksuit

레깅스
legingseu
leggings

슬리퍼
seullipeo
slippers

잠옷류
jam-otryu
nightwear

어휘 eohwi • vocabulary

천연 섬유 cheon-yeon seom-yoo **natural fibre**	세탁기로 빨 수 있나요? setakgiro ppal su itnayo? **Is it machine washable?**
합성 habseong **synthetic**	이 옷이 2살짜리 아이에게 맞을까요? i ot-i doosaljjari aiege mat-eulkkayo? **Will this fit a two-year-old?**

한국어 hangookeo • english

외모 WAEMO • **APPEARANCE**

남성복 namseongbok • **men's clothing**

칼라 / kalla / **collar**

넥타이 / nektai / **tie**

벨트 / belteu / **belt**

라펠 / lapel / **lapel**

단춧구멍 / danchutgumeong / **buttonhole**

소맷단 / somaetdan / **cuff**

주머니 / jumeoni / **pocket**

재킷 / jaekit / **jacket**

바지 / baji / **trousers**

단추 / danchu / **button**

정장 / jeongjang / **business suit**

레인코트 / leinkoteu / **raincoat**

안감 / angam / **lining**

가죽구두 / gajookgoodu / **leather shoes**

어휘 eohwi • **vocabulary**

카디건 kadigeon **cardigan**	실내 가운 silnae gaun **dressing gown**	코트 koteu **coat**	짧은 jjalbeun **short**
운동복 undongbok **tracksuit**	속옷 sok-ot **underwear**	긴 gin **long**	

이 옷 더 큰/더 작은 사이즈가 있어요?
i ot deo keun/deo jak-eun saijeuga isseoyo?
Do you have this in a larger/smaller size?

이 옷 입어 봐도 돼요?
i ot ib-eo bwado dwaeyo?
May I try this on?

한국어 hangookeo • **english**

외모 WAEMO • **APPEARANCE**

블레이저	스포츠 재킷	조끼	브이넥
beulleijeo	seupocheu jaekit	jokki	beu-inek
blazer	**sports jacket**	**waistcoat**	**V-neck**

라운드넥
laundeunek
round neck

티셔츠
teesheocheu
T-shirt

파카
paka
anorak

운동복 상의
undongbok sang-ui
sweatshirt

셔츠
sheocheu
shirt

청바지
cheongbaji
jeans

스웨터
seuweiteo
sweater

파자마
pajama
pyjamas

민소매 셔츠
minsomae sheocheu
vest

평상복
pyeongsangbok
casual wear

반바지
banbaji
shorts

팬티
paenti
briefs

사각 팬티
sagak paenti
boxer shorts

양말
yangmal
socks

한국어 hangookeo • **english**

외모 WAEMO • **APPEARANCE**

여성복 yeoseongbok • **women's clothing**

재킷
jaekit
jacket

솔기
solgi
seam

끈이 없음
kkeun-i eobseum
strapless

민소매
minsomae
sleeveless

소매
somae
sleeve

발목 길이
balmok gil-i
ankle length

치마
chima
skirt

이브닝 드레스
ibeuning deureseu
evening dress

드레스
deureseu
dress

블라우스
beullauseu
blouse

옷단
otdan
hem

무릎 길이
mooreup gil-i
knee length

바지
baji
trousers

구두
goodu
shoes

정장
jeongjang
formal

캐주얼
kaejueol
casual

34　　　　　　　　　　　　　　　　　　　　　　　　한국어 hangookeo • **english**

외모 WAEMO · **APPEARANCE**

란제리 lanjeri · **lingerie**

끈
kkeun
strap

실내 가운
silnae gaun
dressing gown

슬립
seullib
slip

캐미솔
kaemisol
camisole

멜빵
melppang
suspenders

바스크 속옷
baseukeu sog-ot
basque

스타킹
seutaking
stocking

타이츠
taicheu
tights

브라
beura
bra

팬티
paenti
knickers

나이트 드레스
naiteu deulesseu
nightdress

결혼 gyeolhon · **wedding**

면사포
myeonsapo
veil

레이스
leiseu
lace

부케
buke
bouquet

롱 베일
long beil
train

웨딩 드레스
weding deureseu
wedding dress

어휘 eohwi · **vocabulary**

코르셋
koreuset
corset

맞춤복
matchumbok
tailored

가터
gateo
garter

홀터넥
holteonek
halter neck

어깨 패드
eokkae pad
shoulder pad

와이어 보정
waieo bojeong
underwired

허리 밴드
heori baendeu
waistband

스포츠 브라
seupocheu beura
sports bra

한국어 hangookeo · **english**

외모 WAEMO · **APPEARANCE**

액세서리 aekseseori · **accessories**

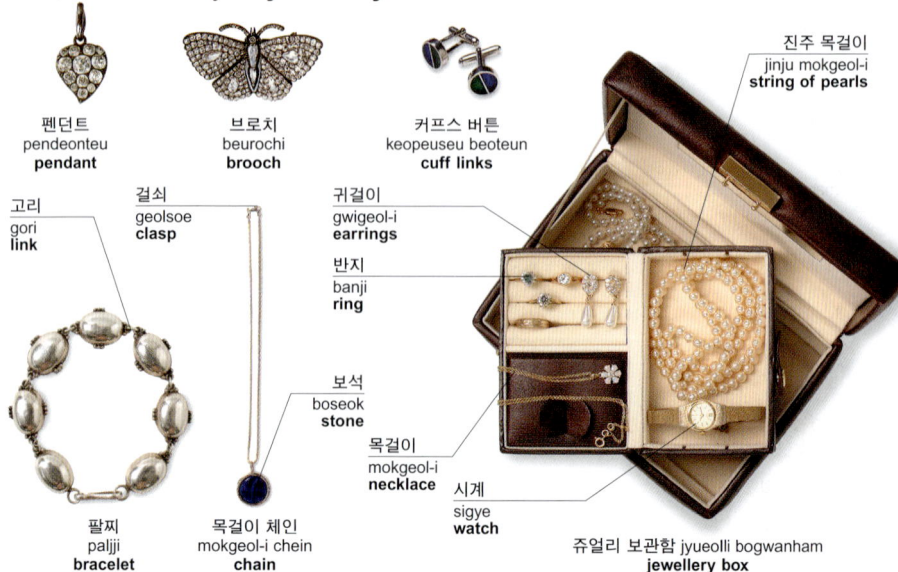

캡 모자 kaeb moja **cap**	모자 moja **hat**	스카프 seukapeu **scarf**	벨트 belteu **belt**	

버클
beokeul
buckle

손잡이
sonjabi
handle

끝부분
kkeutbubun
tip

손수건 sonsugeon **handkerchief**	나비 넥타이 nabi nektai **bow tie**	넥타이핀 nektaipin **tie-pin**	장갑 janggab **gloves**	우산 usan **umbrella**

보석류 boseok-ryu · **jewellery**

펜던트
pendeonteu
pendant

브로치
beurochi
brooch

커프스 버튼
keopeuseu beoteun
cuff links

진주 목걸이
jinju mokgeol-i
string of pearls

고리
gori
link

걸쇠
geolsoe
clasp

귀걸이
gwigeol-i
earrings

반지
banji
ring

보석
boseok
stone

목걸이
mokgeol-i
necklace

시계
sigye
watch

팔찌
paljji
bracelet

목걸이 체인
mokgeol-i chein
chain

쥬얼리 보관함 jyueolli bogwanham
jewellery box

36   한국어 hangookeo · **english**

외모 WAEMO • **APPEARANCE**

가방류 gabangryu • **bags**

지갑
jigab
wallet

동전 지갑
dongjeon jigab
purse

숄더백
syoldeobaeg
shoulder bag

잠금 고리
jamgeum gori
fastening

손잡이
sonjabi
handles

어깨끈
eokkaekkeun
shoulder strap

여행용 가방
yeohaeng-yong gabang
holdall

서류가방
seoryugabang
briefcase

핸드백
haendeubaeg
handbag

배낭
baenang
backpack

구두 goodu • **shoes**

신발끈 구멍
sinbalkkeun gumeong
eyelet

신발끈
sinbalkkeun
lace

신발창
sinbalchang
sole

레이스업 슈즈
leiseu-eob syujeu
lace-up

신발 혀
sinbal hyeo
tongue

발뒤꿈치
baldwikkumchi
heel

부츠
bucheu
boot

등산화
deungsanhwa
walking boot

조리
jori
flip-flop

운동화
undonghwa
trainer

브로그화
beurogeuhwa
brogue

하이힐
haihil
high-heeled shoe

웨지힐
wejihil
wedge

샌들
saendeul
sandal

슬립온
seullip-on
slip-on

펌프스
peompeuseu
pump

한국어 hangookeo • **english**

37

외모 WAEMO · **APPEARANCE**

머리카락 meorikarak · **hair**

빗
bit
comb

빗다
bitda
comb (v)

솔
sol
brush

빗질하다 bitjil-hada
brush (v)

미용사
miyongsa
hairdresser

세면대
semyeondae
sink

고객
gogaek
client

감다 gamda | **wash (v)**

가운
gaun
robe

헹구다
hengguda
rinse (v)

커트하다
keoteuhada
cut (v)

머리를 말리다
meorireul mallida
blow dry (v)

머리를 세팅하다
meorireul setinghada
set (v)

액세서리 aekseseori · **accessories**

헤어 드라이기
heeo deuraigi
hairdryer

샴푸
shyampoo
shampoo

컨디셔너
keondishyeoneo
conditioner

젤
jel
gel

헤어스프레이
heeoseupeurei
hairspray

웨이브 고데기
weibeu godegi
curling tongs

가위
gawi
scissors

머리띠
meoritti
hairband

스트레이트 고데기
seuteureiteu godegi
hair straighteners

머리핀
meoripin
hairpin

한국어 hangookeo · **english**

외모 WAEMO · **APPEARANCE**

스타일 seutail · **styles**

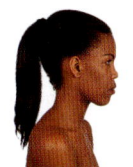

| 묶은 머리 mook-eun meori **ponytail** | 땋은 머리 ttah-eun meori **plait** | 올림머리 ollimmeori **French pleat** | 쪽진 머리 jjogjin meori **bun** | 갈래머리 gallaemeori **pigtails** |

| 단발머리 danbalmeori **bob** | 크롭컷 keurobkeot **crop** | 곱슬머리 gobseulmeori **curly** | 파마머리 pamameori **perm** | 생머리 saengmeori **straight** |

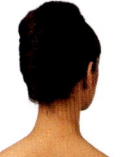

모근 mogeun **roots**

부분 염색 bubun yeomsaek **highlights**

대머리 daemeori **bald**

가발 gabal **wig**

색깔 saegkkal · **colours**

| 금발 geumbal **blonde** | 갈색 galsaek **brunette** | 적갈색 jeoggalsaek **auburn** | 황갈색 hwang-galsaek **ginger** |

| 검정색 geomjeongsaek **black** | 회색 hoeisaek **grey** | 흰색 huinsaek **white** | 염색 yeomsaeg **dyed** |

어휘 eohwi · **vocabulary**

머리를 다듬다
meorireul dadeumda
trim (v)

웨이브를 펴다
weibeureul pyeoda
straighten (v)

이발사
ibalsa
barber

비듬
bideum
dandruff

손상된 머리카락
sonsangdoen meorikarag
split ends

지성
jiseong
greasy

건성
geonseong
dry

중성
jungseong
normal

두피
dupi
scalp

머리끈
meorikkeun
hairtie

턱수염
teoksuyeom
beard

콧수염
kotsuyeom
moustache

한국어 hangookeo · **english**

외모 WAEMO • **APPEARANCE**

미용 miyong • **beauty**

염색약
yeomsaeg-yag
hair dye

아이섀도
aishaedo
eye shadow

마스카라
maseukara
mascara

아이라이너
ailaineo
eyeliner

블러셔
blleosyo
blusher

파운데이션
paundeisyeon
foundation

립스틱
libseutig
lipstick

메이크업 meikeueob • **make-up**

아이브로우 펜슬
aibeurou penseul
eyebrow pencil

아이브로우 브러시
eyebeurou brushi
eyebrow brush

족집게
jogjibge
tweezers

립 글로스
lib geulloseu
lip gloss

립 브러시
lib beureosi
lip brush

립 라이너
lib laineo
lip liner

브러시
beureoshi
brush

컨실러
keonsilleo
concealer

거울
geoul
mirror

파우더
paudeo
face powder

파우더 퍼프
paudeo peopu
powder puff

콤팩트 kompaegteu | **compact**

한국어 hangookeo • **english**

외모 WAEMO · **APPEARANCE**

미용 관리 miyong gwanli · beauty treatments

마스크팩
maseukeupaek
face pack

태닝 기계
taenning gigye
sunbed

얼굴
eolgul
facial

각질을 제거하다
gakgil-eul jegeohada
exfoliate (v)

왁스
wakseu
wax

페디큐어
pedikyueo
pedicure

화장품 hwajangpum · toiletries

클렌저
keullenjeo
cleanser

토너
toneo
toner

로션
losyeon
moisturizer

태닝 크림
taening keurim
self-tanning cream

향수
hyangsu
perfume

오드 뚜왈렛
odeu ttuwallet
eau de toilette

매니큐어 maenikyueo · manicure

매니큐어 제거제
maenikyueo jegeoje
nail varnish remover

손톱줄
sontobjul
nail file

매니큐어
maenikyueo
nail varnish

손톱가위
sontobgawi
nail scissors

손톱깎이
sontobkkakki
nail clippers

어휘 eohwi · vocabulary

안색(피부색)
ansaeg (pibusaeg)
complexion

지성
jiseong
oily

그을린 피부
geueullin pibu
tan

흰색 피부
huinsaeg pibu
fair

민감성
mingamseong
sensitive

문신
munsin
tattoo

검은 피부
geom-eun pibu
dark

저자극성
jeojageukseong
hypoallergenic

주름살 방지
jooreumsal bangji
antiwrinkle

건성
geonseong
dry

음영화장
eumyeonghwajang
shade

화장솜
hwajangseom
cotton balls

한국어 hangookeo · **english**

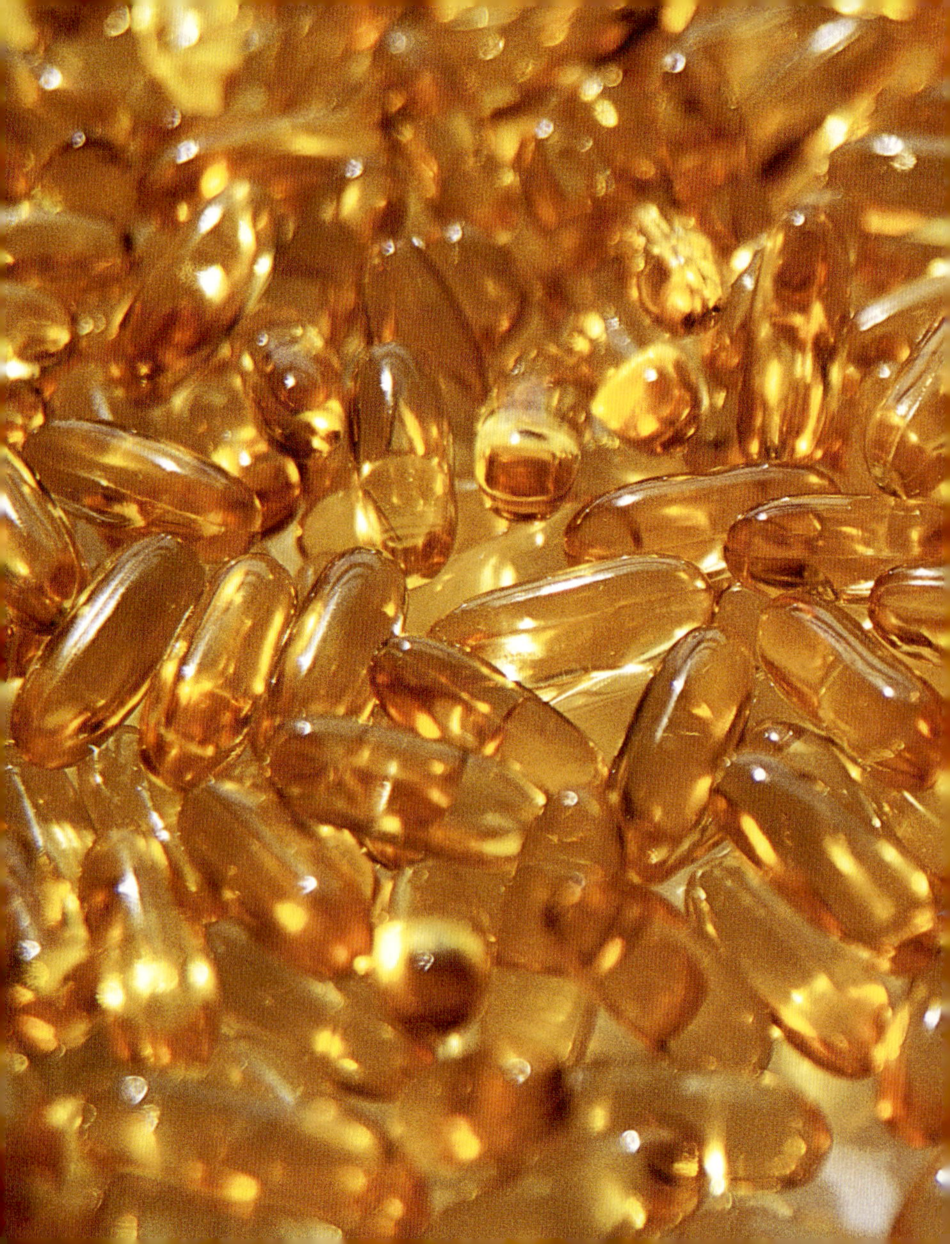

건강 geongang
health

건강 GEONGANG • HEALTH

질병 jilbyeong • illness

두통 dutong **headache**

코피 kopi **nosebleed**

기침 gichim **cough**

열 yeol | **fever**

재채기 jaechaegi **sneeze**

감기 gamgi **cold**

독감 dokgam **flu**

흡입기 heubipgi **inhaler**

천식 cheonsik **asthma**

근육 경련 geun-yook gyeonglyeon **cramps**

구역질 guyeokjil **nausea**

수두 sudu **chickenpox**

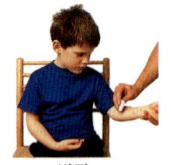

발진 baljin **rash**

어휘 eohwi • vocabulary

뇌졸증 neojoljeung **stroke**	당뇨병 dangnyobyeong **diabetes**	습진 seumjin **eczema**	오한 ohan **chill**	토하다 tohada **vomit (v)**	설사 seolsa **diarrhoea**
혈압 hyeol-ab **blood pressure**	알레르기 alleleugi **allergy**	감염 gam-yeom **infection**	복통 boktong **stomach ache**	간질 ganjil **epilepsy**	홍역 hong-yeok **measles**
심장 마비 simjang mabi **heart attack**	꽃가루 알레르기 kkotgaru allereugi **hay fever**	바이러스 baireoseu **virus**	기절하다 gijeolhada **faint (v)**	편두통 pyeondutong **migraine**	이하선염 ihaseonyeom **mumps**

한국어 hangookeo • **english**

건강 GEONGANG • **HEALTH**

의사 uisa • **doctor**
상담 sangdam • **consultation**

간호사
ganhosa
nurse

의사
uisa
doctor

엑스레이 판독기
egseurei pandoggi
x-ray viewer

처방전
cheobangjeon
prescription

환자
hwanja
patient

체중계
chejung-gye
scales

커프
keopeu
cuff

전자 혈압계
jeonja hyeol-abgye
electric blood pressure monitor

어휘 eohwi • **vocabulary**

예약 yeyak **appointment**	예방 접종 yebang jeobjong **inoculation**
수술 soosul **surgery**	체온계 che-ongye **thermometer**
대기실 daegisil **waiting room**	진찰 jinchal **medical examination**

진료를 받고 싶어요.
jinryo-leul batgo sipeoyo.
I need to see a doctor.

여기가 아파요.
yeogiga apayo.
It hurts here.

한국어 hangookeo • **english** 45

건강 GEONGANG • **HEALTH**

부상 busang • injury

삼각 봉대
samgak bungdae
sling

목 보조기
mog bojogi
neck brace

염좌 yeomjwa | **sprain**

골절
goljeol
fracture

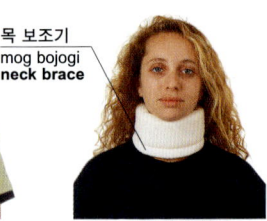

목뼈 부상
mogppyeo busang
whiplash

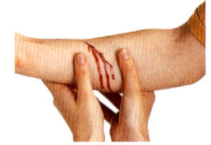

창상
changsang
cut

찰과상
chalgwasang
graze

타박상
tabaksang
bruise

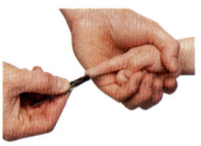

가시
gashi
splinter

일광화상
ilgwanghwasang
sunburn

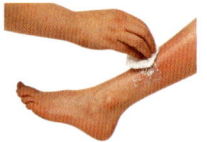

화상
hwasang
burn

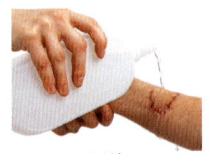

교상
gyosang
bite

벌침 쏘임
beolchim ssoim
sting

어휘 eohwi • vocabulary

사고 sago **accident**	출혈 choolhyeol **haemorrhage**	중독 joongdok **poisoning**	그 사람 괜찮을까요? geu saram gwaenchan-eulkkayo? **Will he/she be all right?**
응급 eunggeub **emergency**	물집 mooljib **blister**	감전 gamjeon **electric shock**	어디가 아파요? eodiga apayo? **Where does it hurt?**
부상 busang **wound**	뇌진탕 noejintang **concussion**	머리 부상 meori busang **head injury**	구급차를 불러 주세요. gugeubchareul bulleo juseyo. **Please call an ambulance.**

한국어 hangookeo • english

건강 GEONGANG · **HEALTH**

응급 처치 eung-geub cheochi · **first aid**

연고
yeongo
ointment

1회용 반창고
ilhoeiyong banchanggo
plaster

안전핀
anjeonpin
safety pin

붕대
boongdae
bandage

진통제
jintongje
painkillers

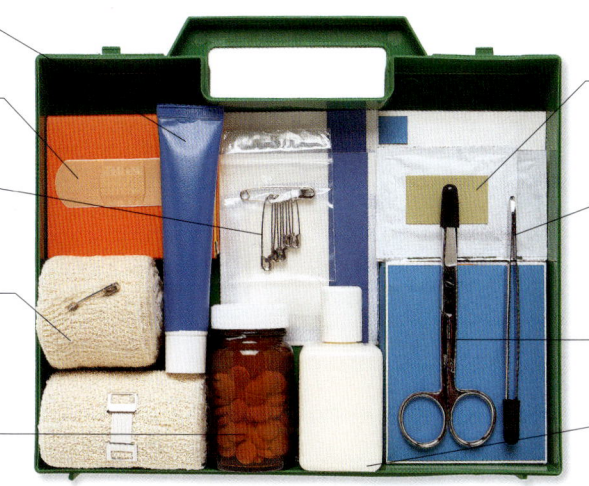

항균 물티슈
hanggyun multishyu
antiseptic wipe

족집게
jogjibge
tweezers

가위
gawi
scissors

소독제
sodogje
antiseptic

구급 상자 googeub sangja | **first-aid box**

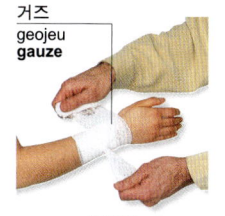

거즈
geojeu
gauze

드레싱
deuresing
dressing

부목 boomog | **splint**

반창고
banchang-go
adhesive tape

심폐 소생법
simpye sosaengbeob
resuscitation

어휘 eohwi · **vocabulary**

쇼크 shokeu **shock**	맥박 maegbak **pulse**	질식하다 jilshikhada **choke (v)**	도와 줄 수 있어요? dowa jul soo isseoyo? **Can you help?**
의식 불명 uisik bulmyeong **unconscious**	호흡 hoheub **breathing**	무균 mugyun **sterile**	응급 처치할 줄 아세요? eung-geub cheochihal jul asaeyo? **Do you know first aid?**

한국어 hangookeo · **english**

건강 GEONGANG • HEALTH

병원 byeong-won • hospital

외과 의사 / waegwa uisa / **surgeon**

차트 / chateu / **chart**

혈액 검사 / hyeol-aeg geomsa / **blood test**

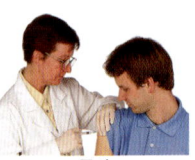

마취과 의사 / machwigwa wisa / **anaesthetist**

간호사 / ganhosa / **nurse**

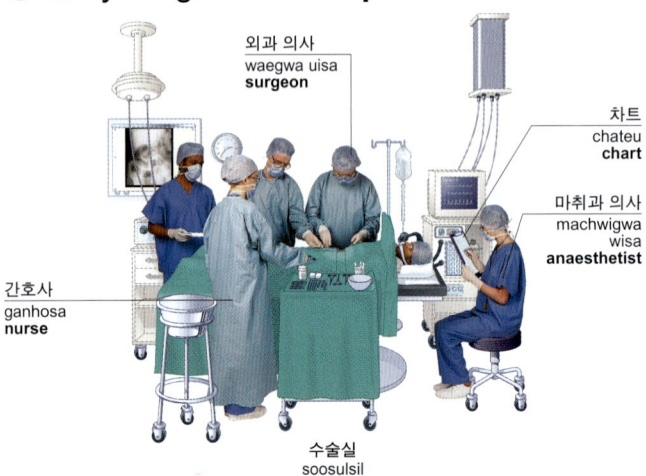

주사 / jusa / **injection**

수술실 / soosulsil / **operating theatre**

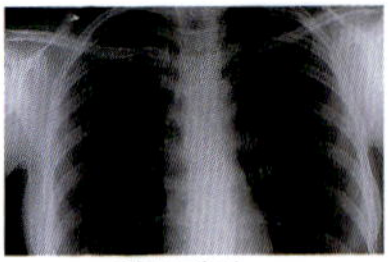

이동침대 / idongchimdae / **trolley**

호출 버튼 / hochul beoteun / **call button**

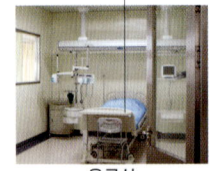

엑스레이 / ekseurei / **x-ray**

응급실 / eunggeubsil / **emergency room**

병동 / byeongdong / **ward**

휠체어 / hwilcheeo / **wheelchair**

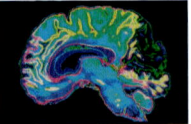

스캔 / seukaen / **scan**

어휘 eohwi • vocabulary

수술 soosul **operation**	퇴원하다 toewonhada **discharged**	면회 시간 myeonhue sigan **visiting hours**	소아과 병실 soagwa byeongsil **children's ward**	중환자실 joonghwanjasil **intensive care unit**
입원하다 ibwonhada **admitted**	클리닉 keullinik **clinic**	산부인과 병실 sanbu-ingwa byeongsil **maternity ward**	개인실 gaeinshil **private room**	외래 환자 waerae hwanja **outpatient**

48   한국어 hangookeo • english

건강 GEONGANG • **HEALTH**

부서 buseo • **departments**

이비인후과
obimhugwa
ENT

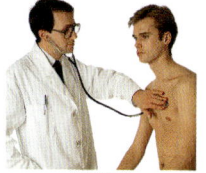

심장내과
simjangnaegwa
cardiology

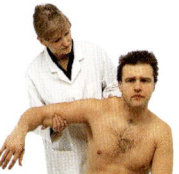

정형외과
jeonghyeong-waegwa
orthopaedics

부인과
buin-gwa
gynaecology

물리치료과
mullichiryogwa
physiotherapy

피부과
piboogwa
dermatology

소아과
soagwa
paediatrics

방사선과
bangsaseongwa
radiology

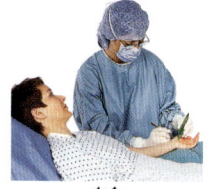

수술
soosul
surgery

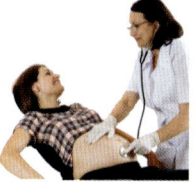

산부인과
sanbuin-gwa
maternity

정신과
jeongsin-gwa
psychiatry

안과
an-gwa
ophthalmology

어휘 eohwi • **vocabulary**

신경외과	비뇨기과	내분비과	병리과	결과
singyeong-waegwa	binyogigwa	naebunbigwa	byeongree-gwa	gyeolgwa
neurology	**urology**	**endocrinology**	**pathology**	**result**
종양과	성형외과	의뢰	테스트	전문의
jong-yang-gwa	seonghyeong-waegwa	uiloe	teseuteu	jeonmun-ui
oncology	**plastic surgery**	**referral**	**test**	**consultant**

한국어 hangookeo • **english**

건강 GEONGANG • HEALTH

치과 의사 chigwa uisa • dentist

치아 chia • tooth

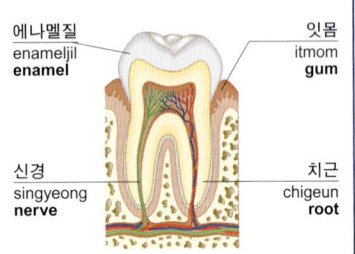

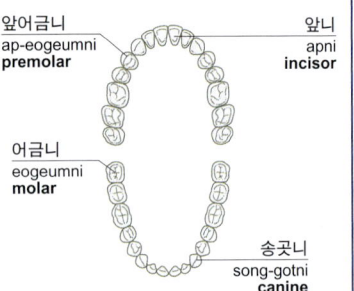

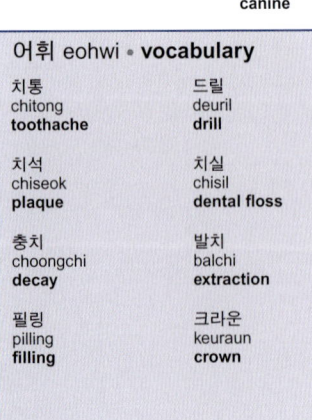

- 에나멜질 enameljil **enamel**
- 잇몸 itmom **gum**
- 신경 singyeong **nerve**
- 치근 chigeun **root**
- 앞어금니 ap-eogeumni **premolar**
- 앞니 apni **incisor**
- 어금니 eogeumni **molar**
- 송곳니 song-gotni **canine**

체크업 chekeueob • checkup

- 반사경 bansagyeong **reflector**
- 탐침 tamchim **probe**
- 앞치마 apchima **apron**
- 치과 세면대 chigwa semyeondae **basin**
- 치과 의자 chigwa uija **dentist's chair**

어휘 eohwi • vocabulary

치통 chitong **toothache**	드릴 deuril **drill**
치석 chiseok **plaque**	치실 chisil **dental floss**
충치 choongchi **decay**	발치 balchi **extraction**
필링 pilling **filling**	크라운 keuraun **crown**

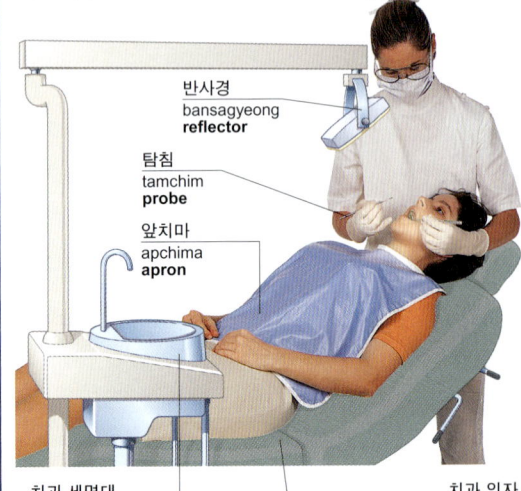

- 치실질하다 chisiljilhada **floss (v)**
- 양치하다 yangchihada **brush (v)** 
- 치아 교정기 chia gyojeong-gi **braces** 
- 치과 엑스레이 chigwa ekseurei **dental x-ray** 
- 엑스레이 사진 ekseurei sajin **x-ray film** 
- 의치 uichi **dentures** 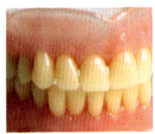

한국어 hangookeo • english

건강 GEONGANG · **HEALTH**

안경사 angyeongsa · **optician**

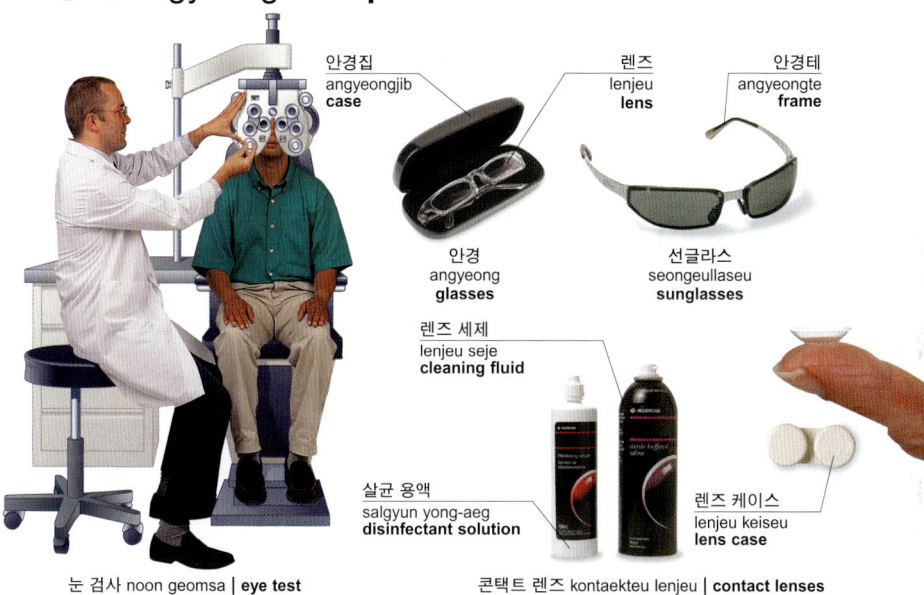

안경집
angyeongjib
case

렌즈
lenjeu
lens

안경테
angyeongte
frame

안경
angyeong
glasses

선글라스
seongeullaseu
sunglasses

렌즈 세제
lenjeu seje
cleaning fluid

살균 용액
salgyun yong-aeg
disinfectant solution

렌즈 케이스
lenjeu keiseu
lens case

눈 검사 noon geomsa | **eye test**

콘택트 렌즈 kontaekteu lenjeu | **contact lenses**

눈 noon · **eye**

눈썹
noonsseob
eyebrow

눈꺼풀
noonkkeopul
eyelid

속눈썹
soknoonsseob
eyelash

동공
dong-gong
pupil

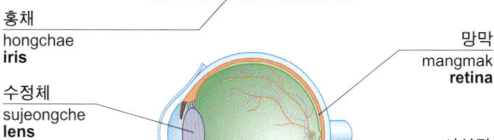

홍채
hongchae
iris

망막
mangmak
retina

수정체
sujeongche
lens

시신경
sisingyeong
optic nerve

각막
gagmak
cornea

어휘 eohwi · **vocabulary**

시력 siryeok **vision**	난시 nansi **astigmatism**
디옵터 diobteo **diopter**	원시 wonsi **long sight**
눈물 noonmul **tear**	근시 geunsi **short sight**
백내장 baeknaejang **cataract**	이중 초점 ijung chojeom **bifocal**

한국어 hangookeo · **english**

건강 GEONGANG • HEALTH

임신 imsin • pregnancy

스캔
seukaen
scan

임신 테스트
imsin teseuteu
pregnancy test

탯줄
taetjul
umbilical cord

태반
taeban
placenta

자궁 경관
jagoong gyeonggwan
cervix

자궁
jagoong
uterus

초음파 cho-eumpa | **ultrasound**

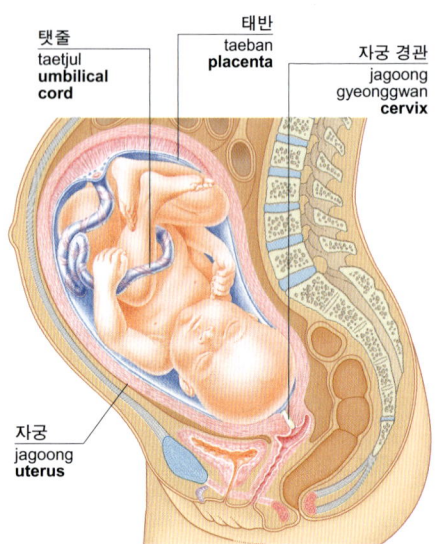

태아 tae-ah | **foetus**

어휘 eohwi • vocabulary

배란
baeran
ovulation

수태
sootae
conception

임신한
imsinhan
pregnant

출산을 앞둔
chulsan-eul apdun
expectant

출산 전
chulsan jeon
antenatal

배아
bae-ah
embryo

자궁
jagoong
womb

임신 3개월
imsin sam-gaewol
trimester

진통
jintong
contraction

양수가 터지다
yangsuga teojida
break waters (v)

양수
yangsu
amniotic fluid

양수 천자
yangsu cheonja
amniocentesis

자궁문이 열림
jagoongmun-i yeollim
dilation

무통주사
mootongjoosa
epidural

외음 절개술
wae-eum jeolgaesul
episiotomy

제왕 절개
jewang jeolgae
caesarean section

분만
bunman
delivery

출생
choolsaeng
birth

유산
yoosan
miscarriage

봉합
bonghab
stitches

둔위 분만
dun-wi boonman
breech birth

조산
josan
premature

부인과 의사
buin-gwa uisa
gynaecologist

산부인과 의사
sanbuin-gwa uisa
obstetrician

한국어 hangookeo • **english**

건강 GEONGANG · **HEALTH**

출산 chulsan · **childbirth**

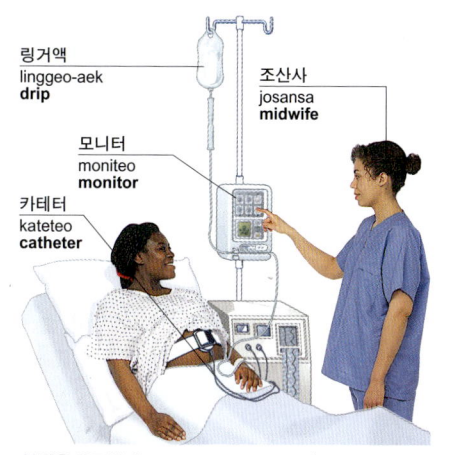

링거액 linggeo-aek **drip**

조산사 josansa **midwife**

모니터 moniteo **monitor**

카테터 kateteo **catheter**

분만을 유도하다 bunman-eul yudohada | **induce labour (v)**

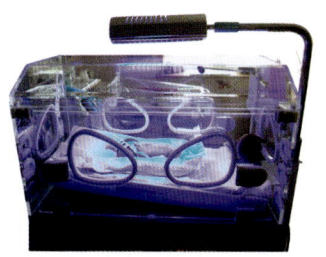

인큐베이터 inkyubeiteo | **incubator**

출생 체중 choolsaeng chejoong **birth weight**

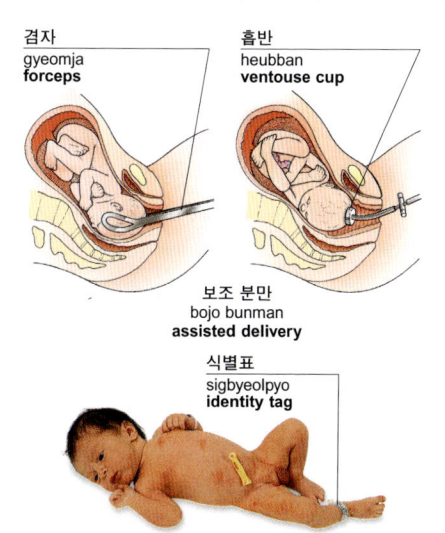

겸자 gyeomja **forceps**

흡반 heubban **ventouse cup**

보조 분만 bojo bunman **assisted delivery**

식별표 sigbyeolpyo **identity tag**

신생아 sinsaeng-ah | **newborn baby**

수유 suyu · **nursing**

유축기 yuchukgi **breast pump**

수유 브라 suyu beura **nursing bra**

모유 수유하다 moyu suyuhada **breastfeed (v)**

패드 paedeu **pads**

한국어 hangookeo · **english** 53

건강 GEONGANG • **HEALTH**

대체 치료 daeche chiryo • **alternative therapy**

요가 자세
yoga jase
yoga pose

매트
maeteu
mat

요가 yoga | **yoga**

마사지
masaji
massage

지압 안마
jiab anma
shiatsu

척추 교정술
cheogchu gyojeongsul
chiropractic

정골요법
jeong-gol-yobeob
osteopathy

반사요법
bansayobeob
reflexology

명상
myeongsang
meditation

54 한국어 hangookeo • **english**

건강 GEONGANG • HEALTH

상담사
sangdamsa
counsellor

기 치료
ki chiryo
reiki

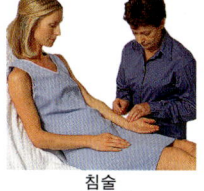

침술
chimsul
acupuncture

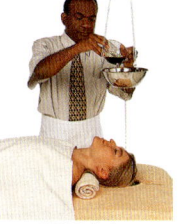

집단 치료
jibdan chiryo
group therapy

아유르베다
ayureumeda
ayurveda

최면술
choemyeonsul
hypnotherapy

아로마 오일
aroma oil
essential oils

약초 치료
yakcho chiryo
herbalism

아로마 테라피
aroma taerapi
aromatherapy

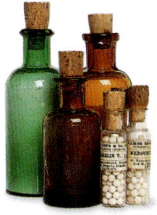

동종 요법
dongjong yobeob
homeopathy

지압
jiab
acupressure

테라피스트
terapiseuteu
therapist

심리 치료법
simli chiryobeob
psychotherapy

어휘 eohwi • **vocabulary**

영양제 yeong-yangje **supplement**	자연 치료법 jayeon chiryobeob **naturopathy**	휴식 hyoosik **relaxation**	약초 yakcho **herb**
수치료법 suchiryobeob **hydrotherapy**	풍수 poongsu **feng shui**	스트레스 seuteureseu **stress**	수정 치료법 sujeong chiryobeob **crystal healing**

한국어 hangookeo • **english**

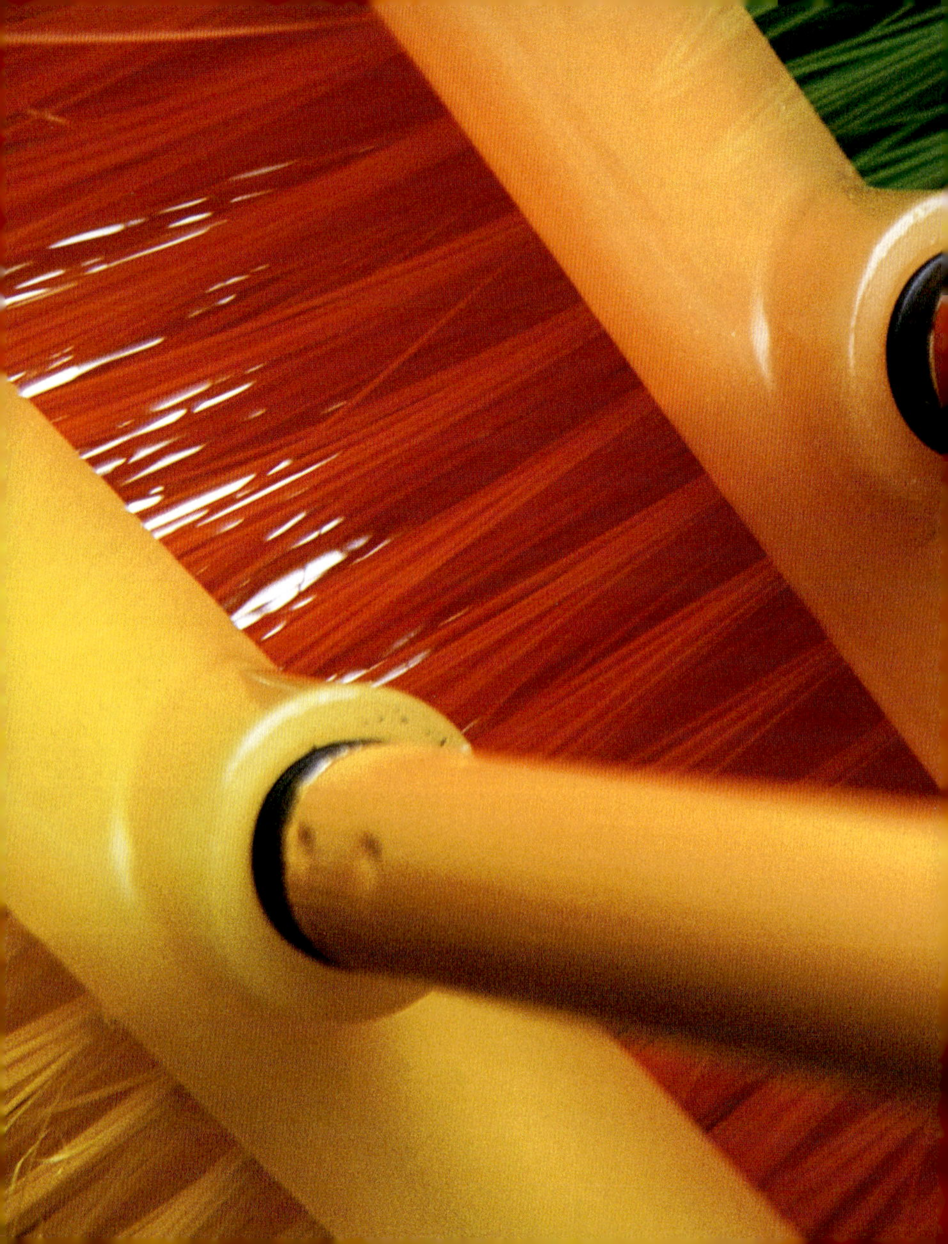

가정 gajeong
home

가정 GAJEONG • HOME

집 jib • house

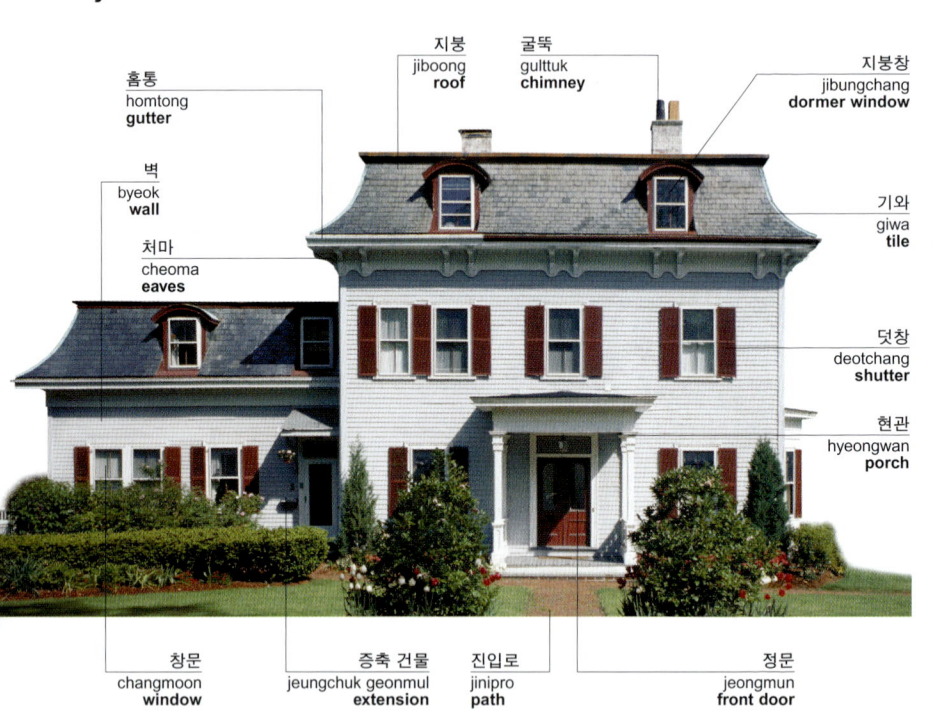

지붕 jiboong **roof**

굴뚝 gulttuk **chimney**

홈통 homtong **gutter**

지붕창 jibungchang **dormer window**

벽 byeok **wall**

처마 cheoma **eaves**

기와 giwa **tile**

덧창 deotchang **shutter**

현관 hyeongwan **porch**

창문 changmoon **window**

증축 건물 jeungchuk geonmul **extension**

진입로 jinipro **path**

정문 jeongmun **front door**

어휘 eohwi • vocabulary

단독주택 dandogjootaek **detached**	테라스 주택 teraseu jutaek **terraced**	차고 chago **garage**	편지함 pochtoviy pyeonjiham **letterbox**	도난 경보기 okhrannaya donan gyeongbogi **burglar alarm**	임대하다 imdaehada **rent (v)**
듀플렉스 dyupeullegseu **semidetached**	방갈로 bang-gallo **bungalow**	다락 darak **attic**	세입자 seibja **tenant**	마당 madang **courtyard**	임대료 imdaeryo **rent**
타운하우스 taunhauseu **townhouse**	지하실 jihasil **basement**	방 bang **room**	집주인 jibju-in **landlord**	층 cheung **floor**	현관등 hyeongwandeung **porch light**

한국어 hangookeo • english

가정 GAJEONG • **HOME**

입구 ibgu • **entrance**

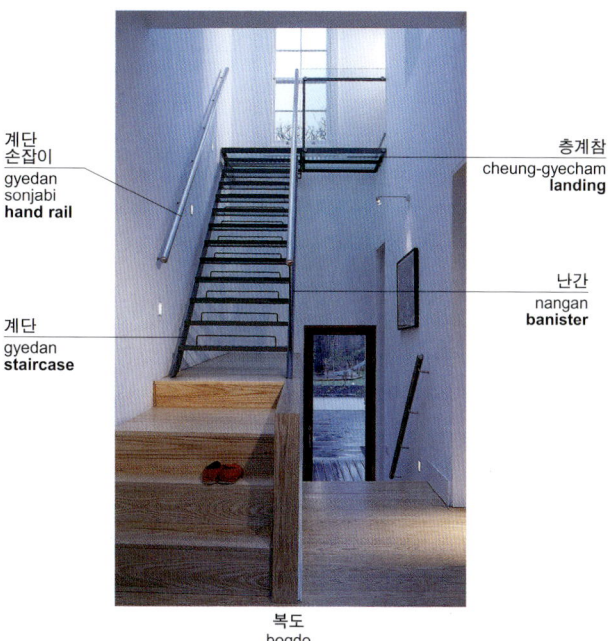

계단 손잡이
gyedan sonjabi
hand rail

계단
gyedan
staircase

층계참
cheung-gyecham
landing

난간
nangan
banister

복도
bogdo
hallway

초인종
choinjong
doorbell

도어매트
doeomaeteu
doormat

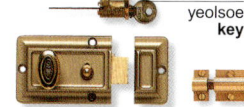

노커
nokeo
door knocker

도어체인
doeochein
door chain

자물쇠
jamulsoe
lock

열쇠
yeolsoe
key

빗장
bitjang
bolt

아파트 apateu • **flat**

발코니
balkoni
balcony

아파트 건물
apateu geonmul
block of flats

인터콤
inteokom
intercom

엘리베이터
ellibeiteo
lift

한국어 hangookeo • english 59

가정 GAJEONG · **HOME**

실내 시스템 silnae siseutem ·
internal systems

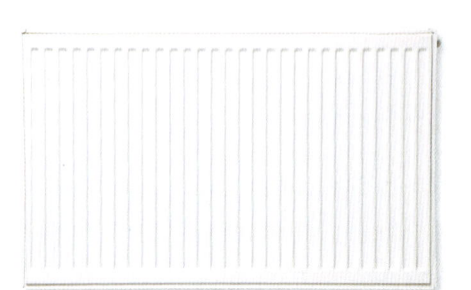

날개
nalgae
blade

선풍기
seonpung-gi
fan

라디에이터
ladieiteo
radiator

히터
hiteo
heater

컨벡션 히터
keonbagsyeon hiteo
convector heater

전기 jeongi · electricity

접지
jeobji
earthing

절전형 전구
jeoljeonhyeong jeongu
energy-saving bulb

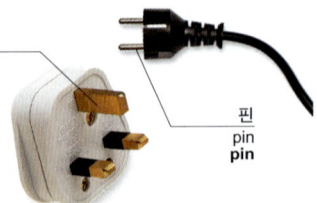

핀
pin
pin

플러그 peulleogeu | **plug**

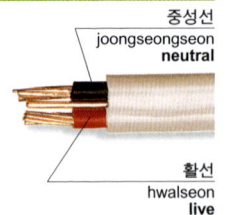

중성선
joongseongseon
neutral

활선
hwalseon
live

전선 jeonseon | **wires**

어휘 eohwi · vocabulary

전압 jeon-ab **voltage**	퓨즈 pyujeu **fuse**	소켓 soket **socket**	직류 전류 jigryu jeonryu **direct current**	정전 jeongjeon **power cut**
전류 jeonryu **amp**	퓨즈 박스 pyujeu bakseu **fuse box**	스위치 seuwichi **switch**	변압기 byeonabgi **transformer**	공급 전원 gong-geup jeon-won **mains supply**
전력 jeonryeok **power**	발전기 baljeongi **generator**	교류 전류 gyoryu jeonryu **alternating current**	전력량계 jeonryeokryang-gye **electricity meter**	

한국어 hangookeo · **english**

가정 GAJEONG • **HOME**

배관 baegwan • **plumbing**

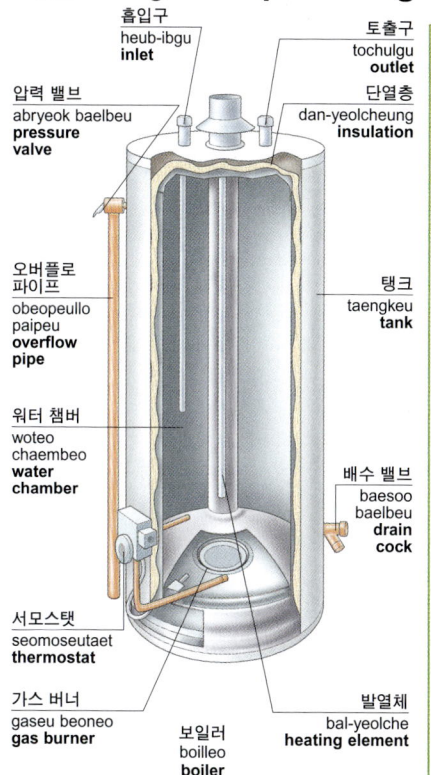

- 흡입구 heub-ibgu **inlet**
- 토출구 tochulgu **outlet**
- 압력 밸브 abryeok baelbeu **pressure valve**
- 단열층 dan-yeolcheung **insulation**
- 오버플로 파이프 obeopeullo paipeu **overflow pipe**
- 탱크 taengkeu **tank**
- 워터 챔버 woteo chaembeo **water chamber**
- 배수 밸브 baesoo baelbeu **drain cock**
- 서모스탯 seomoseutaet **thermostat**
- 가스 버너 gaseu beoneo **gas burner**
- 보일러 boilleo **boiler**
- 발열체 bal-yeolche **heating element**

세면대 semyeondae • **sink**

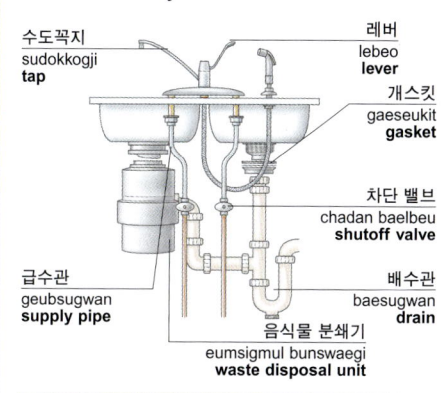

- 수도꼭지 sudokkogji **tap**
- 레버 lebeo **lever**
- 개스킷 gaeseukit **gasket**
- 차단 밸브 chadan baelbeu **shutoff valve**
- 급수관 geubsugwan **supply pipe**
- 배수관 baesugwan **drain**
- 음식물 분쇄기 eumsigmul bunswaegi **waste disposal unit**

화장실 hwajangsil • **toilet**

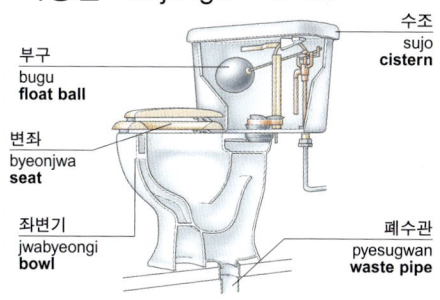

- 수조 sujo **cistern**
- 부구 bugu **float ball**
- 변좌 byeonjwa **seat**
- 좌변기 jwabyeongi **bowl**
- 폐수관 pyesugwan **waste pipe**

폐기물 처리 pyegimul cheori • **waste disposal**

- 병 byeong **bottle**
- 뚜껑 ttukkeong **lid**
- 페달 pedal **pedal**
- 재활용통 jaehwalyongtong **recycling bin**
- 쓰레기통 sseuregitong **rubbish bin**
- 분류 장치 bunryu jangchi **sorting unit** 
- 유기성 폐기물 yugiseong pyegimul **organic waste** 

한국어 hangookeo • **english**

61

가정 GAJEONG • **HOME**

거실 geosil • **living room**

벽등
byeokdeung
wall light

벽난로
byeoknanlo
fireplace

천장
cheongjang
ceiling

꽃병
kkotbyeong
vase

쿠션
kusyeon
cushion

램프
laempeu
lamp

탁자
takja
coffee table

소파
sopa
sofa

바닥
badak
floor

한국어 hangookeo • **english**

가정 GAJEONG • **HOME**

액자
aekja
frame

그림
geurim
painting

커튼
keoteun
curtain

속 커튼
sok keoten
net curtain

베니션 블라인드
benisheon beullaindeu
Venetian blind

롤러 블라인드
lolleo beullaindeu
roller blind

몰딩
molding
moulding

안락의자
anlak-uija
armchair

책장
chaekjang
bookshelf

소파 베드
sopa bedeu
sofa bed

러그
reogeu
rug

서재 seojae | **study**

한국어 hangookeo • **english** 63

가정 GAJEONG • **HOME**

다이닝룸 dainingroom • **dining room**

후추 huchu **pepper**

소금 sogeum **salt**

식탁 siktak **table**

식기류 sikgiryu **crockery**

커트러리 keoteuleori **cutlery**

의자 uija **chair**

등받이 deungbat-i **back**

앉는 부분 anneon bubun **seat**

다리 dari **leg**

어휘 eohwi • **vocabulary**

식탁을 차리다 siktak-eul charida **lay the table (v)**	배고픈 baegopeun **hungry**	점심 jeomsim **lunch**	배부른 baebureun **full**	주인 jooin **host**	조금 더 주시겠습니까? jogeum deo jusigessseumnikka? **Can I have some more, please?**
서빙하다 seobinghada **serve (v)**	식탁보 siktakbo **tablecloth**	저녁 jeonyeok **dinner**	1인분 il-inboon **portion**	안주인 anjuin **hostess**	배부릅니다. 감사합니다. baebureumnida. gamsahamnida **I've had enough, thank you.**
먹다 meokda **eat (v)**	아침 achim **breakfast**	식탁 매트 siktak maeteu **place mat**	식사 siksa **meal**	손님 sonnim **guest**	맛있게 먹었어요. masitge meogeosseoyo **That was delicious.**

한국어 hangookeo • **english**

가정 GAJEONG • **HOME**

식기류 sikgiryu • **crockery and cutlery**

머그컵
meogeukeob
mug

커피잔
keopijan
coffee cup

찻잔
chatjan
teacup

티스푼
tiseupun
teaspoon

접시
jeobsi
plate

대접
daejeob
bowl

커피포트
keopipoteu
cafetière

찻주전자
chatjujeonja
teapot

물병
mulbyeong
jug

에그컵
egeukeob
egg cup

와인잔
wainjan
wine glass

텀블러
teombeulleo
tumbler

유리그릇
yoorigeureut
glassware

냅킨링
naebkinling
napkin ring

앞접시
apjeobsi
side plate

대접시
daejeobsi
dinner plate

수프 그릇
supeu geureut
soup bowl

수프 스푼
supeu seupoon
soup spoon

냅킨
naebkin
napkin

포크
pokeu
fork

상차림
sangcharim
place setting

숟가락
sutgarak
spoon

나이프
naipeu
knife

한국어 hangookeo • **english**

65

가정 GAJEONG · **HOME**

주방 joobang · **kitchen**

선반	seonban	**shelves**
가림판	garimpan	**splashback**
수도꼭지	sudokkogji	**tap**
싱크대	singkeudae	**sink**
서랍	seorab	**drawer**
환풍기	hwanpung-gi	**extractor**
전기레인지	jeon-gireinji	**ceramic hob**
조리대	joridae	**worktop**
오븐	obeun	**oven**
캐비닛	kaebinit	**cabinet**

가전품 gajeonpum · **appliances**

전자레인지	jeonjareinji	**microwave oven**
믹싱볼	miksingbol	**mixing bowl**
날	nal	**blade**
뚜껑	ttukkeong	**lid**
전기 주전자	jeongi jujeonja	**kettle**
토스터	toseuteo	**toaster**
푸드 프로세서	pudeu peuroseseo	**food processor**
블렌더	beullendeo	**blender**
식기 세척기	sikgi secheokgi	**dishwasher**

한국어 hangookeo · **english**

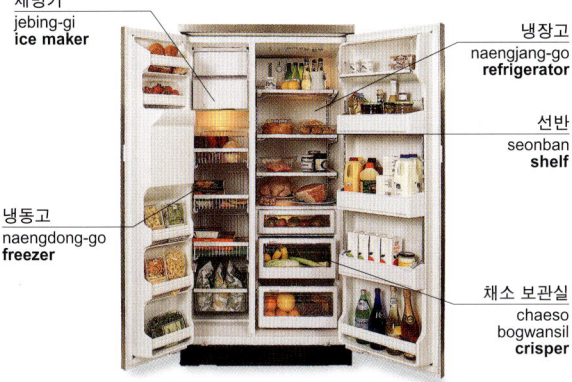

가정 GAJEONG • **HOME**

제빙기
jebing-gi
ice maker

냉장고
naengjang-go
refrigerator

선반
seonban
shelf

냉동고
naengdong-go
freezer

채소 보관실
chaeso bogwansil
crisper

냉장/냉동고 naengjang/naengdong-go | **fridge-freezer**

어휘 eohwi • **vocabulary**

식기 건조대 sikgi geonjodae **draining board**	냉동하다 naengdonghada **freeze (v)**
버너 beoneo **burner**	해동하다 haedonghada **defrost (v)**
레인지 reinji **hob**	찌다 jjida **steam (v)**
쓰레기통 sseuregitong **rubbish bin**	볶다 bokda **sauté (v)**

조리 jori • **cooking**

벗기다
beotgida
peel (v)

얇게 썰다
yalbge sseolda
slice (v)

강판에 갈다
gangpan-e galda
grate (v)

붓다
butda
pour (v)

섞다
seokkda
mix (v)

휘젓다
hwijeotda
whisk (v)

끓이다
kkeulh-ida
boil (v)

튀기다
twigida
fry (v)

밀다
milda
roll (v)

젓다
jeotda
stir (v)

부글부글 끓이다
bugeulbugeul kkeulh-ida
simmer (v)

졸이다
jol-ida
poach (v)

굽다
gubda
bake (v)

굽다
goobda
roast (v)

석쇠에 굽다
seoksoe-e goobda
grill (v)

한국어 hangookeo • **english**

가정 GAJEONG • HOME

주방용품 joobang yongpum • kitchenware

도마
doma
chopping board

빵칼
ppangkal
bread knife

주방용 칼
joobang-yong kal
kitchen knife

클리버
keullibeo
cleaver

칼갈이
kalgal-i
knife sharpener

연육기
yeon-yukgi
meat tenderizer

꼬치
kkochi
skewer

감자칼
gamjakal
peeler

사과씨 빼개
sagassi bbaege
apple corer

강판
gangpan
grater

절구
jeolgoo
mortar

절굿공이
jeolgutgong-i
pestle

으깨는 기구
eukkaeneun gigu
masher

깡통 따개
kkangtong ttagae
can opener

병따개
byeongttagae
bottle opener

마늘 분쇄기
maneul bunswaegi
garlic press

서빙 스푼
seobing seupun
serving spoon

뒤집개
dwijibgae
fish slice

채반
chaeban
colander

주걱
joogeok
spatula

나무 숟가락
namu sutgarak
wooden spoon

건지개
geonjigae
slotted spoon

국자
gookja
ladle

카빙 포크
kabing pokeu
carving fork

스쿱
seukoop
scoop

거품기
geopumgi
whisk

체
che
sieve

68   한국어 hangookeo • **english**

가정 GAJEONG • **HOME**

뚜껑 ttukkeong **lid**

들러붙지 않는 deulleobutji anhneun **non-stick**

프라이팬 peuraipaen **frying pan**

소스팬 soseupaen **saucepan**

그릴팬 geurilpaen **grill pan**

웍 wok **wok**

도기 그릇 dogi geureut **earthenware dish**

유리 그릇 yuri geureut **glass**

오븐에서 사용 가능 obeun-eseo sayong ganeung **ovenproof**

믹싱볼 miksingbol **mixing bowl**

수플레 그릇 supeulle geureut **soufflé dish**

그라탱 그릇 geurataeng geureut **gratin dish**

라미킨 lamikin **ramekin**

냄비 naembi **casserole dish**

케이크 굽기 keikeu goobgi • **baking cakes**

저울 jeowool **scales**

계량컵 gyeryangkeob **measuring jug**

케이크 틀 keikeu teul **cake tin**

파이 틀 pai teul **pie tin**

타르트 틀 tareuteu teul **flan tin**

페이스트리 솔 peiseuteuri sol **pastry brush**

밀대 mildae | **rolling pin**

짤주머니 jjaljoomeoni **piping bag**

머핀 트레이 meopin teurei **muffin tray**

베이킹 트레이 beiking teurei **baking tray**

식힘망 sikhim-mang **cooling rack**

오븐장갑 obeunjanggab **oven glove**

앞치마 apchima **apron**

한국어 hangookeo • **english**

가정 GAJEONG • **HOME**

침실 chimsil • **bedroom**

옷장
otjang
wardrobe

침실등
chimsildeung
bedside lamp

침대 머리판
chimdae meoripan
headboard

침대 협탁
chimdae hyeoptak
bedside table

서랍장
seorabjang
chest of drawers

서랍	침대	매트리스	침대보	베개
seorab	chimdae	maeteuriseu	chimdaebo	begae
drawer	**bed**	**mattress**	**bedspread**	**pillow**

보온 물주머니
bo-on mooljumeoni
hot-water bottle

라디오 시계
radio sigye
clock radio

자명종 시계
jamyeongjong sigye
alarm clock

각티슈
gaktisyu
box of tissues

옷걸이
otgeol-i
coat hanger

한국어 hangookeo • **english**

가정 GAJEONG • **HOME**

침구류 chimgooryu • **bed linen**

베갯잇
begaet-it
pillowcase

시트
siteu
sheet

매트리스 커버
maeteuriseu keobeo
valance

거울
geoul
mirror

화장대
hwajangdae
dressing table

이불커버
ibulkeobeo
duvet

누비이불
nubi-ibul
quilt

바닥
badak
floor

담요
dam-yo
blanket

어휘 eohwi • **vocabulary**

싱글 침대 sing-geul chimdae **single bed**	발판 balpan **footboard**	불면증 bulmyeonjeung **insomnia**	깨어나다 kkae-eo-nada **wake up (v)**	알람을 맞추다 allameul matchuda **set the alarm (v)**
더블 침대 deobeul chimdae **double bed**	침대 스프링 chimdae seupeuring **bedspring**	잠자리에 들다 jamjari-e deulda **go to bed (v)**	일어나다 il-eo-nada **get up (v)**	코를 골다 koreul golda **snore (v)**
전기담요 jeonkidam-yo **electric blanket**	카펫 kapet **carpet**	잠자리에 들다 jamjari-e deulda **go to sleep (v)**	잠자리를 정돈하다 jamjarireul jeongdonhada **make the bed (v)**	붙박이장 butbak-ijang **built-in wardrobe**

한국어 hangookeo • **english**

가정 GAJEONG • HOME

욕실 yoksil • bathroom

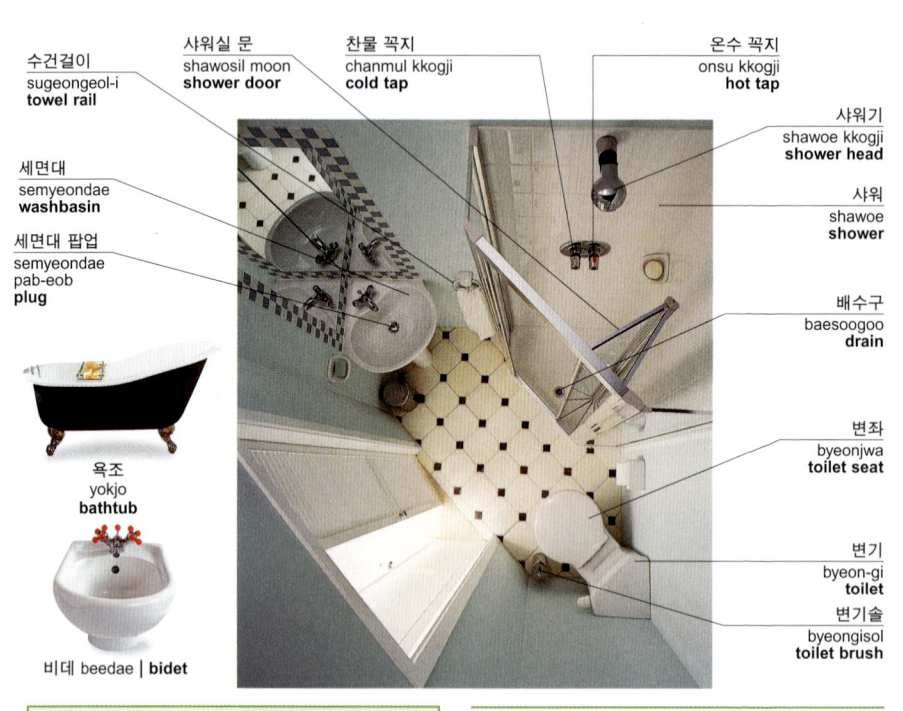

수건걸이
sugeongeol-i
towel rail

샤워실 문
shawosil moon
shower door

찬물 꼭지
chanmul kkogji
cold tap

온수 꼭지
onsu kkogji
hot tap

샤워기
shawoe kkogji
shower head

세면대
semyeondae
washbasin

샤워
shawoe
shower

세면대 팝업
semyeondae pab-eob
plug

배수구
baesoogoo
drain

변좌
byeonjwa
toilet seat

욕조
yokjo
bathtub

변기
byeon-gi
toilet

변기솔
byeongisol
toilet brush

비데 beedae | **bidet**

어휘 eohwi • vocabulary

화장실 수납장
hwajangsil soonabjang
medicine cabinet

욕실용 매트
yojsil-yong maeteu
bath mat

화장지
hwajangji
toilet roll

샤워 커튼
shawoe keoteun
shower curtain

샤워하다
shawoehada
take a shower (v)

목욕하다
mog-yokhada
take a bath (v)

치과 위생 chigwa wisaeng • dental hygiene

칫솔
chit-sol
toothbrush

치실
chisil
dental floss

치약
chiyak
toothpaste

구강 청결제
gugang cheong-gyeolje
mouthwash

72   한국어 hangookeo • **english**

가정 GAJEONG • **HOME**

스펀지
seupeonji
sponge

돌비누
dolbinoo
pumice stone

목욕용 등솔
mog-yok-yong deungsol
back brush

데오도란트
deodoranteu
deodorant

비누 받침
binu batchim
soap dish

샤워젤
shawoejel
shower gel

비누
binu
soap

얼굴 크림
eolgul keurim
face cream

거품 목욕제
geopum mog-yokje
bubble bath

핸드타올
haendeutaol
hand towel

목욕 수건
mog-yok soogeon
bath towel

수건
sugeon
towels

바디 로션
badi loshion
body lotion

베이비 파우더
beibi paudeo
talcum powder

목욕용 가운
mog-yok-yong gaun
bathrobe

면도 myeondo • **shaving**

전기 면도기
jeongi myeondogi
electric razor

면도날
myeondonal
razor blade

쉐이빙 폼
sheibing pom
shaving foam

일회용 면도기
ilhoeiyong myeondogi
disposable razor

애프터쉐이브 로션
aepeuteosheibeu loshion
aftershave

한국어 hangookeo • **english** 73

가정 GAJEONG • **HOME**

어린이집 eorin-i jib • **nursery**

유아 돌보기 yua dolbogi • **baby care**

스펀지
seupeonji
sponge

기저귀 발진 크림
gijeogwi baljin keurim
nappy rash cream

물티슈
multishyu
wet wipe

유아 목욕
yua mog-yok
baby bath

유아용 변기
yuayong byeongi
potty

기저귀 교체대
gijeogwi gyochedae
changing mat

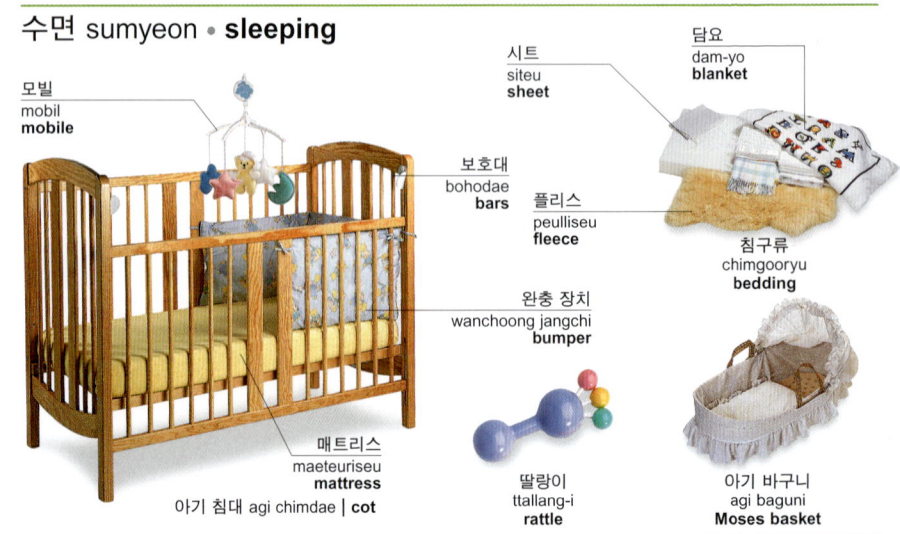

수면 sumyeon • **sleeping**

모빌
mobil
mobile

시트
siteu
sheet

담요
dam-yo
blanket

보호대
bohodae
bars

플리스
peulliseu
fleece

침구류
chimgooryu
bedding

완충 장치
wanchoong jangchi
bumper

매트리스
maeteuriseu
mattress

아기 침대 agi chimdae | **cot**

딸랑이
ttallang-i
rattle

아기 바구니
agi baguni
Moses basket

한국어 hangookeo • **english**

가정 GAJEONG • **HOME**

놀이 nol-i • **playing**

인형
inhyeong
doll

봉제완구
bongjewangu
soft toy

인형집
inhyeongjib
doll's house

장난감 집
jangnangam jib
playhouse

곰인형
gom-inhyeong
teddy bear

장난감
jangnangam
toy

공
gong
ball

장난감 바구니
jangnangam baguni
toy basket

아기 놀이 울타리
agi nol-i ultali
playpen

안전 anjeon • **safety**

차일드 로크
chaildeu lokeu
child lock

베이비모니터
beibimoniteo
baby monitor

계단 문
gyedan moon
stair gate

먹기 meokgi • **eating**

아기의자
agi-uija
high chair

우유병 꼭지
uyubyeong kkogji
teat

음료컵
eumryo-keob
drinking cup

병
byeong
bottle

외출 waechool • **going out**

유모차
yoomocha
pushchair

영아용 유모차
yeong-ayong yoomocha
pram

후드
hoodeu
hood

기저귀
gijeogwi
nappy

휴대용 아기 침대
hyudaeyong agi chimdae
carrycot

기저귀 가방
gijeogwi gabang
changing bag

포대기
podaegi
baby sling

한국어 hangookeo • **english** 75

가정 GAJEONG · **HOME**

다용도실 dayongdosil · **utility room**

세탁 setak · **laundry**

깨끗한 옷
kkaekkeuthan ot
clean clothes

빨랫감
ppallaetgam
dirty washing

빨래 바구니	세탁기	세탁 건조기	회전식 건조기	세탁한 빨래 바구니
ppallae baguni	setakgi	setak geonjogi	hoei-jeonsik geonjogi	setakhan ppallae baguni
laundry basket	**washing machine**	**washer-dryer**	**tumble dryer**	**linen basket**

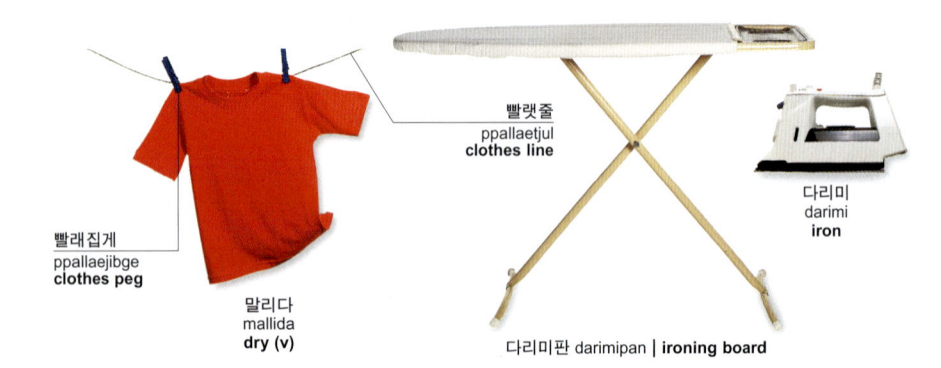

빨랫줄
ppallaetjul
clothes line

다리미
darimi
iron

빨래집게
ppallaejibge
clothes peg

말리다
mallida
dry (v)

다리미판 darimipan | **ironing board**

어휘 eohwi · **vocabulary**

넣다	돌리다	다림질하다
neotda	dollida	darimjilhada
load (v)	**spin (v)**	**iron (v)**

헹구다	회전식 건조기	섬유 유연제
haeng-gooda	hoei-jeonsik geonjogi	seom-yu yuyeonje
rinse (v)	**spin dryer**	**fabric conditioner**

세탁기를 어떻게 사용해야 합니까?
saetakgireul eotteokke sayonghaeya hamnikka?
How do I operate the washing machine?

색깔이 있는 옷과 흰색 옷을 어떻게 설정해야 합니까?
saegkkal-i itneun otgwa huinsaek ot-eul eotteokke seoljunghaeya habnikka?
What is the setting for coloureds/whites?

한국어 hangookeo · **english**

가정 GAJEONG • **HOME**

청소 도구 cheongso dogu • **cleaning equipment**

- 흡입 호스 / heub-ib hoseu / **suction hose**
- 솔 / sol / **brush**
- 쓰레받기 / sseurebatgi / **dust pan**
- 표백제 / pyobaekje / **bleach**
- 양동이 / yangdong-i / **bucket**
- 가루세제 / garooseje / **powder**
- 액체 세제 / aegche seje / **liquid**
- 걸레 / geolle / **duster**
- 진공 청소기 / jingong cheongsogi / **vacuum cleaner**
- 자루걸레 / jarugeolle / **mop**
- 세제 / seje / **detergent**
- 광택제 / gwangtaekje / **polish**

활동 hwaldong • **activities**

- 청소하다 / cheongsohada / **clean (v)**
- 씻다 / ssitda / **wash (v)**
- 닦다 / dakda / **wipe (v)**
- 문질러 씻다 / munjilleo ssitda / **scrub (v)**
- 긁어내다 / geulgeo-naeda / **scrape (v)**
- 빗자루 / bitjaru / **broom**
- 쓸다 / sseulda / **sweep (v)**
- 먼지를 털다 / meonjileul teolda / **dust (v)**
- 광택을 내다 / gwangtaek-eul naeda / **polish (v)**

한국어 hangookeo • **english**

가정 GAJEONG • **HOME**

작업장 jak-eobjang • **workshop**

척
cheok
chuck

드릴 비트
deuril biteu
drill bit

배터리 팩
naeteori paeg
battery pack

직소
jigso
jigsaw

무선 드릴
museon deuril
cordless drill

전동 드릴
jeondong deuril
electric drill

글루 건
geulloo geon
glue gun

죔쇠
joemsoe
clamp

날
nal
blade

바이스
baiseu
vice

샌더
saendeo
sander

원형톱
wonhyeong tob
circular saw

작업대
jak-eobdae
workbench

목공용 접착제
mokgong-yong
jeobchagjae
wood glue

공구 걸이
gong-gu geol-i
tool rack

루터
looteo
router

비트 핸들
biteu haendeul
bit brace

대팻밥
daepaetbab
wood shavings

연장선
yeonjangseon
extension lead

78 한국어 hangookeo • **english**

가정 GAJEONG · **HOME**

기술 gisool · **techniques**

자르다 jareuda **cut (v)**

톱질하다 tobjilhada **saw (v)**

구멍을 뚫다 goomung-eul ttoolda **drill (v)**

망치로 치다 mangchiro chida **hammer (v)**

대패질을 하다 daepaejil-eul hada | **plane (v)**

선반 가공하다 seonban gagonghada | **turn (v)**

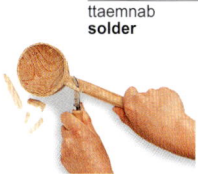

땜납 ttaemnab **solder**

조각하다 jogakhada **carve (v)**

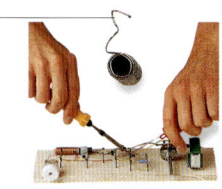

납땜하다 nabttaemhada **solder (v)**

재료 jaeryo · **materials**

MDF MDF **MDF**

합판 habpan **plywood**

칩보드 chipbodeu **chipboard**

하드보드 hadeubodeu **hardboard**

연재 yeonjae **softwood**

경재 gyeongjae **hardwood**

바니시 banisi **varnish**

우드 스테인 udeu seutein **wood stain**

철사 cheolsa **wire**

케이블 keibeul **cable**

스테인리스강 seuteinliseugang **stainless steel**

아연 도금 ayeon dogeum **galvanised**

목재 mokjae | **wood**

금속 geumsok | **metal**

한국어 hangookeo · **english**

79

가정 GAJEONG • **HOME**

공구함 gong-gooham • **toolbox**

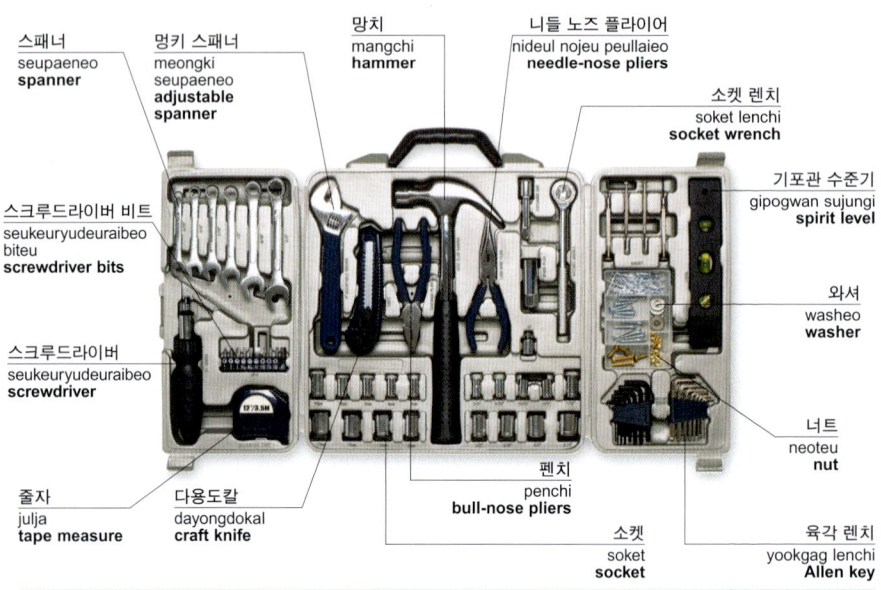

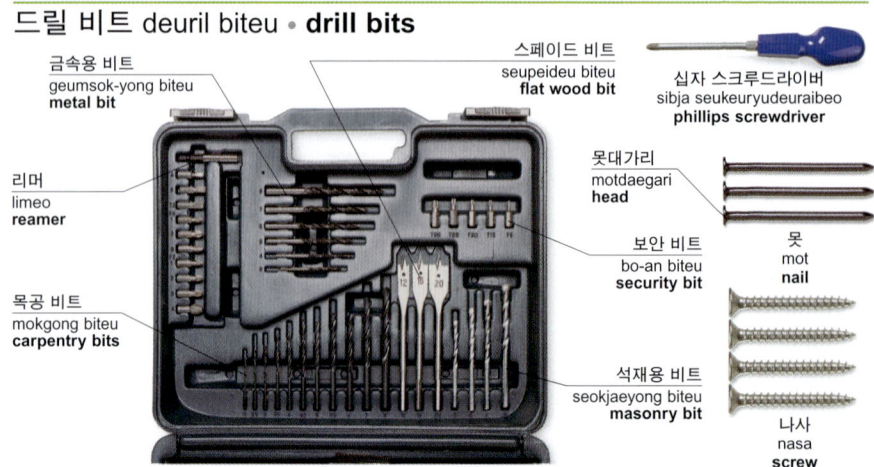

- 스패너 / seupaeneo / **spanner**
- 멍키 스패너 / meongki seupaeneo / **adjustable spanner**
- 망치 / mangchi / **hammer**
- 니들 노즈 플라이어 / nideul nojeu peullaieo / **needle-nose pliers**
- 소켓 렌치 / soket lenchi / **socket wrench**
- 스크루드라이버 비트 / seukeuryudeuraibeo biteu / **screwdriver bits**
- 기포관 수준기 / gipogwan sujungi / **spirit level**
- 와셔 / washeo / **washer**
- 스크루드라이버 / seukeuryudeuraibeo / **screwdriver**
- 너트 / neoteu / **nut**
- 줄자 / julja / **tape measure**
- 다용도칼 / dayongdokal / **craft knife**
- 펜치 / penchi / **bull-nose pliers**
- 소켓 / soket / **socket**
- 육각 렌치 / yookgag lenchi / **Allen key**

드릴 비트 deuril biteu • **drill bits**

- 금속용 비트 / geumsok-yong biteu / **metal bit**
- 스페이드 비트 / seupeideu biteu / **flat wood bit**
- 십자 스크루드라이버 / sibja seukeuryudeuraibeo / **phillips screwdriver**
- 리머 / limeo / **reamer**
- 못대가리 / motdaegari / **head**
- 보안 비트 / bo-an biteu / **security bit**
- 못 / mot / **nail**
- 목공 비트 / mokgong biteu / **carpentry bits**
- 석재용 비트 / seokjaeyong biteu / **masonry bit**
- 나사 / nasa / **screw**

한국어 hangookeo • **english**

가정 GAJEONG • **HOME**

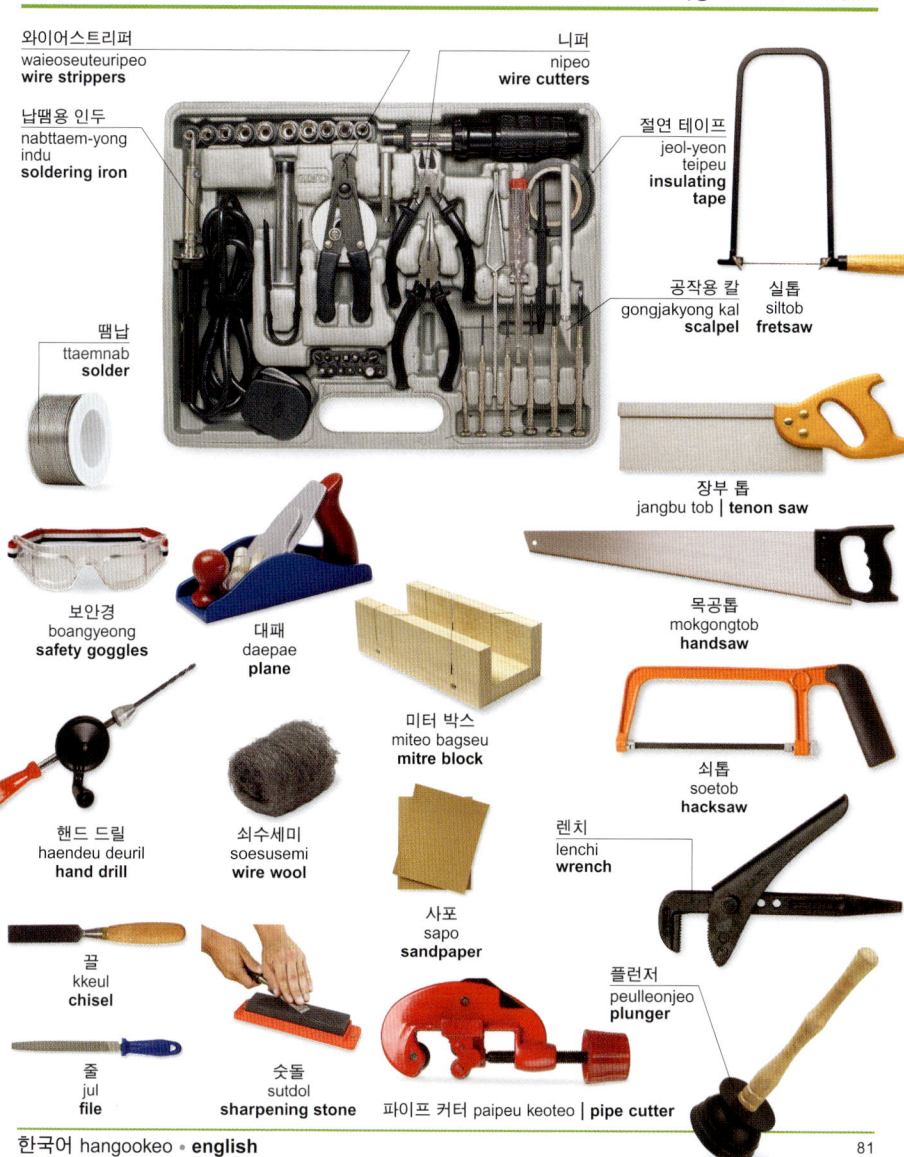

와이어스트리퍼
waieoseuteuripeo
wire strippers

니퍼
nipeo
wire cutters

납땜용 인두
nabttaem-yong indu
soldering iron

절연 테이프
jeol-yeon teipeu
insulating tape

공작용 칼
gongjakyong kal
scalpel

실톱
siltob
fretsaw

땜납
ttaemnab
solder

장부 톱
jangbu tob | **tenon saw**

보안경
boangyeong
safety goggles

대패
daepae
plane

목공톱
mokgongtob
handsaw

미터 박스
miteo bagseu
mitre block

핸드 드릴
haendeu deuril
hand drill

쇠수세미
soesusemi
wire wool

쇠톱
soetob
hacksaw

렌치
lenchi
wrench

끌
kkeul
chisel

사포
sapo
sandpaper

플런저
peulleonjeo
plunger

줄
jul
file

숫돌
sutdol
sharpening stone

파이프 커터 paipeu keoteo | **pipe cutter**

한국어 hangookeo • **english**

가정 GAJEONG • HOME

장식 jangsik • decorating

가위 gawi **scissors**

다용도칼 dayongdokal **craft knife**

다림줄 dalimjul **plumb line**

스크레이퍼 seukeureipeo **scraper**

도배업자 dobae-eopja **decorator**

벽지 byeokji **wallpaper**

발판 사다리 balpan sadari **stepladder**

도배솔 dobaesol **wallpaper brush**

풀 반죽 테이블 pul banjug teibeul **pasting table**

도배풀솔 dobaepoolsol **pasting brush**

도배풀 dobaepool **wallpaper paste**

양동이 yangdong-i **bucket**

벽지를 바르다 byeokjireul bareuda | **wallpaper (v)**

뜯어내다 tteudeo-naeda | **strip (v)**

채우다 chaeuda | **fill (v)**

연마하다 yeonmahada **sand (v)**

미장하다 mijanghada | **plaster (v)**

도배하다 dobaehada **hang (v)**

타일을 붙이다 tail-eul buchida | **tile (v)**

82 한국어 hangookeo • english

가정 GAJEONG • **HOME**

롤러
lolleo
roller

페인트 판
peinteu pan
paint tray

페인트
peinteu
paint

붓
boot
brush

페인트통
peinteutong
paint tin

스펀지
seupeonji
sponge

마스킹 테이프
maseuking teipeu
masking tape

사포
sapo
sandpaper

작업복
jag-eobbok
overalls

테레빈유
terebin-yoo
turpentine

먼지막이 커버
meonjimag-i keobeo
dustsheet

필러
pilleo
filler

시너
sineo
white spirit

페인트를 칠하다 peinteureul chilhada
paint (v)

어휘 eohwi • vocabulary

회반죽 hoei-banjook **plaster**	유광 yoogwang **gloss**	요철지 yocheolji **embossed paper**	언더코트 eondeokoteu **undercoat**	실런트 silleonteu **sealant**
바니시 banisi **varnish**	무광 moogwang **matte**	초벌 벽지 chobeol byeokji **lining paper**	탑코트 tabkoteu **top coat**	용제 yongje **solvent**
유화액 yuhwa-aek **emulsion**	스텐실 seutensil **stencil**	프라이머 peuraimeo **primer**	방부제 bangbuje **preservative**	그라우트 geurauteu **grout**

한국어 hangookeo • **english**

가정 GAJEONG • **HOME**

정원 jeong-won • **garden**
정원 양식 jeong-won yangsik • **garden styles**

파티오 정원 patio jeong-won | **patio garden**

정형식 정원 jeonghyeongsik jeong-won | **formal garden**

옥상 정원
oksang jeong-won
roof garden

바위 정원
bawi jeong-won
rock garden

마당 madang | **courtyard**

시골집 정원
sigoljib jeong-won
cottage garden

허브 정원
heobeu jeong-won
herb garden

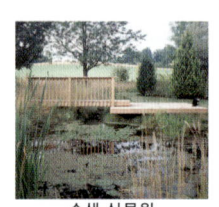

수생 식물원
susaeng sikmul-won
water garden

정원의 특징 jeong-won-ui teukjing • **garden features**

매다는 꽃바구니
maedaneun kkotbaguni
hanging basket

트렐리스 teurelliseu | **trellis**

퍼걸러
peogeolleo
pergola

84   한국어 hangookeo • **english**

가정 GAJEONG • HOME

토양 toyang • soil

- 포장로 pojangro **paving**
- 꽃밭 kkotbat **flowerbed**
- 통행로 tonghaengro **path**
- 퇴비 더미 toebi deomi **compost heap**
- 문 moon **gate**
- 헛간 heotgan **shed**
- 잔디밭 jandibat **lawn**
- 연못 yeonmot **pond**
- 온실 onsil **greenhouse**
- 담장 damjang **fence**
- 관목 울타리 gwanmok ultari **hedge**
- 아치 achi **arch**
- 채소 화단 chaeso hwadan **vegetable garden**
- 다년초 울타리 danyeoncho ultari **herbaceous border**

표토 pyoto **topsoil**

모래 morae **sand**

백악 baeg-ak **chalk**

충적토 choongjeokto **silt**

점토 jeomto **clay**

데크 daekeu **decking**

분수 boonsu | **fountain**

한국어 hangookeo • english 85

가정 GAJEONG • **HOME**

정원수 jeong-wonsu • **garden plants**
식물의 유형 sigmul-ui yuhyeong • **types of plants**

한해살이
hanhaesal-i
annual

이년생
i-nyeonsaeng
biennial

다년생
danyeonsaeng
perennial

구근
gugeun
bulb

양치식물
yangchisikmul
fern

골풀
golpool
rush

대나무
daenamu
bamboo

잡초
jabcho
weeds

약초
yakcho
herb

수생 식물
susaeng sigmul
water plant

나무
namu
tree

야자수
yajasoo
palm

침엽수
chimyeobsoo
conifer

상록수
sangroksu
evergreen

낙엽수
nak-yeobsu
deciduous

한국어 hangookeo • **english**

가정 GAJEONG • **HOME**

토피어리
topieori
topiary

고산 식물
gosan sigmul
alpine

다육 식물
dayook sigmul
succulent

선인장
seon-injang
cactus

화분수
hwabunsu
potted plant

녹음수
nog-eumsu
shade plant

덩굴 식물
deong-gul sigmul
climber

꽃나무
kkotnamu
flowering shrub

지피 식물
jipi sigmul
ground cover

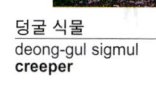

덩굴 식물
deong-gul sigmul
creeper

장식품
jangsikpoom
ornamental

풀
pool
grass

한국어 hangookeo • **english** 87

가정 GAJEONG • **HOME**

정원 도구 jeong-won dogu • **garden tools**

쇠갈퀴
soegalkwi
lawn rake

퇴비
toebi
compost

씨앗
ssiat
seeds

골분
golboon
bone meal

삽
sab
spade

쇠스랑
soeseurang
fork

원예용 자루 가위
won-yeyong jaru gawi
long-handled shears

갈퀴
galkwi
rake

괭이
gwaeng-i
hoe

자갈
jagal
gravel

잔디 봉투
jandi bongtoo
grass bag

모터
moteo
motor

손잡이
sonjabi
handle

원예용 바구니
won-yeyong baguni
trug

안전판
anjeonpan
shield

스탠드
seutaendeu
stand

예초기
yechogi
trimmer

잔디깍이
jandikkaggi
lawnmower

외바퀴 손수레
waebaqwi sonsoorye
wheelbarrow

88   한국어 hangookeo • **english**

가정 GAJEONG · **HOME**

소형 갈퀴
sohyeong galqwi
hand fork

모종삽
mojongsab
trowel

날
nal
blade

원예용 가위
won-yeyong gawi
shears

전지톱
jeonji tob
handsaw

전지가위
jeonji gawi
secateurs

모종 상자
mojong sangja
seed tray

살충제
salchoongje
pesticide

원예용 장갑
won-yeyong janggab
gardening gloves

노끈
nokkeun
twine

표
pyo
labels

작은 철끈
jak-eun cheolkkeun
twist ties

링 타이
ling tai
ring ties

막대
makdae
canes

체
che
sieve

화분
hwaboon
plant pot

고무 장화
gomu janghwa
rubber boots

물주기 muljoogi · **watering**

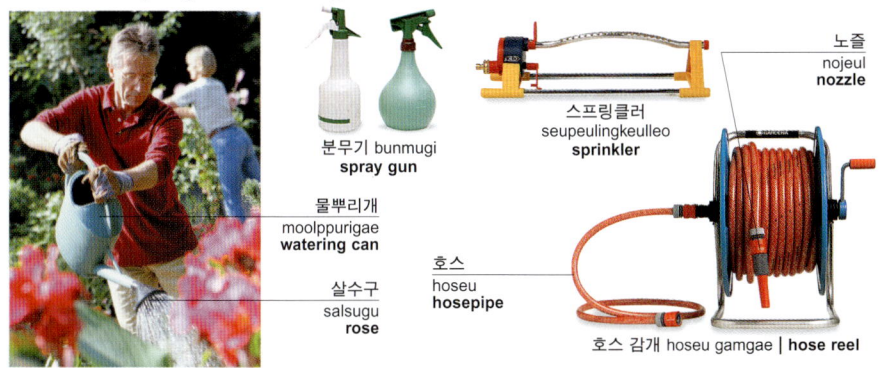

분무기 bunmugi
spray gun

물뿌리개
moolppurigae
watering can

살수구
salsugu
rose

스프링클러
seupeulingkeulleo
sprinkler

호스
hoseu
hosepipe

노즐
nojeul
nozzle

호스 감개 hoseu gamgae | **hose reel**

한국어 hangookeo · **english**   89

가정 GAJEONG • **HOME**

원예 won-ye • **gardening**

관목 울타리
gwanmok ultari
hedge

잔디밭
jandibat
lawn

꽃밭
kkotbat
flowerbed

말뚝
malttug
stake

잔디깎이
jandikkaggi
lawnmower

풀을 베다 pul-eul baeda | **mow (v)**

잔디를 깔다
jandileul kkalda
turf (v)

말뚝을 박다
malttug-eul bakda
spike (v)

갈퀴질하다
galqwijilhada
rake (v)

다듬다
dadeumda
trim (v)

파다
pada
dig (v)

씨 뿌리다
ssi ppurida
sow (v)

거름 주다
georeum juda
top dress (v)

물 주다
mool juda
water (v)

한국어 hangookeo • **english**

가정 GAJEONG • **HOME**

가꾸다
gakkuda
train (v)

시든 꽃을 잘라내다
sideun kkot-eul jallanaeda
deadhead (v)

살포하다
salpohada
spray (v)

막대기
makdaegi
cane

접목하다
jeobmokhada
graft (v)

자르기
jareugi
cutting

번식시키다
beonsigsikida
propagate (v)

가지치다
gajichida
prune (v)

말뚝으로 고정하다
malttug-euro gojeonghada
stake (v)

옮겨 심다
omgyeo simda
transplant (v)

잡초를 뽑다
jabchoreul ppobda
weed (v)

뿌리 덮개를 덮어주다
ppuri deopgaereul deop-eojuda
mulch (v)

수확하다
suhwakhada
harvest (v)

어휘 eohwi • **vocabulary**

경작하다 gyeongjakhada **cultivate (v)**	조경하다 jogyeonghada **landscape (v)**	비료를 주다 biryoreul juda **fertilize (v)**	체로 치다 chero chida **sieve (v)**	유기농 yuginong **organic**	씨 뿌리기 ssi ppurigi **seedling**	심토 simto **subsoil**
돌보다 dolboda **tend (v)**	싹이 트다 ssag-i teuda **pot up (v)**	솎아 내다 sokka naeda **pick (v)**	공기가 통하게 하다 gong-giga tonghage hada **aerate (v)**	배수 baesu **drainage**	비료 biryo **fertilizer**	제초제 jechoje **weedkiller**

한국어 hangookeo • **english** 91

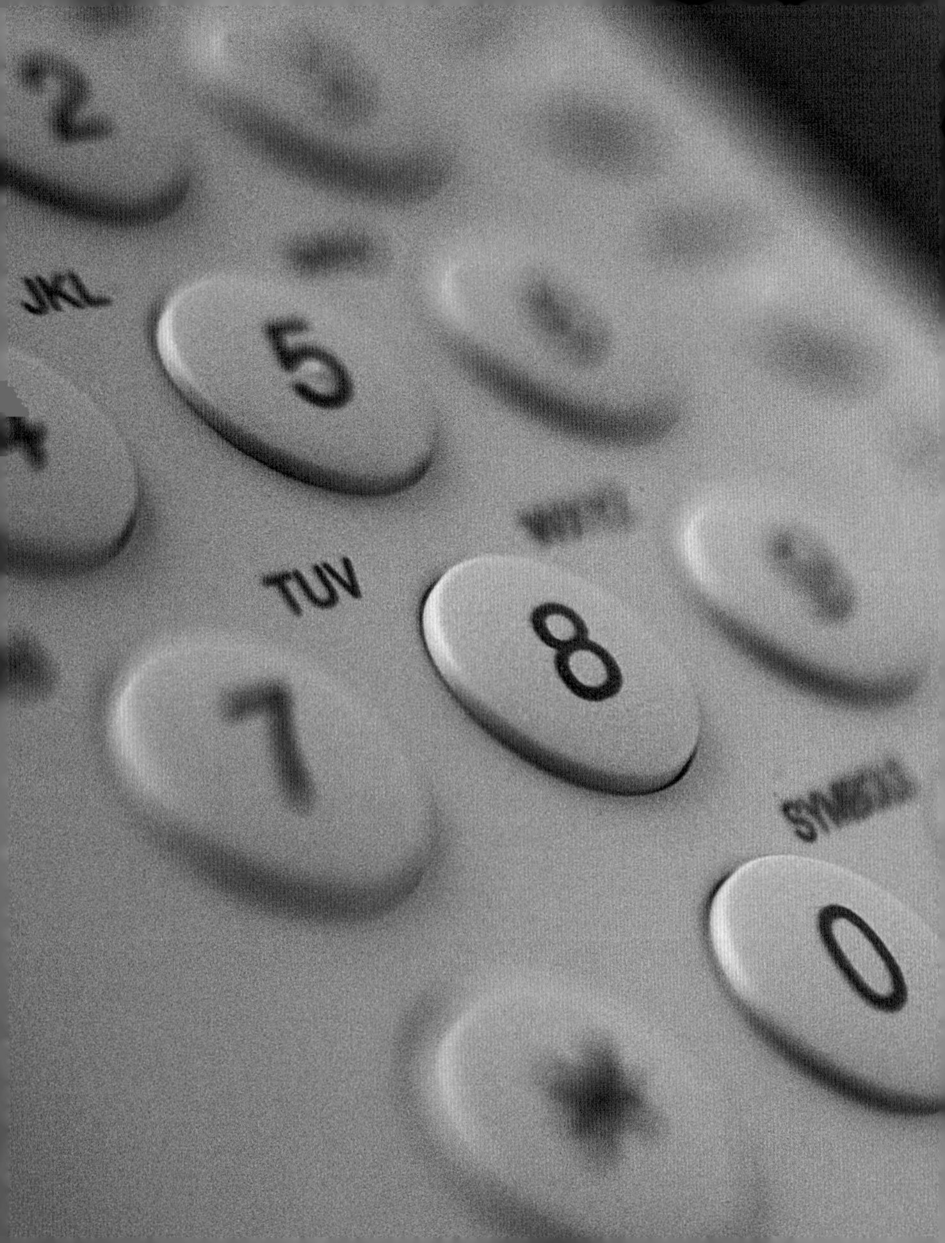
JKL
5
TUV
8
7
0

서비스 seobiseu
services

서비스 SEOBISEU • **SERVICES**

응급 서비스 eung-geub seobiseu • **emergency services**

구급차 gugeubcha • **ambulance**

구급차 gugeubcha | **ambulance**

들것
deulgeot
stretcher

구급대원 gugeubdaewon | **paramedic**

경찰 gyeongchal • **police**

배지
baeji
badge

유니폼
yunipom
uniform

사이렌
sairen
siren

경광등
gyeong-gwangdeung
lights

경찰봉
gyeongchalbong
truncheon

경찰차
gyeongchalcha
police car

경찰서
gyeongchalseo
police station

총
chong
gun

수갑
sugab
handcuffs

경찰관 gyeongchalgwan | **police officer**

어휘 eohwi • **vocabulary**

경위 gyeong-wi **inspector**	용의자 yong-uija **suspect**	민원 minwon **complaint**	체포 chepo **arrest**
범죄 beomjoe **crime**	폭행 pokhaeng **assault**	조사 josa **investigation**	유치장 yuchijang **police cell**
형사 hyeongsa **detective**	지문 jimun **fingerprint**	절도 jeoldo **burglary**	기소 giso **charge**

한국어 hangookeo • **english**

서비스 SEOBISEU • **SERVICES**

소방대 sobangdae • **fire brigade**

연기
yeongi
smoke

헬멧
helmet
helmet

호스
hoseu
hose

바스켓
baseuket
cradle

물 분사기
mool bunsagi
water jet

소방관
sobang-gwan
firefighters

운전석
unjeonseok
cab

붐
boom
boom

사다리
sadari
ladder

불 bool | fire

소방서
sobangseo
fire station

비상계단
bisang-gyedan
fire escape

소방차
sobangcha
fire engine

연기 탐지기
yeongi tamjigi
smoke alarm

화재 경보기
hwajae gyeongbogi
fire alarm

도끼
dokki
axe

소화기
sohwagi
fire extinguisher

소화전
sohwajeon
hydrant

경찰/소방대/구급차 좀 불러주세요. gyeongchal / sobangdae / gugeubcha jom bulleojuseyo **I need the police/fire brigade/ ambulance.**	...에 불이 났습니다. ...e bul-i natsseumnida **There's a fire at ...**	사고가 났습니다. sagoga natsseumnida **There's been an accident.**	경찰을 불러주세요! gyeongchal-eul bulleojuseyo! **Call the police!**

한국어 hangookeo • **english**

95

서비스 SEOBISEU • **SERVICES**

은행 eunhaeng • **bank**

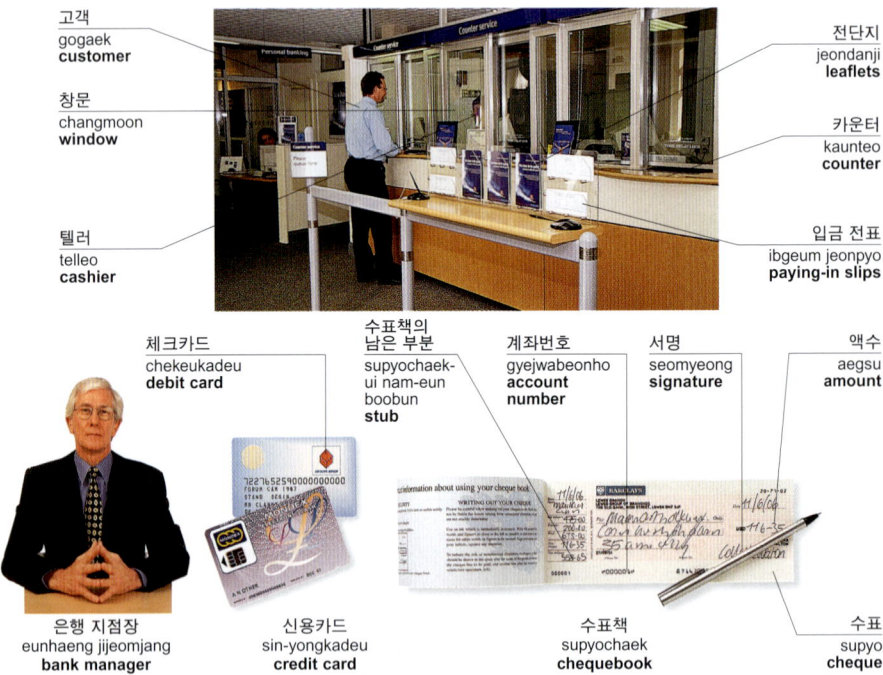

고객 / gogaek / **customer**

창문 / changmoon / **window**

텔러 / telleo / **cashier**

전단지 / jeondanji / **leaflets**

카운터 / kaunteo / **counter**

입금 전표 / ibgeum jeonpyo / **paying-in slips**

체크카드 / chekeukadeu / **debit card**

수표책의 남은 부분 / supyochaek-ui nam-eun boobun / **stub**

계좌번호 / gyejwabeonho / **account number**

서명 / seomyeong / **signature**

액수 / aegsu / **amount**

은행 지점장 / eunhaeng jijeomjang / **bank manager**

신용카드 / sin-yongkadeu / **credit card**

수표책 / supyochaek / **chequebook**

수표 / supyo / **cheque**

어휘 eohwi • **vocabulary**

저축 / jeochook / **savings**

세금 / segeum / **tax**

대출 / daechul / **loan**

대출금 / daechulgeum / **mortgage**

당좌대월 / dangjwadaewol / **overdraft**

이자율 / ijayool / **interest rate**

지불 / jibul / **payment**

자동 이체 / jadong iche / **direct debit**

명세표 / myoensepyo / **withdrawal slip**

입금하다 / ibgeumhada / **pay in (v)**

은행 수수료 / eunhaeng susuryo / **bank charge**

은행 송금 / eunhaeng song-geum / **bank transfer**

당좌 예금 / dangjwa yegeum / **current account**

저축예금 / jeochook-yaegeum / **savings account**

비밀번호 / bimilbeonho / **PIN**

서비스 SEOBISEU · **SERVICES**

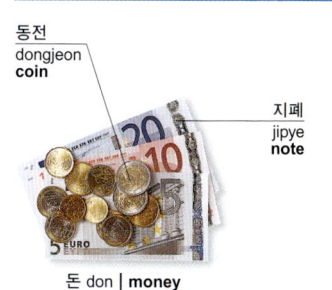

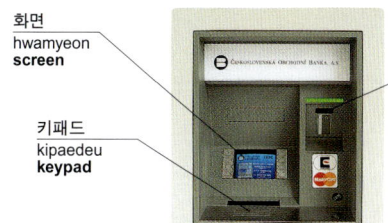

동전
dongjeon
coin

지폐
jipye
note

화면
hwamyeon
screen

키패드
kipaedeu
keypad

카드 슬롯
kadeu seullot
card slot

돈 don | **money**

현금 자동출납기 hyeon-geum jadongchoolnabgi | **ATM**

외환 waehwan • foreign currency

여행자 수표
yeohaengja supyo
traveller's cheque

환율
hwan-yool
exchange rate

환전소
hwanjeonso
bureau de change

금융 geum-yoong • finance

주가
jootga
share price

증권 브로커
jeung-gwon beurokeo
stockbroker

재무설계사
jaemooseolgyesa
financial advisor

증권 거래소 jeung-gwon georaeso | **stock exchange**

어휘 eohwi • vocabulary

현금으로 바꾸다
hyeongeum-euro bakkuda
cash (v)

액면가
aegmyeonga
denomination

수수료
susuryo
commission

투자
tuja
investment

주식
joosik
stocks

지분
jibun
shares

배당금
baedang-geum
dividends

회계사
hoeigyesa
accountant

포트폴리오
poteupollio
portfolio

순자산
soonjasan
equity

이걸 바꿀 수 있나요?
igeol bakkul su itnayo?
Can I change this please?

오늘 환율이 어떻게 됩니까?
oneul hwan-yul-i eotteohge deomnikka?
What's today's exchange rate?

한국어 hangookeo • **english**

서비스 SEOBISEU • **SERVICES**

통신 tongsin • **communications**

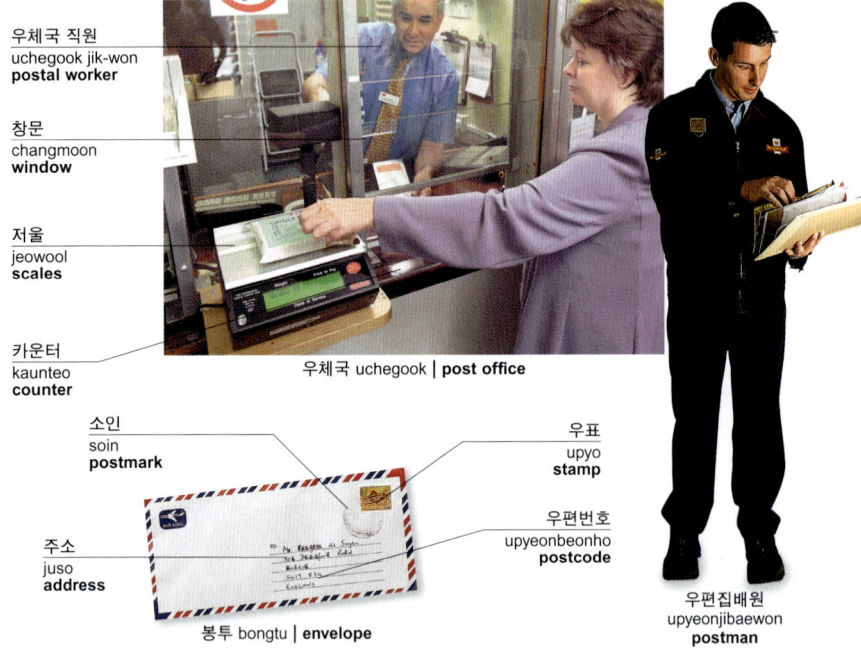

우체국 직원
uchegook jik-won
postal worker

창문
changmoon
window

저울
jeowool
scales

카운터
kaunteo
counter

우체국 uchegook | **post office**

소인
soin
postmark

우표
upyo
stamp

주소
juso
address

우편번호
upyeonbeonho
postcode

봉투 bongtu | **envelope**

우편집배원
upyeonjibaewon
postman

어휘 eohwi • **vocabulary**

편지 pyeonji **letter**	반송처 bansongcheo **return address**	배달 baedal **delivery**	취급 주의 chigeub juui **fragile**	접지 마세요 jeobji maseyo **do not bend (v)**
항공 우편 hang-gong upyeon **by airmail**	서명 seomyeong **signature**	우편환 upyeonhwan **postal order**	우편 행낭 upyeon haengnang **mailbag**	이쪽을 위로 ijjog-eul weero **this way up**
등기 우편 deung-gi upyeon **registered post**	수집 soojib **collection**	우편요금 upyeon-yogeum **postage**	전보 jeonbo **telegram**	

한국어 hangookeo • **english**

서비스 SEOBISEU · **SERVICES**

우편함	편지함	소포	택배 회사
upyeonham	pyeonjiham	sopo	taekbae hoeisa
postbox	**letterbox**	**parcel**	**courier**

전화 jeonhwa · **telephone**

전화기
jeonhwagi
handset

자동 응답기
jadong eungdabgi
answering machine

전화기 본체
jeonhwagi bonche
base station

무선 전화기
museon jeonhwagi
cordless phone

공중전화 부스
gongjungjeonhwa booseu
telephone box

수화기
soohwagi
receiver

키패드
kipaedeu
keypad

동전 반환구
dongjeon banhwangu
coin return

스마트폰
seumateupon
smartphone

휴대폰
hyudaepon
mobile phone

공중전화
gongjungjeonhwa
payphone

어휘 eohwi · **vocabulary**

전화번호 안내
jeonhwabeonho annae
directory enquiries

앱
aeb
app

응답하다
eungdabhada
answer (v)

수신자 부담 통화
susinja boodam tonghwa
reverse charge call

문자(SMS)
munja (eseu-em-eseu)
text (SMS)

음성 메시지
eumseong mesiji
voice message

비밀번호
bimilbeonho
passcode

교환원
gyohwan-won
operator

전화를 걸다
jeonhwareul geolda
dial (v)

통화 중
tonghwa joong
engaged/busy

연결 끊김
yeon-gyeol kkeunkim
disconnected

... 전화번호 좀 알려주세요.
... jeonhwabeonho jom allyeojuseyo
Can you give me the number for ...?

... 지역번호가 어떻게 되나요?
... jiyeokbeonhoga eotteoke doenayo?
What is the dialling code for ...?

문자하세요!
munjahaseyo!
Text me!

한국어 hangookeo · **english**

서비스 SEOBISEU • **SERVICES**

호텔 hotel • **hotel**
로비 lobi • **lobby**

- 손님 sonnim **guest**
- 객실 열쇠 gaeksil yeolsoe **room key**
- 메시지 mesiji **messages**
- 우편함 upyeonham **pigeonhole**
- 안내 데스크 직원 annae deseukeu jig-won **receptionist**
- 숙박부 sookbagboo **register**
- 카운터 kaunteo **counter**

안내 데스크 annae deseukeu | **reception**

- 짐 jim **luggage**
- 카트 kateu **trolley**

벨보이 belboi | **porter**

엘리베이터 ellibeiteo | **lift**

객실 번호 gaeksil beonho **room number**

객실들 gaeksildeul • **rooms**

싱글 룸 sing-geul loom **single room**

더블 룸 deobeul loom **double room**

트윈 룸 teuwin loom **twin room**

개별 욕실 gaebyeol yoksil **private bathroom**

한국어 hangookeo • **english**

서비스 seobiseu • **services**

룸메이드 서비스
lummeideu seobiseu
maid service

세탁 서비스
setak seobiseu
laundry service

브렉퍼스트 트레이
beuregpeoseuteu teurei
breakfast tray

룸 서비스
lum seobiseu | **room service**

미니바
miniba
minibar

레스토랑
leseutorang
restaurant

헬스장
helseujang
gym

수영장
sooyeongjang
swimming pool

어휘 eohwi • **vocabulary**

비즈니스 호텔
bijeuniseu hotel
bed and breakfast

1일 3식 제공
il-il samsig jegong
full board

1일 2식 제공
il-il i-sig jegong
half board

빈 방 있어요?
bin bang isseoyo?
Do you have any vacancies?

예약했습니다.
yeyaghaetsseumnida
I have a reservation.

싱글 룸으로 주세요.
sing-geul loomeuro joosaeyo
I'd like a single room.

3박 투숙할 방이 필요합니다.
sambak tusukhal bang-i pil-yohamnida
I'd like a room for three nights.

1박에 얼마인가요?
ilbak-e eolmaingayo?
What is the charge per night?

언제까지 퇴실해야 하나요?
eonjekkaji toesilhaeya hanayo?
When do I have to vacate the room?

한국어 hangookeo • **english**

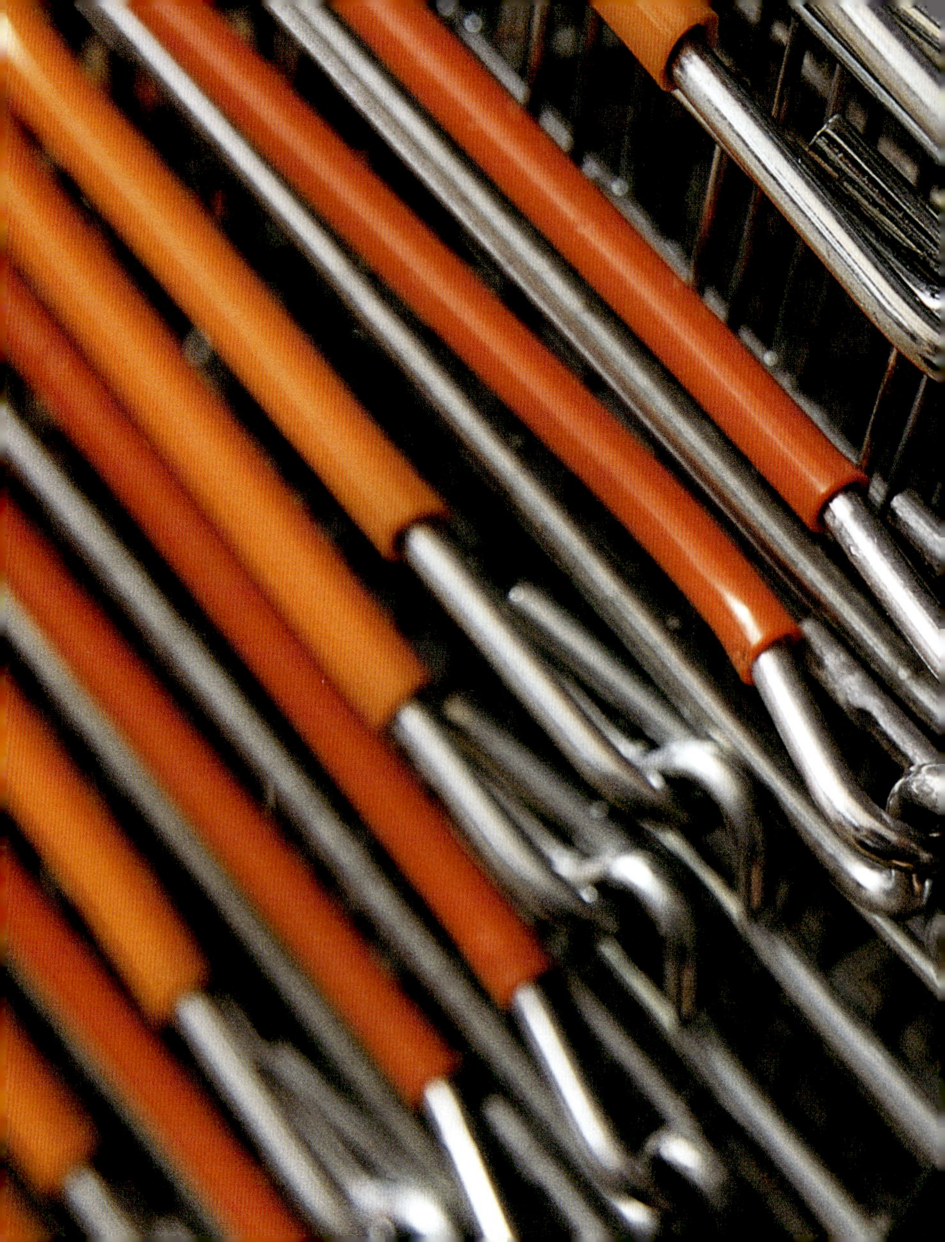

쇼핑 shoping
shopping

쇼핑 SHOPING · **SHOPPING**

쇼핑 센터 shoping centeo · **shopping centre**

아트리움
ateurium
atrium

표지판
pyojipan
sign

승강기
seung-gang-gi
lift

3층
samcheung
second floor

2층
i-cheung
first floor

에스컬레이터
eseukeolleiteo
escalator

1층
ilcheung
ground floor

고객
gogaek
customer

어휘 eohwi · **vocabulary**

아동용품 매장
adong-yongpum maejang
children's department

가방 매장
gabang maejang
luggage department

신발 매장
sinbal maejang
shoe department

매장 안내도
maejang annaedo
store directory

판매원
panmaewon
sales assistant

고객 서비스
gogaek seobiseu
customer services

탈의실
tal-uisil
changing rooms

기저귀 교환실
gijeogwi gyohwansil
baby changing facilities

화장실
hwajangsil
toilets

이거 얼마예요?
i-geo eolmayeyo?
How much is this?

이거 교환할 수 있어요?
igeo gyohwanhal su isseoyo?
May I exchange this?

한국어 hangookeo · **english**

쇼핑 SHOPING • **SHOPPING**

백화점 baekhwajeom • **department store**

남성복
namseongbok
menswear

여성복
yeoseongbok
womenswear

란제리
lanjeri
lingerie

향수 가게
hyangsoo gage
perfumery

미용
miyong
beauty

침구류
chimgooryu
linen

가정용 가구
gajeong-yong gagu
home furnishings

바느질 용품
baneujil yongpum
haberdashery

주방용품
joobang-yongpum
kitchenware

자기 그릇
jagi geureut
china

전자 제품
jeonja jepum
electrical goods

조명
jomyeong
lighting

스포츠
seupocheu
sports

완구
wangu
toys

문구
mungu
stationery

식품매장
sikpoom maejang
food hall

한국어 hangookeo • **english** 105

쇼핑 SHOPING • **SHOPPING**

슈퍼마켓 shoopeomaket • **supermarket**

| 통로 tongro **aisle** | 선반 seonban **shelf** | 컨베이어 벨트 keonbeieo belteu **conveyor belt** | 계산원 gyesan-won **cashier** | 할인 상품 hal-in sangpoom **offers** |

계산 gyesan | **checkout**

고객 gogaek **customer**

계산대 gyesandae **till**

쇼핑백 shopingbaeg **shopping bag**

식료품 sikryopoom **groceries**

손잡이 sonjabi **handle**

바코드 bakodeu **bar code**

카트 kateu | **trolley**

바구니 baguni | **basket**

스캐너 seukaeneo **scanner**

106　　　　　　　　　　　　　　　　　　　　　　　　　　한국어 hangookeo • **english**

쇼핑 SHOPING • **SHOPPING**

| 빵류 bbangryu **bakery** | 유제품 yujepum **dairy** | 아침식사용 시리얼 achimsiksayong sirieol **breakfast cereals** | 통조림 tongjorim **tinned food** | 사탕류 satangryu **confectionery** |

| 채소류 chaesoryu **vegetables** | 과일류 gwailryu **fruit** | 육류 및 조류 yukryu mit joryu **meat and poultry** | 어류 eoryu **fish** | 델리카트슨 dellikateuseun **deli** |

| 냉동 식품 nengdong sikpoom **frozen food** | 즉석 식품 jeukseog sikpoom **convenience food** | 음료 eumryo **drinks** | 가정용품 gajeong-yongpum **household products** | 세면용품 semyeon-yongpoom **toiletries** |

| 유아용품 yuayongpum **baby products** | 전자 제품 jeonja jepum **electrical goods** | 애완동물 사료 aewandongmul saryo **pet food** | 잡지 jabji | **magazines** |

한국어 hangookeo • **english**

107

쇼핑 SHOPING • **SHOPPING**

약국 yakgook • **chemist**

치아 관리용품
chia gwanli-yongpoom
dental care

여성 위생용품
yeoseong wisaeng-yongpoom
feminine hygiene

데오도란트
deodoranteu
deodorants

비타민
bitamin
vitamins

조제실
jojesil
dispensary

약사
yaksa
pharmacist

기침약
gichim-yak
cough medicine

허브 약품
heobeu yakpoom
herbal remedies

스킨 케어
seukin keeo
skin care

선크림
seonkeurim
sunscreen

에프터선크림
epeuteoseonkeurim
aftersun

자외선 차단제
jawaeseon chadanje
sunblock

벌레 퇴치제
beolle toechije
insect repellent

물티슈
multishyu
wet wipe

티슈
tishu
tissue

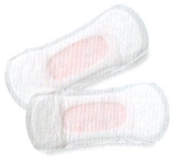

생리대
saengridae
sanitary towel

탐폰
tampon
tampon

팬티 라이너
paenti laineo
panty liner

108 　　　　　　　　　　　　　　　　　　　　한국어 hangookeo • **english**

쇼핑 SHOPING • **SHOPPING**

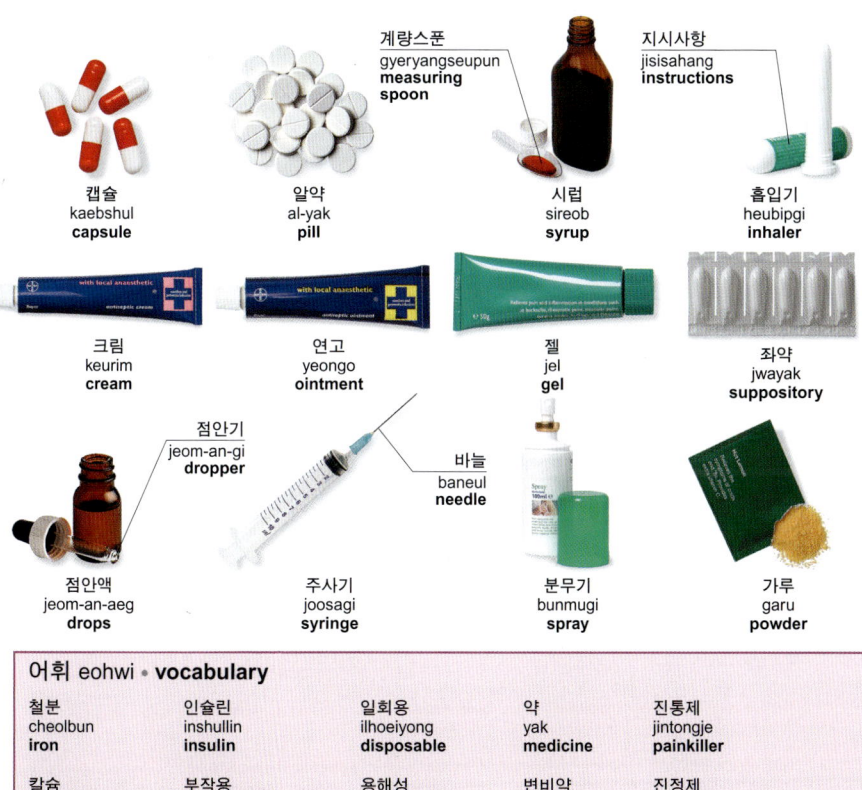

계량스푼
gyeryangseupun
measuring spoon

지시사항
jisisahang
instructions

캡슐
kaebshul
capsule

알약
al-yak
pill

시럽
sireob
syrup

흡입기
heubipgi
inhaler

크림
keurim
cream

연고
yeongo
ointment

젤
jel
gel

좌약
jwayak
suppository

점안기
jeom-an-gi
dropper

바늘
baneul
needle

점안액
jeom-an-aeg
drops

주사기
joosagi
syringe

분무기
bunmugi
spray

가루
garu
powder

어휘 eohwi • **vocabulary**

철분 cheolbun **iron**	인슐린 inshullin **insulin**	일회용 ilhoeiyong **disposable**	약 yak **medicine**	진통제 jintongje **painkiller**
칼슘 kalshoom **calcium**	부작용 bujak-yong **side effects**	용해성 yonghaeseong **soluble**	변비약 byeonbiyak **laxative**	진정제 jinjeongje **sedative**
마그네슘 mageuneshoom **magnesium**	유통기한 yutong-gihan **expiry date**	복용량 bog-yongryang **dosage**	설사 seolsa **diarrhoea**	수면제 soomyeonje **sleeping pill**
종합 비타민제 jonghab bitaminje **multivitamins**	멀미약 meolmiyak **travel-sickness pills**	약물 치료 yagmul chiryo **medication**	목캔디 mogkaendi **throat lozenge**	소염제 soyeomje **anti-inflammatory**

한국어 hangookeo • **english**

쇼핑 SHOPING • **SHOPPING**

꽃집 kkotjib • **florist**

꽃
kkot
flowers

백합
baekhab
lily

아카시아
akasia
acacia

카네이션
kaneisheon
carnation

화초
hwacho
pot plant

글라디올러스
geulladiolleoseu
gladiolus

아이리스
airiseu
iris

데이지
deiji
daisy

국화
gookhwa
chrysanthemum

안개꽃
angaekkot
gypsophila

스톡	거베라	군엽	장미	프리지아
stok	geobera	goon-yeob	jangmi	peurijia
stocks	**gerbera**	**foliage**	**rose**	**freesia**

110　　　　　　　　　　　　　　　　　　한국어 hangookeo • **english**

쇼핑 SHOPING • **SHOPPING**

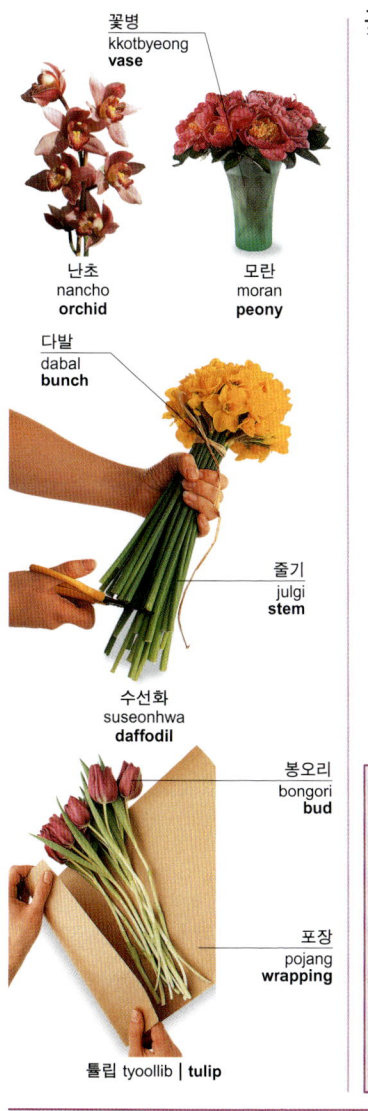

꽃꽂이 kkotkkoji • **arrangements**

꽃병
kkotbyeong
vase

난초
nancho
orchid

모란
moran
peony

다발
dabal
bunch

줄기
julgi
stem

수선화
suseonhwa
daffodil

봉오리
bongori
bud

포장
pojang
wrapping

튤립 tyoollib | **tulip**

리본
libon
ribbon

부케
buke
bouquet

드라이플라워
deuraipeullawoe
dried flowers

포프리 popeuri | **potpourri**

화환 hwahwan
wreath

화관
hwagwan
garland

메시지를 같이 넣어
드릴까요?
mesijireul gachi neo-eo
deurilkkayo?
Can I attach a message?

포장해 드릴까요?
pojanghae deurilkkayo?
Can I have them wrapped?

…(으)로 보내주실 수
있나요?
…(eu)ro bonajoosil soo
itnayo?
Can you send them to …?

꽃이 얼마나 오래 갈까요?
koot-i eolmana orae
galkkayo?
How long will these last?

향기가 납니까?
hyang-giga nabnikka?
Are they fragrant?

… 한 다발 주세요.
… han dabal juseyo
**Can I have a bunch
of … please?**

한국어 hangookeo • **english** 111

쇼핑 SHOPING • **SHOPPING**

신문 가게 sinmun gage • **newsagent**

담배
dambae
cigarettes

담배갑
dambaegab
packet of cigarettes

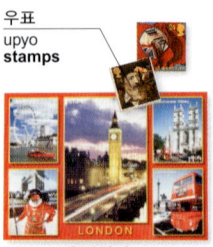

우표
upyo
stamps

우편엽서
upyeon-yeopseo
postcard

만화책
manhwachaek
comic

잡지
jabji
magazine

신문
sinmun
newspaper

흡연 heub-yeon • **smoking**

대롱
daerong
stem

연소통
yeonsotong
bowl

잎담배
ipdambae
tobacco

라이터
laiteo
lighter

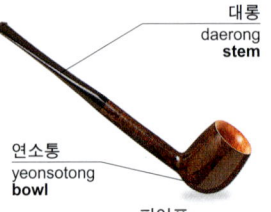

파이프
paipeu
pipe

시가
siga
cigar

한국어 hangookeo • **english**

쇼핑 SHOPING • **SHOPPING**

과자점 gwajajeom • **confectioner**

초콜릿 박스
chokollit bakseu
box of chocolates

에너지 바
ae-neoji ba
snack bar

칩스 과자류
chipseu gwajaryu
crisps

어휘 eohwi • **vocabulary**

밀크 초콜릿
milkeu chokollit
milk chocolate

카라멜
karamel
caramel

플레인 초콜릿
peullein chokollit
plain chocolate

트러플
teureopeul
truffle

화이트 초콜릿
hwaiteu chokollit
white chocolate

비스킷
biseukit
biscuit

골라 담기
golla damgi
pick and mix

딱딱한 사탕
ttakttakhan satang
boiled sweets

과자점 gwajajeom | **sweet shop**

사탕류 satangryu • **confectionery**

초콜릿
chokollit
chocolate

초콜릿 바
chokollit ba
chocolate bar

사탕
satang
sweets

막대 사탕
makdae satang
lollipop

토피 사탕 topi satang
toffee

누가 nuga
nougat

마시멜로
masimello
marshmallow

민트
minteu
mint

껌
kkeom
chewing gum

젤리빈
jellibin
jellybean

과일껌
gwailkkeom
fruit gum

감초 사탕
gamcho satang
liquorice

한국어 hangookeo • **english** 113

쇼핑 SHOPING • **SHOPPING**

기타 상점 gita sangjeom • **other shops**

제과점
jegwajeom
baker's

케이크 가게
keikeu gage
cake shop

정육점
jeong-yookjeom
butcher's

생선 가게
sangseon gage
fishmonger's

청과물 가게
cheong-gwamul gage
greengrocer's

식료품점
sigryopumjeom
grocer's

신발 가게
shinbal gage
shoe shop

철물점
cheolmuljeom
hardware shop

골동품점
goldongpumjeom
antique shop

선물 가게
seonmul gage
gift shop

여행사
yeohaengsa
travel agent's

보석상
boseoksang
jeweller's

한국어 hangookeo • **english**

쇼핑 SHOPING • **SHOPPING**

서점
seojeom
book shop

레코드 가게
lekodeu gage
record shop

주류 판매점
juryu panmaejeom
off licence

애완동물 가게
aewandongmul gage
pet shop

가구점
gagujeom
furniture shop

양장점
yangjangjeom
boutique

어휘 eohwi • **vocabulary**

부동산 중개소
budongsan jung-gaeso
estate agent's

카메라 가게
kamaera gage
camera shop

원예용품점
won-yeyongpumjeom
garden centre

건강식품점
geongang sikpoomjeom
health food shop

세탁소
saetakso
dry cleaner's

미술용품점
misulyongpoomjeom
art shop

빨래방
bballaebang
launderette

중고용품 가게
joong-goyongpoom gage
second-hand shop

양복점
yangbokjeom
tailor's

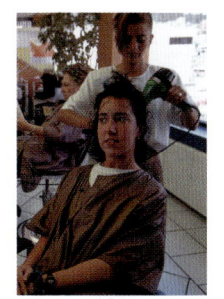

미용실
miyongsil
hairdresser's

시장 sijang | **market**

한국어 hangookeo • **english**

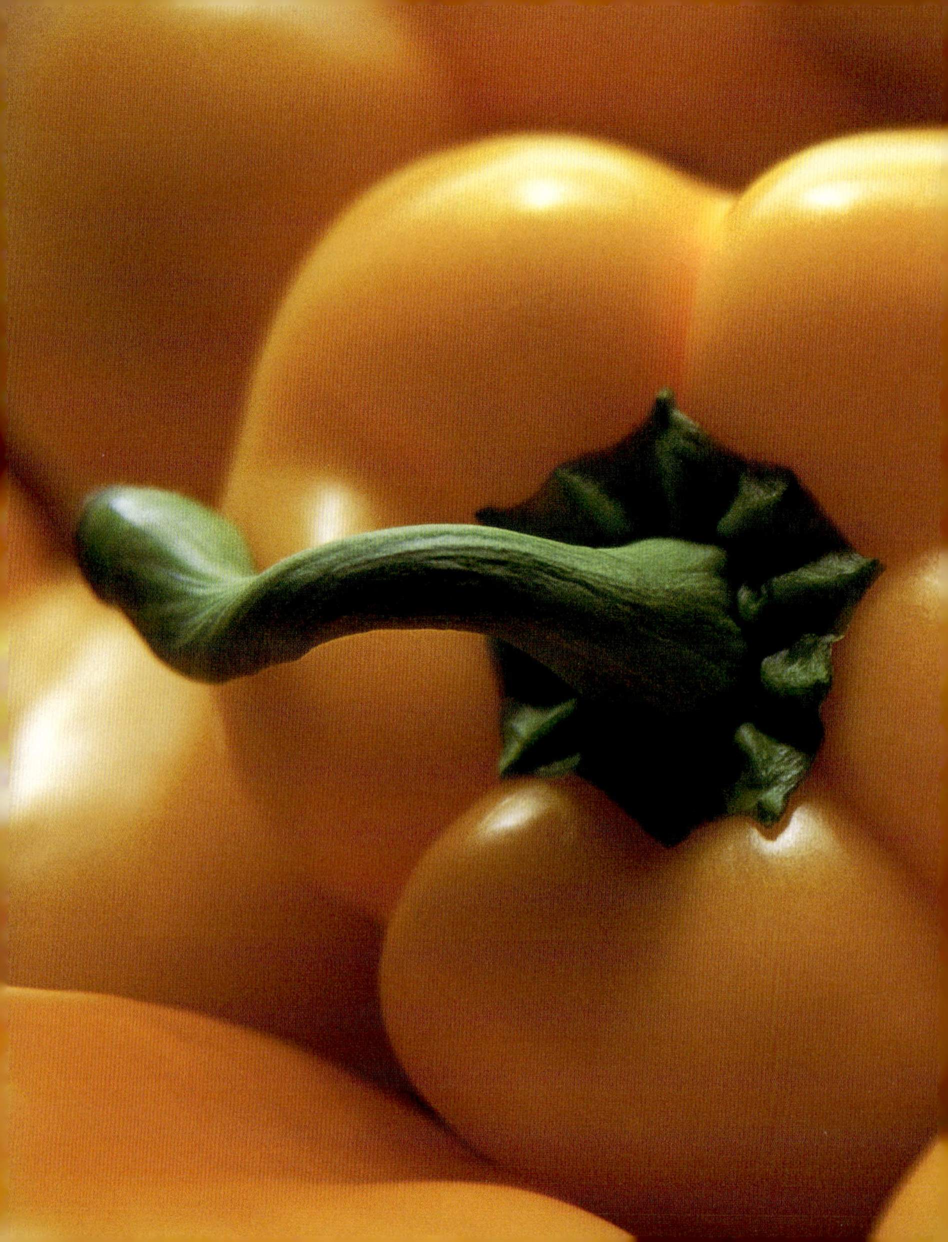

식품 sikpoom
food

식품 SIKPOOM • **FOOD**

육류 yukryu • **meat**

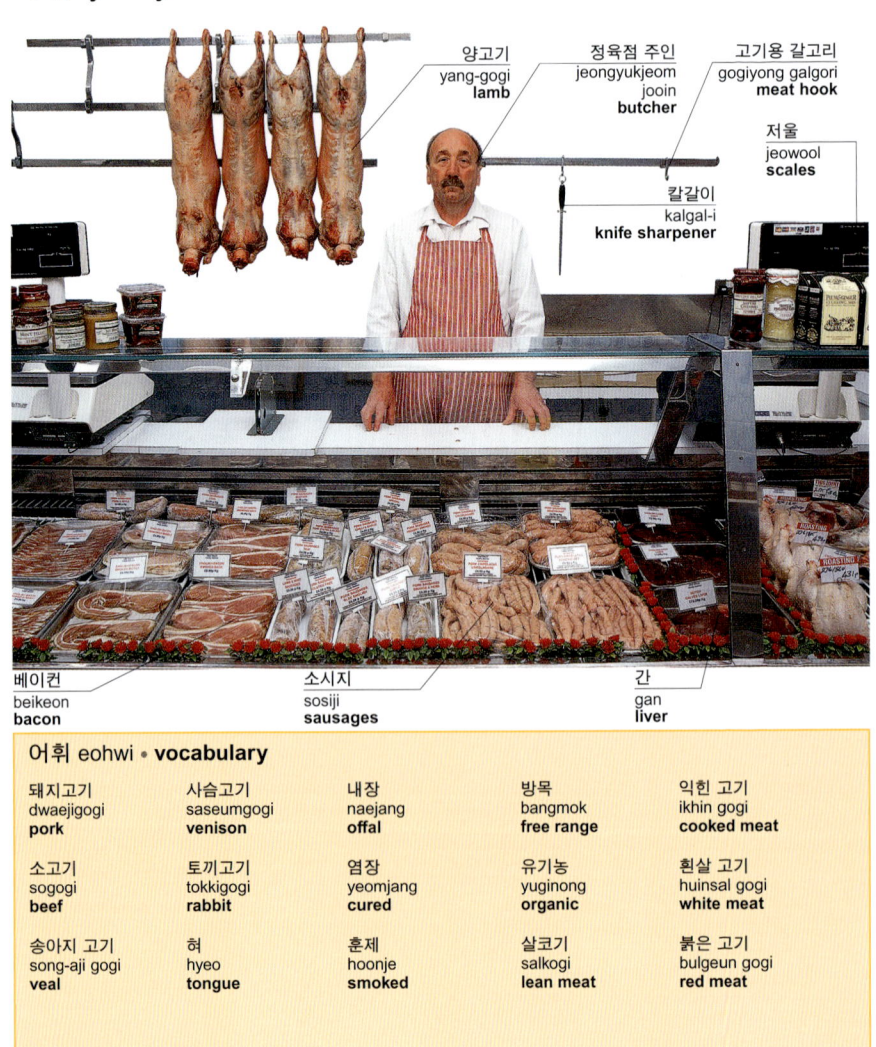

양고기 yang-gogi **lamb**

정육점 주인 jeongyukjeom jooin **butcher**

고기용 갈고리 gogiyong galgori **meat hook**

저울 jeowool **scales**

칼갈이 kalgal-i **knife sharpener**

베이컨 beikeon **bacon**

소시지 sosiji **sausages**

간 gan **liver**

어휘 eohwi • **vocabulary**

돼지고기 dwaejigogi **pork**	사슴고기 saseumgogi **venison**	내장 naejang **offal**	방목 bangmok **free range**	익힌 고기 ikhin gogi **cooked meat**
소고기 sogogi **beef**	토끼고기 tokkigogi **rabbit**	염장 yeomjang **cured**	유기농 yuginong **organic**	흰살 고기 huinsal gogi **white meat**
송아지 고기 song-aji gogi **veal**	혀 hyeo **tongue**	훈제 hoonje **smoked**	살코기 salkogi **lean meat**	붉은 고기 bulgeun gogi **red meat**

118   한국어 hangookeo • **english**

식품 SIKPOOM · **FOOD**

고기 커팅 방식 gogi keoting bangsik · **cuts**

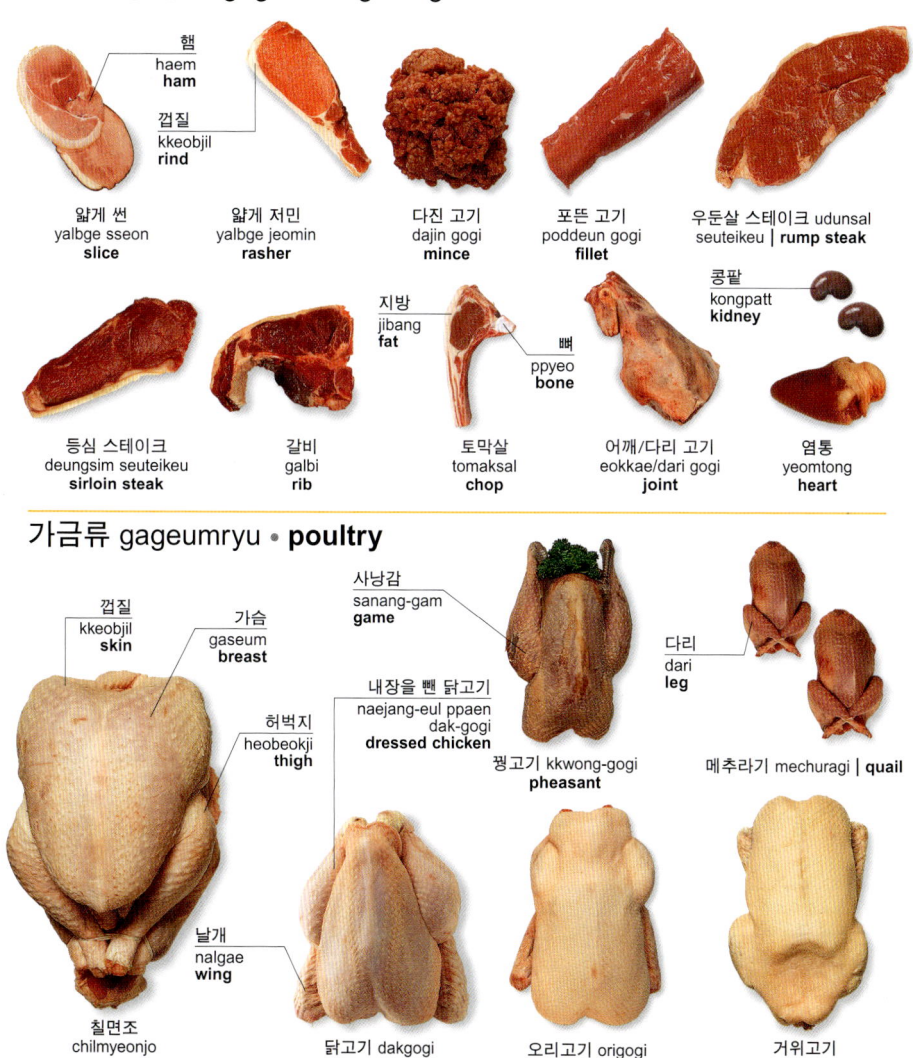

햄 / haem / **ham**

껍질 / kkeobjil / **rind**

얇게 썬 yalbge sseon **slice**

얇게 저민 yalbge jeomin **rasher**

다진 고기 dajin gogi **mince**

포뜬 고기 poddeun gogi **fillet**

우둔살 스테이크 udunsal seuteikeu | **rump steak**

지방 / jibang / **fat**

뼈 / ppyeo / **bone**

콩팥 / kongpatt / **kidney**

등심 스테이크 deungsim seuteikeu **sirloin steak**

갈비 galbi **rib**

토막살 tomaksal **chop**

어깨/다리 고기 eokkae/dari gogi **joint**

염통 yeomtong **heart**

가금류 gageumryu · **poultry**

껍질 / kkeobjil / **skin**

가슴 / gaseum / **breast**

사냥감 / sanang-gam / **game**

내장을 뺀 닭고기 naejang-eul ppaen dak-gogi **dressed chicken**

다리 / dari / **leg**

허벅지 / heobeokji / **thigh**

꿩고기 kkwong-gogi **pheasant**

메추라기 mechuragi | **quail**

날개 / nalgae / **wing**

칠면조 chilmyeonjo **turkey**

닭고기 dakgogi **chicken**

오리고기 origogi **duck**

거위고기 geowigogi | **goose**

한국어 hangookeo · **english** 119

식품 SIKPOOM • **FOOD**

어류 eoryu • **fish**

껍질 벗긴 새우
kkeobjil beotgin saewoo
peeled prawns

노랑촉수
norang choksoo
red mullet

넙치포
neobchipo
halibut fillets

무지개 송어
mujigae song-eo
rainbow trout

얼음
eol-eum
ice

홍어 지느러미
hong-eo
jineureomi
skate wings

생선 가게
saengseon gage
fishmonger's

아귀
agwi
monkfish

고등어
godeung-eo
mackerel

송어
song-eo
trout

황새치
hwangsaechi
swordfish

도버 서대기
dobeo seodaegi
Dover sole

가자미
gajami
lemon sole

해덕대구
haedeokdaegu
haddock

정어리
jeong-eori
sardine

홍어
hong-eo
skate

민대구
mindaegu
whiting

농어
nong-eo
sea bass

연어 yeon-eo | **salmon**

대구
daegu
cod

도미
domi
sea bream

참치
chamchi
tuna

한국어 hangookeo • **english**

식품 SIKPOOM • **FOOD**

해산물 haesanmul • **seafood**

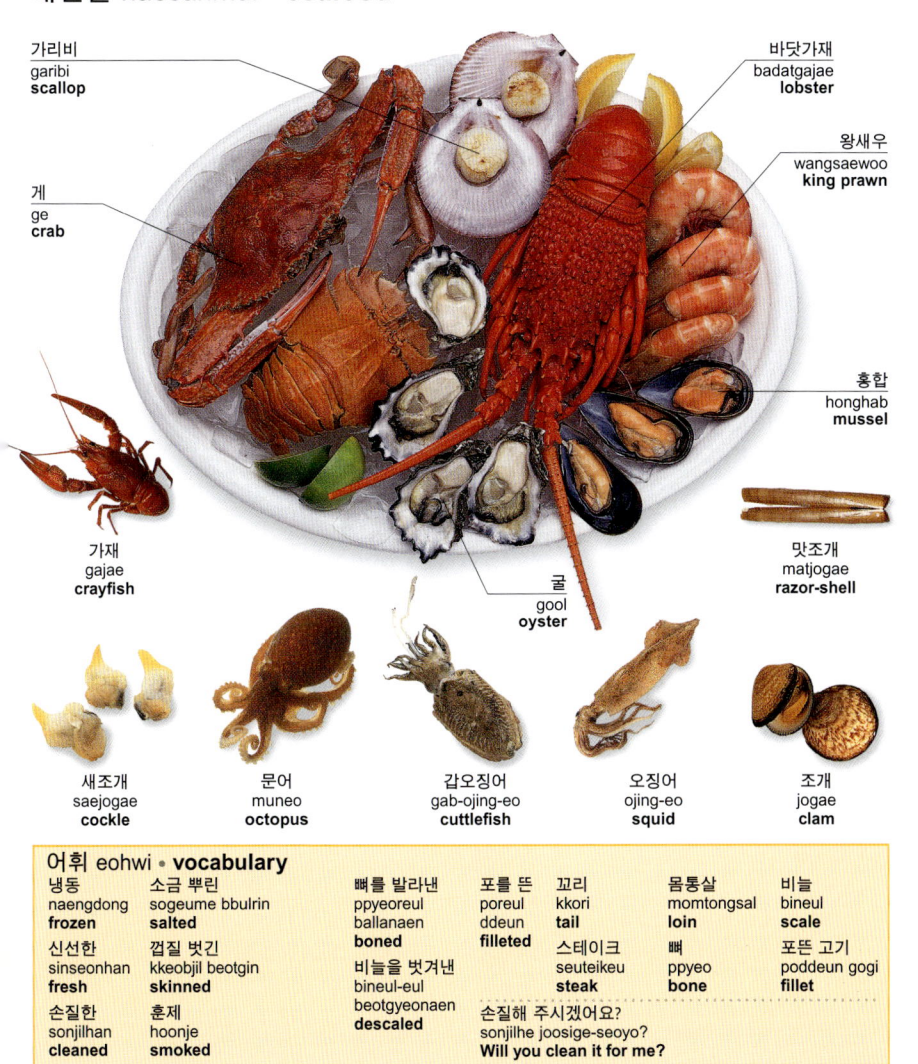

가리비
garibi
scallop

게
ge
crab

가재
gajae
crayfish

바닷가재
badatgajae
lobster

왕새우
wangsaewoo
king prawn

홍합
honghab
mussel

맛조개
matjogae
razor-shell

굴
gool
oyster

새조개
saejogae
cockle

문어
muneo
octopus

갑오징어
gab-ojing-eo
cuttlefish

오징어
ojing-eo
squid

조개
jogae
clam

어휘 eohwi • **vocabulary**

냉동 naengdong **frozen**	소금 뿌린 sogeume bbulrin **salted**	뼈를 발라낸 ppyeoreul ballanaen **boned**	포를 뜬 poreul ddeun **filleted**	꼬리 kkori **tail**	몸통살 momtongsal **loin**	비늘 bineul **scale**
신선한 sinseonhan **fresh**	껍질 벗긴 kkeobjil beotgin **skinned**	비늘을 벗겨낸 bineul-eul beotgyeonaen **descaled**	스테이크 seuteikeu **steak**	뼈 ppyeo **bone**	포뜬 고기 poddeun gogi **fillet**	
손질한 sonjilhan **cleaned**	훈제 hoonje **smoked**		손질해 주시겠어요? sonjilhe joosige-seoyo? **Will you clean it for me?**			

한국어 hangookeo • **english** 121

식품 SIKPOOM • **FOOD**

채소류 1 chaesoryu • **vegetables 1**

씨앗
ssiat
seed

누에콩
nooaekong
broad bean

깍지콩
kkagjikong
runner bean

강낭콩
gangnangkong
French bean

완두
wandu
garden pea

꼬투리
kkoturi
pod

콩나물
kongnamul
bean sprout

대나무
daenamu
bamboo

오크라
okeura
okra

사탕옥수수
satang-oksusu
sweetcorn

치커리
chikeori
chicory

회향
hoeihyang
fennel

팜 하트
pam hateu
palm hearts

셀러리
selleori
celery

어휘 eohwi • **vocabulary**

잎	꽃 부분	끝부분	유기농	유기농 채소가 있나요?
ip	kkot bubun	kkeutbubun	yuginong	yuginong chaesoga itnayo?
leaf	**floret**	**tip**	**organic**	**Do you sell organic vegetables?**

줄기	알맹이	심장	비닐 봉지	이 지역산입니까?
julgi	almaeng-i	simjang	binil bongji	i jiyeoksan-imnikka?
stalk	**kernel**	**heart**	**plastic bag**	**Are these grown locally?**

한국어 hangookeo • **english**

식품 SIKPOOM • **FOOD**

루콜라 rukolla **rocket**	 물냉이 mulnaeng-i **watercress**	 레드 치커리 laedue chikeori **radicchio**	 방울 양배추 bang-ul yangbaechu **Brussels sprout**
 근대 geundae **Swiss chard**	 케일 keil **kale**	 수영 sooyeong **sorrel**	 꽃상추 kkotsangchu **endive**
 민들레 mindeulle **dandelion**	 시금치 sigeumchi **spinach**	 콜라비 kollabi **kohlrabi**	 청경채 chungkyungchae **pak-choi**
 양상추 yangsangchoo **lettuce**	 브로콜리 beurokolli **broccoli**	 양배추 yangbaechu **cabbage**	 어린 양배추 잎 eorin yangbaechut nip **spring greens**

한국어 hangookeo • english

식품 SIKPOOM • **FOOD**

채소류 2 chaesoryu • **vegetables 2**

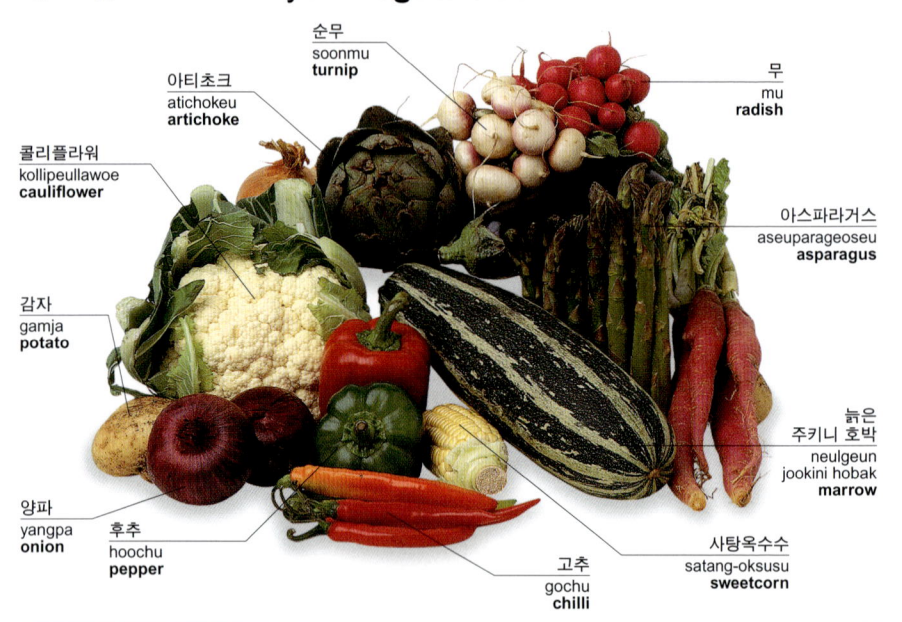

순무 soonmu **turnip**

아티초크 atichokeu **artichoke**

무 mu **radish**

콜리플라워 kollipeullawoe **cauliflower**

아스파라거스 aseuparageoseu **asparagus**

감자 gamja **potato**

늙은 주키니 호박 neulgeun jookini hobak **marrow**

양파 yangpa **onion**

후추 hoochu **pepper**

고추 gochu **chilli**

사탕옥수수 satang-oksusu **sweetcorn**

어휘 eohwi • **vocabulary**

방울 토마토 bang-ul tomato **cherry tomato**	셀러리악 selleoriak **celeriac**	냉동 naengdong **frozen**	쓴 sseun **bitter**	감자 1킬로 주세요. gamja il-killo jooseyo **Can I have one kilo of potatoes please?**
당근 dang-geun **carrot**	타로토란 tarotoran **taro root**	날것의 nalgeot-ui **raw**	단단한 dandanhan **firm**	1킬로에 얼만가요? ilkilloae eolmangayo? **What's the price per kilo?**
빵나무 열매 ppangnamu yeolmae **breadfruit**	카사바 kasaba **cassava**	매운 maeun **hot (spicy)**	과육 gwayuk **flesh**	이건 이름이 뭔가요? i-geon i-reum-i mwongayo? **What are those called?**
햇감자 haetgamja **new potato**	마름 mareum **water chestnut**	달콤한 dalkomhan **sweet**	뿌리 ppuri **root**	

한국어 hangookeo • **english**

식품 SIKPOOM • FOOD

Korean	Romanization	English
고구마	goguma	**sweet potato**
참마	chamma	**yam**
비트 뿌리	biteu ppuri	**beetroot**
스웨덴 순무	seuweden soonmu	**swede**
돼지감자	dwaejigamja	**Jerusalem artichoke**
양고추냉이	yang-gochu-nang-i	**horseradish**
파스닙	paseu-nib	**parsnip**
생강	saeng-gang	**ginger**
가지	gaji	**aubergine**
토마토	tomato	**tomato**
파	pa	**spring onion**
서양 대파	seoyang daepa	**leek**
샬롯	shallot	**shallot**
마늘	maneul	**garlic**
정향	jeonghyang	**clove**
버섯	beoseot	**mushroom**
송로	songlo	**truffle**
오이	oi	**cucumber**
주키니 호박	jookini hobak	**courgette**
땅콩 호박	ddangkong hobak	**butternut squash**
도토리 호박	dotori hobak	**acorn squash**
호박	hobag	**pumpkin**

한국어 hangookeo • english

식품 SIKPOOM • **FOOD**

과일류 1 gwailryu • **fruit 1**

감귤류 gamgyulryu • **citrus fruit**

핵과 haekgwa • **stone fruit**

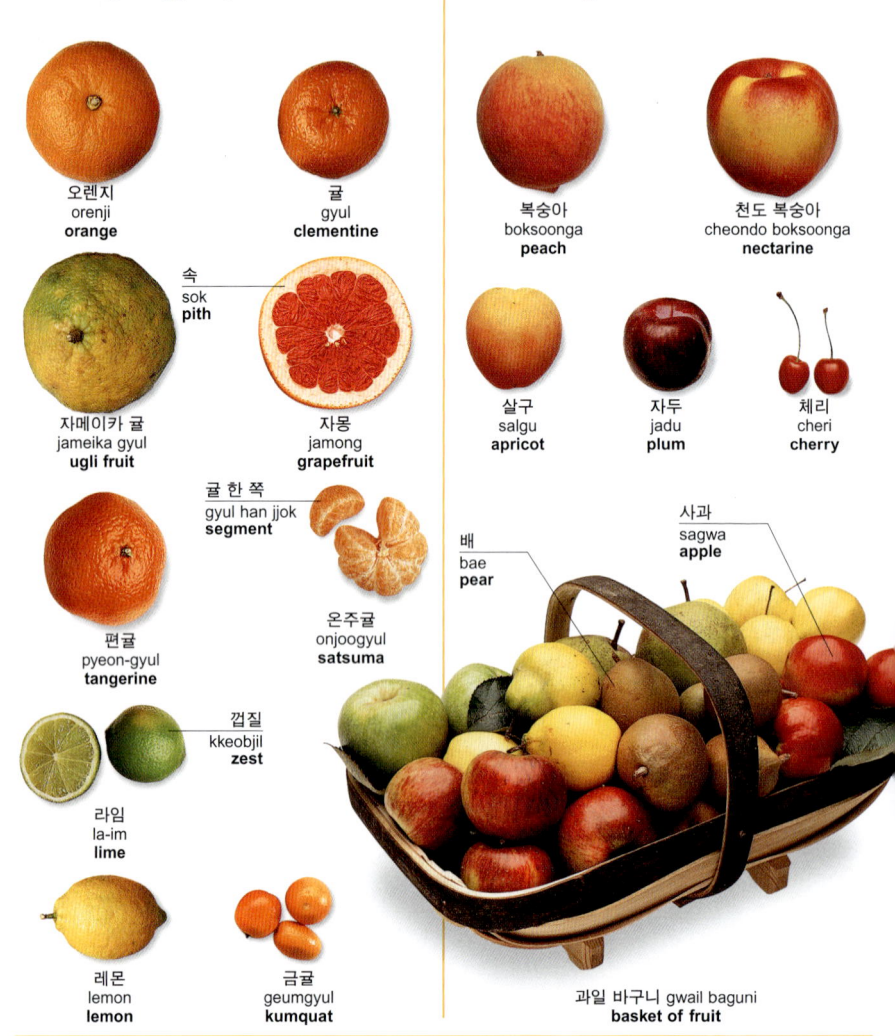

오렌지
orenji
orange

귤
gyul
clementine

복숭아
boksoonga
peach

천도 복숭아
cheondo boksoonga
nectarine

속
sok
pith

자메이카 귤
jameika gyul
ugli fruit

자몽
jamong
grapefruit

살구
salgu
apricot

자두
jadu
plum

체리
cheri
cherry

귤 한 쪽
gyul han jjok
segment

편귤
pyeon-gyul
tangerine

온주귤
onjoogyul
satsuma

배
bae
pear

사과
sagwa
apple

껍질
kkeobjil
zest

라임
la-im
lime

레몬
lemon
lemon

금귤
geumgyul
kumquat

과일 바구니 gwail baguni
basket of fruit

한국어 hangookeo • **english**

식품 SIKPOOM • **FOOD**

장과류 및 멜론류 jang-gwaryu mit mellonryu • **berries and melons**

딸기
ttalgi
strawberry

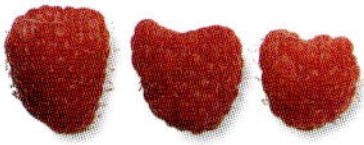

라즈베리
lajeuberi
raspberry

멜론
mellon
melon

포도
podo
grapes

블랙베리
beullaekberi
blackberry

레드커런트
ledeu keoreonteu
redcurrant

껍질
kkeobjil
rind

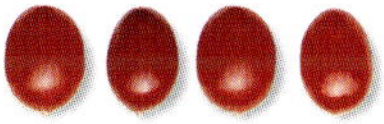

크랜베리
keuraenberi
cranberry

블랙커런트
beullaegkeoreonteu
blackcurrant

씨
ssi
seed

과육
gwayuk
flesh

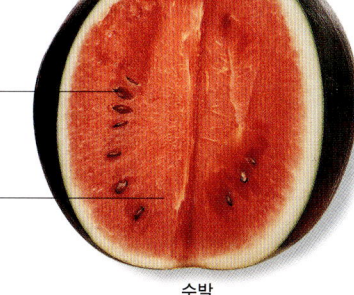

블루베리
beulluberi
blueberry

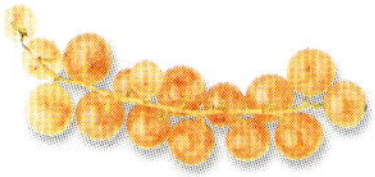

화이트커런트
hwaiteukeoreonteu
white currant

수박
subak
watermelon

로건베리
logeonberi
loganberry

어휘 eohwi • **vocabulary**

루바브 lubabeu **rhubarb**	신 sin **sour**	아삭아삭한 asak-asakhan **crisp**	주스 jooseu **juice**	이거 잘 익었나요? i-geo jal ik-eotnayo? **Are they ripe?**
섬유질 seom-yujil **fibre**	신선한 sinseonhan **fresh**	썩은 sseok-eun **rotten**	속 sok **core**	먹어봐도 돼요? meog-eobwado dwaeyo? **Can I try one?**
달콤한 dalkomhan **sweet**	즙이 많은 jeub-i man-eun **juicy**	과육 gwayuk **pulp**	씨없는 ssieomneun **seedless**	얼마동안 신선도를 유지합니까? eolmadong-an sinseondoreul yujihamnikka? **How long will they keep?**

구스베리
guseumeri
gooseberry

한국어 hangookeo • **english**

식품 SIKPOOM • **FOOD**

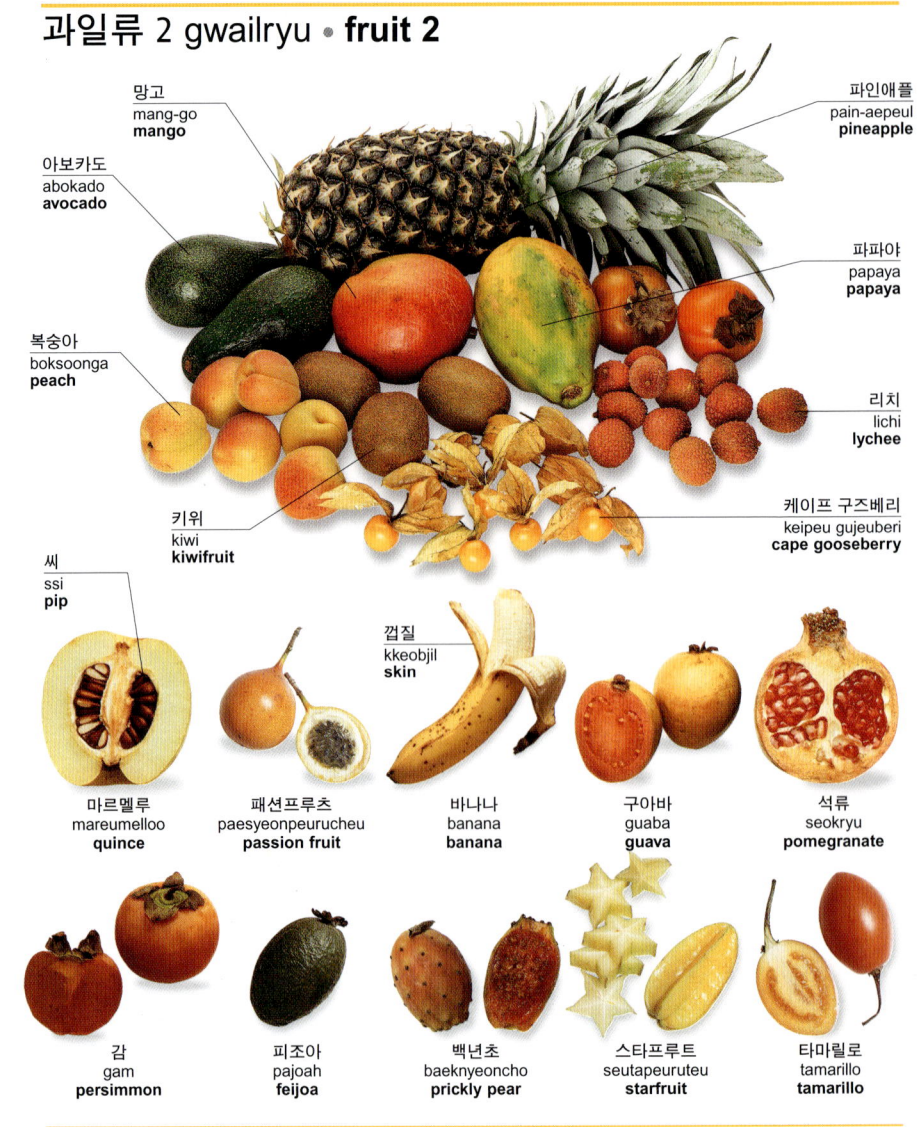

과일류 2 gwailryu • **fruit 2**

망고 / mang-go / **mango**

아보카도 / abokado / **avocado**

복숭아 / boksoonga / **peach**

키위 / kiwi / **kiwifruit**

파인애플 / pain-aepeul / **pineapple**

파파야 / papaya / **papaya**

리치 / lichi / **lychee**

케이프 구즈베리 / keipeu gujeuberi / **cape gooseberry**

씨 / ssi / **pip**

껍질 / kkeobjil / **skin**

마르멜루 / mareumelloo / **quince**

패션프루츠 / paesyeonpeurucheu / **passion fruit**

바나나 / banana / **banana**

구아바 / guaba / **guava**

석류 / seokryu / **pomegranate**

감 / gam / **persimmon**

피조아 / pajoah / **feijoa**

백년초 / baeknyeoncho / **prickly pear**

스타프루트 / seutapeuruteu / **starfruit**

타마릴로 / tamarillo / **tamarillo**

128　　　　　　　　　　　　　　　　　　　　　　　한국어 hangookeo • **english**

식품 SIKPOOM • FOOD

견과류 및 말린 과일 gyeongwaryu mit mallin gwail • nuts and dried fruit

잣
jat
pine nut

피스타치오
piseutachio
pistachio

캐슈넛
kaeshooneot
cashew nut

땅콩
ttangkong
peanut

헤이즐넛
heijeulneot
hazelnut

브라질넛
beurajilneot
brazil nut

피칸
pikan
pecan

아몬드
amondeu
almond

호두
hodu
walnut

밤
bam
chestnut

마카다미아
makadamia
macadamia

무화과
muhwagwa
fig

대추
daechu
date

말린 자두
mallin jadu
prune

껍질
kkeobjil
shell

술타나 건포도
sool tana geonpodo
sultana

건포도
geonpodo
raisin

커런트
keoreonteu
currant

과육
gwayuk
flesh

코코넛
kokoneot
coconut

어휘 eohwi • vocabulary

덜 익은 deol ik-eun **green**	딱딱한 ttakttakhan **hard**	알맹이 almaeng-i **kernel**	소금을 첨가한 sogeum cheomgahan **salted**	볶은 bok-eun **roasted**	껍질을 벗긴 kkeobjil-eul beotgin **shelled**	설탕 조림 과일 seoltang jorim gwail **candied fruit**
익은 ik-eun **ripe**	부드러운 budeureoun **soft**	건조한 geonjohan **desiccated**	날것의 nalgeot-ui **raw**	제철 jaecheol **seasonal**	전체 jeonche **whole**	열대 과일 yeoldae gwa-il **tropical fruit**

한국어 hangookeo • english

식품 SIKPOOM • **FOOD**

곡물 및 콩류 gogmul mit kongryu • **grains and pulses**

곡물 gogmul • **grains**

밀 mil **wheat**

귀리 gwiri **oats**

보리 bori **barley**

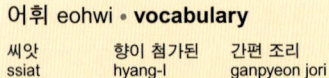

수수 susu **millet**

옥수수 oksusu **corn**

퀴노아 kwinoa **quinoa**

어휘 eohwi • **vocabulary**

씨앗 ssiat **seed**	향이 첨가된 hyang-I cheomgadoen **fragranced**	간편 조리 ganpyeon jori **easy cook**
겉껍질 geotkkeobjil **husk**	시리얼 sirieol **cereal**	장립종 janglibjong **long-grain**
알맹이 almaeng-i **kernel**	통밀 tongmil **wholegrain**	단립종 danlibjong **short-grain**
마른 mareun **dry**	담그다 damgeuda **soak (v)**	
신선한 sinseonhan **fresh**		

쌀 ssal • **rice**

백미 baekmi **white rice**

현미 hyeonmi **brown rice**

야생쌀 yasaengssal **wild rice**

푸딩용 쌀 puding-yong ssal **pudding rice**

가공 곡물 gagong gogmul • **processed grains**

쿠스쿠스 kuseukuseu **couscous**

빻은 밀 ppah-eun mil **cracked wheat**

세몰리나 semollina **semolina**

속겨 sokgyeo **bran**

한국어 hangookeo • **english**

식품 SIKPOOM • **FOOD**

콩류 kongryu • **pulses**

리마콩 limakong **butter beans**	풋강낭콩 putgangnangkong **haricot beans**	강낭콩 gangnangkong **red kidney beans**	팥 pat **adzuki beans**	누에콩 nooaekong **broad beans**
대두 daedu **soya beans**	동부콩 dongbukong **black-eyed beans**	핀토빈 pintobin **pinto beans**	녹두 nokdu **mung beans**	플라졸레콩 peullajollaekong **flageolet beans**
갈색 렌틸콩 galsaeg lentilkong **brown lentils**	적색 렌틸콩 jeoksaeg lentilkong **red lentils**	초록 렌틸콩 chorog lentilkong **green peas**	병아리콩 byeong-arikong **chickpeas**	완두 짜개 wandoo jjagae **split peas**

씨앗 ssiat • **seeds**

호박씨 hobagssi **pumpkin seed**

겨자씨 gyeojassi **mustard seed**

캐러웨이 kaereowei **caraway**

참깨 chamkkae **sesame seed**

해바라기씨 haebaragissi **sunflower seed**

한국어 hangookeo • **english**

식품 SIKPOOM • FOOD

허브 및 향신료 heobeu mit hyangsinryo • herbs and spices

향신료 hyangsinryo • spices

바닐라 banilla | **vanilla**

육두구 yookdugu **nutmeg**

육두구 껍질 yookdugoo kkeobjil **mace**

강황 ganghwang **turmeric**

커민 keomin **cumin**

부케가르니 bookaegareuni **bouquet garni**

올스파이스 olseupaiseu **allspice**

통후추 tonghuchu **peppercorn**

호로파 horopa **fenugreek**

고추 gochu **chilli**

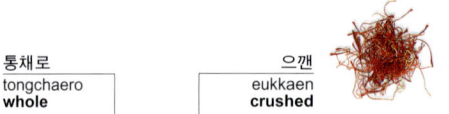

통채로 tongchaero **whole**

으깬 eukkaen **crushed**

사프란 sapeuran **saffron**

카다몬 kadamon **cardamom**

카레 가루 kare garu **curry powder**

갈아 놓은 gal-a noh-eun **ground**

파프리카 papeurika **paprika**

박편 bakpyeon **flakes**

마늘 maneul **garlic**

한국어 hangookeo • **english**

식품 SIKPOOM • **FOOD**

허브 heobeu • **herbs**

한국어	로마자	English
막대기	makdaegi	**sticks**
계피	gyepi	**cinnamon**
레몬그라스	lemongeuraseu	**lemon grass**
정향	jeonghyang	**cloves**
팔각	palgag	**star anise**
생강	saeng-gang	**ginger**
회향	hoeihyang	**fennel**
회향씨	hoeihyangssi	**fennel seeds**
월계수잎	wolgyesu-ip	**bay leaf**
파슬리	paseulli	**parsley**
골파	golpa	**chives**
민트	minteu	**mint**
백리향	baeglihyang	**thyme**
세이지	seiji	**sage**
타라곤	taragon	**tarragon**
마저럼	majeoreom	**marjoram**
바질	bajil	**basil**
오레가노	oregano	**oregano**
코리안더	koriandeo	**coriander**
딜	dil	**dill**
로즈마리	lojeumari	**rosemary**

한국어 hangookeo • **english**　　133

식품 SIKPOOM • **FOOD**

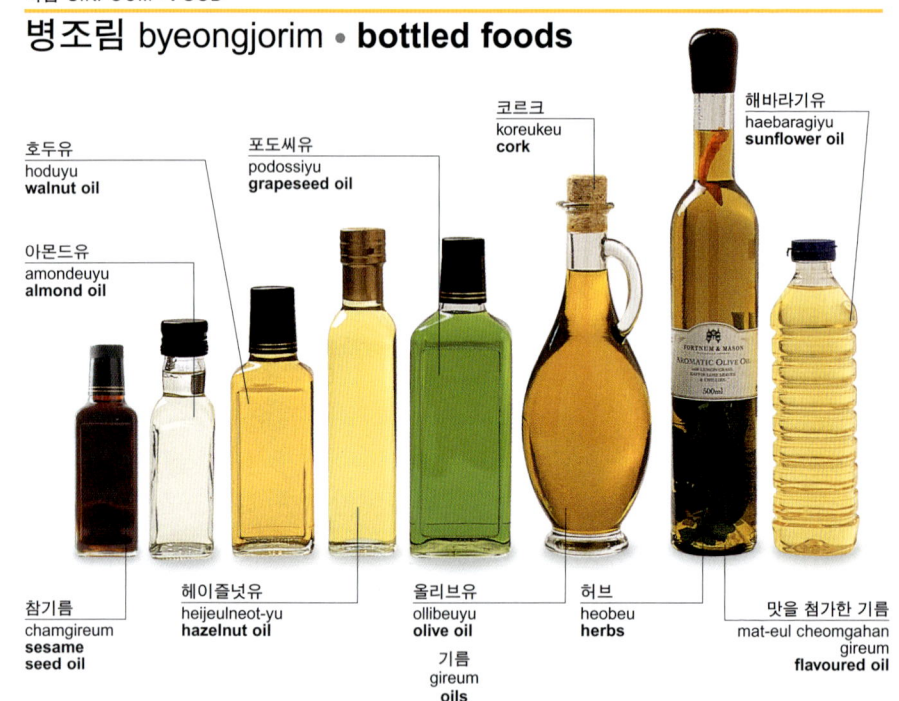

병조림 byeongjorim • **bottled foods**

- 호두유 / hoduyu / **walnut oil**
- 아몬드유 / amondeuyu / **almond oil**
- 포도씨유 / podossiyu / **grapeseed oil**
- 코르크 / koreukeu / **cork**
- 해바라기유 / haebaragiyu / **sunflower oil**
- 참기름 / chamgireum / **sesame seed oil**
- 헤이즐넛유 / heijeulneot-yu / **hazelnut oil**
- 올리브유 / ollibeuyu / **olive oil**
- 허브 / heobeu / **herbs**
- 맛을 첨가한 기름 / mat-eul cheomgahan gireum / **flavoured oil**
- 기름 / gireum / **oils**

스위트 스프레드 seuwiteu seupeuredeu • **sweet spreads**

- 병 / byeong / **jar**
- 벌집 / beoljib / **honeycomb**
- 생꿀 / saengkkul / **set honey**
- 레몬 커드 / lemon keodeu / **lemon curd**
- 라즈베리 잼 / lajeubaeri jaem / **raspberry jam**
- 마멀레이드 / mameolleideu / **marmalade**
- 정제꿀 / jeongjaekkul / **clear honey**
- 메이플 시럽 / meipeul sireob / **maple syrup**

한국어 hangookeo • **english**

식품 SIKPOOM • FOOD

소스 및 양념 soseu mit yangnyeom • sauces and condiments

사과 식초
sagwa sikcho
cider vinegar

마요네즈
mayonejeu
mayonnaise

처트니
cheoteuni
chutney

발사믹 식초
balsamig sikcho
balsamic vinegar

맥아 식초
maeg-a sikcho
malt vinegar

와인 식초
wa-in sikcho
wine vinegar

식초
sikcho
vinegar

병
byeong
bottle

케첩
kecheob
ketchup

소스
soseu
sauce

잉글리쉬 머스타드
ing-geulliswi meoseutadeu
English mustard

프렌치 머스타드
peurenchi meoseutadeu
French mustard

홀그레인 머스타드
holgeurein meoseutadeu
wholegrain mustard

절임용 유리용기
jeol-im-yong yooriyong-gi
preserving jar

땅콩 버터
ttangkong beoteo
peanut butter

초콜릿 스프레드
chokollit seupeuredeu
chocolate spread

절인 과일
jeol-in gwail
preserved fruit

어휘 eohwi • vocabulary

옥수수기름
oksusugireum
corn oil

땅콩유
ttangkong-yu
groundnut oil

식용유
sig-yong-yu
vegetable oil

유채씨유
yuchaessiyu
rapeseed oil

냉압착유
naeng-abchak-yu
cold-pressed oil

한국어 hangookeo • english

135

식품 SIKPOOM • **FOOD**

유제품 yujepum • **dairy produce**

치즈 chijeu • **cheese**

껍질
kkeobjil
rind

반경질 치즈
bangyeongjil chijeu
semi-hard cheese

가루 치즈
garoo chijeu
grated cheese

경질 치즈
gyeongjil chijeu
hard cheese

반연질 치즈
ban-yeonjil chijeu
semi-soft cheese

코티지 치즈
kotiji chijeu
cottage cheese

크림 치즈
keurim chijeu
cream cheese

블루 치즈
beullu chijeu
blue cheese

연질 치즈
yeonjil chijeu
soft cheese

신선한 치즈 sinseonhan chijeu | **fresh cheese**

우유 uyoo • **milk**

무지방 우유
mujibang uyoo
skimmed milk

일반 우유
ilban uyoo
whole milk

저지방 우유
jeojibang uyoo
semi-skimmed milk

우유팩
uyoopaek
milk carton

염소젖
yeomso jeot
goat's milk

연유
yeon-yoo
condensed milk

우유 uyoo | **cow's milk**

136 한국어 hangookeo • **english**

식품 SIKPOOM • **FOOD**

버터
beoteo
butter

마가린
magarin
margarine

크림
keurim
cream

싱글 크림
sing-geul keurim
single cream

더블 크림
deobeul keurim
double cream

휘핑 크림
hwiping keurim
whipped cream

사워 크림
sawo keurim
sour cream

요거트
yogeoteu
yoghurt

아이스크림
aiseu keurim
ice cream

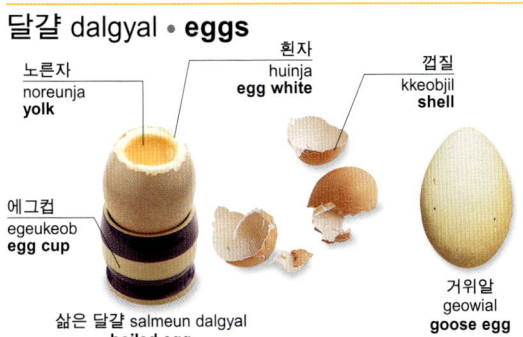

달걀 dalgyal • **eggs**

노른자
noreunja
yolk

흰자
huinja
egg white

껍질
kkeobjil
shell

에그컵
egeukeob
egg cup

삶은 달걀 salmeun dalgyal
boiled egg

달걀
dalgyal
hen's egg

오리알
orial
duck egg

거위알
geowial
goose egg

메추리알
mechurial
quail egg

어휘 eohwi • **vocabulary**

살균 salgyun **pasteurized**	양젖 yangjeot **sheep's milk**	소금에 절인 sogeum-e jeol-in **salted**	유당 yoodang **lactose**	균질화 gyunjilhwa **homogenized**
무살균 musalgyun **unpasteurized**	버터밀크 beoteomilkeu **buttermilk**	무염 muyeom **unsalted**	무지방 mujibang **fat free**	분유 bun-yoo **powdered milk**
밀크쉐이크 milkeusheikeu **milkshake**	냉동 요거트 naengdong yogeoteu **frozen yoghurt**			

한국어 hangookeo • **english**

137

식품 SIKPOOM • **FOOD**

빵과 밀가루 ppang-gwa milgaru • **breads and flours**

식빵
sikbbang
sliced bread

양귀비 씨앗
yang-gwibi ssiat
poppy seeds

호밀빵
homilppang
rye bread

바게트
bageteu
baguette

빵류 bbangryu | **bakery**

빵 만들기 ppang mandeulgi • **making bread**

흰 밀가루
huin milgaru
white flour

갈색 밀가루
galsaek milgaru
brown flour

통밀가루
tongmilgaru
wholemeal flour

이스트
iseuteu
yeast

체로 치다 chida
sift (v)

섞다 seokkda
mix (v)

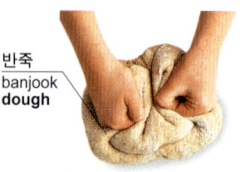

반죽
banjook
dough

반죽하다 banjookhada
knead (v)

굽다 goobda | **bake (v)**

138   한국어 hangookeo • **english**

식품 SIKPOOM • FOOD

빵 껍질 ppang kkeobjil **crust**

빵 한 덩이 ppang han deong-i **loaf**

얇게 썬 yalbge sseon **slice**

흰 빵
huin ppang
white bread

흑빵
heukppang
brown bread

통밀빵
tongmilppang
wholemeal bread

그라나리 빵
geuranari ppang
granary bread

옥수수빵
oksusuppang
corn bread

소다빵
sodappang
soda bread

사워도우 빵
sawodou ppang
sourdough bread

플랫브레드
peullaet beuraedeu
flatbread

베이글
beigeul
bagel

납작하고 둥근 빵 nabjakhago doong-geun ppang | **bap**

롤
lol | **roll**

과일빵
gwailppang
fruit bread

씨앗빵
ssiatppang
seeded bread

난
nan
naan bread

피타 브레드
pita beuredeu
pitta bread

크네케브뢰드
keunaekaebeuroedue
crispbread

어휘 eohwi • vocabulary

강력분
gangryeokbun
strong flour

부풀다
bupulda
rise (v)

부풀리다
bupullida
prove (v)

빵가루
ppang-garu
breadcrumbs

슬라이서
seullaiseo
slicer

팽창제 혼합 밀가루
paengchangjae honhap milgaroo
self-raising flour

중력분
joongryeogboon
plain flour

윤기나게 하다
yoonginage hada
glaze (v)

가늘고 긴 프랑스 빵
ganeulgo gin peurangseu ppang
flute

제빵사
jeppangsa
baker

한국어 hangookeo • english

식품 SIKPOOM • **FOOD**

케이크 및 디저트 keikeu mit dijeoteu •
cakes and desserts

에클레르
ekeullereu
éclair

크림
keurim
cream

필링
pilling
filling

슈 페이스트리
syoo peiseuteuri
choux pastry

퍼프 페이스트리
peopeu peiseuteuri
puff pastry

필로 페이스트리
pillo peiseuteuri
filo pastry

과일 케이크
gwail keikeu
fruit cake

과일 타르트
gwail tareuteu
fruit tart

머랭
meoraeng
meringue

초콜릿 케이크
chokollit keikeu
chocolate coated

머핀
meopin
muffin

스펀지 케이크
seuponji keikeu
sponge cake

케이크 keikeu | **cakes**

어휘 eohwi • **vocabulary**

커스터드 크림 keoseuteodeu keurim **crème pâtissière**	번 beon **bun**	페이스트리 peiseuteuri **pastry**	라이스 푸딩 laiseu puding **rice pudding**	한 조각만 주세요. han jogakman juseyo **May I have a slice please?**
초콜릿 케이크 chokollit keikeu **chocolate cake**	커스터드 keoseutadeu **custard**	조각 jogak **slice**	축하 chukha **celebration**	

140   한국어 hangookeo • **english**

식품 SIKPOOM • **FOOD**

초콜릿 칩 chokollit chib **chocolate chip**

레이디 핑거 leidi ping-geo **sponge fingers**

플로랑탱 peullorangtaeng **Florentine**

트라이플 teuraipeul **trifle**

비스킷 biseukit | **biscuits**

무스 mooseu **mousse**

셔벗 syeobeot **sorbet**

크림 파이 keurim pai **cream pie**

카라멜 크림 karamel keurim **crème caramel**

축하 케이크 chukha keikeu • **celebration cakes**

가장 윗 단 gajang wit dan **top tier**

리본 libon **ribbon**

아랫단 alaetdan **bottom tier**

아이싱 aissing **icing**

마지팬 majipaen **marzipan**

웨딩 케이크 weding keikeu | **wedding cake**

장식 jangsik **decoration**

생일 촛불 saeng-il chotbul **birthday candles**

불어서 끄다 bul-eoseo kkeuda **blow out (v)**

생일 케이크 saeng-il keikeu **birthday cake**

한국어 hangookeo • english

141

식품 SIKPOOM • **FOOD**

델리카트슨 dellikateuseun • **delicatessen**

매운 소시지
maeun sosiji
spicy sausage

오일
oil
oil

타르트
tareuteu
flan

식초
sikcho
vinegar

날고기
nalgogi
uncooked meat

카운터
kaunteo
counter

살라미
sallami
salami

페퍼로니
paepaeroni
pepperoni

파테
pate
pâté

모차렐라
mocharella
mozzarella

브리
beuri
Brie

염소 치즈
yeomso chijeu
goat's cheese

체다
chaeda
cheddar

파르메산
pareumaesan
Parmesan

카망베르
kamangbereu
Camembert

껍질
kkeobjil
rind

에담
aedam
Edam

만체고
manchego
Manchego

한국어 hangookeo • **english**

식품 SIKPOOM • **FOOD**

파이 / pai / **pies**

블랙 올리브 / beullaek ollibeu / **black olive**

롤빵 / lolppang / **bread roll**

익힌 고기 / ikhin gogi / **cooked meat**

그린 올리브 / grin ollibeu / **green olive**

햄 / haem / **ham**

칠리 / chilli / **chilli**

소스 / soseu / **sauce**

샌드위치 판매대 saendeuwichi panmaedae
sandwich counter

훈제 생선 / hoonje saengseon / **smoked fish**

케이퍼 / keipeo / **capers**

초리조 / chorijo / **chorizo**

프로슈토 / peuroshooto / **prosciutto**

속을 채운 올리브 / sok-eul chaeun ollibeu / **stuffed olive**

어휘 eohwi • **vocabulary**

기름에 보관한
gireumae bogwanhan
in oil

양념에 재운
yangnyeomae jaeun
marinated

훈제
hoonje
smoked

소금물에 절인
sogeummul-e jeol-in
in brine

소금에 절인
sogeum-e jeol-in
salted

염장한
yeomjanghan
cured

번호표를 뽑으세요.
beonhopyoreul ppobeusaeyo.
Take a number please.

저것 조금만 먹어봐도 돼요?
jeogeot jogeumman meok-eobwado dwaeyo?
Can I try some of that please?

저거 여섯 조각만 주세요.
jeogeo yeoseot jogakman jooseyo
May I have six slices of that please?

한국어 hangookeo • **english**

143

식품 SIKPOOM • **FOOD**

음료 eumryo • **drinks**

물 mool • **water**

병에 든 생수
byeong-e deun saengsu
bottled water

탄산수
tansansoo
sparkling

탄산이 없는 생수
tansan-i eobneun saengsoo
still

수돗물
sudotmool
tap water

토닉 워터
tonig woteo
tonic water

소다 워터
soda woteo
soda water

생수
saengsoo | **mineral water**

뜨거운 음료 tteugeoun eumryo • **hot drinks**

티백
tibaeg
teabag

잎차
ipcha
loose leaf tea

차
cha
tea

원두
wondu
beans

분쇄 커피
boonswae keopi
ground coffee

커피
keopi
coffee

핫 초콜릿
hat chokollit
hot chocolate

맥아 음료
maeg-a eumryo
malted drink

소프트 드링크 sopeuteu deuringkeu • **soft drinks**

빨대
ppaldae
straw

토마토 주스
tomato juseu
tomato juice

포도 주스
podo juseu
grape juice

레모네이드
lemo-neideu
lemonade

오렌지에이드
oraenjieideu
orangeade

콜라
kolla
cola

식품 SIKPOOM · **FOOD**

주류 jooryu · alcoholic drinks

캔 kaen **can**

맥주 maekju **beer**

사과술 sagwasool **cider**

비터 biteo **bitter**

스타우트 seutauteu **stout**

진 jin | **gin**

보드카 bodeuka | **vodka**

위스키 wiseuki **whisky**

럼 leom **rum**

브랜디 beuraendi **brandy**

드라이 deurai **dry**

로제 loje **rosé**

화이트 hwaiteu **white**

레드 ledeu **red**

포트와인 poteuwain **port**

셰리주 sheriju **sherry**

캄파리 kampari **Campari**

리큐어 likyu-eo **liqueur**

테킬라 tekilla **tequila**

샴페인 syampein **champagne**

와인 wain | **wine**

한국어 hangookeo · **english**

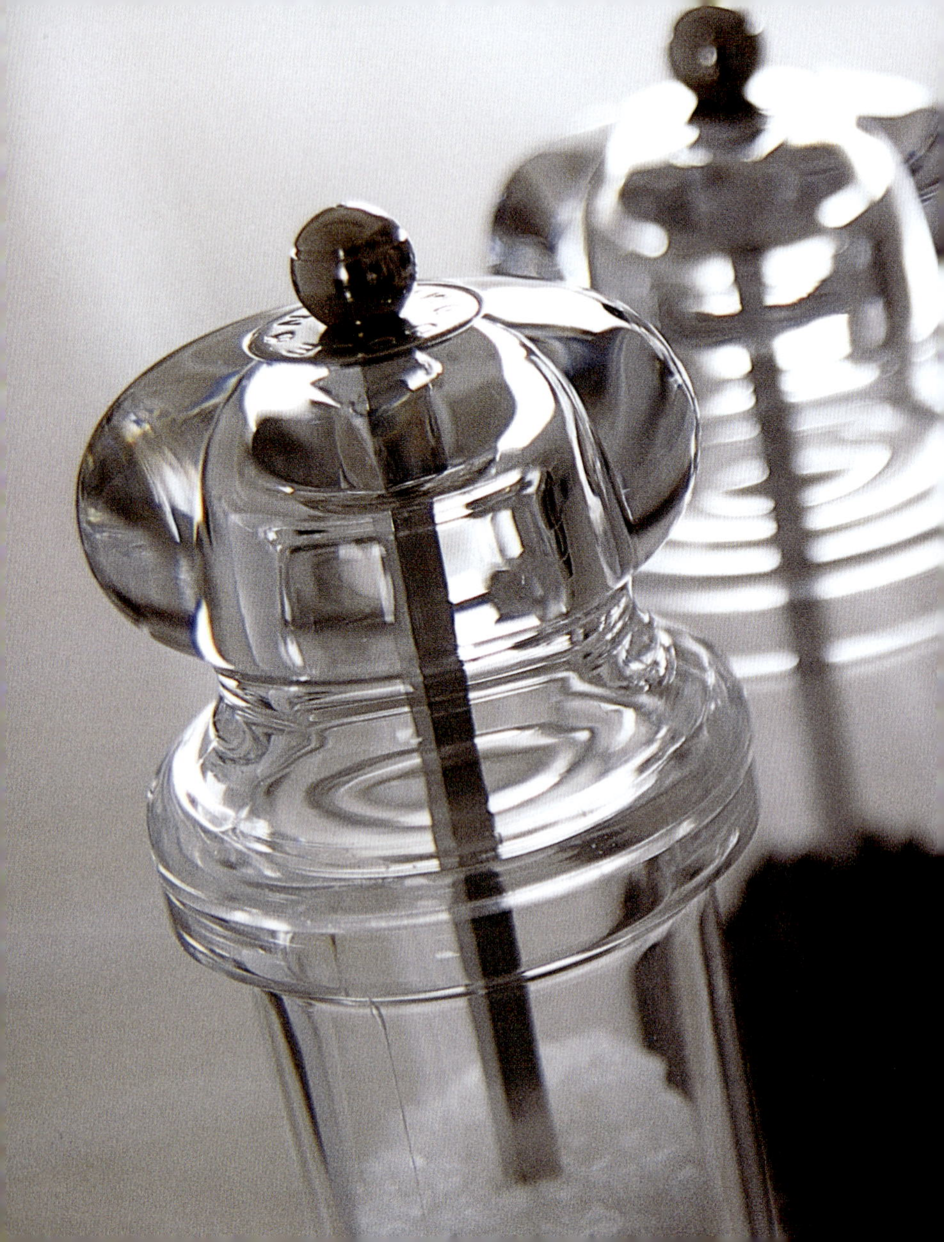

외식 waesik
eating out

외식 WAESIK • **EATING OUT**

카페 kape • **café**

파라솔
umbrella

차양막
chayangmak
awning

메뉴
menew
menu

테라스 카페
teraseu kape
terrace café

웨이터
weiteo
waiter

커피 머신
keopi meosin
coffee machine

식탁
siktak
table

노상 카페 nosang kape | **pavement café**

간이 음식점 gan-i eumsikjeom
snack bar

커피 keopi • **coffee**

밀크 커피
milkeu keopi
white coffee

블랙 커피
beullaek keopi
black coffee

코코아 가루
kokoa garu
cocoa powder

거품
geopum
froth

필터 커피
pilteo keopi
filter coffee

에스프레소
eseupeureso
espresso

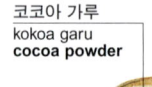

카푸치노
kapuchino
cappuccino

아이스 커피
aiseu keopi
iced coffee

한국어 hangookeo • **english**

외식 WAESIK • **EATING OUT**

차 cha • tea

허브티
heobeuti
herbal tea

카모마일티 kamomailti
camomile tea

녹차
nokcha
green tea

밀크티
milkeuti
tea with milk

홍차
hongcha
black tea

레몬티
lemonti
tea with lemon

민트티
minteuti
mint tea

아이스티
aiseuti
iced tea

주스 및 밀크쉐이크 juseu mit milkeusheikeu • juices and milkshakes

초콜릿 밀크쉐이크
chokollit milkeusheikeu
chocolate milkshake

딸기 밀크쉐이크
ttalgi milkeusheikeu
strawberry milkshake

오렌지 주스
orenji juseu
orange juice

사과 주스
sagwa juseu
apple juice

파인애플 주스
pain-aepeul juseu
pineapple juice

토마토 주스
tomato juseu
tomato juice

커피 밀크쉐이크
keopi milkeusheikeu
coffee milkshake

식품 sikpoom • food

스쿠프
seukupeu
scoop

흑빵
heukppang
brown bread

토스트 샌드위치
toseuteu saendeuwichi
toasted sandwich

샐러드
saelleodeu
salad

아이스크림
aiseu keurim
ice cream

페이스트리
peiseuteuri
pastry

한국어 hangookeo • **english** 149

외식 WAESIK · **EATING OUT**

바 ba · **bar**

잔
jan
glasses

주류 디스펜서
jooryu diseupaenseo
optic

금전 출납기
geumjeon chulnabgi
till

바텐더
batendeo
bartender

맥주탭
maegjutaeb
beer tap

커피 머신
keopi meosin
coffee machine

얼음통
eol-eumtong
ice bucket

바 스툴
ba seutul
bar stool

재떨이
jaetteol-i
ashtray

컵받침
keobbadchim
coaster

바 카운터
ba kaunteo
bar counter

병따개
byeongttagae
bottle opener

레버
lebeo
lever

코르크 따개 corku ddagae
corkscrew

집게
jibge
tongs

바 스푼
ba seupoon
stirrer

계량컵
gyeryangkeob
measure

칵테일 셰이커 kakteil sheikeo
cocktail shaker

150   한국어 hangookeo · **english**

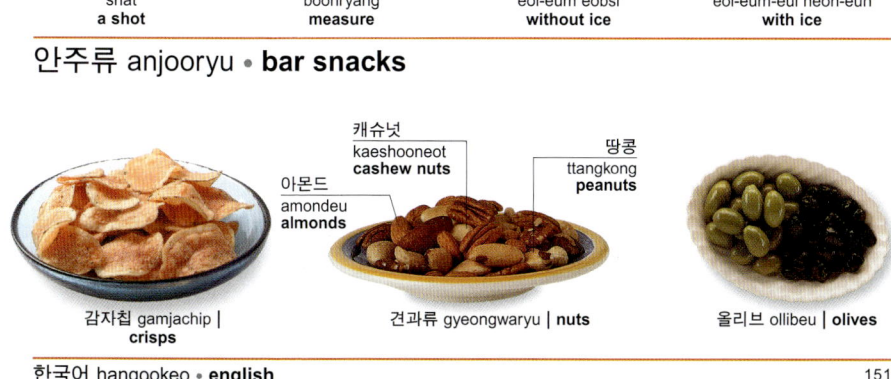

외식 WAESIK • **EATING OUT**

피처 picheo **pitcher**

각얼음 gag-eol-eum **ice cube**

진토닉 jintonik **gin and tonic**

물 탄 스카치 위스키 mool tan seukachi wiseuki **scotch and water**

럼앤콕 leomaenkog **rum and cola**

보드카 오렌지 bodeuka orenji **vodka and orange**

마티니 matini **martini**

칵테일 kakteil **cocktail**

와인 wain **wine**

맥주 maekju **beer**

싱글 sing-geul **single**

더블 deobeul **double**

얼음과 레몬 eol-eumgwa lemon **ice and lemon**

샷 shat **a shot**

분량 boonryang **measure**

얼음 없이 eol-eum eobsi **without ice**

얼음을 넣은 eol-eum-eul neoh-eun **with ice**

안주류 anjooryu • **bar snacks**

캐슈넛 kaeshooneot **cashew nuts**

아몬드 amondeu **almonds**

땅콩 ttangkong **peanuts**

감자칩 gamjachip | **crisps**

견과류 gyeongwaryu | **nuts**

올리브 ollibeu | **olives**

한국어 hangookeo • **english**

외식 WAESIK · **EATING OUT**

레스토랑 leseutorang · **restaurant**

테이블 셋팅
teibeul seting
table setting

보조 셰프
bojo shepeu
commis chef

셰프
shepeu
chef

잔
jan
glass

쟁반
jaengban
tray

주방 joobang | **kitchen**

웨이터 weiteo | **waiter**

어휘 eohwi · **vocabulary**

저녁 메뉴 jeonyeok menew **evening menu**	특별 메뉴 teukbyeol maenyu **specials**	가격 gagyeok **price**	팁 tib **tip**	뷔페 bwipae **buffet**	소금 sogeum **salt**
와인 목록 wain moglok **wine list**	일품 요리 ilpoom yori **à la carte**	계산서 gyesanseo **bill**	봉사료 포함 bongsaryo poham **service included**	바 ba **bar**	후추 huchu **pepper**
점심 메뉴 jeomsim menew **lunch menu**	후식 카트 husig kateu **sweet trolley**	영수증 yeongsujeung **receipt**	봉사료 제외 bongsaryo jae-oe **service not included**	고객 gogaek **customer**	

한국어 hangookeo · **english**

외식 WAESIK · **EATING OUT**

메뉴
menew
menu

키즈밀
kijeumil
child's meal

주문하다 joomunhada
order (v)

지불하다 jibulhada | **pay (v)**

코스 koseu · **courses**

식전 술
sigjeon sool
apéritif

전채 요리
jeonchae yori
starter

수프
supeu
soup

메인 코스
maein koseu
main course

추가 주문
chooga jumun
side order

디저트 dijeoteu
dessert

커피 keopi
coffee

2인용 테이블로 부탁해요.
i-in-yong teibeullo butakhaeyo.
A table for two please.

메뉴/와인 목록을 볼 수 있을까요?
menew / wain moglog-eul bol su isseulkkayo?
Can I see the menu/wine list please?

가격이 정해진 식사 메뉴도 있나요?
gagyeog-i jeonghaejin siksa maenyudo itnayo?
Is there a fixed price menu?

채식주의자용 메뉴도 있나요?
chaesikjooeuijayong maenudo itnayo?
Do you have any vegetarian dishes?

계산서/영수증을 주시겠어요?
gyesanseo / yeongsujeung-eul jusigesseoyo?
Could I have the bill/a receipt please?

각자 계산하겠습니다.
gakja gyesanhagessseumnida
Can we pay separately?

화장실이 어디입니까?
hwajangsil-i eodipnikka?
Where are the toilets, please?

한국어 hangookeo · **english**

외식 WAESIK • **EATING OUT**

패스트푸드 paeseuteupudeu • **fast food**

버거
beogeo
burger

빨대
ppaldae
straw

탄산 음료
tansan eumryo
soft drink

감자 튀김
ganja twigim
French fries

냅킨
naebkin
paper napkin

쟁반
jaengban
tray

버거 세트 beogeo seteu | **burger meal**

피자
pija
pizza

가격 목록
gagyeok moglog
price list

캔 음료
kaen eumryo
canned drink

가정 배달 gajeong baedal
home delivery

거리 가판대 geori gapandae
street stall

어휘 eohwi • **vocabulary**

피자 가게
pija gage
pizza parlour

햄버거 가게
hambeogeo gage
burger bar

메뉴
menew
menu

가게 안에서 먹기
gage an-aeseo meokgi
eat-in

테이크아웃
teikeuaut
take-away

재가열하다
jaegayeolhada
re-heat (v)

토마토 소스
tomato soseu
tomato sauce

이거 가져가도 되나요?
i-geo gajyeogado doenayo?
Can I have that to go please?

배달 되나요?
baedal doenayo?
Do you deliver?

154　　　　　　　　　　　　　　　　　　　　한국어 hangookeo • **english**

외식 WAESIK • **EATING OUT**

번 beon | **bun**
머스타드 meoseu-tadeu | **mustard**
소시지 sosiji | **sausage**

햄버거 haembeogeo | **hamburger**
치킨 버거 chikin beogeo | **chicken burger**
야채 버거 yachae beogeo | **veggie burger**
핫도그 hatdogeu | **hot dog**

필링 pilling | **filling**

샌드위치 saendeuwichi | **sandwich**
클럽 샌드위치 keulleob saendeuwichi | **club sandwich**
오픈 샌드위치 opeun saendeuwichi | **open sandwich**
랩 샌드위치 laeb saendeuwichi | **wrap**

소스 soseu | **sauce**
짭짤한 jjabjjalhan | **savoury**
달콤한 dalkomhan | **sweet**
토핑 toping | **topping**

케밥 kebab | **kebab**
치킨 너겟 chikin neoget | **chicken nuggets**
크레페 keurepe | **crêpes**

피시 앤 칩스 pisi aen chipseu | **fish and chips**
갈비 galbi | **ribs**
프라이드 치킨 peuraideu chikin | **fried chicken**
피자 pija | **pizza**

한국어 hangookeo • english

155

외식 WAESIK • **EATING OUT**

아침식사 achimsigsa • **breakfast**

우유 uyoo **milk**

시리얼 sirieol **cereal**

말린 과일 mallin gwail **dried fruit**

햄 haem **ham**

치즈 chijeu **cheese**

크네케브뢰드 keunaekae-beuroedue **crispbread**

아침 뷔페 achim bwipe **breakfast buffet**

마멀레이드 mameolleideu **marmalade**

잼 jaem **jam**

파테 pate **pâté**

버터 beoteo **butter**

과일 주스 gwail juseu **fruit juice**

커피 keopi **coffee**

핫 초콜릿 hat chokollit **hot chocolate**

크루아상 keuruasang **croissant**

차 cha **tea**

아침 테이블 achim teibeul | **breakfast table**

음료 eumryo | **drinks**

한국어 hangookeo • **english**

외식 WAESIK • **EATING OUT**

브리오슈
beurioshoo
brioche

빵
bbang
bread

토마토
tomato
tomato

블랙 푸딩
beullaek pooding
black pudding

토스트
toseuteu
toast

달걀 후라이
dalgyal hoorai
fried egg

소시지
sosiji
sausage

베이컨
beikeon
bacon

잉글리시 브렉퍼스트
ing-geullisi beuraegpeoseuteu
English breakfast

훈제 청어
hunje cheong-eo
kippers

프렌치 토스트
peurenchi toseuteu
French toast

노른자
noreunja
yolk

삶은 달걀
salmeun dalgyal
boiled egg

스크램블 에그
seukeuraembeul egeu
scrambled eggs

크림
keurim
cream

과일 요거트
gwail yogeoteu
fruit yoghurt

팬케이크
paenkeikeu
pancakes

와플
wapeul
waffles

죽
joog
porridge

신선한 과일
sinseonhan gwail
fresh fruit

한국어 hangookeo • **english** 157

외식 WAESIK • **EATING OUT**

저녁식사 jeonyeoksigsa • **dinner**

| 수프 supeu | **soup** | 국 gook | **broth** | 스튜 seutew | **stew** | 카레 kare | **curry** |

구이 요리 gu-i yori | **roast**

파이 pai | **pie**

수플레 supeulle | **soufflé**

케밥 kebab | **kebab**

미트볼 miteubol
meatballs

오믈렛 omeullet
omelette

볶음 요리 bokk-eum yori
stir-fry

면 요리
myeon yori
noodles

파스타 paseuta | **pasta**

밥 bab | **rice**

모둠 샐러드 modeum
saelleodeu | **mixed salad**

채소 샐러드 chaeso
saelleodeu | **green salad**

드레싱 deuresing
dressing

158　　　　　　　　　　　　　　　　　　　한국어 hangookeo • english

외식 WAESIK • **EATING OUT**

조리 방법 jori bangbeob • **techniques**

속을 채운 sog-eul chaeun
stuffed

소스가 있는 soseuga itneun
in sauce

구운 goo-un | **grilled**

양념에 재운 yangnyeomae jaeun | **marinated**

수란 sooran
poached

으깬 eukkaen
mashed

구운 goo-un
baked

프라이팬에 볶은 peuraipaen-ae bogeun
pan fried

튀긴 twigin | **fried**

식초에 절인 sikcho-e jeol-in | **pickled**

훈제 hoonje
smoked

담가 튀긴 damga twigin
deep-fried

당절임 dangjeolim
in syrup

드레싱을 한 deuresing-eul han
dressed

찐 jjin
steamed

염장한 yeomjanghan
cured

한국어 hangookeo • **english** 159

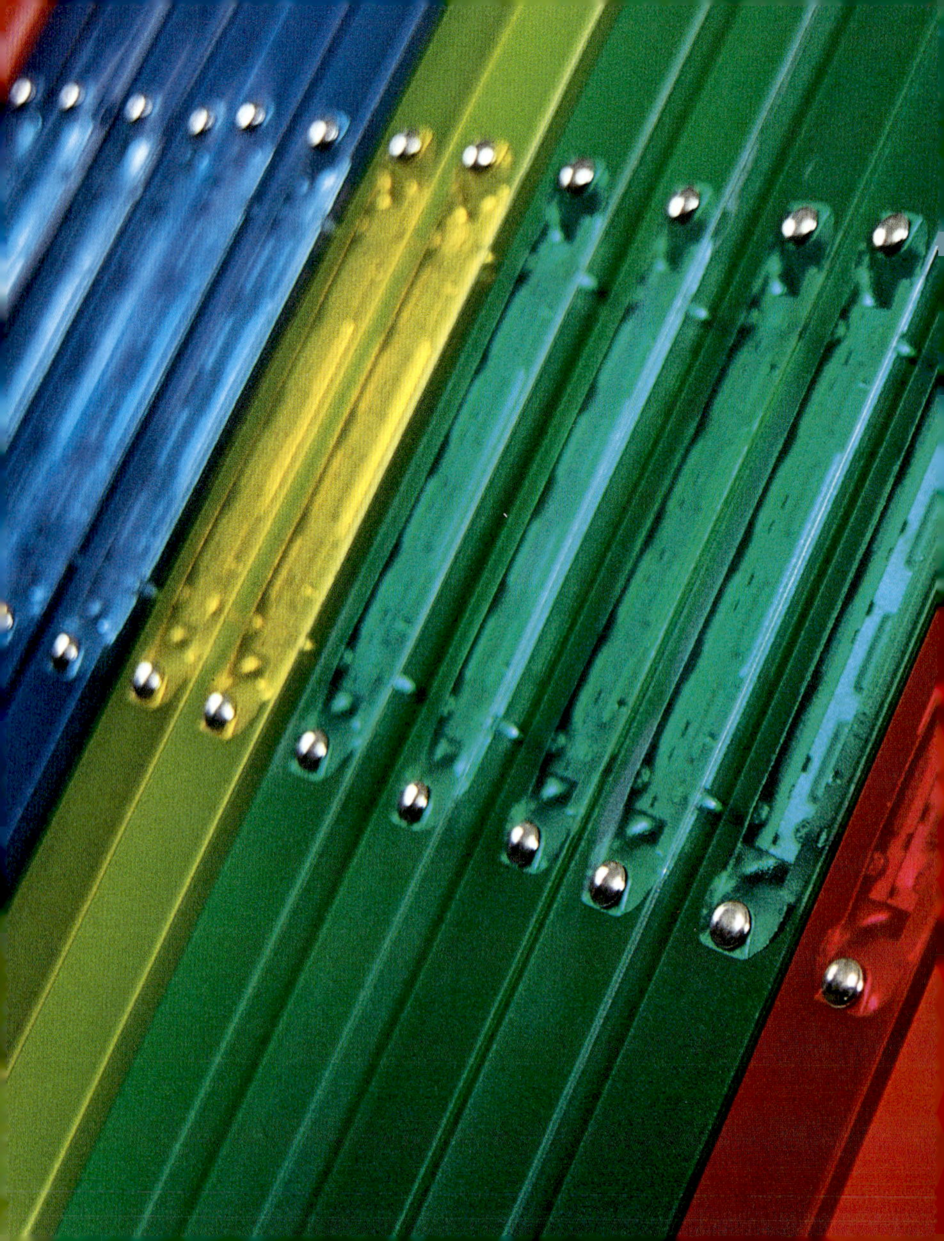

학업 hakeop
study

서재 HAKEOP · **STUDY**

학교 hakgyo · **school**

화이트보드
hwaiteubodeu
whiteboard

선생님
seonsaengnim
teacher

책가방
chaekgabang
school bag

학생
haksaeng
pupil

책상
chaeksang
desk

교실 gyosil | **classroom**

여학생
yeohaksaeng
schoolgirl

남학생
namhaksaeng
schoolboy

어휘 eohwi · **vocabulary**

역사 yeoksa **history**	과학 gwahak **science**	물리 moolli **physics**
언어 eon-eo **languages**	미술 misool **art**	화학 hwahak **chemistry**
문학 munhak **literature**	음악 eum-ak **music**	생물 saengmul **biology**
지리 jiri **geography**	수학 soohak **maths**	체육 cheyook **physical education**

활동 hwaldong · **activities**

읽다 ilgda | **read (v)**

쓰다 sseuda | **write (v)**

철자를 쓰다 cheoljareul sseuda | **spell (v)**

그리다 geurida
draw (v)

한국어 hangookeo · **english**

서재 HAKEOP • STUDY

펜촉 penchok **nib**

색연필 saeg-yeonpil **colouring pencil**

연필깎이 yeonpilkkakki **pencil sharpener**

디지털 프로젝터 dijiteol peurojekteo **digital projector**

펜 pen **pen**

연필 yeonpil **pencil**

공책 gongchaek **notebook**

지우개 jiugae **rubber**

교과서 gyogwaseo | **textbook**

필통 piltong | **pencil case**

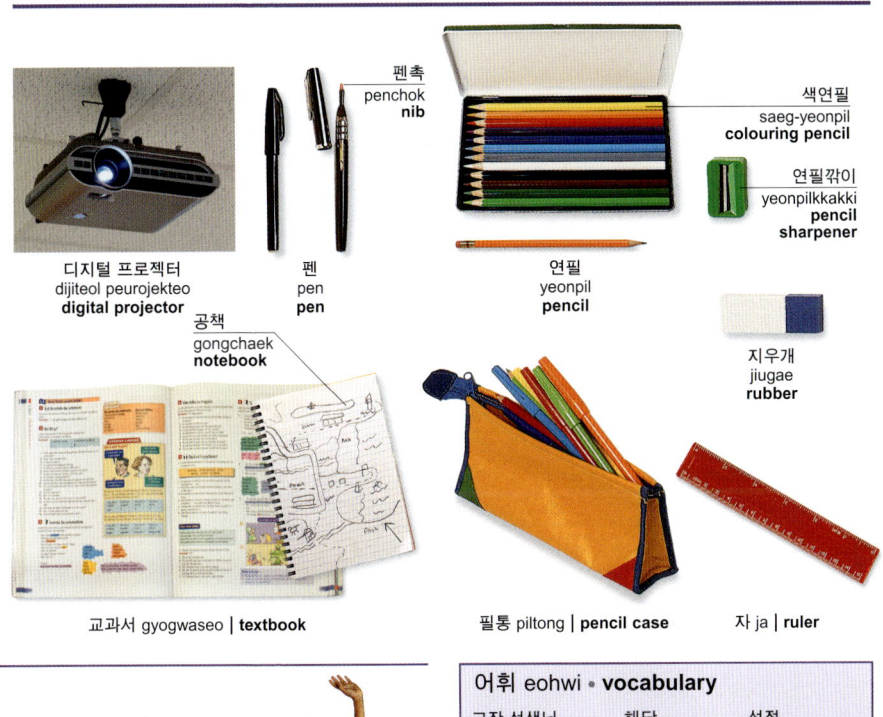

자 ja | **ruler**

질문하다 jilmunhada
question (v)

응답하다 eungdabhada
answer (v)

토론하다 toronhada
discuss (v)

배우다 baeuda
learn (v)

어휘 eohwi • vocabulary

교장 선생님 gyojang seonsaengnim **head teacher**	해답 haedab **answer**	성적 seongjeok **grade**
수업 sueob **lesson**	숙제 sookje **homework**	연도 yeondo **year**
질문 jilmun **question**	시험 siheom **examination**	사전 sajeon **dictionary**
메모하다 memohada **take notes (v)**	작문 jakmoon **essay**	백과사전 baekgwasajeon **encyclopedia**

한국어 hangookeo • **english** 163

서재 HAKEOP • **STUDY**

수학 soohak • **maths**

모양 moyang • **shapes**

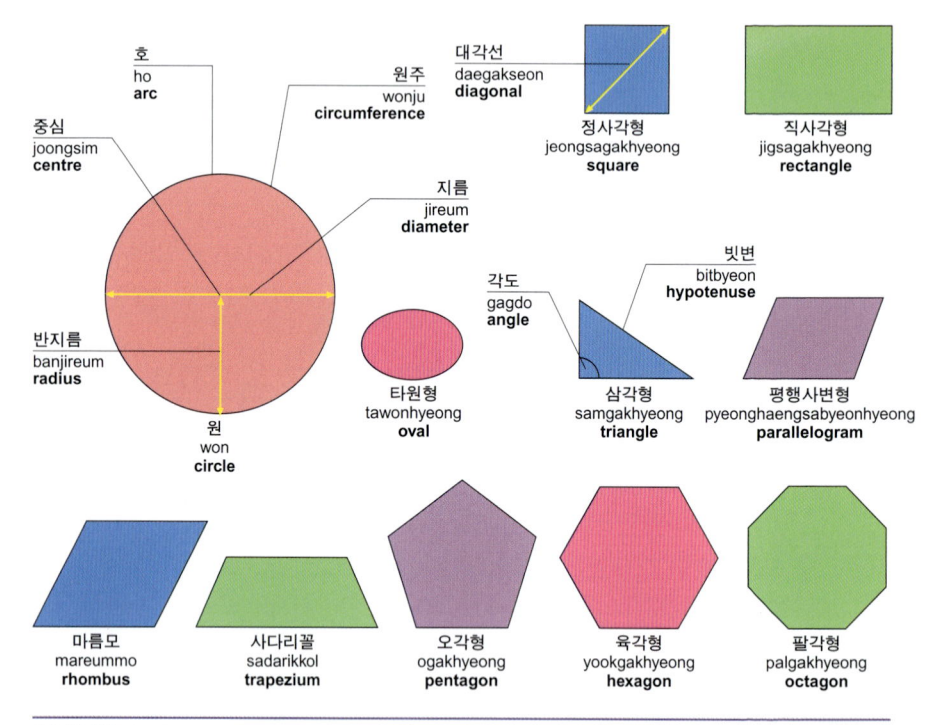

호 ho **arc**

원주 wonju **circumference**

대각선 daegakseon **diagonal**

정사각형 jeongsagakhyeong **square**

직사각형 jigsagakhyeong **rectangle**

중심 joongsim **centre**

지름 jireum **diameter**

빗변 bitbyeon **hypotenuse**

각도 gagdo **angle**

반지름 banjireum **radius**

타원형 tawonhyeong **oval**

삼각형 samgakhyeong **triangle**

평행사변형 pyeonghaengsabyeonhyeong **parallelogram**

원 won **circle**

마름모 mareummo **rhombus**

사다리꼴 sadarikkol **trapezium**

오각형 ogakhyeong **pentagon**

육각형 yookgakhyeong **hexagon**

팔각형 palgakhyeong **octagon**

입체형 ibchehyeong • **solids**

면 myeon **side**

꼭지 kkogji **apex**

밑면 mitmyeon **base**

원뿔 wonppul **cone**

원기둥 wongidung **cylinder**

정육면체 jeong-yugmyeonche **cube**

각뿔 gakppul **pyramid**

구 gu **sphere**

서재 HAKEOP • **STUDY**

선 seon • lines

직선	평행선	직각	곡선
jigseon	pyeonghaengseon	jiggag	gogseon
straight	**parallel**	**perpendicular**	**curved**

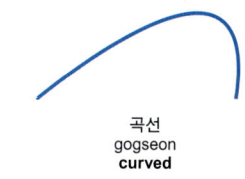

측량 cheugryang • **measurements**

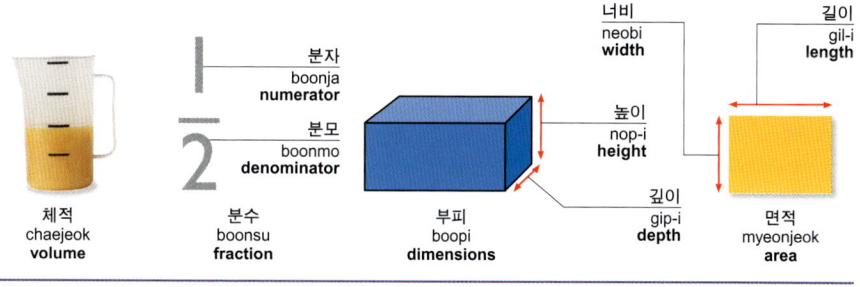

- 체적 / chaejeok / **volume**
- 분자 / boonja / **numerator**
- 분모 / boonmo / **denominator**
- 분수 / boonsu / **fraction**
- 부피 / boopi / **dimensions**
- 너비 / neobi / **width**
- 높이 / nop-i / **height**
- 깊이 / gip-i / **depth**
- 길이 / gil-i / **length**
- 면적 / myeonjeok / **area**

도구 dogu • **equipment**

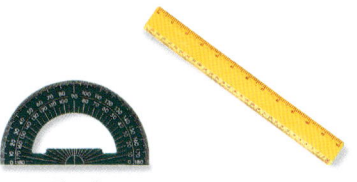

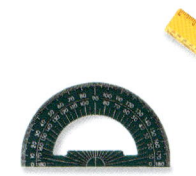

삼각자	각도기	자	컴퍼스	계산기
samgagja	gagdogi	ja	keompeoseu	gyesangi
set square	**protractor**	**ruler**	**compass**	**calculator**

어휘 eohwi • **vocabulary**

기하학	더하기	곱하기	같음	더하다	곱하다	방정식
gihahag	deohagi	gob-hagi	gateum	deohada	gobhada	bangjeongsig
geometry	**plus**	**times**	**equals**	**add (v)**	**multiply (v)**	**equation**

산수	빼기	나누기	세다	빼다	나누다	비율
sansoo	ppaegi	nanugi	seda	ppaeda	nanuda	biyool
arithmetic	**minus**	**divided by**	**count (v)**	**subtract (v)**	**divide (v)**	**percentage**

한국어 hangookeo • **english**

서재 HAKEOP • **STUDY**

과학 gwahak • **science**

실험실
silheomsil
laboratory

저울
jeowool
scales

추
choo
weight

용수철 저울
yongsucheol jeowool
spring balance

도가니
dogani
crucible

분젠 버너
bunjen beoneo
bunsen burner

삼각대
samgakdae
tripod

유리병
yuribyeong
glass bottle

깔때기
kkalttaegi
funnel

플라스크
peullaseukeu
flask

죔쇠
joemsoe
clamp

마개
magae
stopper

시험관
siheomgwan
test tube

받침대
batchimdae
rack

타이머
taimeo
timer

페트리 접시
peteuri jeobsi
petri dish

실험 eksperiment | **experiment**

166　　　　　　　　　　　　　　　　　　　　　　　　　　　　　한국어 hangookeo • **english**

서재 HAKEOP • **STUDY**

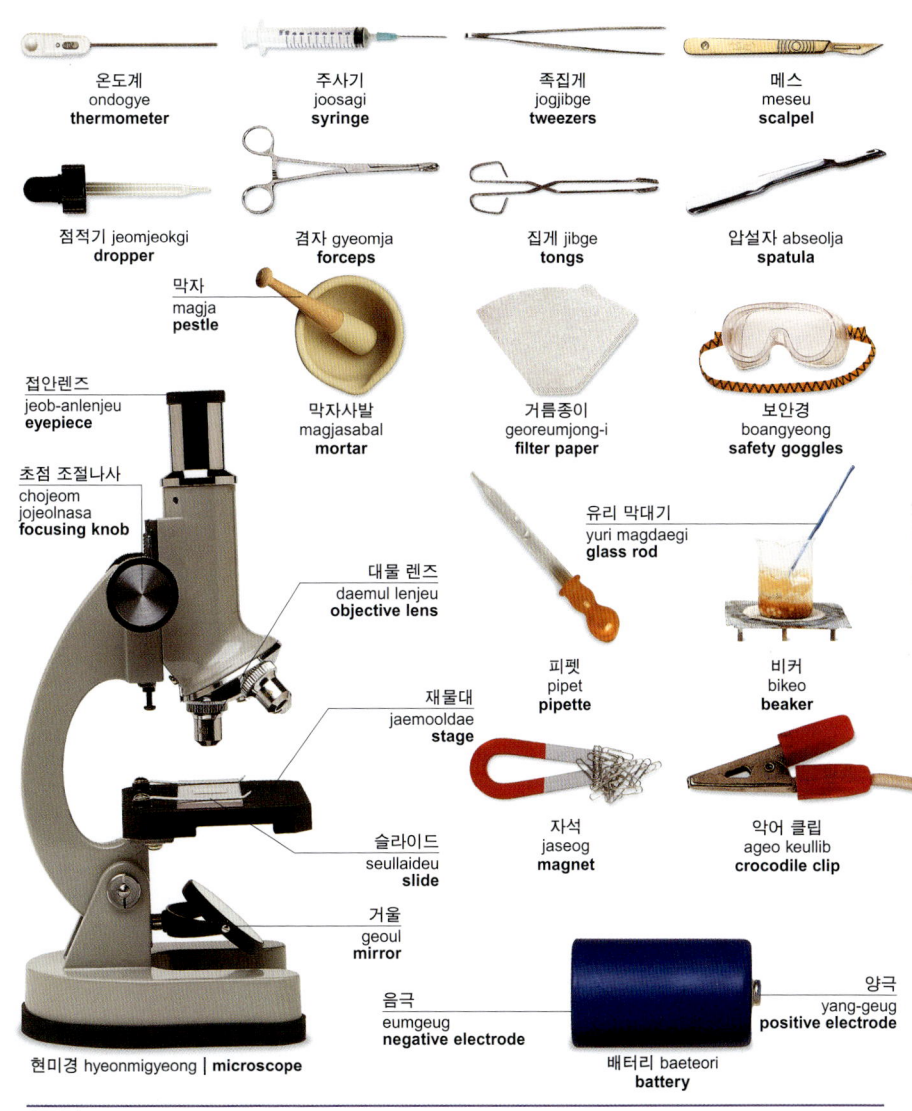

온도계 ondogye
thermometer

주사기 joosagi
syringe

족집게 jogjibge
tweezers

메스 meseu
scalpel

점적기 jeomjeokgi
dropper

겸자 gyeomja
forceps

집게 jibge
tongs

압설자 abseolja
spatula

막자 magja
pestle

막자사발 magjasabal
mortar

거름종이 georeumjong-i
filter paper

보안경 boangyeong
safety goggles

접안렌즈 jeob-anlenjeu
eyepiece

초점 조절나사 chojeom jojeolnasa
focusing knob

대물 렌즈 daemul lenjeu
objective lens

유리 막대기 yuri magdaegi
glass rod

피펫 pipet
pipette

비커 bikeo
beaker

재물대 jaemooldae
stage

슬라이드 seullaideu
slide

자석 jaseog
magnet

악어 클립 ageo keullib
crocodile clip

거울 geoul
mirror

음극 eumgeug
negative electrode

양극 yang-geug
positive electrode

현미경 hyeonmigyeong | **microscope**

배터리 baeteori
battery

한국어 hangookeo • **english**

서재 HAKEOP · **STUDY**

대학 daehak · **college**

입학처
ibhakcheo
admissions

식당
sigdang
refectory

헬스클럽
helseukeulleob
health centre

운동장
undongjang
sports field

기숙사
gisugsa
hall of residence

사서
saseo
librarian

캠퍼스 kaempeoseu | **campus**

어휘 eohwi · **vocabulary**

도서관 카드 doseo-gwan kadeu **library card**	문의처 mun-uicheo **enquiries**	대출 daechul **loan**
독서실 dogseosil **reading room**	빌리다 billida **borrow (v)**	책 chaek **book**
추천 도서 chucheon doseo **reading list**	대출 예약하다 daechul yeyakhada **reserve (v)**	제목 jemok **title**
반납일 bannab-il **return date**	갱신하다 gaengsinhada **renew (v)**	통로 tongro **aisle**

정기 간행물
jeong-gi ganhaengmul
periodical

책꽂이
chaegkkoji
bookshelf

대출대
daechuldae
loans desk

신문
sinmun
journal

도서관 doseogwan | **library**

한국어 hangookeo · **english**

서재 HAKEOP • **STUDY**

학부생 / hagbusaeng / **undergraduate**

교수 / gyosoo / **lecturer**

졸업생 / joleobsaeng / **graduate**

가운 / gaun / **robe**

강의실 / gang-uisil / **lecture theatre**

졸업식 / jol-eobsik / **graduation ceremony**

단과대학 dan-gwadaehak • schools

모델 / model / **model**

예술대학 / yesuldaehak / **art college**

음악대학 / eum-agdaehak / **music school**

무용대학 / mooyongdaehak / **dance academy**

어휘 eohwi • vocabulary

장학금 / janghakgeum / **scholarship**

수료증 / suryojeung / **diploma**

학위 / hag-wi / **degree**

대학원생 / daehak-wonsaeng / **postgraduate**

연구 / yeongu / **research**

석사학위 / seoksahag-ui / **master's**

박사학위 / baksahak-wi / **doctorate**

박사 논문 / baksa nonmun / **thesis**

학사 및 석사 논문 / haksa mit seoksa nonmun / **dissertation**

학과 / hakgwa / **department**

법학 / beob-hak / **law**

공학 / gonghak / **engineering**

의학 / uihak / **medicine**

수의학 / suuihak / **zoology**

물리학 / mullihak / **physics**

정치학 / jeongchihak / **politics**

철학 / cheol-hak / **philosophy**

문학 / munhak / **literature**

예술사 / yesulsa / **history of art**

경제학 / gyeongjehak / **economics**

한국어 hangookeo • **english**

169

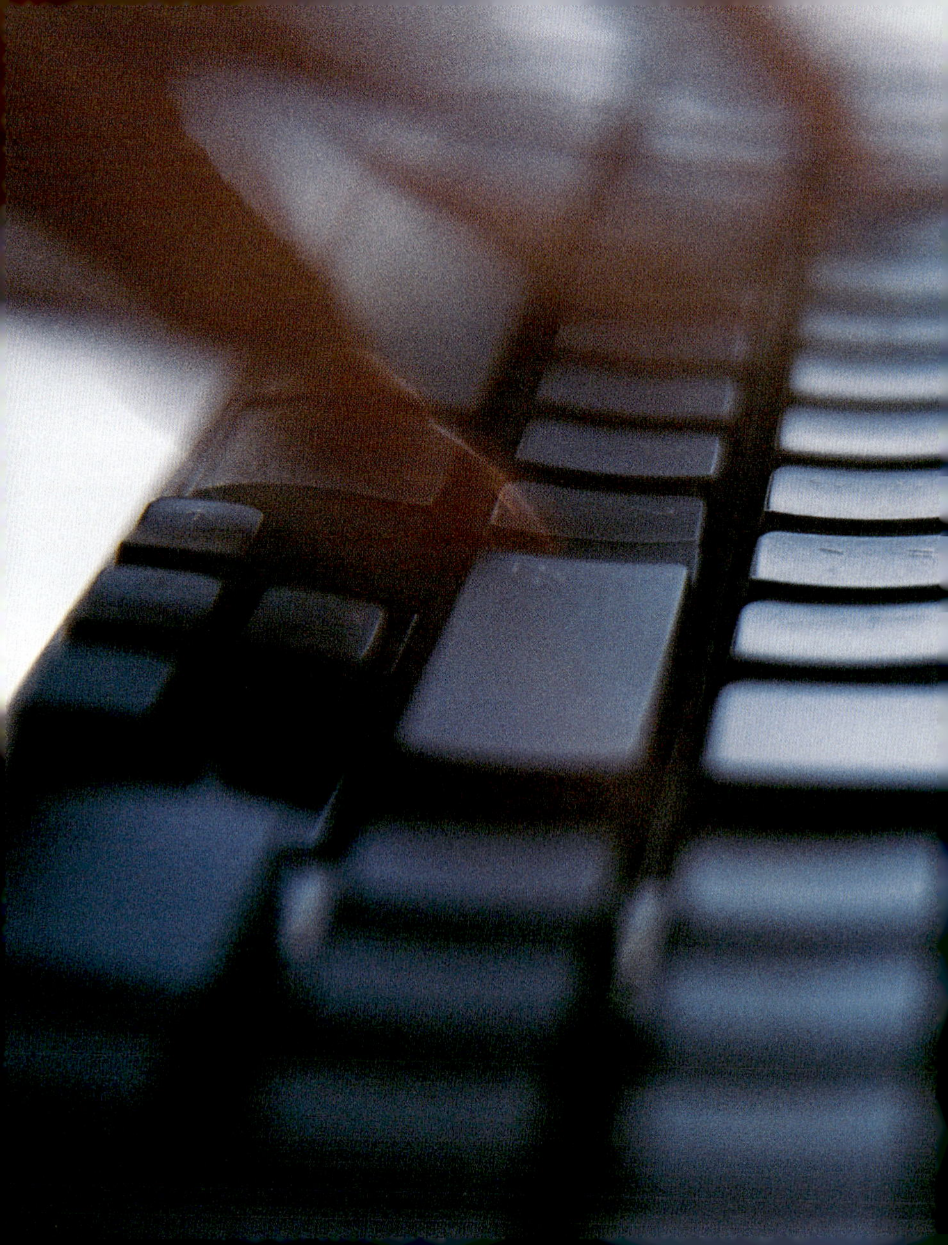

업무 eobmu
work

업무 EOBMU · **WORK**

사무실 1 samusil · **office 1**

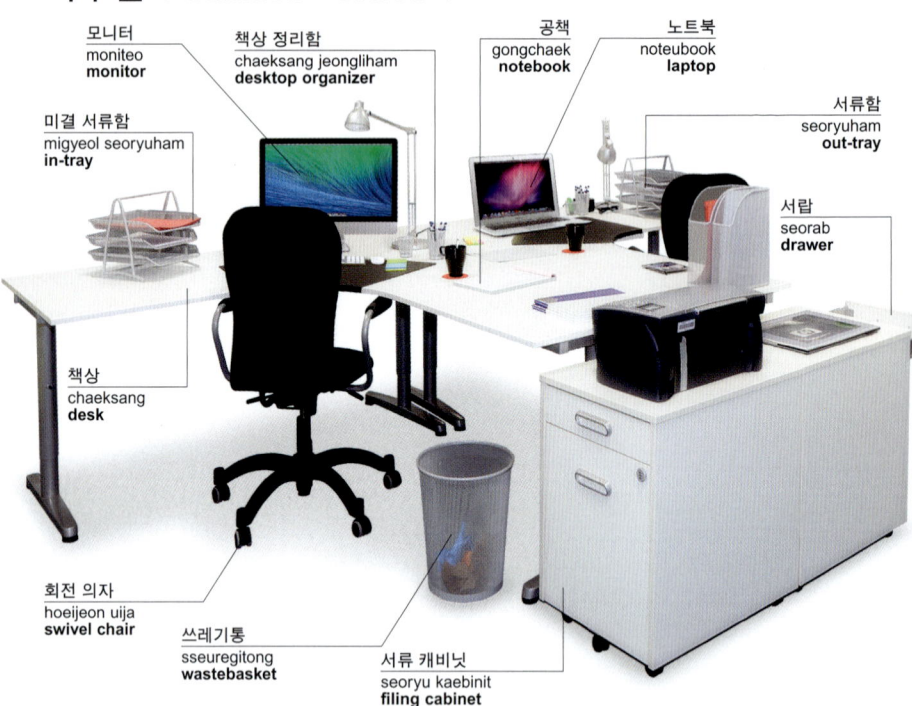

- 모니터 moniteo **monitor**
- 책상 정리함 chaeksang jeongliham **desktop organizer**
- 공책 gongchaek **notebook**
- 노트북 noteubook **laptop**
- 미결 서류함 migyeol seoryuham **in-tray**
- 서류함 seoryuham **out-tray**
- 서랍 seorab **drawer**
- 책상 chaeksang **desk**
- 회전 의자 hoeijeon uija **swivel chair**
- 쓰레기통 sseuregitong **wastebasket**
- 서류 캐비닛 seoryu kaebinit **filing cabinet**

사무실 비품 samusil bipum · **office equipment**

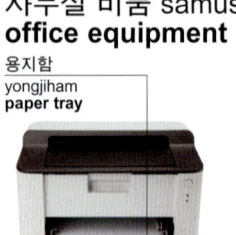

- 용지함 yongjiham **paper tray**
- 프린터 peurinteo | **printer**
- 파쇄기 paswaegi | **shredder** 

어휘 eohwi · **vocabulary**

인쇄하다 inswaehada **print (v)**

확대하다 hwagdaehada **enlarge (v)**

복사하다 bogsahada **copy (v)**

축소하다 chooksohada **reduce (v)**

복사할 게 있습니다.
bogsahal ge itseumnida.
I need to make some copies.

한국어 hangookeo · **english**

업무 EOBMU · **WORK**

사무용 소모품 samuyong somopum · **office supplies**

감사 카드
gamsa kadeu
compliments slip

봉투
bongtu
envelope

파일 박스
pail bakseu
box file

회사 편지지
hoeisa pyeonjiji
letterhead

색인표
saeg-inpyo
tab

칸막이
kanmag-i
divider

클립보드
keullibbodeu
clipboard

메모장
memojang
note pad

행잉 파일
haeng-ing pail
hanging file

아코디언 파일
akodieon pail
concertina file

아치 파일
achi pail
lever arch file

스테이플러 침
seuteipeulleo chim
staples

접착 테이프
jeobchag teipeu
sticky tape

잉크 패드
ingkeu paedeu
ink pad

수첩
sucheob
personal organizer

스테이플러
seuteipeulleo
stapler

테이프 디스펜서
teipeu diseupenseo
tape dispenser

펀치
peonchi
hole punch

고무 도장
gomu dojang
rubber stamp

압정
abjeong
drawing pin

고무줄
gomujul
rubber band

집게
jibge
bulldog clip

종이 클립
jong-i keullip
paper clip

게시판 gesipan | **notice board**

한국어 hangookeo · **english**

업무 EOBMU · **WORK**

사무실 2 samusil · **office 2**

- 플립 차트 / peullib chateu / **flip chart**
- 받침대 / batchimdae / **easel**
- 사장 / sajang / **manager**
- 제안서 / jeanseo / **proposal**
- 회의록 / hoei-ui-log / **minutes**
- 보고서 / bogoseo / **report**
- 임원 / imwon / **executive**

회의 hoei-ui | **meeting**

어휘 eohwi · **vocabulary**

회의실
hoei-uisil
meeting room

참여하다
cham-yeohada
attend (v)

의제
uije
agenda

회의의 사회를 맡다
hoeiuiui sahoereul matda
chair (v)

회의가 몇 시에 있어요?
hoei-uiga myeot sie isseoyo?
What time is the meeting?

근무 시간이 어떻게 됩니까?
geunmu sigan-i eotteokke deomnikka?
What are your office hours?

발표자 / balpyoja / **speaker**

발표 prezentatsiya | **presentation**

한국어 hangookeo · **english**

업무 EOBMU · **WORK**

비즈니스 bijeuniseu · **business**

비즈니스맨
bijeuniseumaen
businessman

비즈니스우먼
bijeuniseu-umeon
businesswoman

업무상 점심식사 eobmusang jeomsimsigsa
business lunch

출장 chuljang | **business trip**

약속
yagsok
appointment

대표이사
daepyo-i-sa
managing director

고객
gogaek
client

다이어리 dai-eori
diary

비즈니스 거래 bijeuniseu georae
business deal

어휘 eohwi · **vocabulary**

회사 hoeisa **company**	사원 sawon **staff**	회계 부서 hoeigye buseo **accounts department**	법무 부서 beobmu buseo **legal department**
본사 bonsa **head office**	급여 geub-yeo **salary**	마케팅 부서 maketing buseo **marketing department**	고객 서비스 부서 gogaek seobiseu buseo **customer service department**
지사 jisa **branch**	급여 대상자 명단 geub-yeo daesangja myeongdan **payroll**	영업부 yeong-eobbu **sales department**	인사부 insabu **human resources department**

한국어 hangookeo · **english** 175

업무 EOBMU • WORK

컴퓨터 keompyuteo • **computer**

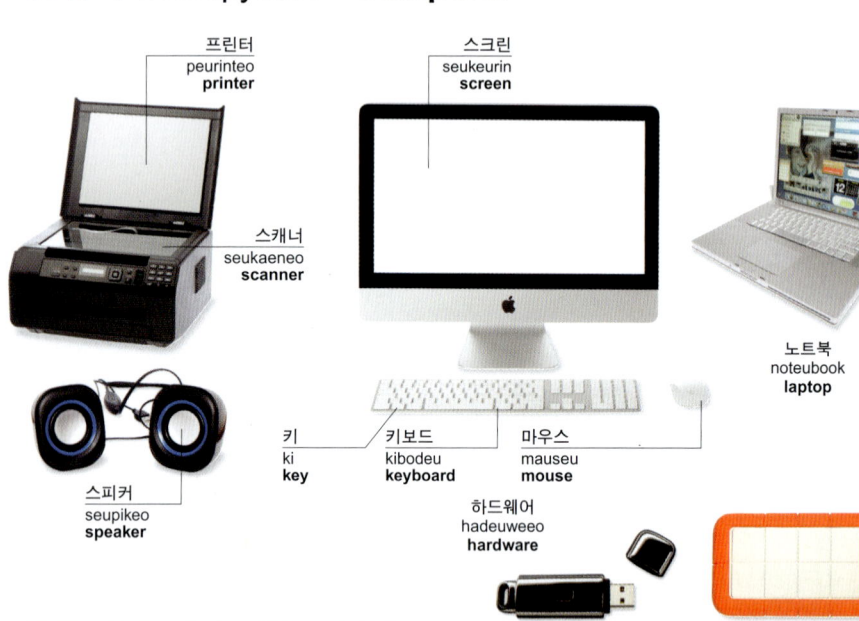

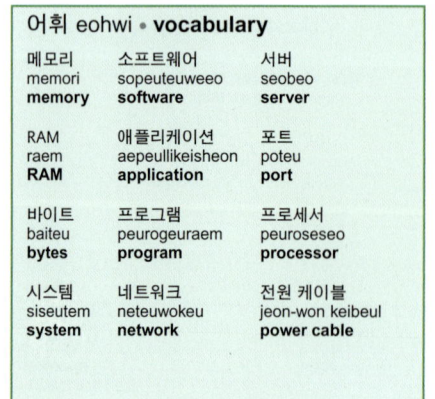

프린터
peurinteo
printer

스크린
seukeurin
screen

스캐너
seukaeneo
scanner

노트북
noteubook
laptop

키
ki
key

키보드
kibodeu
keyboard

마우스
mauseu
mouse

스피커
seupikeo
speaker

하드웨어
hadeuweeo
hardware

USB 메모리
yooaesubi maemori
memory stick

외장 하드 드라이브
waejang hadeu deuraibeu
external hard drive

어휘 eohwi • **vocabulary**

메모리	소프트웨어	서버
memori	sopeuteuweeo	seobeo
memory	**software**	**server**

RAM | 애플리케이션 | 포트
raem | aepeullikeisheon | poteu
RAM | **application** | **port**

바이트 | 프로그램 | 프로세서
baiteu | peurogeuraem | peuroseseo
bytes | **program** | **processor**

시스템 | 네트워크 | 전원 케이블
siseutem | neteuwokeu | jeon-won keibeul
system | **network** | **power cable**

태블릿
taebeullit
tablet

스마트폰
seumateupon
smartphone

한국어 hangookeo • **english**

업무 EOBMU · **WORK**

데스크톱 deseukeutob · **desktop**

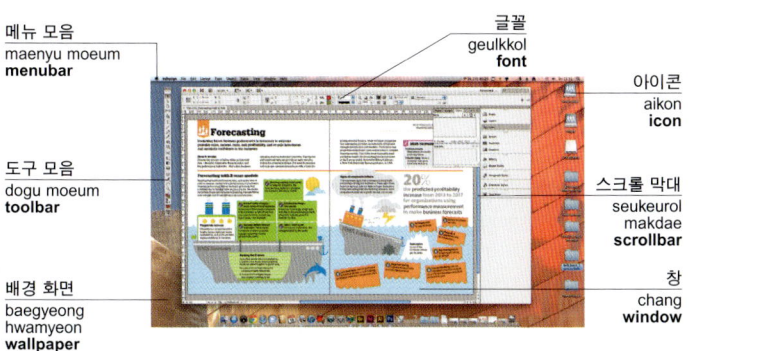

메뉴 모음
maenyu moeum
menubar

글꼴
geulkkol
font

아이콘
aikon
icon

도구 모음
dogu moeum
toolbar

스크롤 막대
seukeurol makdae
scrollbar

배경 화면
baegyeong hwamyeon
wallpaper

창
chang
window

파일
pail
file

폴더
poldeo
folder

휴지통
hyujitong
trash

인터넷 inteo-net · **internet**

브라우저
beuraujeo
browser

받은 편지함
badeun pyeonjiham
inbox

웹사이트
websaiteu
website

탐색하다 tamsaekhada | **browse (v)**

이메일 i-meil · **email**

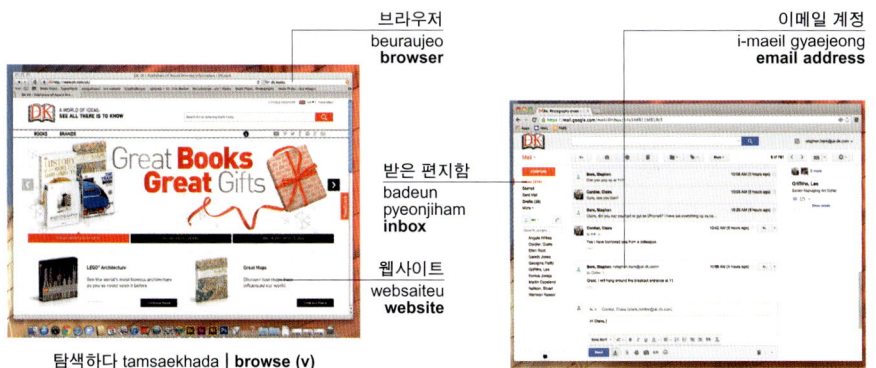

이메일 계정
i-maeil gyaejeong
email address

어휘 eohwi · **vocabulary**

연결하다	서비스 제공자	로그인하다	다운로드하다	보내다	저장하다
yeongyeolhada	seobiseu jegongja	logeu-inhada	daunlodeuhada	bonaeda	jeojanghada
connect (v)	**service provider**	**log on (v)**	**download (v)**	**send (v)**	**save (v)**

설치하다	이메일 계정	온라인	첨부 파일	수신하다	검색하다
seolchihada	i-maeil gyaejeong	onlah-in	cheombu pail	soosinhada	geomsaekhada
install (v)	**email account**	**online**	**attachment**	**receive (v)**	**search (v)**

한국어 hangookeo · **english**   177

업무 EOBMU · **WORK**

미디어 midieo · **media**

텔레비전 스튜디오 tellebijeon seutewdio · **television studio**

세트 / seteu / **set**

진행자 / jinhaengja / **presenter**

조명 / jomyeong / **light**

카메라 / kamera / **camera**

카메라 크레인 / kamera keurein / **camera crane**

카메라맨 / kameramaen / **cameraman**

어휘 eohwi · **vocabulary**

채널 chaeneol **channel**	뉴스 newseui **news**	언론 eonlon **press**	연속극 yeonsokgeug **soap**	만화 manhwa **cartoon**	생방송 saengbangsong **live**
프로그래밍 peurogeuraeming **programming**	다큐멘터리 dakyumenteori **documentary**	텔레비전 시리즈 tellebijeon sirijeu **television series**	예능 프로그램 yaeneung peurogeuraem **game show**	녹화방송 nokhwabangsong **prerecorded**	방송하다 bangsonghada **broadcast (v)**

한국어 hangookeo · **english**

업무 EOBMU • WORK

인터뷰 진행자 inteobyu jinhaengja | **interviewer**

리포터 lipoteo **reporter**

텔레프롬프터 taellaepeuromteo **autocue**

뉴스 진행자 newseu jinhaengja | **newsreader**

배우 baewoo **actors**

붐 마이크 boom maikeu **sound boom**

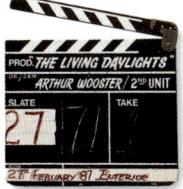

클래퍼 보드 keullaepeo bodeu **clapper board**

영화 세트장 yeonghwa seteujang **film set**

라디오 ladio • radio

음향 기사 eumhyang gisa **sound technician**

믹싱 데스크 miksing deseukeu **mixing desk**

마이크 maikeu **microphone**

녹음실 nogeumsil | **recording studio**

어휘 eohwi • vocabulary

라디오 방송국 ladio bangsong-gook **radio station**	중파 joongpa **medium wave**
방송 bangsong **broadcast**	주파수 joopasoo **frequency**
파장 pajang **wavelength**	음량 eumryang **volume**
장파 jangpa **long wave**	주파수를 맞추다 jupasureul matchuda **tune (v)**
단파 danpa **short wave**	DJ deejaei **DJ**
아날로그 a-nallogue **analogue**	디지털 dijiteol **digital**

한국어 hangookeo • **english** 179

업무 EOBMU • WORK

법 beob • law

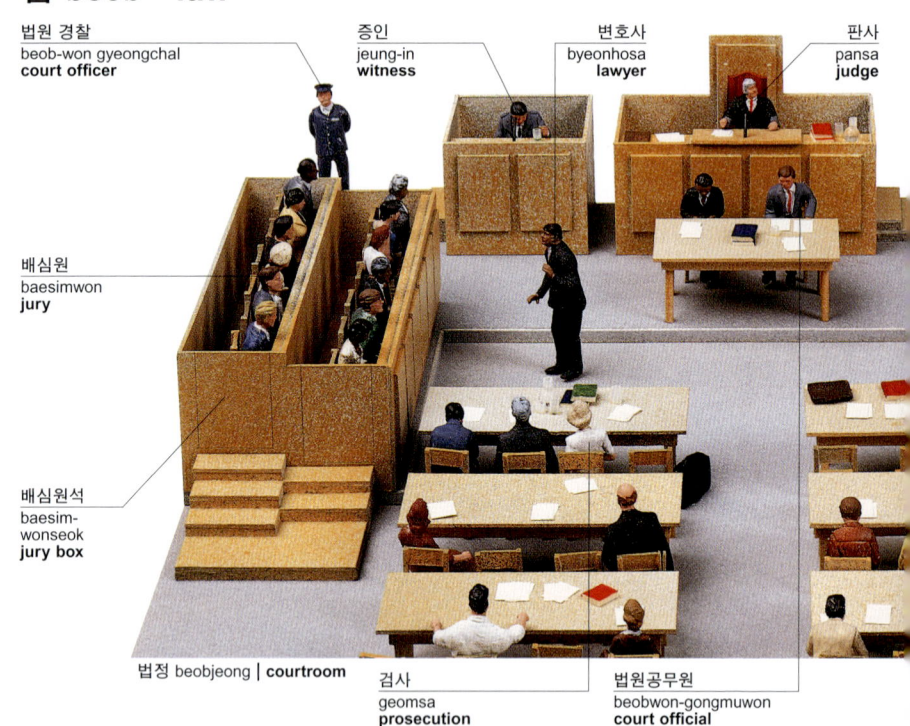

법원 경찰
beob-won gyeongchal
court officer

증인
jeung-in
witness

변호사
byeonhosa
lawyer

판사
pansa
judge

배심원
baesimwon
jury

배심원석
baesim-
wonseok
jury box

법정 beobjeong | **courtroom**

검사
geomsa
prosecution

법원공무원
beobwon-gongmuwon
court official

어휘 eohwi • vocabulary

변호사 사무소 byeonhosa samuso **lawyer's office**	소환장 sohwanjang **summons**	영장 yeongjang **writ**	소송 사건 sosong sageon **court case**
법률 상담 beobryul sangdam **legal advice**	진술 jinsool **statement**	재판일 jaepan-il **court date**	기소 giso **charge**
고객 gogaek **client**	영장 yeongjang **warrant**	진술 jinsool **plea**	피고인 pigoin **accused**

180   한국어 hangookeo • **english**

업무 EOBMU • WORK

속기사
sokgisa
stenographer

용의자
yong-uija
suspect

피고
pigo
defendant

변호인
byeonhoin
defence

몽타주 mongtajoo | **photofit**

범죄자
beomjoeja
criminal

전과
jeongwa
criminal record

교도관
gyodogwan | **prison guard**

감방 gambang | **cell**

감옥 gam-ok | **prison**

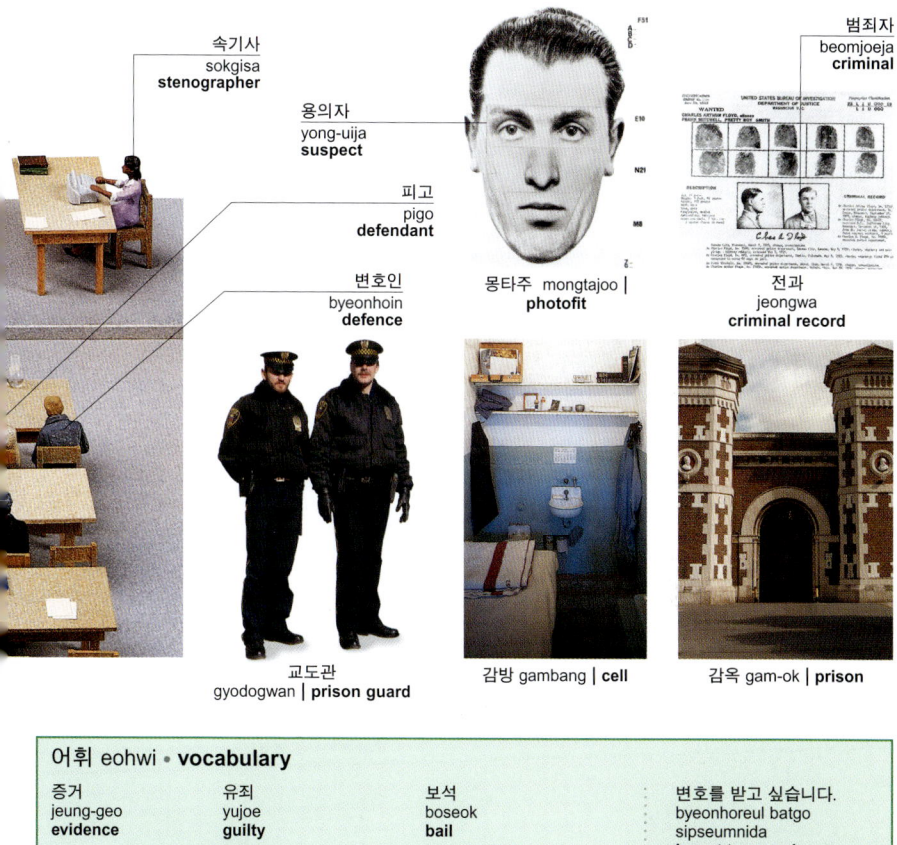

어휘 eohwi • vocabulary

증거
jeung-geo
evidence

판결
pangyeol
verdict

무죄
mujoe
innocent

유죄
yujoe
guilty

무죄선고
mujoeseon-go
acquitted

선고
seongo
sentence

보석
boseok
bail

항소
hangso
appeal

가석방
gaseokbang
parole

변호를 받고 싶습니다.
byeonhoreul batgo
sipseumnida
I want to see a lawyer.

법원이 어디에 있습니까?
beob-won-i eodie
isseumnikka?
Where is the courthouse?

보석금을 낼 수 있습니까?
boseokgeum-eul nael su
isseumnikka?
Can I post bail?

한국어 hangookeo • **english** 181

업무 EOBMU • WORK

농장 1 nongjang • **farm 1**

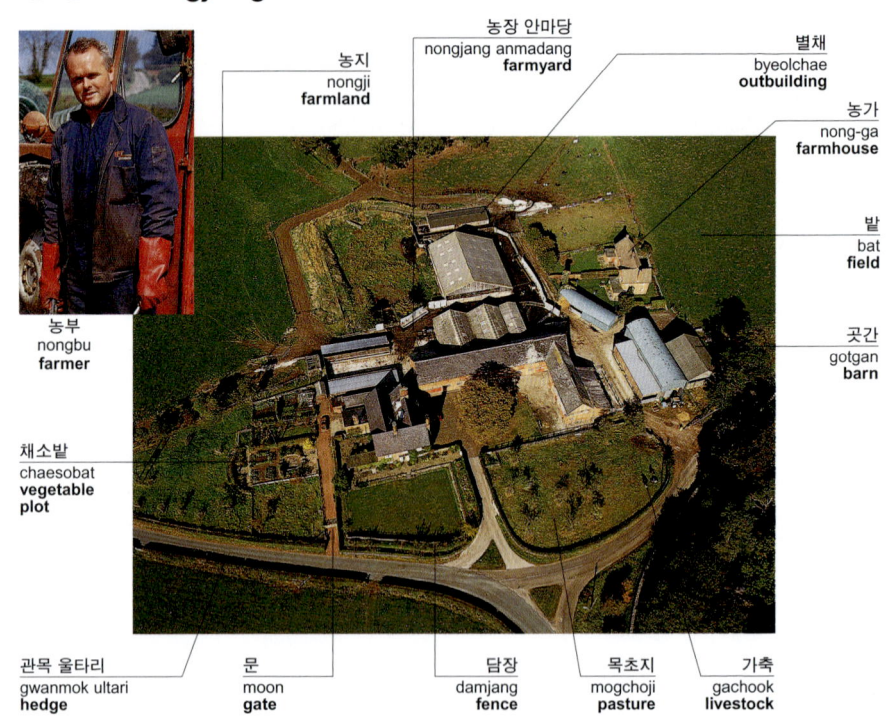

농지 nongji **farmland**

농장 안마당 nongjang anmadang **farmyard**

별채 byeolchae **outbuilding**

농가 nong-ga **farmhouse**

밭 bat **field**

곳간 gotgan **barn**

농부 nongbu **farmer**

채소밭 chaesobat **vegetable plot**

관목 울타리 gwanmok ultari **hedge**

문 moon **gate**

담장 damjang **fence**

목초지 mogchoji **pasture**

가축 gachook **livestock**

경운기 gyeong-ungi **cultivator**

트랙터 teuraegteo | **tractor**

콤바인 kombain | **combine harvester**

182   한국어 hangookeo • english

업무 EOBMU · **WORK**

농장의 유형 nongjang-ui yuhyeong · **types of farm**

농작물
nongjakmul
crop

가축떼
gachooktte
flock

경작 농장
gyeongjak nongjang
arable farm

낙농장
naknongjang
dairy farm

양 목장
yang mokjang
sheep farm

양계장 yang-gyejang
poultry farm

포도나무
podonamoo
vine

양돈장
yangdonjang
pig farm

양식장
yangsikjang
fish farm

과수원
gwasoowon
fruit farm

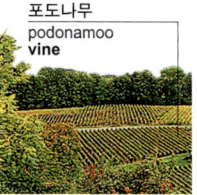

포도 과수원
podo gwasoowon
vineyard

활동 hwaldong · **actions**

고랑
gorang
furrow

쟁기질하다
jaeng-gijilhada
plough (v)

씨 뿌리다
ssi ppurida
sow (v)

우유를 짜다
uyooreul jjada
milk (v)

먹이를 주다
meog-i-leul juda
feed (v)

물 주다 mool juda
water (v)

수확하다 suhwakhada
harvest (v)

어휘 eohwi · **vocabulary**

제초제	떼	구유
jechoje	tte	gooyu
herbicide	**herd**	**trough**

살충제	사일로	심다
salchoongje	saillo	simda
pesticide	**silo**	**plant (v)**

한국어 hangookeo · **english**

업무 EOBMU • WORK

농장 2 nongjang • **farm 2**

농작물 nongjakmul • **crops**

밀
mil
wheat

옥수수
oksusu
corn

보리
bori
barley

유채씨
yuchaessi
rapeseed

해바라기
haebaragi
sunflower

더미
deomi
bale

건초
geoncho
hay

알팔파
alpalpa
alfalfa

담배
dambae
tobacco

쌀
ssal
rice

차
cha
tea

커피
keopi
coffee

아마
ah-ma
flax

사탕수수
satangsusu
sugarcane

목화
mokhwa
cotton

허수아비
heosuabi
scarecrow

한국어 hangookeo • **english**

업무 EOBMU • WORK

가축 gachook • **livestock**

새끼 돼지
saekki dwaeji
piglet

송아지
song-aji
calf

돼지
dwaeji
pig

소
so
cow

황소
hwangso
bull

양
yang
sheep

새끼 염소
saekki yeomso
kid

망아지
mang-aji
foal

새끼양
saekkiyang
lamb

염소
yeomso
goat

말
mal
horse

당나귀
dangnagwi
donkey

병아리
byeong-ari
chick

새끼 오리
saekki ori
duckling

닭
dak
chicken

어린 수탉
eorin sutak
cockerel

칠면조
chilmyeonjo
turkey

오리
ori
duck

헛간
heotgan
stable

우리
uri
pen

닭장
dakjang
chicken coop

양돈장
yangdonjang
pigsty

한국어 hangookeo • **english**   185

업무 EOBMU · **WORK**

건설 geonseol · **construction**

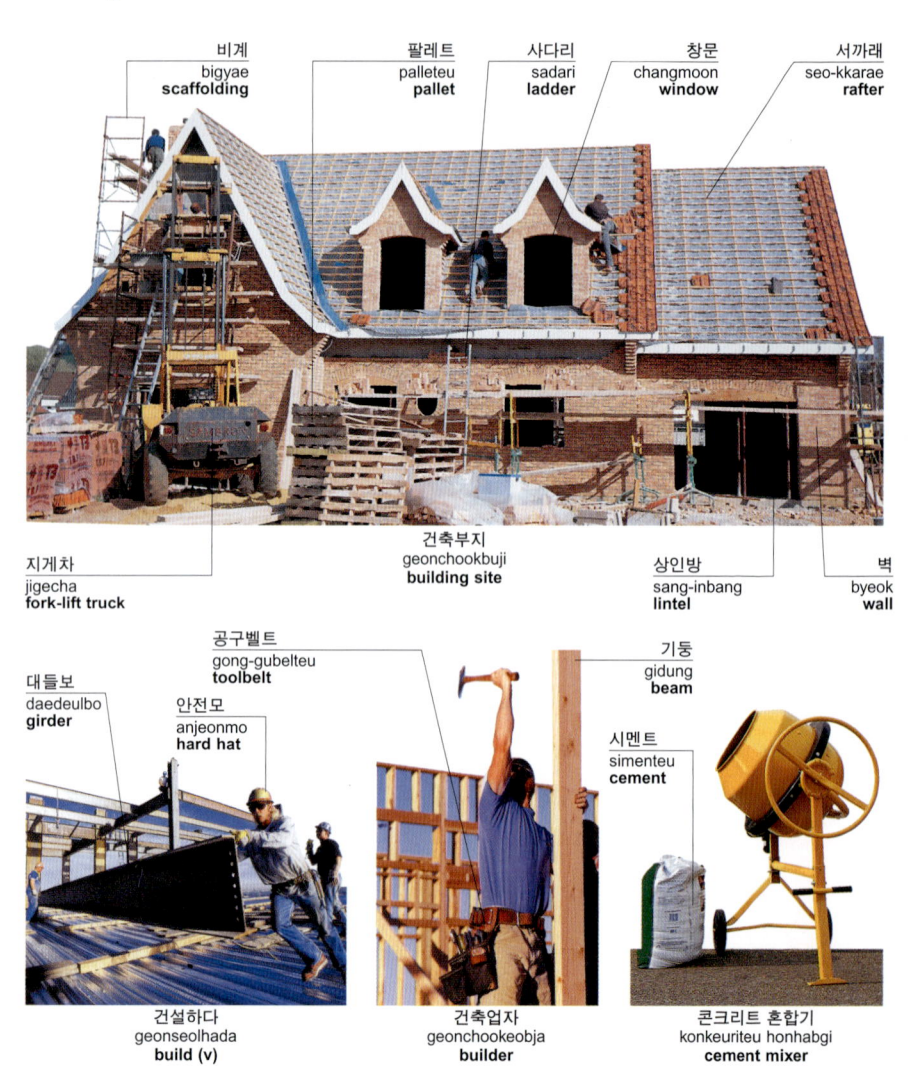

- 비계 / bigyae / **scaffolding**
- 팔레트 / palleteu / **pallet**
- 사다리 / sadari / **ladder**
- 창문 / changmoon / **window**
- 서까래 / seo-kkarae / **rafter**
- 지게차 / jigecha / **fork-lift truck**
- 건축부지 / geonchookbuji / **building site**
- 상인방 / sang-inbang / **lintel**
- 벽 / byeok / **wall**
- 대들보 / daedeulbo / **girder**
- 공구벨트 / gong-gubelteu / **toolbelt**
- 안전모 / anjeonmo / **hard hat**
- 기둥 / gidung / **beam**
- 시멘트 / simenteu / **cement**
- 건설하다 / geonseolhada / **build (v)**
- 건축업자 / geonchookeobja / **builder**
- 콘크리트 혼합기 / konkeuriteu honhabgi / **cement mixer**

186　　　　　　　　　　　　　　　　　　　한국어 hangookeo · **english**

업무 EOBMU • **WORK**

재료 jaeryo • **materials**

벽돌 byeokdol **brick**

목재 mokjae **timber**

기와 giwa **roof tile**

경량 블록 gyeongryang beullog **breeze block**

공구 gong-gu • **tools**

모르타르 moreutareu **mortar**

흙손 heukson **trowel**

기포관 수준기 gipogwan sujungi **spirit level**

손잡이 sonjabi **handle**

양손 망치 yangson mangchi **sledgehammer**

곡괭이 goggwaeng-i **pickaxe**

삽 sab **shovel**

기계류 gigyeryu • **machinery**

로드 롤러 lodeu lolleo **roadroller**

덤프트럭 deompeuteureok **dumper truck**

지지대 jijidae **support**

고리 gori **hook**

크레인 keurein | **crane**

도로 공사 doro gongsa • **roadworks**

로드콘 rodeukon **cone**

포장도로 pojangdoro **tarmac**

공압 드릴 gong-ab deuril **pneumatic drill**

재포장 jaepojang **resurfacing**

굴착기 goolchaggi **mechanical digger**

한국어 hangookeo • **english**

업무 EOBMU • WORK

직업 1 jig-eob • occupations 1

목수
mogsu
carpenter

전기공
jeon-gigong
electrician

배관공
baegwangong
plumber

건축업자
geonchookeobja
builder

정원사
jeong-wonsa
gardener

진공 청소기
jingong cheongsogi
vacuum cleaner

청소부
cheongsobu
cleaner

기계공
gigyegong
mechanic

정육점 주인
jeongyukjeom jooin
butcher

미용사
miyongsa
hairdresser

생선 장수
saengseon jangsu
fishmonger

청과물 상인
cheong-gwamul sang-in
greengrocer

플로리스트
peulloriseuteu
florist

이발사
ibalsa
barber

보석상
boseoksang
jeweller

상점 점원
sangjeom jeom-won
shop assistant

한국어 hangookeo • english

업무 EOBMU • WORK

부동산 중개업자
budongsan joong-gae-eobja
estate agent

안경사
angyeongsa
optician

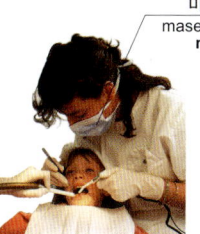

마스크
maseukeu
mask

치과 의사
chigwa uisa
dentist

의사
uisa
doctor

약사
yaksa
pharmacist

간호사
ganhosa
nurse

수의사
soo-uisa
vet

농부
nongbu
farmer

기관총
gigwanchong
machine gun

신분 증명 배지
sinbun jeungmyeong baeji
identity badge

유니폼
yunipom
uniform

경비원
gyeongbiwon
security guard

어부
eo-boo
fisherman

선원
seon-won
sailor

군인
goon-in
soldier

경찰관
gyeongchalgwan
policeman

소방관
sobang-gwan
fireman

한국어 hangookeo • english

업무 EOBMU • WORK

직업 2 jig-eob • occupations 2

모형
mohyeong
model

변호사
byeonhosa
lawyer

회계사
hoeigyesa
accountant

건축가 geonchukga | **architect**

과학자
gwahakja
scientist

교사
gyosa
teacher

사서
saseo
librarian

접수원
jeobsuwon
receptionist

우편 행낭
upyeon haengnang
mailbag

우편집배원
upyeonjibaewon
postman

버스 운전사
beoseu unjeonsa
bus driver

트럭 운전사
teureok unjeonsa
lorry driver

택시 운전사
taeksi unjeonsa
taxi driver

조종사
jojongsa
pilot

항공 승무원
hang-gong seungmuwon
air stewardess

여행사 직원
yeohaengsa jig-won
travel agent

셰프 모자
shepeu moja
chef's hat

셰프
shepeu
chef

한국어 hangookeo • english

업무 EOBMU • WORK

튀튀
twitwi
tutu

음악가
eum-akga
musician

무용가
muyong-ga
dancer

여배우
yeobaewoo
actress

가수
gasoo
singer

웨이트리스
weiteuriseu
waitress

바텐더
batendeo
bartender

스포츠 선수
seupocheu seonsu
sportsman

조각가
jogakga
sculptor

메모
memo
notes

화가
hwaga
painter

사진 작가
sajin jakga
photographer

뉴스 앵커
nyuseu aengkeo
newsreader

기자
gija
journalist

편집자
pyeonjibja
editor

디자이너
dijaineo
designer

재봉사
jaebongsa
seamstress

재단사
jaedansa
tailor

한국어 hangookeo • **english**

191

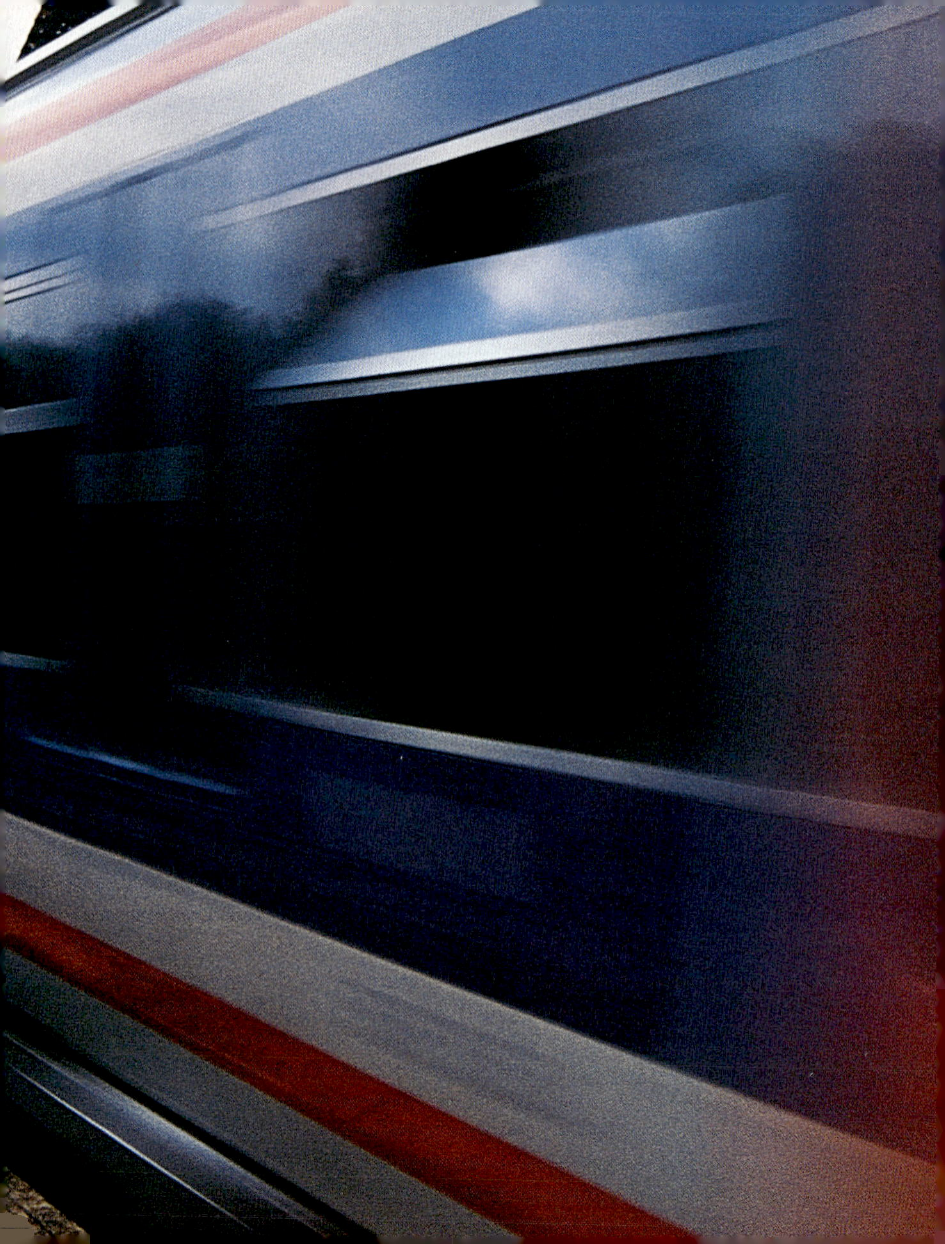

수송 susong
transport

수송 SUSONG • **TRANSPORT**

도로 doro • **roads**

고속도로
gosokdoro
motorway

도로 요금소
doro yogeumso
toll booth

도로 표시
doro pyosi
road markings

진출입로
jinchul-ibro
slip road

일방 통행로
ilbang tonghaengro
one-way street

칸막이
kanmag-i
divider

교차로
gyocharo
junction

교통신호등
gyotongsinhodeung
traffic light

바깥쪽 차선
baggatjjok chaseon
inside lane

가운데 차선
gaunde chaseon
middle lane

안쪽 차선
anjjok chaseon
outside lane

출구 도로
choolgoo doro
exit ramp

교통
gyotong
traffic

입체 교차로
ibche gyocharo
flyover

갓길
gatgil
hard shoulder

트럭
teureok
lorry

중앙 분리대
joong-ang bunridae
central reservation

지하도
jihado
underpass

한국어 hangookeo • **english**

수송 SUSONG • **TRANSPORT**

응급전화기
eung-geubjeonhwagi
emergency phone

장애인 주차구역
jang-aein joochagooyeok
disabled parking

횡단보도
hoengdanbodo
pedestrian crossing

교통 체증
gyotong chejeung
traffic jam

내비게이션
naebige-i-sheon
satnav

주차 미터
joocha miteo
parking meter

교통경찰
gyotong-gyeongchal
traffic policeman

어휘 eohwi • **vocabulary**

로터리
loteori
roundabout

우회
uhoei
diversion

도로 공사
doro gongsa
roadworks

가드레일
gadeureil
crash barrier

중앙 분리 고속도로
jung-ang bunli gosokdoro
dual carriageway

주차하다
juchahada
park (v)

운전하다
unjeonhada
drive (v)

후진하다
hujinhada
reverse (v)

추월하다
choowolhada
overtake (v)

견인하다
gyeon-inhada
tow away (v)

이 길이 …(으)로 가는 길인가요?
i gil-I …(eu)ro ganeun gil-in-gayo?
Is this the road to ...?

주차할 수 있는 곳이 어딘가요?
joochahal soo itneun got-i eodingayo?
Where can I park?

도로 표지판 doro pyojipan • **road signs**

진입 금지
jin-ib geumji
no entry

속도 제한
sogdo jehan
speed limit

위험
wiheom
hazard

정차 금지
jeongcha geumji
no stopping

우회전 금지
uhoeijeon geumji
no right turn

한국어 hangookeo • english

수송 SUSONG • **TRANSPORT**

버스 beoseu • **bus**

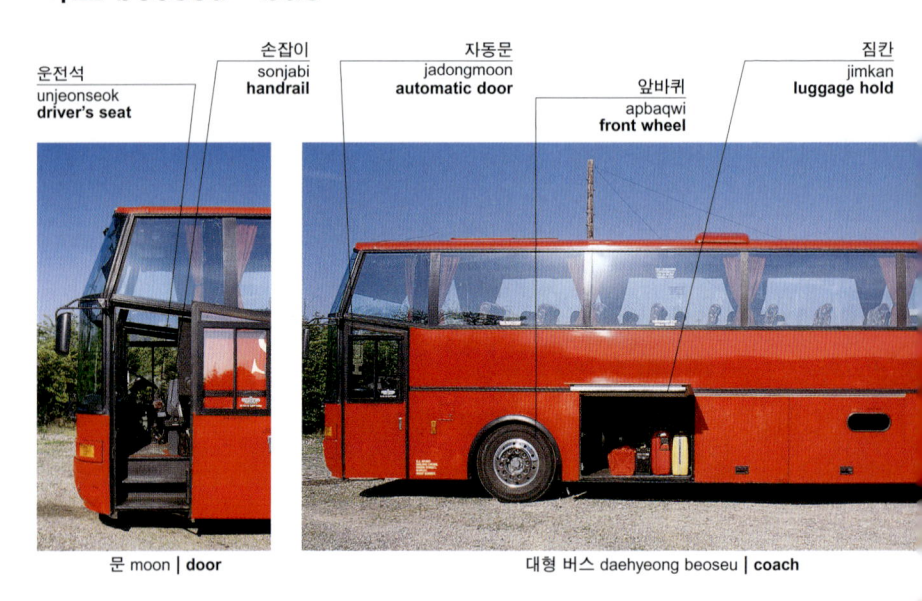

운전석
unjeonseok
driver's seat

손잡이
sonjabi
handrail

자동문
jadongmoon
automatic door

앞바퀴
apbaqwi
front wheel

짐칸
jimkan
luggage hold

문 moon | **door**

대형 버스 daehyeong beoseu | **coach**

버스 종류 beoseu jongryu • **types of buses**

노선 번호
noseon beonho
route number

운전사
unjeonsa
driver

무궤도 버스
mugwedo beoseu
trolley bus

이층 버스
icheung beoseu
double-decker bus

노면전차
nomyeon jeoncha
tram

스쿨 버스 seukul beoseu | **school bus**

196　　한국어 hangookeo • **english**

수송 SUSONG • **TRANSPORT**

뒷바퀴
dwitbaqwi
rear wheel

창문
changmoon
window

하차 버튼
hacha beoton
stop button

버스표
beoseupyo
bus ticket

벨
bel
bell

버스 터미널
beoseu teomi-neol
bus station

버스 정류장
beoseu jeongryujang
bus stop

어휘 eohwi • **vocabulary**

요금	휠체어 탑승 가능
yogeum	hwilcheeo tabseung ganeung
fare	**wheelchair access**
시간표	(지붕이 있는) 버스 정류소
siganpyo	(jiboong-i itneun) beoseu jeongryuso
timetable	**bus shelter**

...에 가나요?   어느 버스가 …에 가나요?
...e ga-nayo?   eo-neu beoseuga ...ae ganayo?
Do you stop at ...?   **Which bus goes to ...?**

미니버스
minibeoseu
minibus

관광 버스 gwangwang beoseu | **tourist bus**

셔틀 버스
syeoteul beoseu | **shuttle bus**

한국어 hangookeo • english

수송 SUSONG • TRANSPORT

자동차 1 jadongcha • **car 1**

외관 wae-gwan • **exterior**

앞유리 ap-yuri **windscreen**

앞유리 와이퍼 ap-yuri waipeo **windscreen wiper**

백미러 baegmireo **rear-view mirror**

사이드 미러 saideu mireo **wing mirror**

문 moon **door**

보닛 bonit **bonnet**

트렁크 teureongkeu **boot**

방향지시등 banghyangjishideung **indicator**

자동차 번호판 jadongcha beonhopan **licence plate**

범퍼 beompeo **bumper**

헤드라이트 hedeuraiteu **headlight**

휠 hwil **wheel**

타이어 taieo **tyre**

짐 jim **luggage**

루프랙 roopeuraek **roof rack**

테일게이트 taeilgae-i-teu **tailgate**

안전 벨트 anjeon belteu **seat belt**

카시트 kasiteu **child seat**

198   한국어 hangookeo • **english**

수송 SUSONG · **TRANSPORT**

유형 yuhyeong · **types**

전기자동차
jeongijadongcha
electric car

해치백
haechibaeg
hatchback

세단
saedan
saloon

스테이션 웨건
seuteisheon wegeon
estate

컨버터블
keonbeoteobeul
convertible

스포츠카
seupocheuka
sports car

승합차
seunghabcha
people carrier

4륜 구동
sa-ryoon gudong
four-wheel drive

빈티지
bintiji
vintage

리무진
limoojin
limousine

주유소 juyuso · **petrol station**

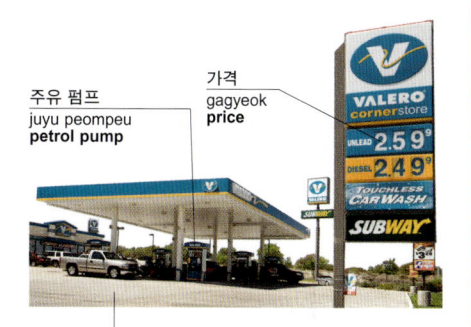

주유 펌프
juyu peompeu
petrol pump

가격
gagyeok
price

주유소 마당
juyuso madang
forecourt

어휘 eohwi · **vocabulary**

오일
oil
oil

세차장
saechajang
car wash

휘발유
hwibal-yoo
petrol

부동액
budong-aek
antifreeze

유연
yuyeon
leaded

워셔액
woesheo-aek
screenwash

무연
moo-yeon
unleaded

디젤
dijel
diesel

차고
chago
garage

가득 채워 주세요.
gadeuk chaewoe
joosaeyo
Fill the tank, please.

한국어 hangookeo · **english**

수송 SUSONG • **TRANSPORT**

자동차 2 jadongcha • **car 2**

내부 naebu • **interior**

뒷좌석
dwitjwaseok
back seat

팔걸이
palgeol-i
armrest

헤드레스트
haedeuraeseuteu
headrest

도어 로크
do-eo lokeu
door lock

손잡이
sonjabi
handle

어휘 eohwi • **vocabulary**

2 도어 차량 too do-eo charyang **two-door**	4 도어 차량 peo do-eo charyang **four-door**	자동 jadong **automatic**	브레이크 beureikeu **brake**	가속 페달 gasog pedal **accelerator**
3 도어 차량 seuri do-eo charyang **three-door**	수동 sudong **manual**	점화 jeomhwa **ignition**	클러치 keulleochi **clutch**	에어컨 ae-eokon **air conditioning**

...에 어떻게 가요?
...e eotteoke gayo?
Can you tell me the way to …?

주차장이 어디입니까?
juchajang-i eodimnikka?
Where is the car park?

여기에 주차할 수 있습니까?
yeogi-e juchahal su isseumnikka?
Can I park here?

한국어 hangookeo • **english**

수송 SUSONG • **TRANSPORT**

컨트롤 keonteurol • **controls**

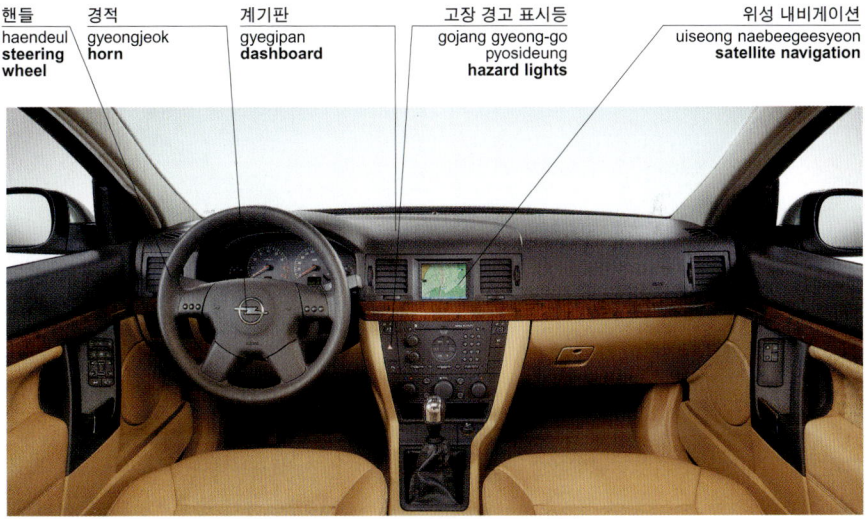

핸들	경적	계기판	고장 경고 표시등	위성 내비게이션
haendeul	gyeongjeok	gyegipan	gojang gyeong-go pyosideung	uiseong naebeegeesyeon
steering wheel	**horn**	**dashboard**	**hazard lights**	**satellite navigation**

핸들이 왼쪽에 있는 차 haendeul-i oenjjog-e itneun cha | **left-hand drive**

온도 게이지
ondo geiji
temperature gauge

카 오디오
ka odio
car stereo

히터 컨트롤
hiteo keonteurol
heater controls

기어스틱
gieoseutik
gearstick

타코미터
takomiteo
rev counter

속도계
sokdogye
speedometer

연료계
yeonlyogye
fuel gauge

조명 스위치
jomyeong seuwichi
lights switch

주행 기록계
joohaeng girokgye
odometer

에어백
e-eo-baeg
air bag

오른쪽 운전석
oreunjjog unjeonseok | **right-hand drive**

한국어 hangookeo • **english** 201

수송 SUSONG • **TRANSPORT**

자동차 3 jadongcha • **car 3**

정비공 jeongbigong • **mechanics**

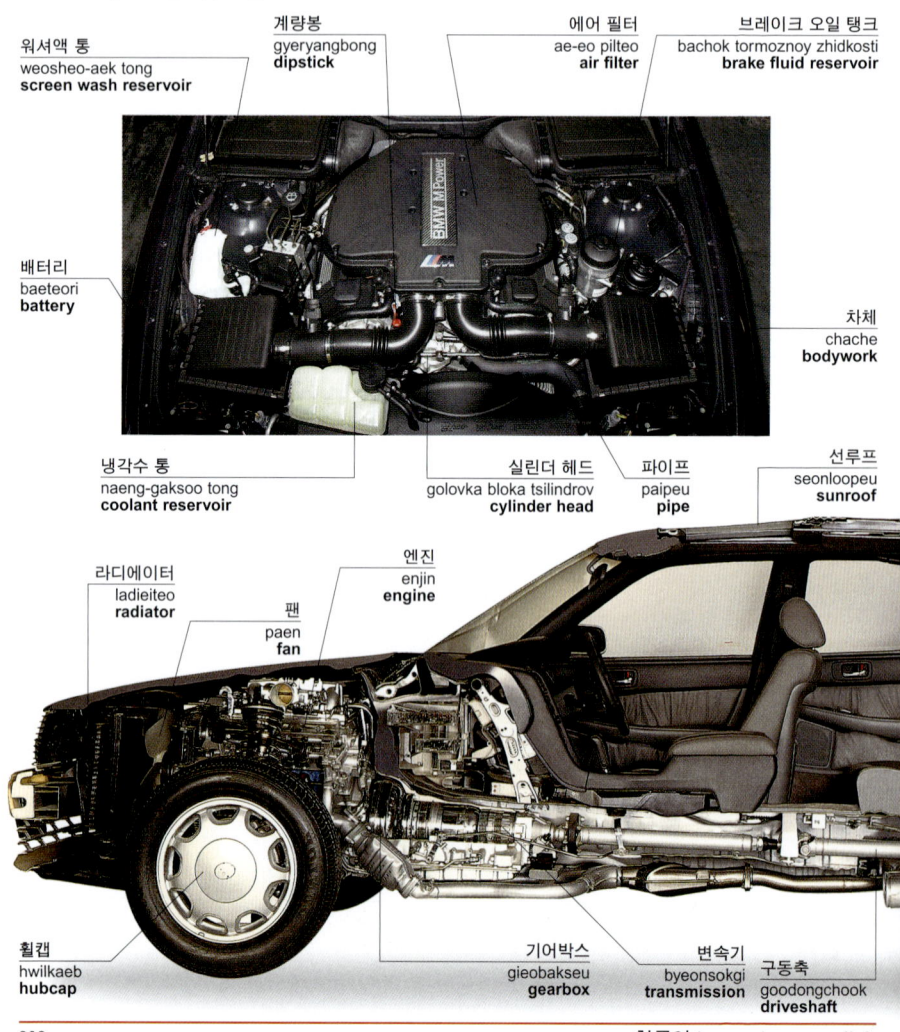

- 워셔액 통 weosheo-aek tong **screen wash reservoir**
- 계량봉 gyeryangbong **dipstick**
- 에어 필터 ae-eo pilteo **air filter**
- 브레이크 오일 탱크 bachok tormoznoy zhidkosti **brake fluid reservoir**
- 배터리 baeteori **battery**
- 차체 chache **bodywork**
- 냉각수 통 naeng-gaksoo tong **coolant reservoir**
- 실린더 헤드 golovka bloka tsilindrov **cylinder head**
- 파이프 paipeu **pipe**
- 선루프 seonloopeu **sunroof**
- 라디에이터 ladieiteo **radiator**
- 엔진 enjin **engine**
- 팬 paen **fan**
- 휠캡 hwilkaeb **hubcap**
- 기어박스 gieobakseu **gearbox**
- 변속기 byeonsokgi **transmission**
- 구동축 goodongchook **driveshaft**

202   한국어 hangookeo • **english**

수송 SUSONG · **TRANSPORT**

펑크 peongkeu · **puncture**

스페어 타이어
seupae-eo taieo
spare tyre

렌치
lenchi
wrench

휠 너트
hwil neoteu
wheel nuts

잭
jaek
jack

바퀴를 갈다
bakwireul galda
change a wheel (v)

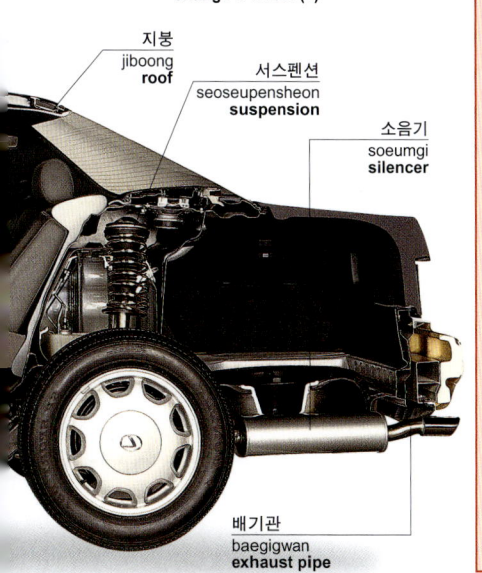

지붕
jiboong
roof

서스펜션
seoseupensheon
suspension

소음기
soeumgi
silencer

배기관
baegigwan
exhaust pipe

어휘 eohwi · **vocabulary**

자동차 사고
jadongcha sago
car accident

고장
gojang
breakdown

보험
boheom
insurance

견인차
gyeon-incha
tow truck

정비공
jeongbigong
mechanic

타이어 압력
taieo abryeok
tyre pressure

퓨즈 박스
pyujeu bakseu
fuse box

점화 플러그
jeomhwa peulleogeu
spark plug

팬 벨트
paen belteu
fan belt

연료 탱크
yeongryo taengkeu
petrol tank

타이밍
taiming
timing

터보차저
teobochajeo
turbocharger

배전기
baejeongi
distributor

섀시
shaeshi
chassis

핸드 브레이크
haendeu beureikeu
handbrake

교류 발전기
gyoryu baljeongi
alternator

캠 벨트
kaem belteu
cam belt

. . . .

차가 고장났어요.
chaga gojangnasseoyo
I've broken down.

차가 시동이 안 걸려요.
chaga sidong-i an geollyeoyo
My car won't start.

한국어 hangookeo · **english** 203

수송 SUSONG • **TRANSPORT**

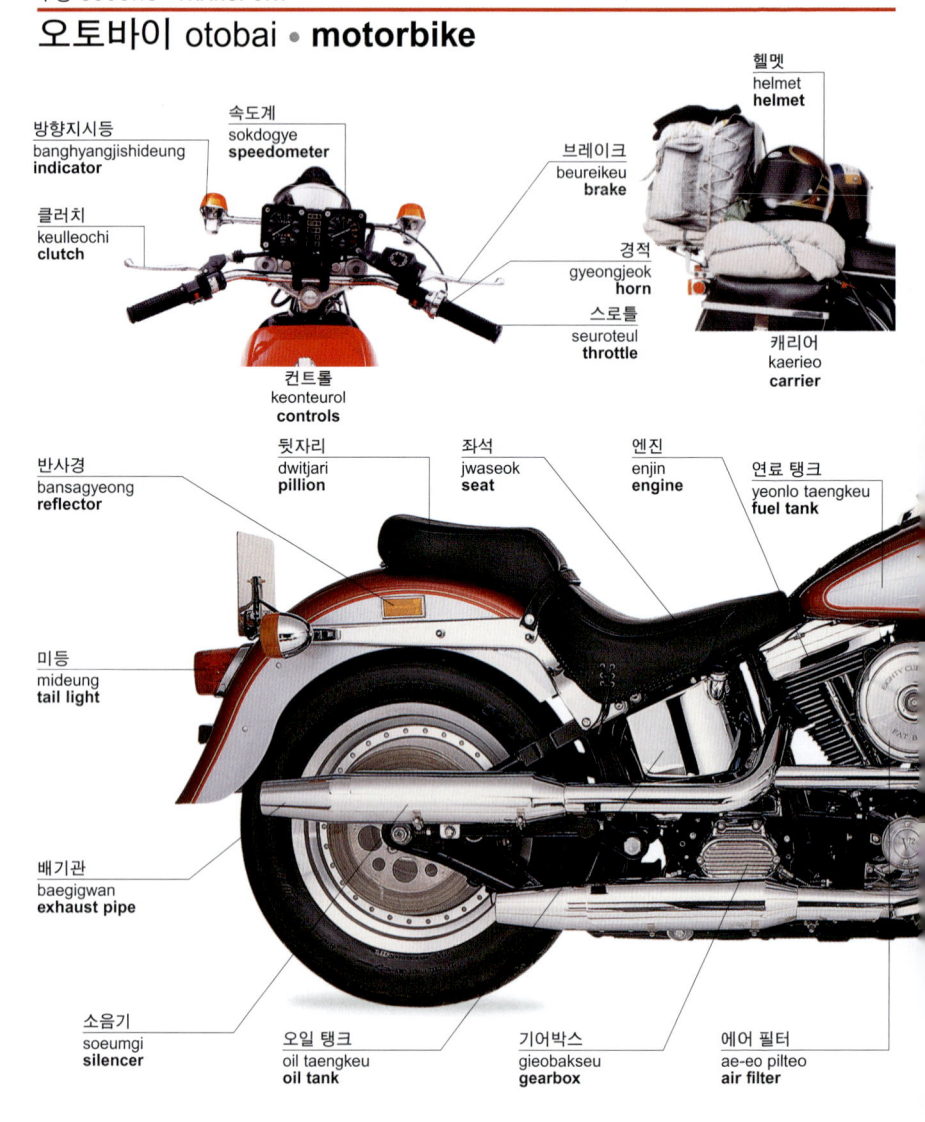

오토바이 otobai • **motorbike**

방향지시등
banghyangjishideung
indicator

속도계
sokdogye
speedometer

클러치
keulleochi
clutch

브레이크
beureikeu
brake

경적
gyeongjeok
horn

스로틀
seuroteul
throttle

헬멧
helmet
helmet

캐리어
kaerieo
carrier

컨트롤
keonteurol
controls

반사경
bansagyeong
reflector

뒷자리
dwitjari
pillion

좌석
jwaseok
seat

엔진
enjin
engine

연료 탱크
yeonlo taengkeu
fuel tank

미등
mideung
tail light

배기관
baegigwan
exhaust pipe

소음기
soeumgi
silencer

오일 탱크
oil taengkeu
oil tank

기어박스
gieobakseu
gearbox

에어 필터
ae-eo pilteo
air filter

204　　　　　　　　　　　　　　　　　　　　　　　　　　한국어 hangookeo • **english**

수송 SUSONG • **TRANSPORT**

유형 yuhyeong • **types**

바이저
baijeo
visor

가죽 의류
gajook uiryu
leathers

반사띠
bansatti
reflector strap

무릎 보호대
mooreup bohodae
knee pad

복장 bogjang | **clothing**

헤드라이트
hedeuraiteu
headlight

서스펜션
seoseupensheon
suspension

흙받이
heukbat-i
mudguard

브레이크 페달
beureikeu pedal
brake pedal

차축
chachook
axle

타이어
taieo
tyre

경주용 오토바이
gyeongjuyong otobai | **racing bike**

윈드스크린
windeuseukeurin
windshield

투어링 오토바이
tueoring otobai | **tourer**

산악용 오토바이
san-ak-yong otobai | **dirt bike**

스탠드
seutaendeu
stand

스쿠터 seu-kuteo | **scooter**

한국어 hangookeo • **english**

205

수송 SUSONG • TRANSPORT

자전거 jajeongeo • bicycle

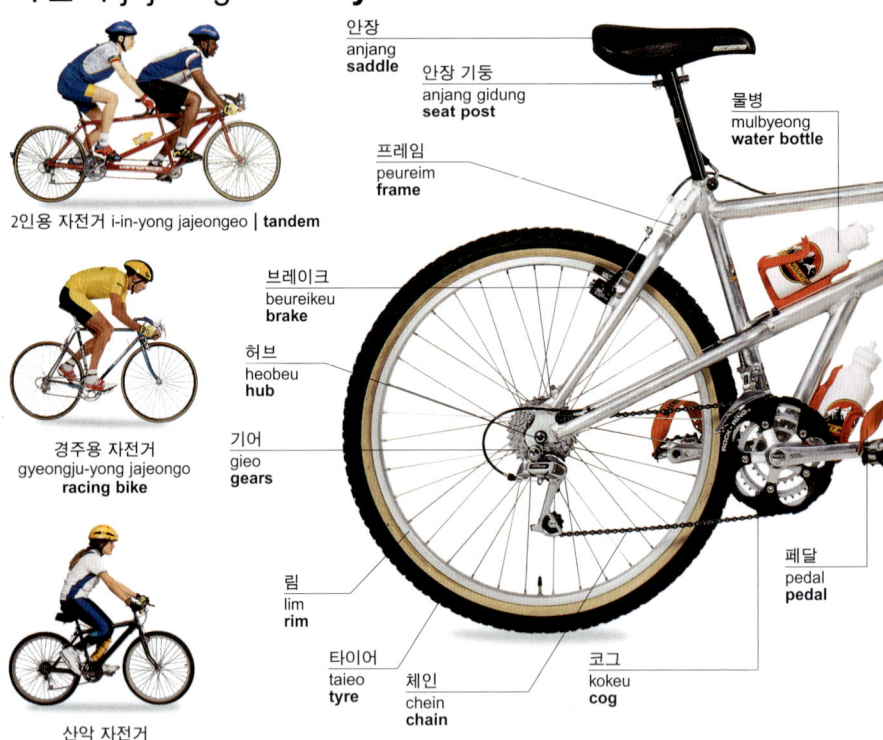

2인용 자전거 i-in-yong jajeongeo | tandem

경주용 자전거 gyeongju-yong jajeongo **racing bike**

산악 자전거 san-ag jajeongeo **mountain bike**

투어링 자전거 tueoring jajeongeo **touring bike**

로드 바이크 rodeu baikeu **road bike**

안장 anjang **saddle**

안장 기둥 anjang gidung **seat post**

물병 mulbyeong **water bottle**

프레임 peureim **frame**

브레이크 beureikeu **brake**

허브 heobeu **hub**

기어 gieo **gears**

림 lim **rim**

타이어 taieo **tyre**

체인 chein **chain**

코그 kokeu **cog**

페달 pedal **pedal**

헬멧 helmet **helmet**

자전거 도로 jajeongeo doro | **cycle lane**

한국어 hangookeo • english

수송 SUSONG · **TRANSPORT**

크로스바
keuroseuba
crossbar

핸들바
haendeulba
handlebar

변속 레버
byeonsog lebeo
gear lever

제동 레버
jedong lebeo
brake lever

타이어 레버
taieo lebeo
tyre lever

패치
paechi
patch

수리 도구
suri dogu | **repair kit**

포크
pokeu
fork

열쇠
yeolsoe
key

바큇살
bakwitsal
spoke

펌프
peompeu
pump

자물쇠
jamulsoe
lock

휠
hwil
wheel

밸브
baelbeu
valve

트레드
teuraedeu
tread

튜브
tewbeu
inner tube

카시트
kasiteu
child seat

어휘 eohwi · vocabulary

램프
laempeu
lamp

킥스탠드
kikseutaendeu
kickstand

브레이크 블록
beurae-i-keu beullog
brake block

바구니
baguni
basket

토클립
tokeullip
toe clip

브레이크를 잡다
beurae-i-keureul jabda
brake (v)

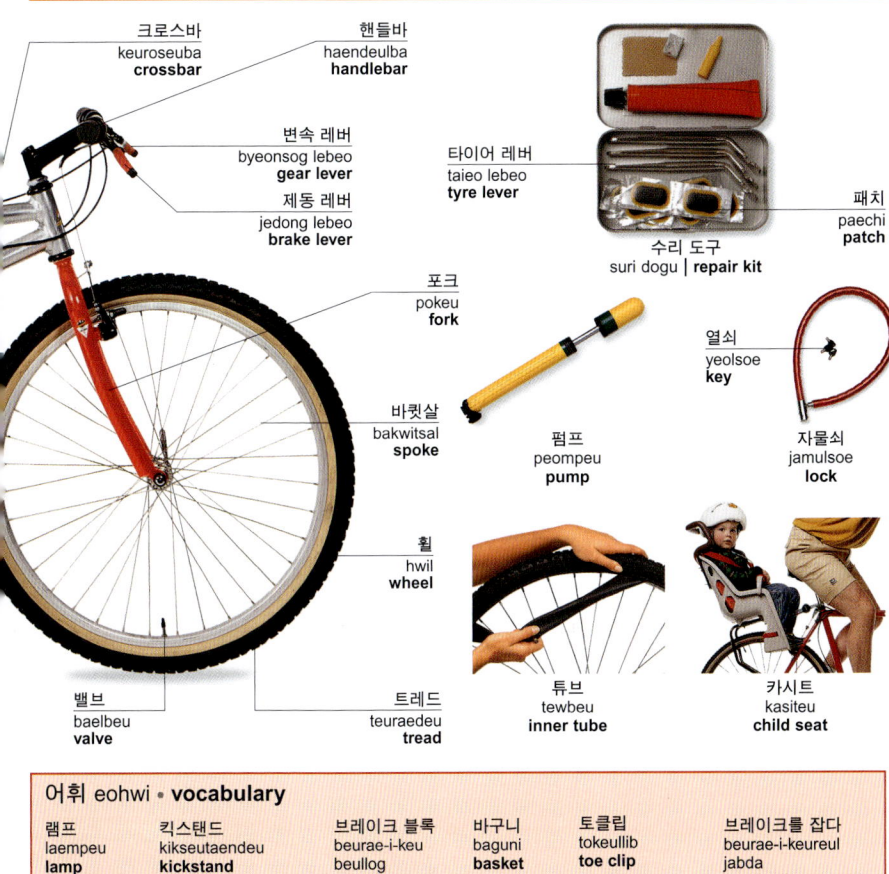

미등
mideung
rear light

자전거 거치대
jajeongeo geochidae
bike rack

케이블
keibeul
cable

다이너모
daineomo
dynamo

토 스트랩
to seuteuraeb
toe strap

자전거 타다
jajeongeo tada
cycle (v)

반사경
bansagyeong
reflector

보조바퀴
bojobakwi
stabilisers

스프로킷
seupeurokit
sprocket

펑크
peongkeu
puncture

페달을 밟다
pedal-eul balbda
pedal (v)

기어를 바꾸다
gieoreul bakkuda
change gear (v)

한국어 hangookeo · **english**

207

수송 SUSONG • TRANSPORT

기차 gicha • train

객차
gaekcha
carriage

플랫폼
peullaetpom
platform

카트
kateu
trolley

플랫폼 번호
peullaetpom beonho
platform number

통근자
tong-geunja
commuter

기차역 gichayeok | train station

기차의 유형 gicha-ui yuhyeong • types of train

엔진
enjin
engine

조종실
jojongsil
driver's cab

레일
leil
rail

증기 기관차
jeung-gi gigwancha
steam train

디젤 기관차 dijel gigwancha | diesel train

전기 열차
jeongi yeolcha
electric train

고속 열차
gosok yeolcha
high-speed train

모노레일
monorael
monorail

지하철
jihacheol
underground train

노면전차
nomyeon jeoncha
tram

화물 열차
hwamul yeolcha
freight train

208 · 한국어 hangookeo • english

수송 SUSONG · **TRANSPORT**

짐 선반
jim seonban
luggage rack

창문
changmoon
window

선로
seonlo
track

문
moon
door

좌석
jwaseok
seat

객실 gaeksil | **compartment**

개찰구 gaechalgu | **ticket barrier**

안내방송 설비
an-naebangsong seolbi
public address system

시간표
siganpyo
timetable

표
pyo
ticket

식당차
sigdangcha | **dining car**

대합실 daehabsil | **concourse**

침대칸
chimdaekan
sleeping compartment

어휘 eohwi · **vocabulary**

철도망
cheoldomang
rail network

도시간 열차
dosigan yeolcha
inter-city train

러시아워
reosi-a-woe
rush hour

지하철 노선도
jihacheol noseondo
underground map

연착
yeonchak
delay

요금
yogeum
fare

매표소
maepyoso
ticket office

검표원
geompyowon
ticket inspector

환승하다
hwanseunghada
change (v)

통전 선로
tongjeon seonro
live rail

신호
shinho
signal

비상 레버
bisang lebeo
emergency lever

한국어 hangookeo · **english** 209

수송 SUSONG • **TRANSPORT**

비행기 bihaeng-gi • **aircraft**

항공사 hang-gongsa • **airliner**

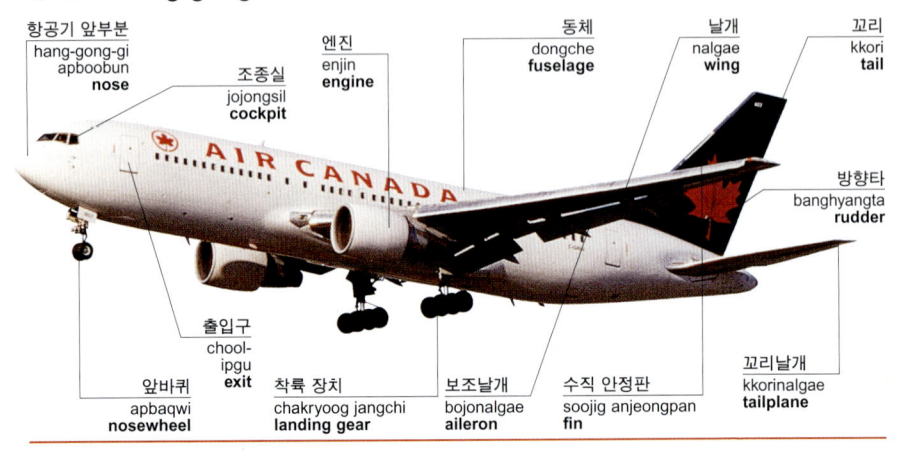

- 항공기 앞부분 hang-gong-gi apboobun **nose**
- 조종실 jojongsil **cockpit**
- 엔진 enjin **engine**
- 동체 dongche **fuselage**
- 날개 nalgae **wing**
- 꼬리 kkori **tail**
- 방향타 banghyangta **rudder**
- 출입구 chool-ipgu **exit**
- 앞바퀴 apbaqwi **nosewheel**
- 착륙 장치 chakryoog jangchi **landing gear**
- 보조날개 bojonalgae **aileron**
- 수직 안정판 soojig anjeongpan **fin**
- 꼬리날개 kkorinalgae **tailplane**

객실 gaeksil • **cabin**

- 비상구 bisang-gu **emergency exit**
- 승무원 seungmuwon **flight attendant**
- 좌석 위 선반 jwaseok wi seonban **overhead locker**
- 통풍구 tongpoong-goo **air vent**
- 창문 changmoon **window**
- 독서등 dokseodeung **reading light**
- 좌석 jwaseok **seat**
- 좌석열 jwaseog-yeol **row**
- 테이블 teibeul **tray-table**
- 팔걸이 palgeol-i **armrest**
- 통로 tongro **aisle**
- 좌석 등받이 jwaseok deungpatji **seat back**

210   한국어 hangookeo • **english**

수송 SUSONG • **TRANSPORT**

초경량 항공기
chogyeongryang hang-gong-gi
microlight

글라이더
geullaideo
glider

복엽기
bog-yeobgi
biplane

열기구
yeolgigu
hot-air balloon

프로펠러
peuropelleo
propeller

경비행기
gyeongbihaeng-gi
light aircraft

수상 비행기
soosang bihaeng-gi
sea plane

미사일
misail
missile

개인 전용기
gaein jeon-yong-gi
private jet

전투기
jeontoogi
fighter plane

로터
roteo
rotor blade

헬리콥터
hellikobteo
helicopter

폭격기
pokgyeokgi
bomber

어휘 eohwi • **vocabulary**

조종사 jojongsa **pilot**	이륙하다 iryookhada **take off (v)**	착륙하다 chagryukhada **land (v)**	이코노미석 ikonomiseok **economy class**	기내 수화물 ginae soohwamul **hand luggage**
부조종사 bujojongsa **co-pilot**	날다 nalda **fly (v)**	고도 godo **altitude**	비즈니스석 bijeuniseuseok **business class**	안전 벨트 anjeon belteu **seat belt**

한국어 hangookeo • **english**

수송 SUSONG • TRANSPORT

공항 gonghang • airport

에이프런
apron
apron

수화물 트레일러
soohwamul teureilleo
baggage trailer

터미널
teomineol
terminal

서비스 차량
seobiseu charyang
service vehicle

제트웨이
jeteuwei
jetway

항공사 hang-gongsa | **airliner**

어휘 eohwi • vocabulary

활주로
hwaljuro
runway

국제선
gookjaeseon
international flight

국내선
gooknaeseon
domestic flight

연결
yeon-gyeol
connection

비행 번호
bihaeng beonho
flight number

이민
i-min
immigration

세관
segwan
customs

추가 수화물
chooga soohwamul
excess baggage

수화물 컨베이어 벨트
soohwamul keonbeieo belteu
carousel

보안
boan
security

X-레이 기계
ekseu-lei gigye
x-ray machine

휴가 안내 책자
hyooga annae chaekja
holiday brochure

휴가
hyooga
holiday

체크인하다
chekeu-inhada
check in (v)

관제탑
gwanjetab
control tower

항공권을 예약하다
hang-gong-gwoneul
yaeyakhada
book a flight (v)

212   한국어 hangookeo • english

수송 SUSONG • **TRANSPORT**

기내 수화물
ginae soohwamul
hand luggage

짐
jim
luggage

카트
kateu
trolley

체크인 데스크
chekeu-in deseukeu
check-in desk

여권 심사
yeogwon simsa
passport control

비자
bija
visa

여권 yeogwon | **passport**

탑승권
tabseung-gwon
boarding pass

표
pyo
ticket

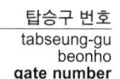

탑승구 번호
tabseung-gu beonho
gate number

출발
choolbal
departures

출발 라운지
choolbal launji
departure lounge

목적지
mokjeogji
destination

도착
dochak
arrivals

정보 화면
jeongbo hwa-myeon
information screen

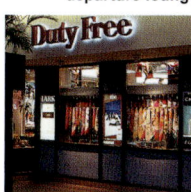

면세점
myeonsejeom
duty-free shop

수화물 찾는 곳
soohwamul chatneun got
baggage reclaim

택시 승차장
taeksi seungchajang
taxi rank

랜터카
laenteoka
car hire

한국어 hangookeo • english 213

수송 SUSONG • **TRANSPORT**

배 bae • **ship**

- 레이더 / leideo / **radar**
- 무선 안테나 / museon antena / **radio antenna**
- 갑판 / gabpan / **deck**
- 굴뚝 / gulttuk / **funnel**
- 선미 갑판 / seonmi gabpan / **quarterdeck**
- 이물 / i-mul / **prow**
- 만재 흘수선 / manjae heulsuseon / **Plimsoll line**
- 현창 / hyeonchang / **porthole**
- 선체 / seonche / **hull**
- 구명보트 / goomyeongboteu / **lifeboat**
- 용골 / yong-gol / **keel**
- 프로펠러 / peuropelleo / **propeller**

원양 정기선 won-yang jeong-giseon | **ocean liner**

함교 / hamgyo / **bridge**

기관실 / gigwansil / **engine room**

객실 / gaeksil / **cabin**

주방 / joobang / **galley**

어휘 eohwi • **vocabulary**

부두 / boodu / **dock**

항구 / hang-goo / **port**

연결도교 / yeon-gyeoldogyo / **gangway**

닻 / dat / **anchor**

차량 진입 방지 말뚝 / charyang jin-ib bangji malttuk / **bollard**

윈치 / winchi / **windlass**

선장 / seonjang / **captain**

쾌속정 / kwaesogjeong / **speedboat**

노젓는 배 / nojeotneun bae / **rowing boat**

카누 / kanu / **canoe**

한국어 hangookeo • **english**

수송 SUSONG • **TRANSPORT**

기타 배 gita bae • **other ships**

폐리	선외 모터	
paeri	seon-wae moteo	
ferry	**outboard motor**	

고무 보트
gomoo boteu
inflatable dinghy

수중익선
soojung-ikseon
hydrofoil

요트
yoteu
yacht

쌍동선
ssangdongseon
catamaran

예인선
yeinseon
tug boat

호버크라프트
hobeokeurapeuteu
hovercraft

삭구
sakgu
rigging

화물창
hwamulchang
hold

컨테이너선
keonteineoseon
container ship

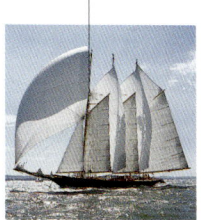

범선
beomseon
sailing boat

화물선
hwamulseon
freighter

함교탑
hamgyotap
conning tower

유조선
yoojoseon
oil tanker

항공모함
hang-gongmoham
aircraft carrier

전함
jeonham
battleship

잠수함
jamsooham
submarine

한국어 hangookeo • **english** 215

수송 SUSONG • **TRANSPORT**

항구 hang-goo • **port**

- 창고 chang-go **warehouse**
- 크레인 keuraein **crane**
- 지게차 jigecha **fork-lift truck**
- 진입로 jinipro **access road**
- 세관 사무소 saegwan samuso **customs house**
- 부두 boodu **dock**
- 컨테이너 keonteineo **container**
- 선창 seonchang **quay**
- 화물 hwa-mool **cargo**
- 페리 터미널 paeri teomineol **ferry terminal**
- 페리 paeri **ferry**
- 매표소 maepyoso **ticket office**
- 승객 seung-gaek **passenger**

컨테이너항 keonteineohang | **container port**

여객선 항구 yeogaekseon hang-gu | **passenger port**

216   한국어 hangookeo • **english**

수송 SUSONG • **TRANSPORT**

그물 / geumul / **net**

어선 / eoseon / **fishing boat**

계류용 밧줄 / gyeryuyong batjul / **mooring**

정박지 jeongbagji | **marina**

어항 eohang | **fishing port**

항만 hangman | **harbour**

부두 boodu | **pier**

방파제 bangpaje | **jetty**

조선소 joseonso | **shipyard**

램프 / laempeu / **lamp**

등대 / deungdae / **lighthouse**

부표 / boopyo / **buoy**

어휘 eohwi • **vocabulary**

해안경비대
hae-an gyeongbidae
coastguard

항만 관리소장
hangman gwanrisojang
harbour master

닻을 내리다
dacheul naerida
drop anchor (v)

드라이 독
deurai dog
dry dock

계류하다
gyeryuhada
moor (v)

부두에 대다
boodu-e daeda
dock (v)

배에 타다
bae-e tada
board (v)

내리다
naerida
disembark (v)

출범하다
chulbeomhada
set sail (v)

한국어 hangookeo • **english**

ULTRA
DUNLOP
DDH
DUNLOP
MOLITOR
TOUR EDITION
1
ProStaff
4
SPRINGS
GOLF CLUB
TOP-FLITE
HOT XL
4
ProStaff
4
RAM TOUR
1
MAXFLI
TOP-FLITE
STRATA
3
DISTANCE

스포츠 seupocheu
sports

스포츠 SEUPOCHEU • **SPORTS**

미식축구 misigchookgu • **American football**

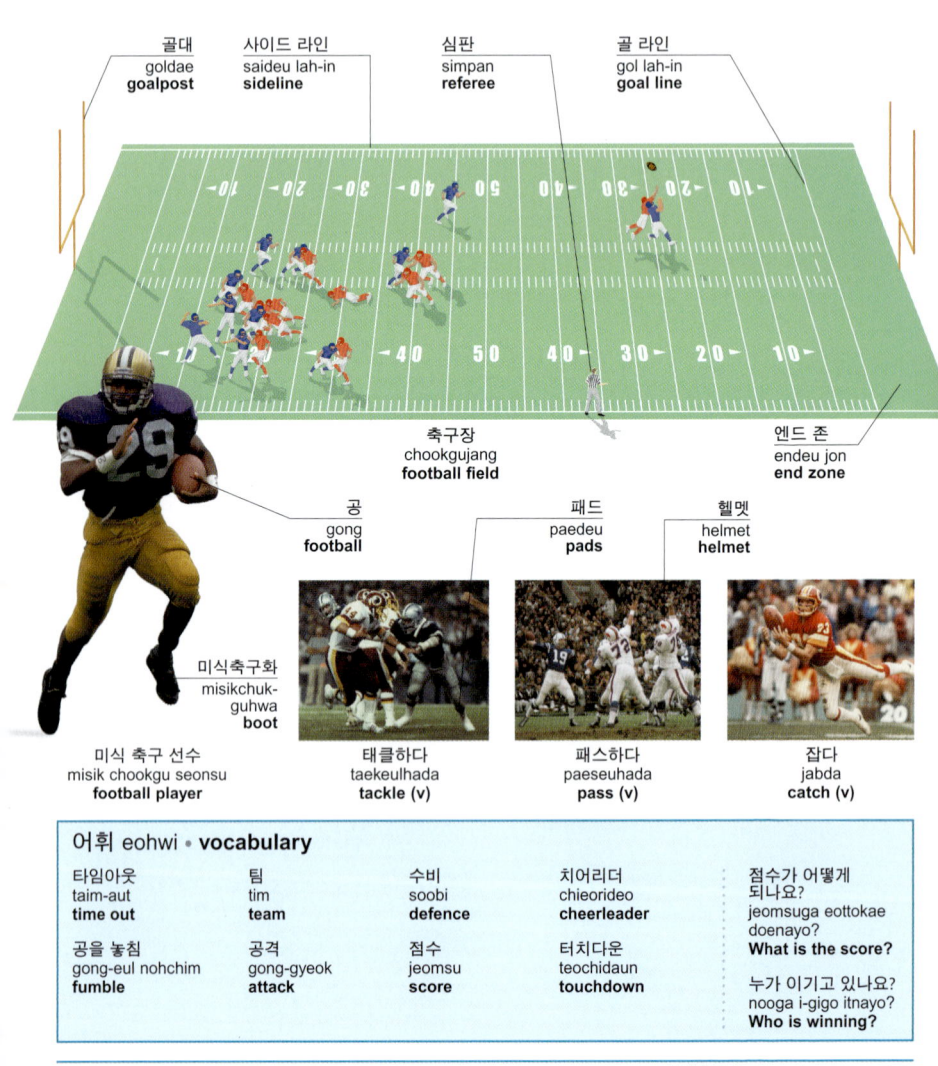

골대 goldae **goalpost**

사이드 라인 saideu lah-in **sideline**

심판 simpan **referee**

골 라인 gol lah-in **goal line**

축구장 chookgujang **football field**

엔드 존 endeu jon **end zone**

공 gong **football**

패드 paedeu **pads**

헬멧 helmet **helmet**

미식축구화 misikchuk-guhwa **boot**

미식 축구 선수 misik chookgu seonsu **football player**

태클하다 taekeulhada **tackle (v)**

패스하다 paeseuhada **pass (v)**

잡다 jabda **catch (v)**

어휘 eohwi • **vocabulary**

타임아웃 taim-aut **time out**	팀 tim **team**	수비 soobi **defence**	치어리더 chieorideo **cheerleader**	점수가 어떻게 되나요? jeomsuga eottokae doenayo? **What is the score?**
공을 놓침 gong-eul nohchim **fumble**	공격 gong-gyeok **attack**	점수 jeomsu **score**	터치다운 teochidaun **touchdown**	누가 이기고 있나요? nooga i-gigo itnayo? **Who is winning?**

한국어 hangookeo • **english**

스포츠 SEUPOCHEU • **SPORTS**

럭비 leogbi • **rugby**

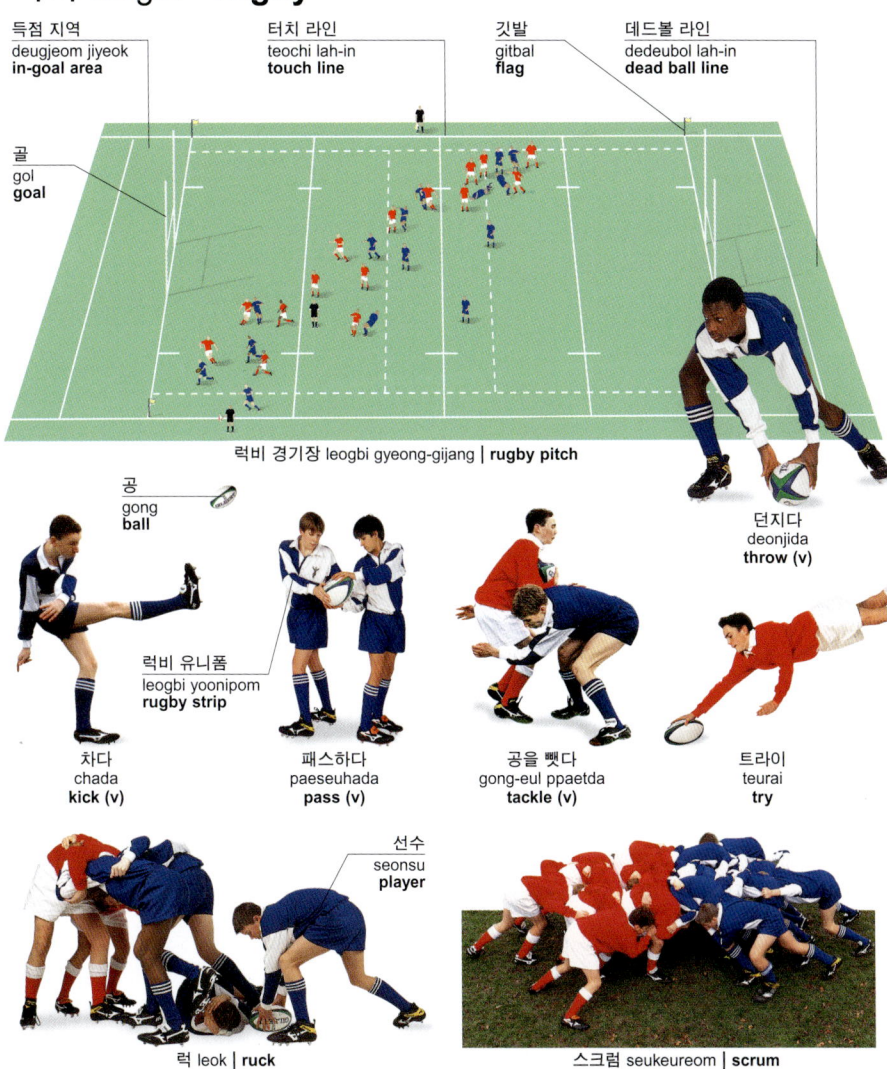

득점 지역
deugjeom jiyeok
in-goal area

터치 라인
teochi lah-in
touch line

깃발
gitbal
flag

데드볼 라인
dedeubol lah-in
dead ball line

골
gol
goal

럭비 경기장 leogbi gyeong-gijang | **rugby pitch**

공
gong
ball

던지다
deonjida
throw (v)

럭비 유니폼
leogbi yoonipom
rugby strip

차다
chada
kick (v)

패스하다
paeseuhada
pass (v)

공을 뺏다
gong-eul ppaetda
tackle (v)

트라이
teurai
try

선수
seonsu
player

럭 leok | **ruck**

스크럼 seukeureom | **scrum**

한국어 hangookeo • **english** 221

스포츠 SEUPOCHEU • **SPORTS**

축구 chookgu • **soccer**

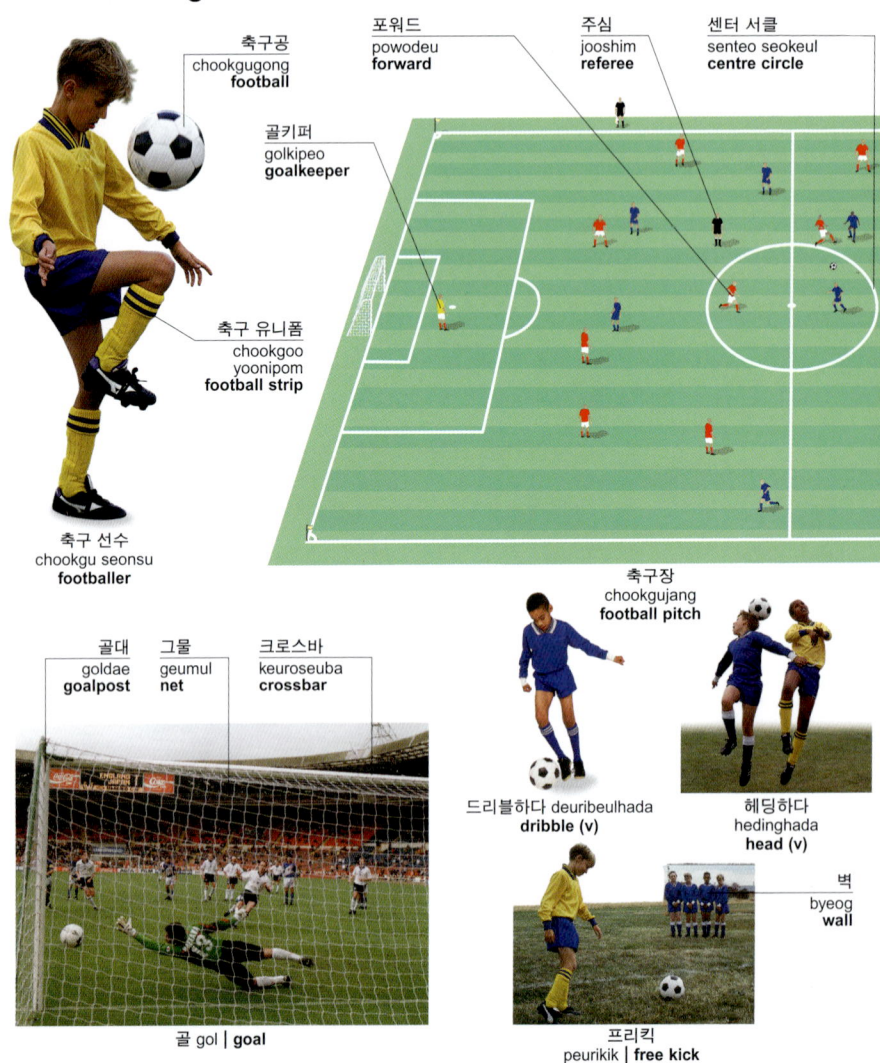

축구공 chookgugong **football**

포워드 powodeu **forward**

주심 jooshim **referee**

센터 서클 senteo seokeul **centre circle**

골키퍼 golkipeo **goalkeeper**

축구 유니폼 chookgoo yoonipom **football strip**

축구 선수 chookgu seonsu **footballer**

축구장 chookgujang **football pitch**

골대 goldae **goalpost**

그물 geumul **net**

크로스바 keuroseuba **crossbar**

드리블하다 deuribeulhada **dribble (v)**

헤딩하다 hedinghada **head (v)**

벽 byeog **wall**

골 gol | **goal**

프리킥 peurikik | **free kick**

222   한국어 hangookeo • **english**

스포츠 SEUPOCHEU • **SPORTS**

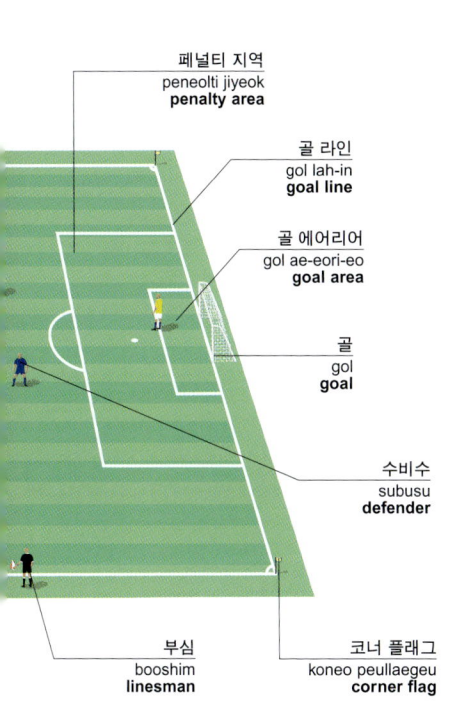

페널티 지역
peneolti jiyeok
penalty area

골 라인
gol lah-in
goal line

골 에어리어
gol ae-eori-eo
goal area

골
gol
goal

수비수
subusu
defender

부심
booshim
linesman

코너 플래그
koneo peullaegeu
corner flag

스로인 seuroin | **throw-in**

차다 chada | **kick (v)**

부츠
bucheu
boot

패스하다
passhahda
pass (v)

슛을 하다
shooseul hada
shoot (v)

막다
jeojanghada
save (v)

태클하다
taekeulhada
tackle (v)

어휘 eohwi • **vocabulary**

경기장 gyeong-gijang **stadium**	반칙 banchik **foul**	옐로카드 yaellokadeu **yellow card**	리그 ligeu **league**	연장전 yeonjangjeon **extra time**
득점하다 deugjeomhada **score a goal (v)**	코너 koneo **corner**	오프사이드 opeusaideu **offside**	무승부 mooseungbu **draw**	교체 선수 gyoche seonsu **substitute**
페널티 peneolti **penalty**	레드카드 ledeukadeu **red card**	퇴장 toejang **send off**	하프타임 hapeutaim **half time**	교체 gyoche **substitution**

한국어 hangookeo • **english**

223

스포츠 SEUPOCHEU • SPORTS

하키 haki • **hockey**

아이스 하키 aiseu haki • **ice hockey**

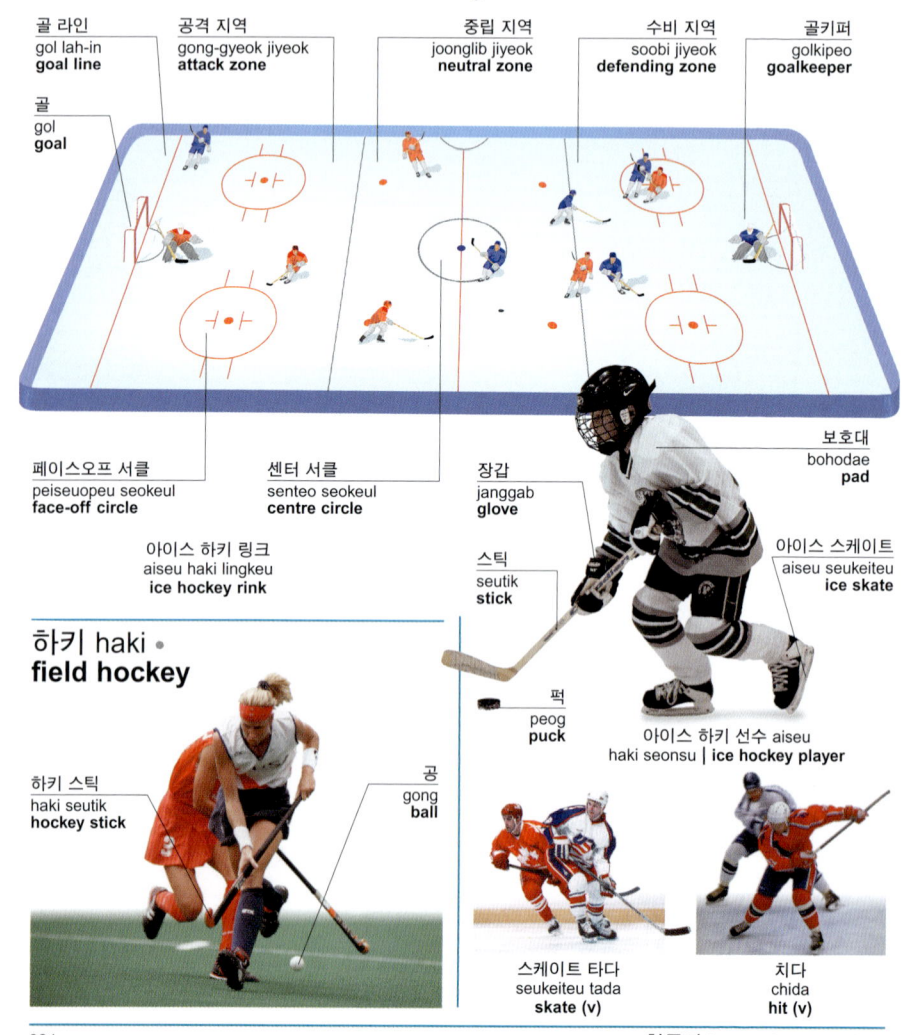

골 라인 gol lah-in **goal line**

공격 지역 gong-gyeok jiyeok **attack zone**

중립 지역 joonglib jiyeok **neutral zone**

수비 지역 soobi jiyeok **defending zone**

골키퍼 golkipeo **goalkeeper**

골 gol **goal**

페이스오프 서클 peiseuopeu seokeul **face-off circle**

센터 서클 senteo seokeul **centre circle**

장갑 janggab **glove**

보호대 bohodae **pad**

아이스 하키 링크 aiseu haki lingkeu **ice hockey rink**

스틱 seutik **stick**

아이스 스케이트 aiseu seukeiteu **ice skate**

하키 haki • **field hockey**

하키 스틱 haki seutik **hockey stick**

공 gong **ball**

퍽 peog **puck**

아이스 하키 선수 aiseu haki seonsu | **ice hockey player**

스케이트 타다 seukeiteu tada **skate (v)**

치다 chida **hit (v)**

224　　　　　　　　　　　　　　　　　　　　　　　한국어 hangookeo • **english**

스포츠 SEUPOCHEU · **SPORTS**

크리켓 keuriket · **cricket**

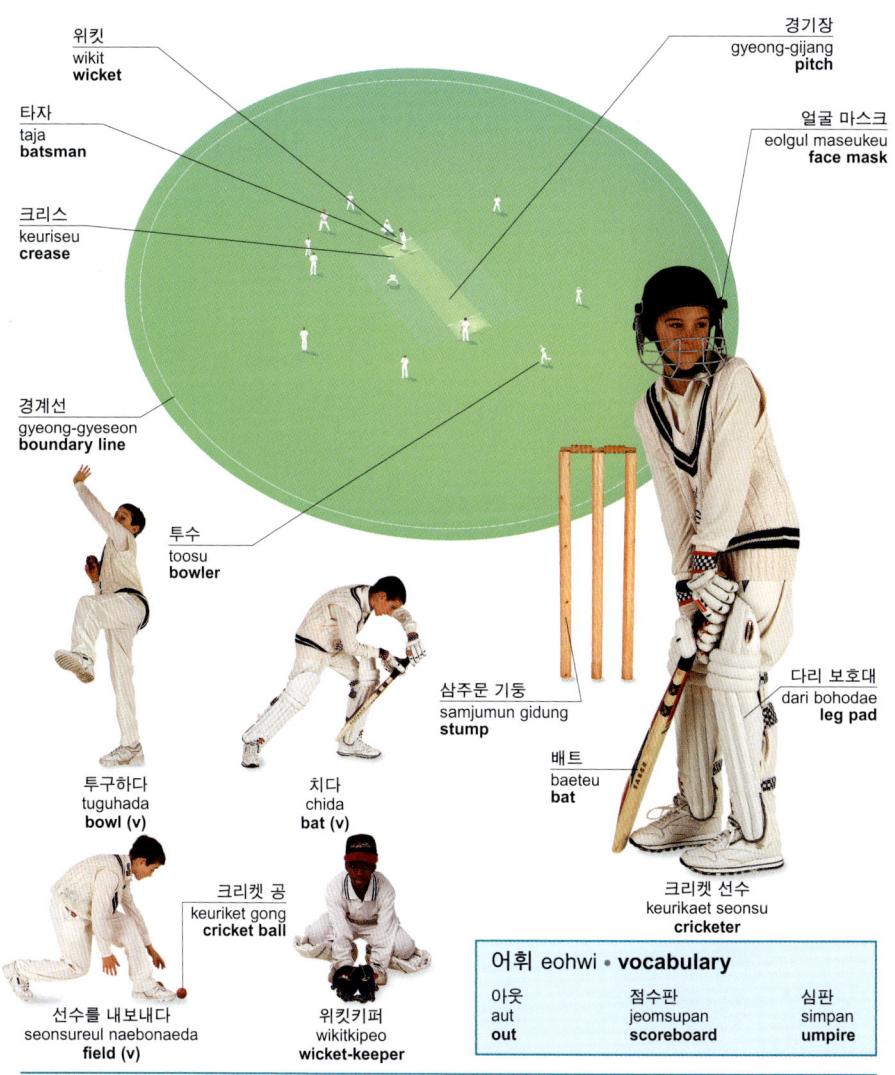

위킷 / wikit / **wicket**

타자 / taja / **batsman**

크리스 / keuriseu / **crease**

경계선 / gyeong-gyeseon / **boundary line**

경기장 / gyeong-gijang / **pitch**

얼굴 마스크 / eolgul maseukeu / **face mask**

투수 / toosu / **bowler**

삼주문 기둥 / samjumun gidung / **stump**

배트 / baeteu / **bat**

다리 보호대 / dari bohodae / **leg pad**

투구하다 / tuguhada / **bowl (v)**

치다 / chida / **bat (v)**

선수를 내보내다 / seonsureul naebonaeda / **field (v)**

크리켓 공 / keuriket gong / **cricket ball**

위킷키퍼 / wikitkipeo / **wicket-keeper**

크리켓 선수 / keuriket seonsu / **cricketer**

어휘 eohwi · **vocabulary**		
아웃	점수판	심판
aut	jeomsupan	simpan
out	**scoreboard**	**umpire**

한국어 hangookeo · **english**

스포츠 SEUPOCHEU • **SPORTS**

농구 nong-gu • **basketball**

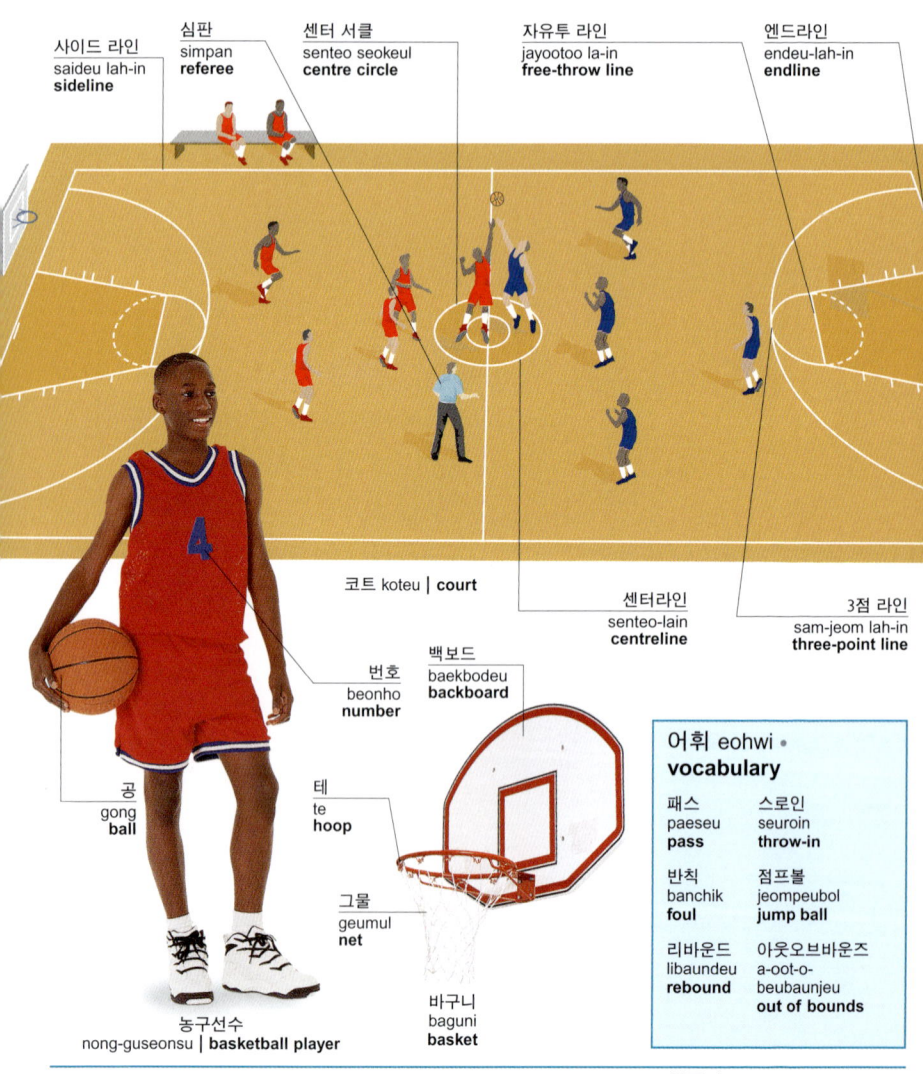

사이드 라인	심판	센터 서클	자유투 라인	엔드라인
saideu lah-in **sideline**	simpan **referee**	senteo seokeul **centre circle**	jayootoo la-in **free-throw line**	endeu-lah-in **endline**

코트 koteu | **court**

센터라인
senteo-lain
centreline

3점 라인
sam-jeom lah-in
three-point line

번호
beonho
number

백보드
baekbodeu
backboard

테
te
hoop

그물
geumul
net

공
gong
ball

바구니
baguni
basket

농구선수
nong-guseonsu | **basketball player**

어휘 eohwi • vocabulary

패스 paeseu **pass**	스로인 seuroin **throw-in**
반칙 banchik **foul**	점프볼 jeompeubol **jump ball**
리바운드 libaundeu **rebound**	아웃오브바운즈 a-oot-o-beubaunjeu **out of bounds**

226

한국어 hangookeo • **english**

스포츠 SEUPOCHEU • **SPORTS**

동작 dongjak • **actions**

던지다
deonjida
throw (v)

잡다
jabda
catch (v)

슛을 하다
shooseul hada
shoot (v)

점프하다
jeompeuhada
jump (v)

마크하다
makeuhada
mark (v)

블로킹하다
beullokinghada
block (v)

공을 튀기다
gong-eul tuigida
bounce (v)

덩크 슛하다
deongkeu shoothada
dunk (v)

배구 baegu • **volleyball**

차단하다
chadanhada
block (v)

그물
geumul
net

받아내다
badanaeda
dig (v)

심판
simpan
referee

무릎 보호대
mooreup bohodae
knee support

코트 koteu | **court**

한국어 hangookeo • **english**

스포츠 SEUPOCHEU • **SPORTS**

야구 yagu • **baseball**

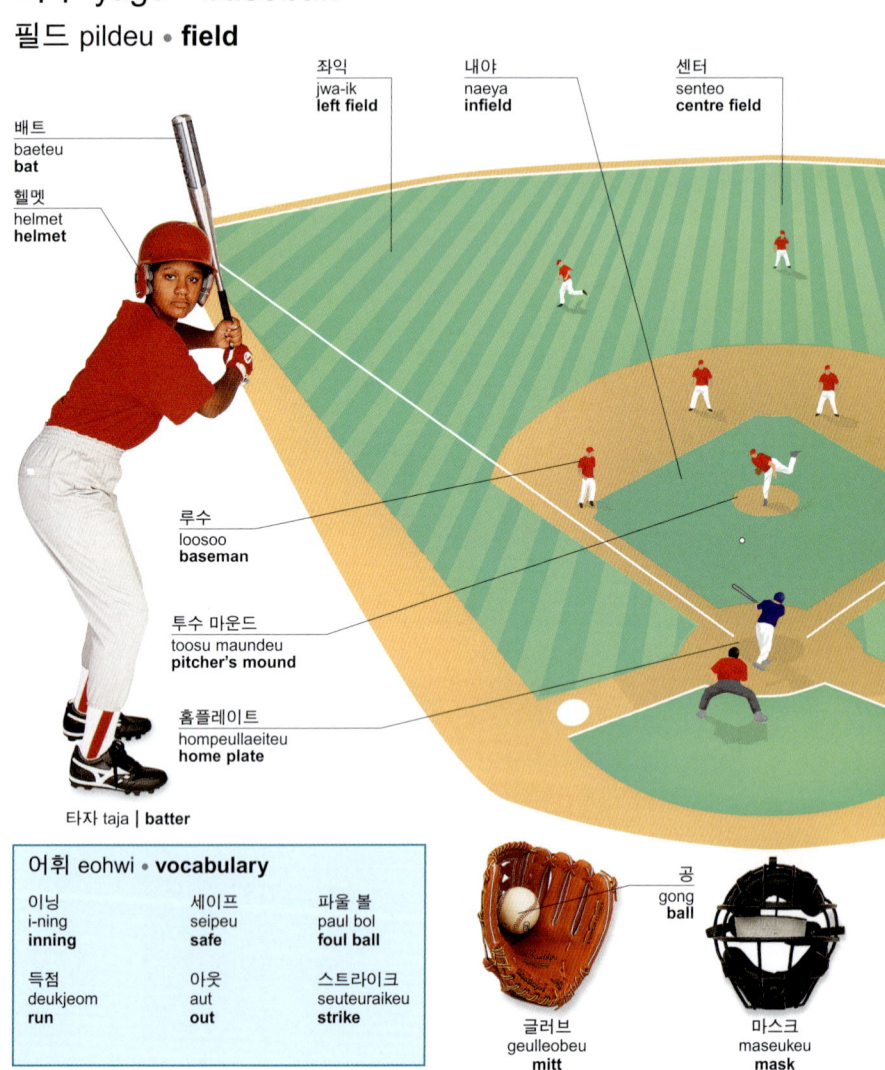

필드 pildeu • **field**

배트 / baeteu / **bat**

헬멧 / helmet / **helmet**

좌익 / jwa-ik / **left field**

내야 / naeya / **infield**

센터 / senteo / **centre field**

루수 / loosoo / **baseman**

투수 마운드 / toosu maundeu / **pitcher's mound**

홈플레이트 / hompeullaeiteu / **home plate**

타자 taja | **batter**

어휘 eohwi • **vocabulary**

이닝	세이프	파울 볼
i-ning	seipeu	paul bol
inning	**safe**	**foul ball**
득점	아웃	스트라이크
deukjeom	aut	seuteuraikeu
run	**out**	**strike**

공 / gong / **ball**

글러브 / geulleobeu / **mitt**

마스크 / maseukeu / **mask**

228　　　　　　　　　　　　　　　　　한국어 hangookeo • **english**

스포츠 SEUPOCHEU • **SPORTS**

동작 dongjak • **actions**

외야 waeya **outfield**

우익 u-ik **right field**

파울 라인 paul lah-in **foul line**

팀 tim **team**

더그아웃 deogeu-aut **dugout**

포수 posoo | **catcher**

투수 toosu | **pitcher**

던지다 deonjida | **throw (v)**

잡다 jabda | **catch (v)**

달리다 dallida **run (v)**

수비하다 subihada **field (v)**

슬라이드하다 seulaideuhada **slide (v)**

태그하다 taegeuhada **tag (v)**

던지다 deonjida **pitch (v)**

치다 chida **bat (v)**

심판 simpan **umpire**

시합하다 sihabhada | **play (v)**

한국어 hangookeo • **english** 229

스포츠 SEUPOCHEU • **SPORTS**

테니스 teniseu • **tennis**

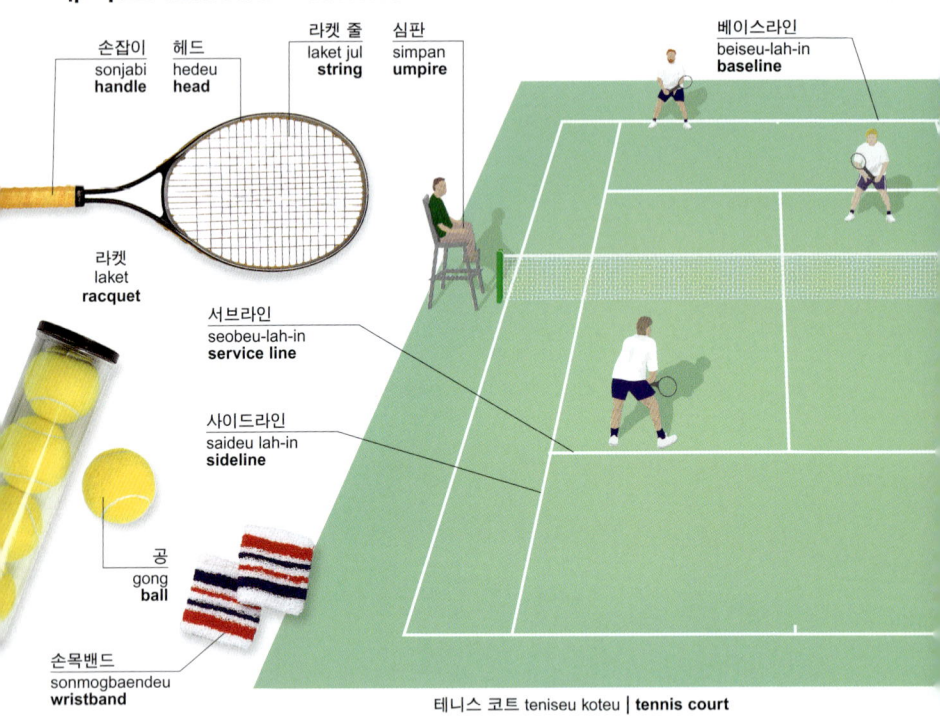

손잡이	헤드	라켓 줄	심판		베이스라인
sonjabi	hedeu	laket jul	simpan		beiseu-lah-in
handle	**head**	**string**	**umpire**		**baseline**

라켓
laket
racquet

서브라인
seobeu-lah-in
service line

사이드라인
saideu lah-in
sideline

공
gong
ball

손목밴드
sonmogbaendeu
wristband

테니스 코트 teniseu koteu | **tennis court**

어휘 eohwi • **vocabulary**

싱글	세트	무득점	서브 실수	슬라이스	선심
sing-geul	seteu	mudeukjeom	seobeu silsu	seullaiseu	seonsim
singles	**set**	**love**	**fault**	**slice**	**linesman**

더블	매치	듀스	에이스	랠리	선수권대회
deobeul	maechi	dyuseu	eiseu	laelli	seonsugwondaehoei
doubles	**match**	**deuce**	**ace**	**rally**	**championship**

경기	타이브레이크	어드밴티지	드롭샷	레트!	스핀
gyeong-gi	taibeuraeikeu	eodeubaentiji	deurobshat	leteu!	seupin
game	**tiebreak**	**advantage**	**dropshot**	**let!**	**spin**

230   한국어 hangookeo • **english**

스포츠 SEUPOCHEU • **SPORTS**

스트로크 seuteurokeu • **strokes**

서브
seobeu
serve

발리
balli
volley

되넘기기
doeineomgigi
return

로브
robeu
lob

포핸드
pohaendeu
forehand

백핸드
baekhaendeu
backhand

그물
geumul
net

스매시
seumaesi
smash

볼보이
bolboi
ball boy

서브하다
seobeuhada
serve (v)

테니스화
teniseuhwa
tennis shoes

선수 seonsu | **player**

라켓 게임 laket geim • **racquet games**

셔틀콕
sheoteulkok
shuttlecock

배트
baeteu
bat

배드민턴
baedeuminteon
badminton

탁구
takgu
table tennis

스쿼시
seukwosi
squash

라켓볼
laketbol
racquetball

한국어 hangookeo • **english** 231

스포츠 SEUPOCHEU • **SPORTS**

골프 golpeu • **golf**

그린 / geurin / **green**

벙커 / beongkeo / **bunker**

깃발 / gitbal / **flag**

티잉 그라운드 / taing geuraundeu / **teeing ground**

홀 / hol / **hole**

스윙하다 / seuwinghada / **swing (v)**

페어웨이 / peeowei / **fairway**

러프 / leopeu / **rough**

워터 해저드 / woteo haejeodeu / **water hazard**

골프 코스 / golpeu koseu / **golf course**

골프 카트 / golpeu kateu / **buggy**

자세 / jase / **stance**

골프선수 golpeuseonsu | **golfer**

클럽 회관 keulleob hoegwan | **clubhouse**

한국어 hangookeo • **english**

스포츠 SEUPOCHEU · SPORTS

도구 dogu · equipment

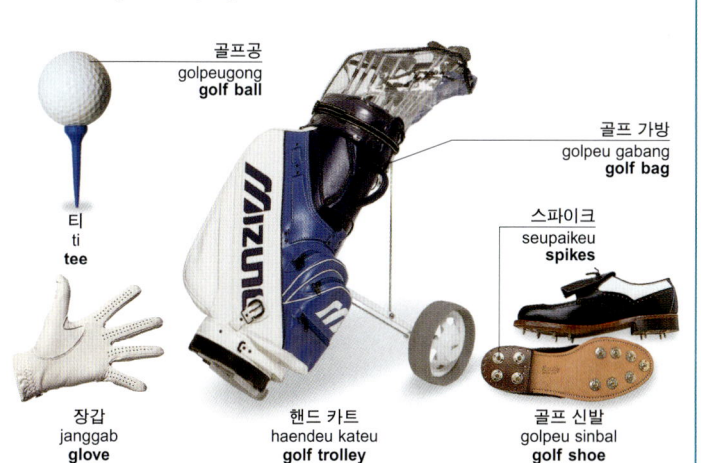

골프공
golpeugong
golf ball

티
ti
tee

장갑
janggab
glove

골프 가방
golpeu gabang
golf bag

스파이크
seupaikeu
spikes

핸드 카트
haendeu kateu
golf trolley

골프 신발
golpeu sinbal
golf shoe

골프 클럽
golpeu keulleob ·
golf clubs

우드
udeu
wood

퍼터
peoteo
putter

아이언
aion
iron

웨지
weji
wedge

동작 dongjak · actions

티에서 공을 치다
tieseo gong-eul chida
tee-off (v)

공을 세게 치다
gong-eul sege chida
drive (v)

퍼팅하다
peotinghada
putt (v)

높이 치다p
nop-i chida
chip (v)

어휘 eohwi · vocabulary

홀인원 hol-in-won **hole in one**	기준 타수 gijoon tasu **par**	핸디캡 haendikaeb **handicap**	캐디 kaedi **caddy**	백스윙 baegseuwing **backswing**	스트로크 seuteurokeu **stroke**
언더 파 eondeo pa **under par**	오버 파 obeo pa **over par**	토너먼트 toneomeonteu **tournament**	관중 gwanjoong **spectators**	스윙 연습하다 seuwing yeonseumhada **practice swing**	플레이 라인 peullei lah-in **line of play**

한국어 hangookeo · english

스포츠 SEUPOCHEU • **SPORTS**

육상경기 yooksang-gyeong-gi • **athletics**

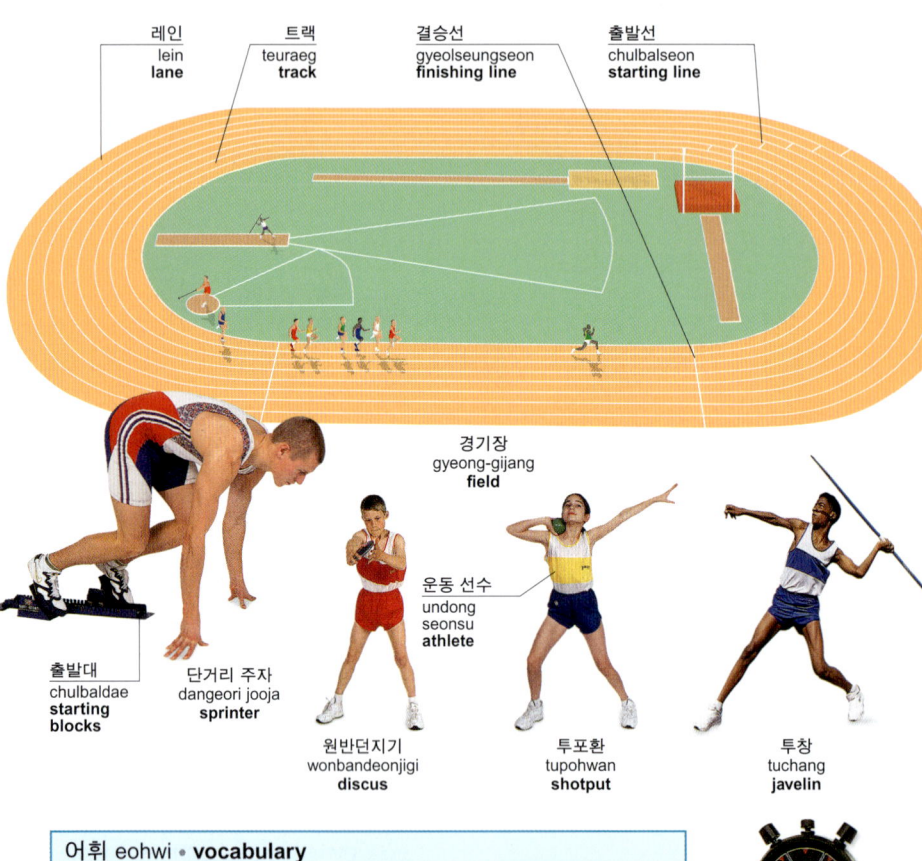

레인
lein
lane

트랙
teuraeg
track

결승선
gyeolseungseon
finishing line

출발선
chulbalseon
starting line

경기장
gyeong-gijang
field

운동 선수
undong seonsu
athlete

출발대
chulbaldae
starting blocks

단거리 주자
dangeori jooja
sprinter

원반던지기
wonbandeonjigi
discus

투포환
tupohwan
shotput

투창
tuchang
javelin

어휘 eohwi • **vocabulary**

경주 gyeongju **race**	기록 girog **record**	사진 판정 sajin panjeong **photo finish**	장대 높이뛰기 jangdae nop-ittwigi **pole vault**
시간 sigan **time**	신기록을 세우다 singirog-eul se-uda **break a record (v)**	마라톤 maraton **marathon**	개인 최고 기록 gaein choego girog **personal best**

스톱워치
seutob-wochi
stopwatch

234   한국어 hangookeo • **english**

스포츠 SEUPOCHEU • **SPORTS**

바톤
baton
baton

가로대
garodae
crossbar

계주
gyeju
relay race

높이 뛰기
nop-i ttwigi
high jump

멀리 뛰기
meolli ttwigi
long jump

허들 경주
heodeul gyeongju
hurdles

체조 chejo • **gymnastics**

도약판
doyakpan
springboard

체조선수
chejoseonsu
gymnast

공중제비
gongjoongjebi
somersault

평균대 pyeong-gyundae | **beam**

리본
libon
ribbon

안마
anma
horse

매트
maeteu
mat

뛰어넘기
ttwie-eo-neom-gi
vault

마루 운동
maru undong
floor exercises

옆으로 재주넘기
yeop-euro jaejoo-neomgi
cartwheel

리듬 체조
lideum chejo
rhythmic gymnastics

어휘 eohwi • **vocabulary**

철봉 경기 cheolbong gyeong-gi **horizontal bar**	안마 anma **pommel horse**	링 ling **rings**	메달 medal **medals**	은 eun **silver**
평행봉 pyeonghaengbong **parallel bars**	이단 평행봉 idan pyeonghaengbong **asymmetric bars**	단상 dansang **podium**	금 geum **gold**	동 dong **bronze**

한국어 hangookeo • **english** 235

스포츠 SEUPOCHEU · **SPORTS**

투기 toogi · **combat sports**

상대방 sangdaebang **opponent**

장갑 janggab **glove**

방어 자세 bang-eo jase **guard**

띠 tti **belt**

태권도 taegwond | **tae-kwon-do**

가라테 garate | **karate**

유도 yudo | **judo**

호구 hogoo **mask**

검 geom **sword**

합기도 habgido | **aikido**

검도 geomdo | **kendo**

쿵후 koonghoo | **kung fu**

킥복싱 kikbogsing | **kickboxing**

레슬링 leseulling | **wrestling**

권투 gwontoo | **boxing**

236 한국어 hangookeo · **english**

스포츠 SEUPOCHEU • **SPORTS**

동작 dongjak • **actions**

쓰러짐 sseureojim | **fall**

잡기 jabgi | **hold**

던지기 deonjigi | **throw**

누르기 nooreugi | **pin**

차기 chagi | **kick**

정권치기 jeong-gwonchigi | **punch**

가격 gagyeok | **strike**

점프 jeompeu | **jump**

막기 makgi | **block**

손날치기 nson-nalchigi | **chop**

어휘 eohwi • **vocabulary**

복싱 링 bogsing ling **boxing ring**	라운드 laundeu **round**	주먹 joomeok **fist**	검은 띠 geom-eun tti **black belt**	카포에이라 kapo-eira **capoeira**
권투 장갑 gwontu janggab **boxing gloves**	시합 sihab **bout**	녹아웃 nog-aut **knock out**	호신술 hosinsul **self-defence**	스모 seumo **sumo wrestling**
마우스피스 mauseupiseu **mouth guard**	스파링 seuparing **sparring**	펀치백 peonchibaeg **punchbag**	무술 musul **martial arts**	태극권 taegeukgwon **Tai Chi**

한국어 hangookeo • **english**

스포츠 SEUPOCHEU · **SPORTS**

수영 sooyeong · **swimming**
장비 jangbi · **equipment**

완장형 튜브
wanjanghyeong tewbeu
armband

물안경 mool-an-gyeong | **goggles**

노즈 클립
nojeu keullib
nose clip

킥보드 kikbodeu | **float**

여자 수영복
yeoja suyeongbok
swimsuit

레인
lein
lane

물
mool
water

출발대
chulbaldae
starting block

모자
moja
cap

남자 수영
nam sooyeongbo
trun

수영장 sooyeongjang | **swimming pool**

도약판
doyakpan
springboard

다이버
daibeo
diver

수영선수 sooyeongseonsu
swimmer

다이빙하다 daibinghada | **dive (v)**

수영하다 sooyeonghada
swim (v)

턴 tin | **turn**

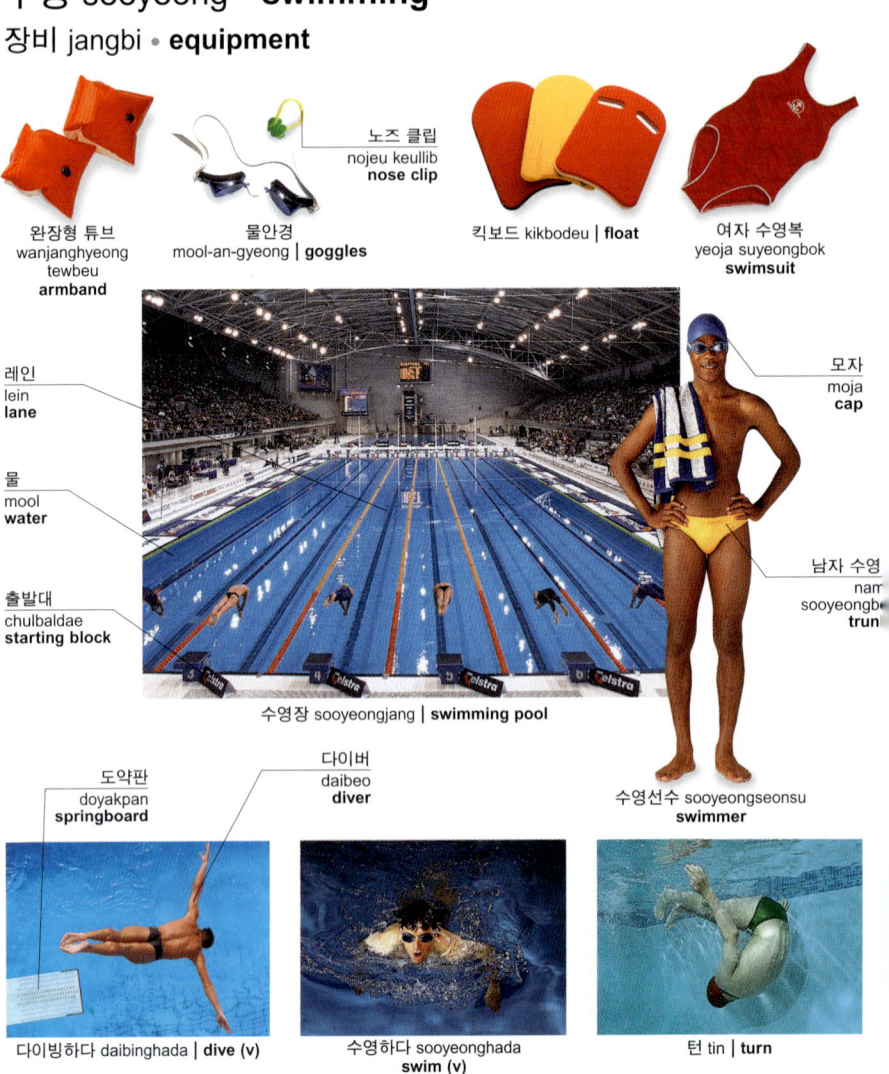

한국어 hangookeo · **english**

스포츠 SEUPOCHEU · **SPORTS**

수영 동작 sooyeong dongjak · **styles**

자유형 jayoohyeong | **front crawl**

평영 pyeonghyeong | **breaststroke**

스트로크
seuteurokeu
stroke

차기
chagi
kick

배영 baeyeong | **backstroke**

접영 jeobyeong | **butterfly**

스쿠버 다이빙 seukubeo daibing · **scuba diving**

잠수복
jamsoobog
wetsuit

오리발
oribal
flipper

웨이트벨트
weiteubelteu
weight belt

공기 실린더
gong-gi sillindeo
air cylinder

마스크
maseukeu
mask

호흡기
hoheupgi
regulator

스노클
snokeul
snorkel

어휘 eohwi · **vocabulary**

다이빙 daibing **dive**	선헤엄치다 seonhae-eomchida **tread water (v)**	로커 lokeo **lockers**	수구 sugu **water polo**	얕은 쪽 yat-eun jjog **shallow end**	경련 gyeonglyeon **cramp**
하이 다이빙 hai daibing **high dive**	다이빙 출발 daibing choolbal **racing dive**	인명 구조원 inmyeong gujowon **lifeguard**	수심이 깊은 쪽 susim-i gipeun jjog **deep end**	수중 발레 soojoong ballae **synchronized swimming**	익사하다 iksahada **drown (v)**

한국어 hangookeo · **english**

239

스포츠 SEUPOCHEU · **SPORTS**

요트타기 yoteutagi · **sailing**

나침반 nachimpan
compass

닻 dat
anchor

돛대 dotdae
mast

삭구 sakgu
rigging

주돛 judot
mainsail

밧줄걸이 batjulgeol-i
cleat

사이드데크 saideudaekeu
sidedeck

삼각돛 samgagdot
headsail

아래 활대 arae hwaldae
boom

뱃머리 baetmeori
bow

선미 seonmi
stern

키 손잡이 ki sonjabi
tiller

선체 seonche
hull

항해하다 hanghaehada
navigate (v)

요트 yakhta | **yacht**

안전 anjeon · **safety**

신호탄 sinhotan
flare

구명 부표 goomyeong boopyo
lifebuoy

구명 조끼 goomyeong jokki
life jacket

구명 보트 goomyeong boteu
life raft

240　　　　　　　　　　　　　　　　　　　　　　　　　　　　　한국어 hangookeo · **english**

스포츠 SEUPOCHEU · SPORTS

수상스포츠 soosangseupocheu · watersports

노 젓는 사람
no jeotneun saram
rower

노
no
oar

카약
kayak
kayak

짧은 노
jjalbeun no
paddle

배를 젓다 baereul jeotda | **row (v)**

카약 타기 kayak tagi | **kayaking**

항해
hanghae
sail

윈드서퍼
windeuseopeo
windsurfer

보드
bodeu
board

서핑보드
seopingbodeu
surfboard

풋 스트랩
put seuteuraeb
footstrap

스키
seuki
ski

서핑
seoping
surfing

수상스키
soosangseuki
waterskiing

고속 모터보트 타기
gosog moteoboteu tagi
speed boating

윈드서핑 windeuseoping | **windsurfing**

래프팅
laepeuting
rafting

제트스키
jaeteuseuki
jet skiing

어휘 eohwi · vocabulary

수상스키 선수 soosangseuki seonsoo **waterskier**	선원 seon-won **crew**	바람 baram **wind**	서핑 seoping **surf**	시트 siteu **sheet**	하수용골 hasuyong-gol **centreboard**
서퍼 seopeo **surfer**	빗겨 나아가다 bitgyeo na-a-gada **tack (v)**	파도 pado **wave**	급류 geubryu **rapids**	방향타 banghyangta **rudder**	뒤집히다 dwijibhida **capsize (v)**

한국어 hangookeo · english

스포츠 SEUPOCHEU • **SPORTS**

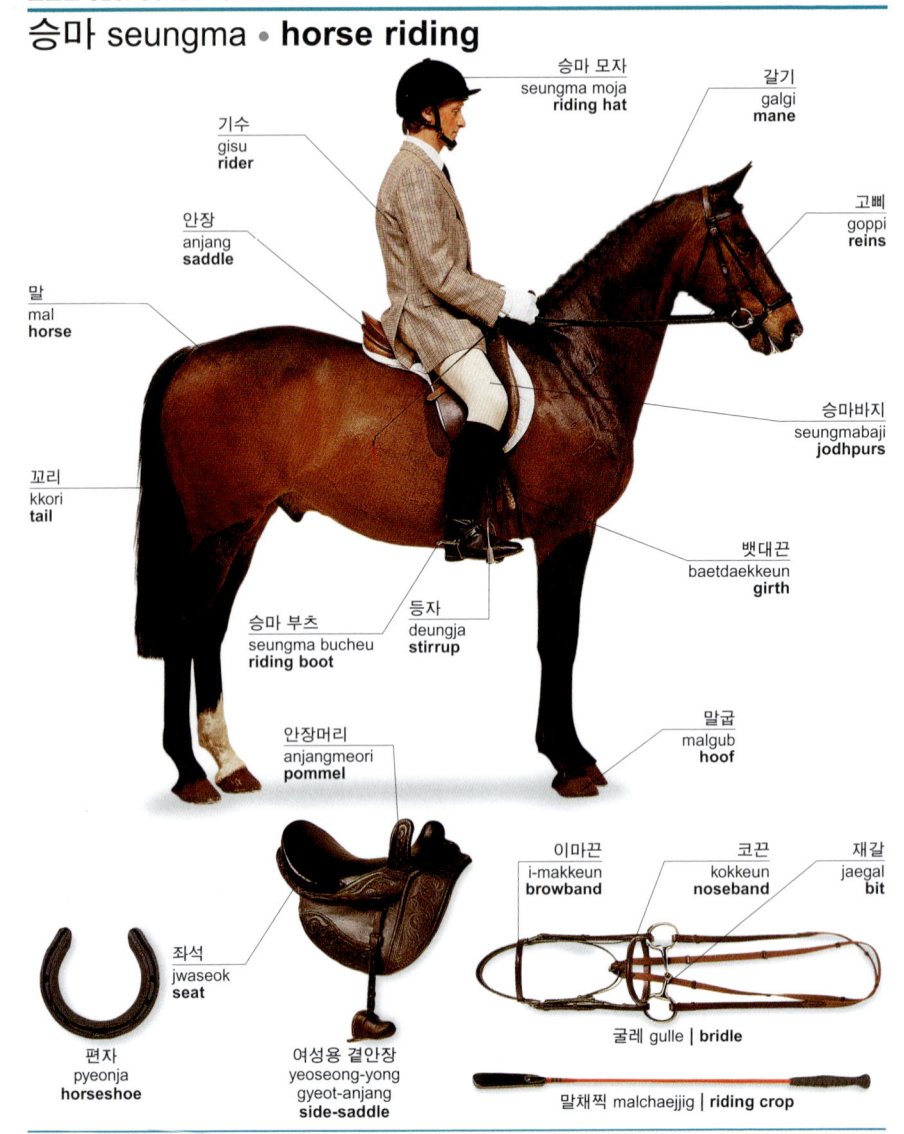

승마 seungma • **horse riding**

승마 모자 / seungma moja / **riding hat**

갈기 / galgi / **mane**

기수 / gisu / **rider**

고삐 / goppi / **reins**

안장 / anjang / **saddle**

말 / mal / **horse**

승마바지 / seungmabaji / **jodhpurs**

꼬리 / kkori / **tail**

뱃대끈 / baetdaekkeun / **girth**

승마 부츠 / seungma bucheu / **riding boot**

등자 / deungja / **stirrup**

말굽 / malgub / **hoof**

안장머리 / anjangmeori / **pommel**

이마끈 / i-makkeun / **browband**

코끈 / kokkeun / **noseband**

재갈 / jaegal / **bit**

편자 / pyeonja / **horseshoe**

좌석 / jwaseok / **seat**

여성용 곁안장 / yeoseong-yong gyeot-anjang / **side-saddle**

굴레 gulle | **bridle**

말채찍 malchaejjig | **riding crop**

한국어 hangookeo • **english**

스포츠 SEUPOCHEU • **SPORTS**

경기 gyeong-gi • **events**

경주말
gyeongjoomal
racehorse

담장
damjang
fence

경마
gyeongma
horse race

장애물 경마
jang-aemul gyeongma
steeplechase

하니스 레이스
haniseu leiseu
harness race

로데오
lode-o
rodeo

장애물 뛰어넘기
jang-aemul ttwie-eo-neomgi
showjumping

마차경주
machagyeongju
carriage race

트레킹
teuraeking | **trekking**

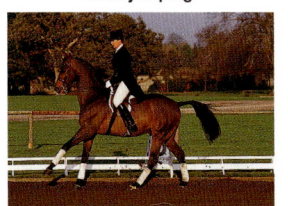

마장마술
majangmasool | **dressage**

폴로 pollo | **polo**

어휘 eohwi • **vocabulary**

구보 gubo **walk**	느린 구보 neurin goobo **canter**	점프 jeompeu **jump**	고삐 goppi **halter**	대기소 daegiso **paddock**	평지 경기 pyeongji gyeong-gi **flat race**
속보 sogbo **trot**	질주 jilju **gallop**	마부 mabu **groom**	마구간 magoogan **stable**	경기장 gyeong-gijang **arena**	경마장 gyeongmajang **racecourse**

한국어 hangookeo • **english**

스포츠 SEUPOCHEU • SPORTS

낚시 naksi • fishing

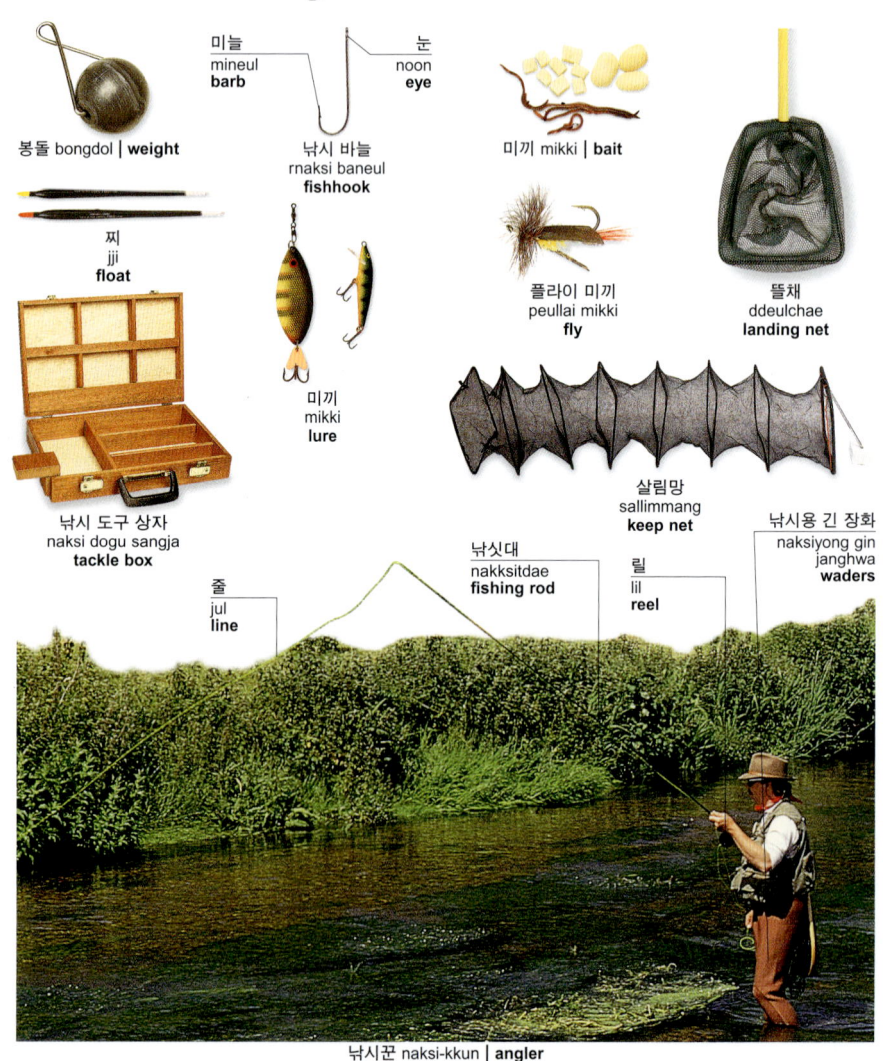

봉돌 bongdol | **weight**

미늘 mineul **barb**

눈 noon **eye**

낚시 바늘 rnaksi baneul **fishhook**

미끼 mikki | **bait**

찌 jji **float**

미끼 mikki **lure**

플라이 미끼 peullai mikki **fly**

뜰채 ddeulchae **landing net**

낚시 도구 상자 naksi dogu sangja **tackle box**

살림망 sallimmang **keep net**

낚시용 긴 장화 naksiyong gin janghwa **waders**

줄 jul **line**

낚싯대 nakksitdae **fishing rod**

릴 lil **reel**

낚시꾼 naksi-kkun | **angler**

한국어 hangookeo • english

스포츠 SEUPOCHEU • **SPORTS**

낚시 유형 naksi yoohyeong • **types of fishing**

민물고기 낚시
minmulgogi naksi
freshwater fishing

플라이 낚시
peullai naksi
fly fishing

스포츠 피싱
seupocheu pising
sport fishing

원양 어업
won-yang eo-eob
deep sea fishing

서프캐스팅
seopeukaeseuting
surfcasting

동작 dongjak • **activities**

던지다
deonjida
cast (v)

잡다
jabda
catch (v)

감다
gamda
reel in (v)

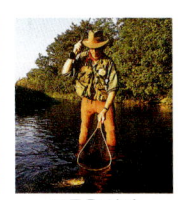

그물을 치다
geumul-eul chida
net (v)

놔주다
noajooda
release (v)

어휘 eohwi • **vocabulary**

미끼를 달다
mikkireul dalda
bait (v)

낚시용 태클
naksiyong taekeul
tackle

방수
bangsu
waterproofs

낚시 허가
naksi heoga
fishing permit

고기 담는 바구니
gogi damneun baguni
creel

미끼를 물다
mikkireul mulda
bite (v)

실감개
silgamgae
spool

낚싯대
nakksitdae
pole

바다 낚시
bada naksi
marine fishing

스피어피싱
seupieopising
spearfishing

한국어 hangookeo • **english**　　　245

스포츠 SEUPOCHEU • **SPORTS**

스키타기 seukitagi • **skiing**

스키장
seukijang
ski slope

의자식 리프트
uijasik lipeuteu
chairlift

케이블카
kaeibeulka
cable car

스키 활주로
seuki hwaljooro
ski run

안전벽
anjeonbyeok
safety barrier

스키 스틱
seuki seutik
ski pole

장갑
janggab
glove

날
nal
edge

끝부분
kkeutbubun
tip

스키
seuki
ski

스키 부츠
seuki bucheu
ski boot

스키 타는 사람
seuki taneun saram
skier

스키 자켓
seuki jaket
ski jacket

246　　　　　　　　　　　　　　　　　　　　　　　한국어 hangookeo • **english**

스포츠 SEUPOCHEU • **SPORTS**

경기 gyeong-gi • **events**

게이트
geiteu
gate

활강
hwalgang
downhill skiing

회전경기
heojeongyeong-gi
slalom

스키 점프
seuki jeompeu
ski jump

크로스컨트리 스키
keuroseukeonteuri seuki
cross-country skiing

동계 스포츠 dong-gye seupocheu • **winter sports**

고글
gogeul
goggles

스케이트
seukeiteu
skate

빙벽 등반
bingbyeok deungban
ice climbing

아이스 스케이팅
aiseu seukeiting
ice-skating

피겨 스케이팅
pigyeo seukeiting
figure skating

스노우보딩
seu-nou-boding
snowboarding

봅슬레이
bobseullei
bobsleigh

루지
looji
luge

어휘 eohwi • **vocabulary**

산악 스키
san-ag seuki
alpine skiing

대회전경기
daehoejeongyeong-gi
giant slalom

오프피스트
opeupiseuteu
off-piste

컬링
keolling
curling

개 썰매
gae sseolmae
dog sledding

스피드 스케이팅
seupideu seukeiting
speed skating

바이애슬론
bai-ae-seullon
biathlon

눈사태
noonsatae
avalanche

스노우모빌
seu-nou mobil
snowmobile

썰매타기
sseolmaetagi
sledding

한국어 hangookeo • **english**

247

스포츠 SEUPOCHEU • **SPORTS**

기타 스포츠 gita seupocheu • **other sports**

글라이더
geullaideo
glider

행글라이더
haeng-geullaideo
hang-glider

글라이딩
geullaiding
gliding

낙하산
nakhasan
parachute

행글라이딩
haeng-geullaiding
hang-gliding

로프
lopeu
rope

암벽 등반
ambyeok deungban
rock climbing

패러슈팅
paereoshooting
parachuting

패러글라이딩
paereogeullaiding
paragliding

스카이 다이빙
seukai daibing
skydiving

현수 하강
hyeonsu hagang
abseiling

번지 점프
beonji jeompeu
bungee jumping

248   한국어 hangookeo • **english**

스포츠 SEUPOCHEU • **SPORTS**

랠리 주행
laelli juhaeng
rally driving

레이서
leiseo
racing driver

자동차 경주
jadongcha gyeongju
motor racing

모토크로스
motokeuroseu
motorcross

오토바이 경주
otobai gyeongju
motorbike racing

스케이트보드
seukeiteubodeu
skateboard

스케이트보드 타기
seukeiteubodeu tagi
skateboarding

인라인스케이트 타기
inlainseukeiteu tagi
inline skating

스틱
seutik
stick

라크로스
lakeuroseu
lacrosse

호구
hogoo
mask

펜싱 검
pensing geom
foil

펜싱
pensing
fencing

핀
pin
pin

화살
hwasal
arrow

화살통
hwasaltong
quiver

활
hwal
bow

양궁
yang-goong
archery

표적
pyojeok
target

사격
sagyeok
target shooting

볼링공
bolling-gong
bowling ball

볼링
bolling
bowling

포켓볼
poketbol
pool

스누커
seu-nookeo
snooker

한국어 hangookeo • **english** 249

스포츠 SEUPOCHEU • **SPORTS**

피트니스 piteuniseu • fitness

운동용 자전거
undong-yong jajeongeo
exercise bike

운동 기계
undong gigye
gym machine

벤치
benchi
bench

프리 웨이트
peuri waeiteu
free weights

바
ba
bar

헬스장
helseujang
gym

로잉 머신
loing meosin
rowing machine

러닝 머신
leoning meosin
treadmill

크로스 트레이너
keuroseu teureineo
cross trainer

개인 트레이너
gaein teureineo
personal trainer

스텝 머신
seuteb meosin
step machine

수영장
sooyeongjang
swimming pool

사우나
sauna
sauna

250　　　　　　　　　　　　　　　　　　　한국어 hangookeo • english

스포츠 SEUPOCHEU • **SPORTS**

운동 undong • **exercises**

스트레칭
seuteureching
stretch

런지
leonji
lunge

타이츠
taicheu
tights

팔굽혀 펴기
palgubhyeo pyeogi
press-up

스쿼트
seu-kwoeteu
squat

윗몸 일으키기
witmom il-eukigi
sit-up

아령
aryeong
dumbbell

팔뚝 운동
palttug undong
bicep curl

레그 프레스
legeu peureseu
leg press

중량봉
joonglyangbong
weight bar

운동화
undonghwa
trainers

가슴 운동
gaseum undong
chest press

근력 운동
geunlyeog undong
weight training

달리기
dalligi
jogging

필라테스
pillateseu
Pilates

어휘 eohwi • **vocabulary**

훈련하다
hoonlyeonhada
train (v)

준비 운동을 하다
joonbi undong-eul hada
warm up (v)

제자리 뛰다
jejari ttwida
jog on the spot (v)

몸을 풀다
mom-eul pulda
flex (v)

몸을 쭉 뻗다
mom-eul jjoog ppeotda
extend (v)

끌어 올리다
kkeureo ollida
pull up (v)

줄넘기
julneomgi
skipping

복서사이즈
bogseosaijeu
boxercise

서킷 트레이닝
seokit
teuraeining
circuit training

한국어 hangookeo • **english**

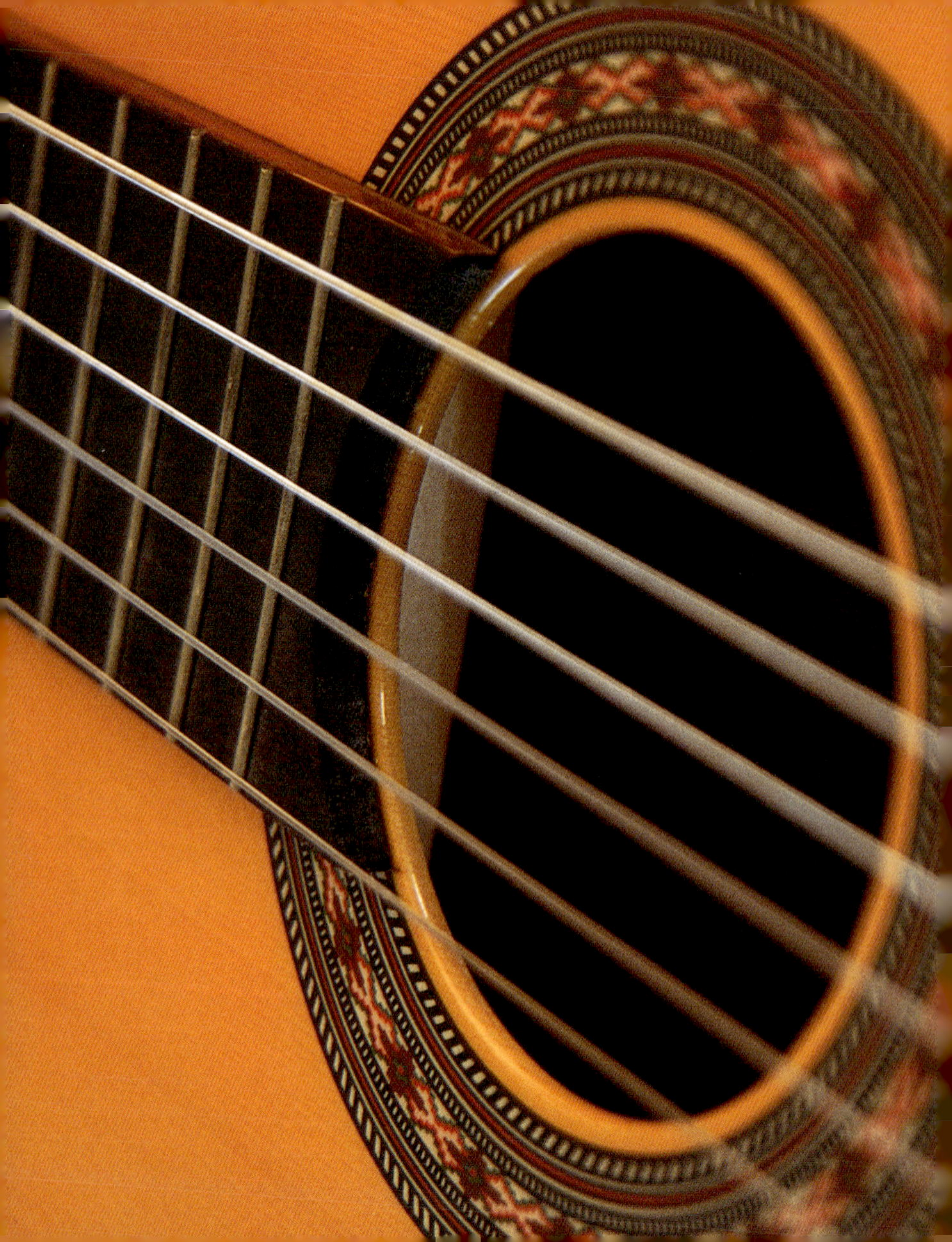

레저 lejeo
leisure

레저 LEJEO • LEISURE

극장 geugjang • theatre

커튼
keoteun
curtain

무대 양쪽 끝
moodae yangjjog kkeut
wings

세트
seteu
set

관중
gwanjoong
audience

오케스트라
okeseuteura
orchestra

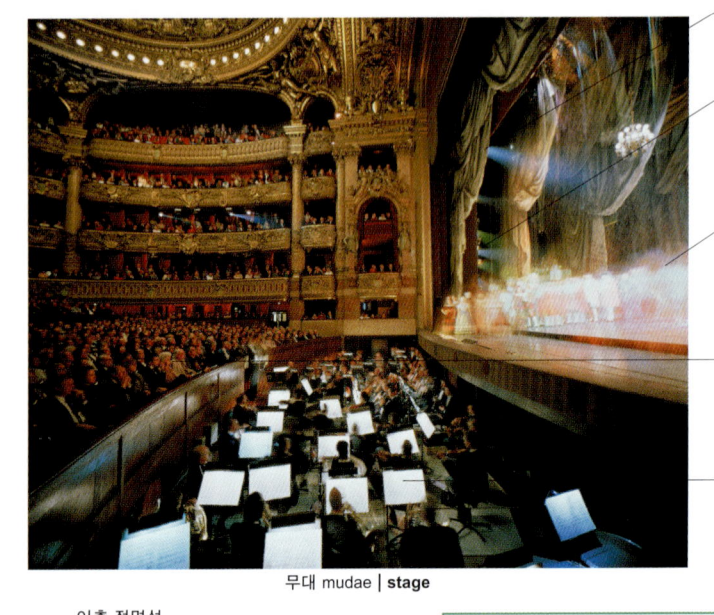

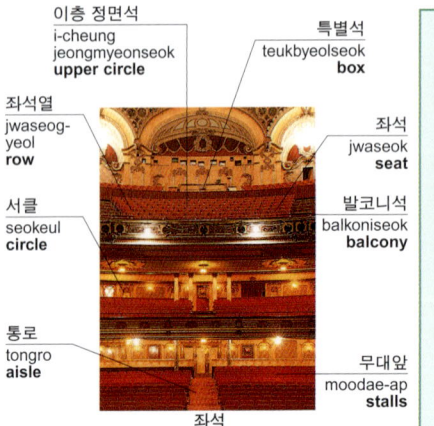

무대 mudae | **stage**

이층 정면석
i-cheung jeongmyeonseok
upper circle

특별석
teukbyeolseok
box

좌석열
jwaseog-yeol
row

좌석
jwaseok
seat

서클
seokeul
circle

발코니석
balkoniseok
balcony

통로
tongro
aisle

무대앞
moodae-ap
stalls

좌석
jwaseok | **seating**

어휘 eohwi • vocabulary

등장인물	대본	개막 공연
deungjang-inmul	daebon	gaemag gong-yeon
cast	**script**	**first night**

배우	배경	막간
baewoo	baegyeong	makgan
actor	**backdrop**	**interval**

여배우	감독	프로그램
yeobaewoo	gamdog	peurogeuraem
actress	**director**	**programme**

연극	프로듀서	오케스트라석
yeon-geuk	peurodyuseo	okeseuteuraseok
play	**producer**	**orchestra pit**

254

한국어 hangookeo • **english**

레저 LEJEO • LEISURE

콘서트 konseoteu | **concert**

뮤지컬 myujikeol | **musical**

의상
uisang
costume

발레 balle | **ballet**

어휘 eohwi • vocabulary

좌석 안내원
jwaseog annaewon
usher

클래식 음악
keullaesik eum-ak
classical music

악보
akbo
musical score

사운드 트랙
saundeu teuraek
soundtrack

박수치다
bagsoochida
applaud (v)

앙코르
angkoreu
encore

몇 시에 시작합니까?
myeot sie sijakhamnikka?
What time does it start?

오늘 저녁 공연 표 두 장 주세요.
oh-neul jeonyeok gong-yeon pyo doo jang juseyo
I'd like two tickets for tonight's performance.

오페라 opera | **opera**

영화 yeonghwa • cinema

팝콘
pabkon
popcorn

매표소
maepyoso
box office

로비
lobi
lobby

포스터
poseuteo
poster

영화관
yeonghwagwan
cinema hall

스크린
seukeurin
screen

어휘 eohwi • vocabulary

코미디
komidi
comedy

스릴러
seulilleo
thriller

공포 영화
gongpo yeonghwa
horror film

서부극
seoboogeuk
western

로맨스
lomaenseu
romance

공상과학 영화
gongsang-gwahak yeonghwa
science fiction film

모험 영화
moheom yeonghwa
adventure film

애니메이션
aenimeisheon
animated film

한국어 hangookeo • english

255

레저 LEJEO • **LEISURE**

오케스트라 okeseuteura • **orchestra**

현악기 hyeon-akgi • **strings**

하프
hapeu
harp

지휘자
jihwija
conductor

더블 베이스
deobeul beiseu
double bass

바이올린
baiollin
violin

단상
dansang
podium

비올라
biolla
viola

첼로
chello
cello

악보
akbo
score

높은 음자리표
nopeun eumjaripyo
treble clef

음표
eumpyo
note

오선
oseon
staff

낮은 음자리표
najeun eumjaripyo
bass clef

피아노 piano | **piano**

표기법 pyogibeob | **notation**

어휘 eohwi • **vocabulary**

서곡 seogog **overture**	소나타 sonata **sonata**	숨표 soompyo **rest**	올림표 ollimpyo **sharp**	제자리음의 jejarieum-ui **natural**	음계 eumgye **scale**
심포니 simponi **symphony**	악기 akgi **instruments**	음높이 eumnopi **pitch**	반음 ban-eum **flat**	마디 madi **bar**	지휘봉 jihwibong **baton**

한국어 hangookeo • **english**

레저 LEJEO • **LEISURE**

목관악기 mokgwan-akgi • **woodwind**

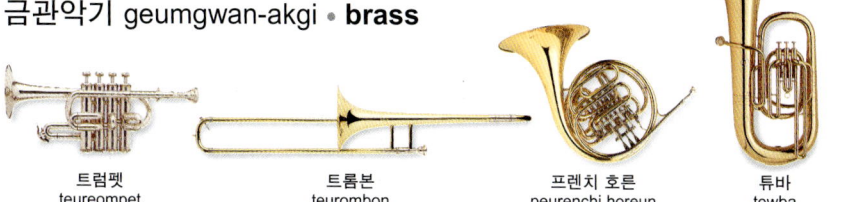

피콜로
pikollo
piccolo

플루트
peulluteu
flute

오보에
obo-e
oboe

잉글리쉬 호른
ing-geullishi horeun
cor anglais

클라리넷
keullalinet
clarinet

베이스 클라리넷
beiseu keullalinet
bass clarinet

바순
basoon
bassoon

더블 바순
deobeul basoon
double bassoon

색소폰
saeksopon
saxophone

타악기 ta-akgi • **percussion**

팀파니
timpani
kettledrum

공
gong
gong

비브라폰
bibeurapon
vibraphone

봉고
bong-go
bongos

스네어드럼
seu-neo-deureom
snare drum

심벌즈
simbeoljeu
cymbals

탬버린
taembeorin
tambourine

트라이앵글
teuraiaeng-geul
triangle

마라카스
marakaseu
maracas

페달
pedal
foot pedal

금관악기 geumgwan-akgi • **brass**

트럼펫
teureompet
trumpet

트롬본
teurombon
trombone

프렌치 호른
peurenchi horeun
French horn

튜바
tewba
tuba

한국어 hangookeo • **english**

레저 LEJEO • **LEISURE**

콘서트 konseoteu • **concert**

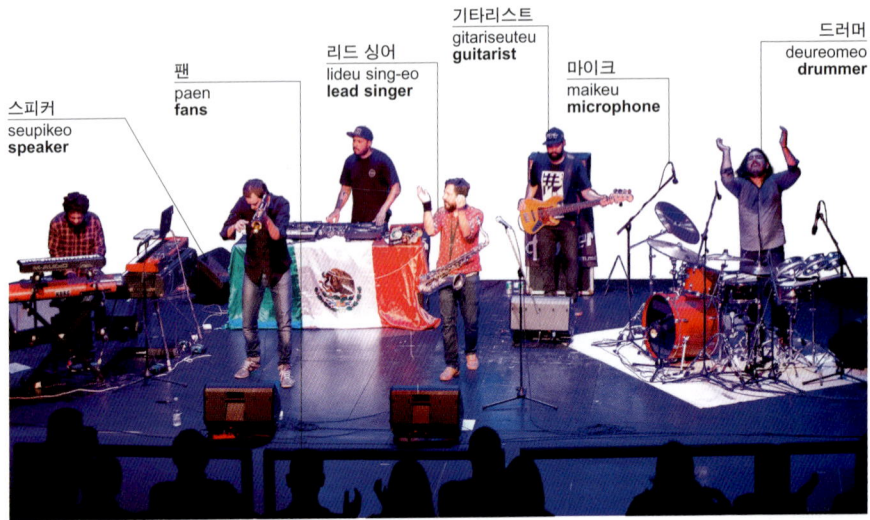

- 스피커 seupikeo **speaker**
- 팬 paen **fans**
- 리드 싱어 lideu sing-eo **lead singer**
- 기타리스트 gitariseuteu **guitarist**
- 마이크 maikeu **microphone**
- 드러머 deureomeo **drummer**

록 콘서트 log konseoteu | **rock concert**

악기 akgi • **instruments**

- 픽업 pik-eob **pickup**
- 넥 naek **neck**
- 프렛 peuret **fret**
- 헤드머신 haedeumeosin **tuning peg**
- 줄 jul **string**
- 줄받침대 joolbatchimdae **bridge**
- 드럼 deureom **drum**

베이스 기타 beiseu gita **bass guitar**

키보드 kibodeu **keyboard**

일렉트릭 기타 illegteurig gita **electric guitar**

드럼 세트 deureom saeteu **drum kit**

258　　한국어 hangookeo • **english**

레저 LEJEO • **LEISURE**

음악 스타일 eum-ak seutail • **musical styles**

재즈 jaejeu | **jazz**

블루스 beulluseu | **blues**

펑크 peongkeu | **punk**

포크 음악 pokeu eum-ak
folk music

팝 pap | **pop**

댄스 daenseu | **dance**

랩 laeb | **rap**

헤비 메탈
hebi metal | **heavy metal**

클래식 음악 keullaesik eum-ak
classical music

어휘 eohwi • **vocabulary**						
노래	가사	멜로디	비트	레게	컨트리	스포트라이트
norae	gasa	mellodi	biteu	lege	keonteuri	seupoteuraiteu
song	**lyrics**	**melody**	**beat**	**reggae**	**country**	**spotlight**

한국어 hangookeo • english   259

레저 LEJEO • **LEISURE**

관광 gwangwang • **sightseeing**

관광객
gwangwang-gaeg
tourist

일정
iljeong
itinerary

오픈 톱
o-peun top
open-top

관광 버스
gwangwang beoseu | **tour bus**

여행안내원
yeohaeng annaewon
tour guide

작은 조각품
jag-eun jogakpum
statuette

관광 명소
gwangwang myeongso | **tourist attraction**

가이드 투어
gaideu too-eo
guided tour

기념품
ginyeompum
souvenirs

어휘 eohwi • **vocabulary**

개점	여행안내서	캠코더	왼쪽	...어디에 있어요?
gaejeom	yeohaeng annaeseo	kaemkodeo	oenjjok	...eodi-eh isseoyo?
open	**guidebook**	**camcorder**	**left**	**Where is ...?**

폐점   필름   카메라   오른쪽   길을 잃었어요.
pyaejeom   pilleum   kamera   oreunjjok   gil-eul il-eosseoyo
closed   **film**   **camera**   **right**   **I'm lost.**

입장료   배터리   방향   직진   ... 가는 길을 알려주세요.
ibjangryo   baeteori   banghyang   jigjin   ... ganeun gil-eul allyeojuseyo
entrance fee **batteries** **directions** **straight on** **Can you tell me the way to ...?**

260   한국어 hangookeo • **english**

레저 LEJEO • **LEISURE**

명소 myeongso • **attractions**

그림
geurim
painting

전시
jeonsi
exhibit

전시회
jeonsihoei
exhibition

유명한 유적
yoomyeonghan yoojeok
famous ruin

미술관
misoolgwan
art gallery

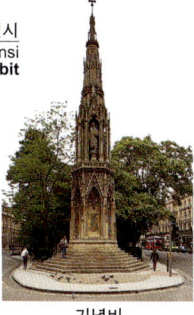

기념비
ginyeombi
monument

박물관
bakmulgwan
museum

역사적 건물
yeoksajeok geonmul
historic building

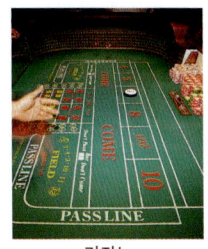

카지노
kajino
casino

정원
jeong-won
gardens

국립 공원
gooklib gong-won
national park

정보 jeongbo • **information**

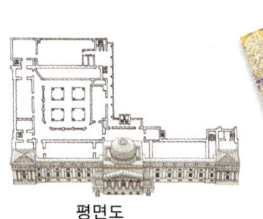

시간
sigan
times

평면도
pyeongmyeondo
floor plan

지도
jido
map

시간표
siganpyo
timetable

관광 안내소
gwangwang annaeso
tourist information

한국어 hangookeo • **english** 261

레저 LEJEO • **LEISURE**

야외 활동 ya-wae hwaldong • **outdoor activities**

산책로 sanchaekro **footpath**

해시계 haesigye **sundial**

카페 kape **café**

공원 gong-won | **park**

잔디밭 jandibat **grass**

벤치 benchi **bench**

정형식 정원 jeonghyeongsik jeong-won **formal gardens**

롤러 코스터 lolleo koseuteo **roller coaster**

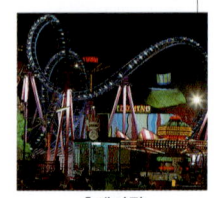

축제마당 chookjemadang **fairground**

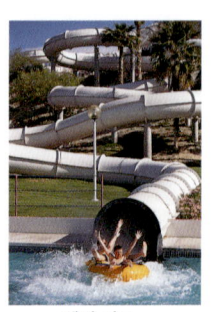

테마 파크 teh-ma pakeu **theme park**

사파리 공원 sapari gong-won **safari park**

동물원 dongmul-won **zoo**

262 　　　　　　　　　　　　　　　　한국어 hangookeo • **english**

레저 LEJEO · **LEISURE**

활동 hwaldong · **activities**

자전거 타기
jajeongeo tagi
cycling

조깅
joging
jogging

스케이트보드 타기
seukeiteubodeu tagi
skateboarding

롤러블레이드 타기
lolleobeulleideu tagi
rollerblading

승마길
seungmagil
bridle path

바구니
baguni
hamper

탐조 활동
tamjo hwaldong
bird-watching

승마
seungma
horse riding

하이킹
haiking
hiking

소풍
sopoong
picnic

놀이터 nol-iteo · **playground**

모래밭
moraebat
sandpit

간이 수영장
gan-i sooyeongjang
paddling pool

그네
geu-nae
swing

시소 siso | **seesaw**

미끄럼틀 mikkeureomteul | **slide**

정글짐 jeong-geuljim
climbing frame

한국어 hangookeo · **english** 263

레저 LEJEO • **LEISURE**

해변 haebyeon • **beach**

호텔	비치 파라솔	해변 방갈로	모래	파도	바다
hotel	bichi parasol	haebyeon bang-gallo	morae	pado	bada
hotel	**beach umbrella**	**beach hut**	**sand**	**wave**	**sea**

비치백
bichibaeg
beach bag

비키니
bikini
bikini

일광욕하다 ilgwang-yokhada | **sunbathe (v)**

264　　　　　　　　　　　　　　　　　　　　　　　　　한국어 hangookeo • **english**

레저 LEJEO • **LEISURE**

인명 구조원
inmyeong gujowon
lifeguard

안전 감시탑
ianjeon gamsitap
lifeguard tower

방풍막
bangpoongmak
windbreak

해변 산책로
haebyeon sanchaeklo
promenade

덱 체어
dek che-eo
deck chair

선글라스
seongeullaseu
sunglasses

챙모자
chaengmoja
sunhat

선탠 로션
seontaen losheon
suntan lotion

자외선 차단제
jawaeseon chadanjae
sunblock

비치볼
bichibol
beach ball

수영 튜브
suyeong tewbeu
rubber ring

수영복
sooyeongbok
swimsuit

삽
sab
spade

양동이
yangdong-i
bucket

모래성
moraeseong
sandcastle

비치 타올
bichi taol
beach towel

조개 껍질
jogae kkeobjil
shell

한국어 hangookeo • **english** 265

레저 LEJEO • **LEISURE**

캠핑 kaemping • **camping**

화장실
hwajangsil
toilets

쓰레기장
sseuraegijang
waste disposal

샤워장
shawojang
shower block

전기 연결대
jeongi yeon-gyeoldae
electric hook-up

플라이
peullai
flysheet

버팀줄
beotimjul
guy rope

텐트팩
taenteupaek
tent peg

카라반
karaban
caravan

캠프장 kaempeujang | **campsite**

어휘 eohwi • **vocabulary**

캠핑하다
kaempinghada
camp (v)

시설 관리 사무소
siseol gwanli samuso
site manager's office

텐트 자리
tenteu jari
pitches available

빈 자리 없음
bin jari eobseum
full

자리
jari
pitch

텐트를 치다
tenteureul chida
pitch a tent (v)

텐트 폴
taenteu pol
tent pole

캠핑 침대
kaemping chimdae
camp bed

피크닉 테이블
pikeunik
picnic bench

해먹
haemeog
hammock

캠핑 밴
kaemping baen
camper van

트레일러
teureilleo
trailer

숯
soot
charcoal

불쏘시개
bulssosigae
firelighter

불을 지피다
bul-eul jipida
light a fire (v)

캠프파이어
kaempeupaieo
campfire

266   한국어 hangookeo • **english**

레저 LEJEO • **LEISURE**

프레임 / peureim / **frame**

바닥 매트 / badak maeteu / **ground sheet**

배낭 / baenang / **backpack**

진공 보온병 / jingong bo-onbyeong / **vacuum flask**

물병 / mulbyeong / **water bottle**

텐트 / tenteu / **tent**

벌레 퇴치제 / beolle toechije / **insect repellent**

손전등 / sonjeondeung / **torch**

모기장 / mogijang / **mosquito net**

보온 내의 / bo-on nae-ui / **thermals**

등산화 / deungsanhwa / **walking boots**

방수용품 / bangsooyongpoom / **waterproofs**

침낭 / chimnang / **sleeping bag**

슬리핑 매트 / seulliping maeteu / **sleeping mat**

캠핑 버너 / kaemping beo-nuh / **camping stove**

바베큐 그릴 / babekyu geurill / **barbecue**

에어 매트리스 ae-eo maeteuriseu | **air mattress**

한국어 hangookeo • english 267

레저 LEJEO • **LEISURE**

홈 엔터테인먼트 hom aenteotaeinmeonteu • **home entertainment**

DVD
dibeu-idi
DVD

레코드 플레이어
raekoreu peullaei-eo
record player

DVD 플레이어
dibeu-idi peulleieo
DVD player

디지털 라디오
dijiteol ladio
digital radio

스피커
seupikeo
speaker / loudspeaker

CD 플레이어
ssidi peulleieo
CD player

라디오
ladio
radio

앰프
aempeu
amplifier

헤드폰
hedeupon
headphones

스피커 스탠드
seupikeo
seutaendeu
speaker stand

스탠드
seutaendeu
stand

하이파이 시스템
haipai siseutaem | **hi-fi system**

한국어 hangookeo • **english**

레저 LEJEO • LEISURE

스크린 seukeurin **screen**

아이컵 aikeob **eyecup**

셋톱박스 saetopbokseu **digital box**

캠코더 kaemkodeo **camcorder**

위성방송 안테나 wiseongbangsong antaena **satellite dish**

평면 TV pyeongmyeon tibeu-i **flatscreen TV**

게임기 gaeimgi **console**

빨리 감기 ppalli gamgi **fast forward**

녹화 nokhwa **record**

음량 eumryang **volume**

되감기 doegamgi **rewind**

재생 jaesaeng **play**

정지 jeongji **stop**

일시 정지 ilsi jeongji **pause**

컨트롤러 keonteurolleo **controller**

비디오 게임 bidio geim | **video game**

리모컨 limokeon | **remote control**

어휘 eohwi • vocabulary

CD
ssidi
compact disc

스트리밍
seuteuriming
streaming

고화질
gohwajil
high definition

카세트 플레이어
kaseteu peulleieo
cassette player

유료 채널
yooryo chaeneol
pay per view channel

광고
gwang-go
advertisement

디지털
dijiteol
digital

카세트 테이프
kaseteu teipeu
cassette tape

프로그램
peurogeuraem
programme

스테레오
seutere-oh
stereo

케이블 TV
keibeul tibeu-i
cable television

와이파이
waipai
Wi-Fi

장편 영화
jangpyeon yeonghwa
feature film

채널을 바꾸다
chaeneol-eul bakkuda
change channel (v)

라디오 채널을 맞추다
ladio chaeneol-eul matchooda
tune the radio (v)

텔레비전을 보다
tellebijeon-eul boda
watch television (v)

텔레비전을 끄다
tellebijyeon-eul kkeuda
turn the television off (v)

텔레비전을 켜다
tellebijyeon-eul kyeoda
turn the television on (v)

한국어 hangookeo • english

레저 LEJEO • **LEISURE**

사진술 sajinsul • **photography**

셔터 버튼
sheeteo beoteun
shutter release

조리개 다이얼
jorigae daieol
aperture dial

렌즈
lenjeu
lens

SLR 카메라
eseuel-al kamela | **SLR camera**

필터
pilteo
filter

렌즈 캡
lenjeu kaeb
lens cap

외장 플래시
waejang peullaesi
flash gun

노출계
nochoolgye
light meter

줌 렌즈
joom lenjeu
zoom lens

삼각대
samgakdae
tripod

카메라 유형 kamera yoohyeong • **types of camera**

플래시
peullaesi
flash

폴라로이드 카메라
pollaloideu kamera
Polaroid camera

디지털 카메라
dijiteol kamera
digital camera

카메라폰
kamerapon
cameraphone

일회용 카메라
ilhoeiyong kamera
disposable camera

한국어 hangookeo • **english**

레저 LEJEO • LEISURE

사진찍다 sajinjjigda • photograph (v)

필름통
pilleumtong
film spool

필름
pilleum
film

초점을 맞추다
chojeom-eul matchuda
focus (v)

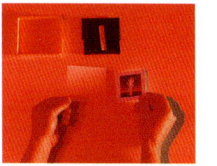

현상하다
hyeonsanghada
develop (v)

음화
eumhwa
negative

풍경
poong-gyeong
landscape

인물
inmul
portrait

사진 sajin | photograph

사진 앨범
sajin aelbeom
photo album

사진 액자
sajin aekja
photo frame

문제 moonje • problems

노출 부족
nochool boojok
underexposed

노출 과다
nochool gwada
overexposed

초점 흐림
chojeom heurim
out of focus

적목 현상
jeokmog hyeonsang
red eye

어휘 eohwi • vocabulary

뷰파인더
byoopaindeo
viewfinder

인쇄
inswae
print

카메라 케이스
kamera keiseu
camera case

무광
moogwang
matte

노출
nochul
exposure

유광
yoogwang
gloss

암실
amsil
darkroom

확대
hwakdae
enlargement

이 필름을 현상해주세요.
i pilleum-eul hyeonsanghaejooseyo
I'd like this film processed.

한국어 hangookeo • english 271

레저 LEJEO · LEISURE

게임 geim · **games**

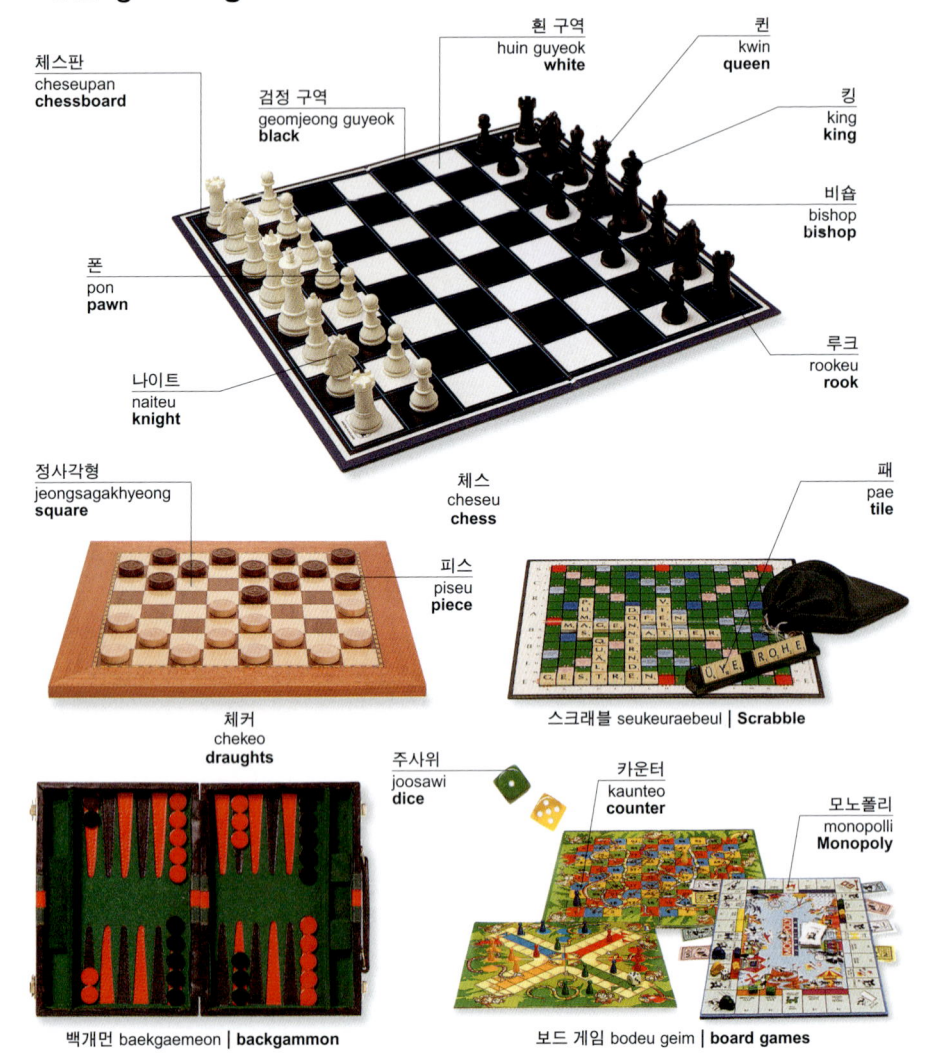

- 체스판 / cheseupan / **chessboard**
- 검정 구역 / geomjeong guyeok / **black**
- 흰 구역 / huin guyeok / **white**
- 퀸 / kwin / **queen**
- 킹 / king / **king**
- 비숍 / bishop / **bishop**
- 폰 / pon / **pawn**
- 루크 / rookeu / **rook**
- 나이트 / naiteu / **knight**
- 정사각형 / jeongsagakhyeong / **square**
- 체스 / cheseu / **chess**
- 패 / pae / **tile**
- 피스 / piseu / **piece**
- 주사위 / joosawi / **dice**
- 카운터 / kaunteo / **counter**
- 모노폴리 / monopolli / **Monopoly**

체커 chekeo | **draughts**

스크래블 seukeuraebeul | **Scrabble**

백개먼 baekgaemeon | **backgammon**

보드 게임 bodeu geim | **board games**

272   한국어 hangookeo · **english**

레저 LEJEO • **LEISURE**

우표 수집
upyo soojib
stamp collecting

퍼즐 맞추기
peojeul matchoogi
jigsaw puzzle

도미노
domino | **dominoes**

다트보드
dateubodeu
dartboard

과녁 중심
gwanyeok joongsim
bullseye

다트 dateu | **darts**

조커
jokeo
joker

잭
jaek
jack

퀸
kwin
queen

킹
king
king

에이스
eiseu
ace

카드 kadeu | **cards**

다이아몬드
daiamondeu
diamond

스페이드
seupeideu
spade

하트
hateu
heart

클럽
keulleob
club

섞다 seokkda
shuffle (v)

카드를 돌리다
kadeureul dollida | **deal (v)**

어휘 eohwi • **vocabulary**

두기 doogi **move**	이기다 igida **win (v)**	패자 paeja **loser**	포인트 pointeu **point**	브리지 briji **bridge**	주사위를 던지세요. joosawireul deonjisaeyo **Roll the dice.**
시합하다 sihabhada **play (v)**	승자 seungja **winner**	게임 geim **game**	점수 jeomsu **score**	카드 한 벌 kadeu han beol **pack of cards**	누구 차례지요? nugu charyejiyo? **Whose turn is it?**
플레이어 peulleieo **player**	지다 jida **lose (v)**	내기 naegi **bet**	포커 pokeo **poker**	무늬 moonui **suit**	당신 차례예요. dangsin charyeyeyo **It's your move.**

한국어 hangookeo • **english**

레저 LEJEO • **LEISURE**

공예 1 gong-ye • **arts and crafts 1**

예술가 yesulga **artist**

그림 geurim **painting**

받침대 batchimdae **easel**

캔버스 kaenbeoseu **canvas**

붓 boot **brush**

팔레트 palleteu **palette**

그림 geurim | **painting**

색깔 saegkkal • **colours**

빨강 ppalgang **red**

파랑 parang **blue**

노랑 norang **yellow**

초록 chorog **green**

주황 joohwang **orange**

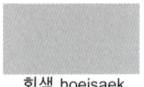

자주 jaju **purple**

흰색 huinsaek **white**

검정색 geomjeongsaek | **black**

회색 hoeisaek **grey**

분홍 boonhong **pink**

갈색 galsaek **brown**

남색 namsaek **indigo**

그림물감 geurimmulgam • **paints**

유화 물감 yoohwa mulgam **oil paints**

수성 물감 suseong mulgam **watercolour paint**

파스텔 paseutel **pastels**

아크릴 물감 akeuril mulgam **acrylic paint**

포스터 물감 poseuteo mulgam **poster paint**

한국어 hangookeo • **english**

레저 LEJEO · **LEISURE**

기타 공예 gita gong-ye · **other crafts**

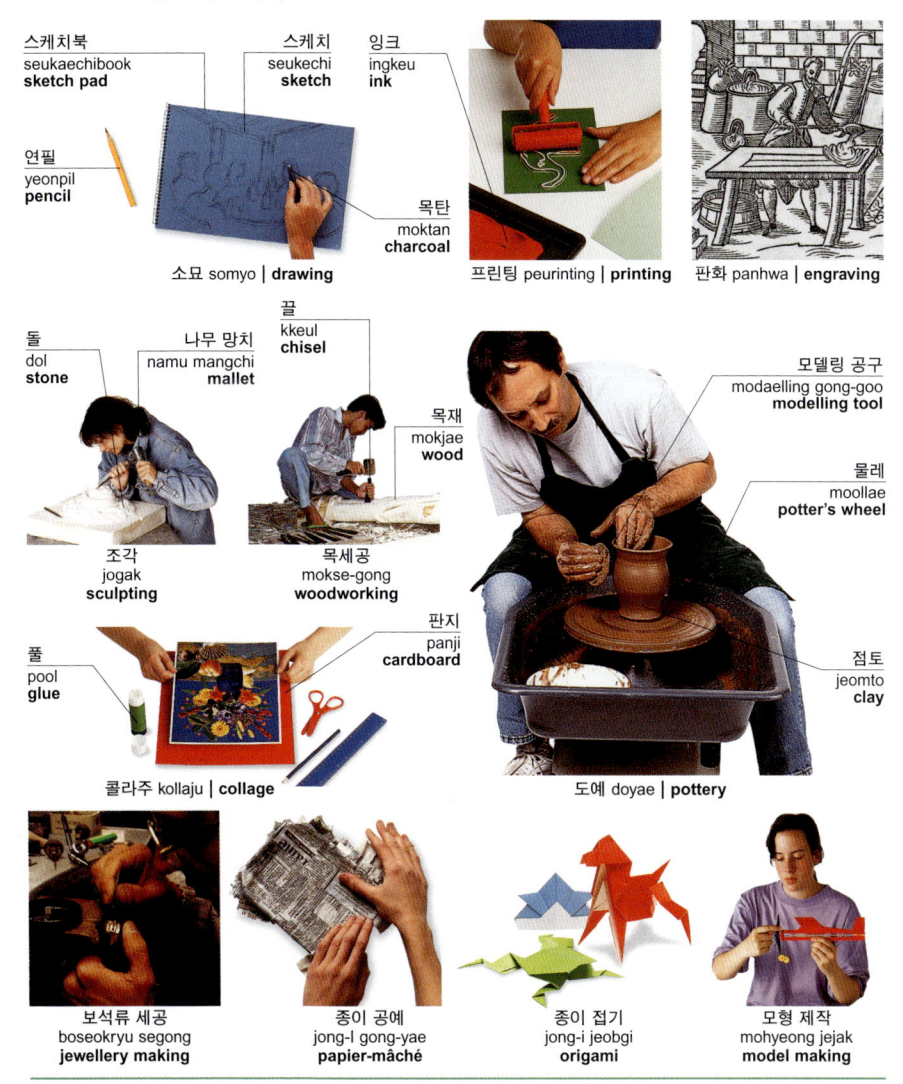

스케치북 seukaechibook **sketch pad**

스케치 seukechi **sketch**

잉크 ingkeu **ink**

연필 yeonpil **pencil**

목탄 moktan **charcoal**

소묘 somyo | **drawing**

프린팅 peurinting | **printing**

판화 panhwa | **engraving**

돌 dol **stone**

나무 망치 namu mangchi **mallet**

끌 kkeul **chisel**

목재 mokjae **wood**

모델링 공구 modaelling gong-goo **modelling tool**

물레 moollae **potter's wheel**

조각 jogak **sculpting**

목세공 mokse-gong **woodworking**

풀 pool **glue**

판지 panji **cardboard**

점토 jeomto **clay**

콜라주 kollaju | **collage**

도예 doyae | **pottery**

보석류 세공 boseokryu segong **jewellery making**

종이 공예 jong-I gong-yae **papier-mâché**

종이 접기 jong-i jeobgi **origami**

모형 제작 mohyeong jejak **model making**

한국어 hangookeo · **english**

275

레저 LEJEO • **LEISURE**

공예 2 gong-ye • **arts and crafts 2**

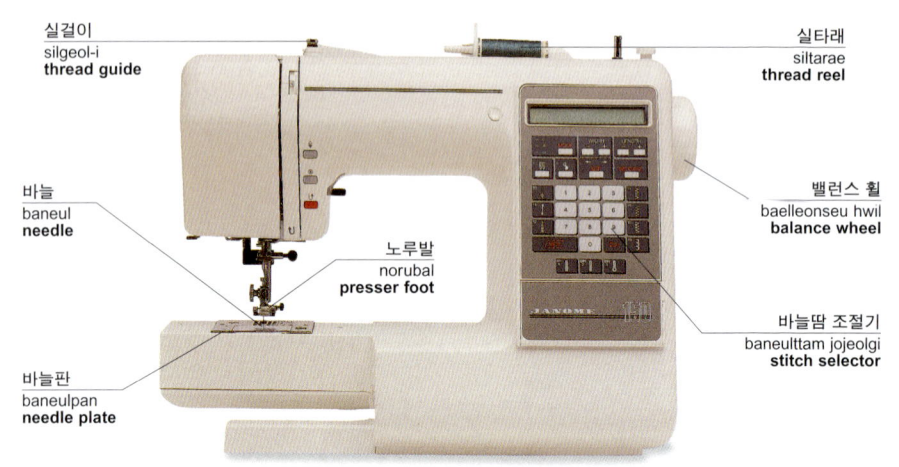

실걸이
silgeol-i
thread guide

실타래
siltarae
thread reel

바늘
baneul
needle

밸런스 휠
baelleonseu hwil
balance wheel

노루발
norubal
presser foot

바늘땀 조절기
baneulttam jojeolgi
stitch selector

바늘판
baneulpan
needle plate

재봉틀 jaebongteul | **sewing machine**

가위
gawi
scissors

패턴
paeteon
pattern

핀
pin
pin

줄자
julja
tape measure

재료
jaeryo
material

바늘 꽂이
baneul kkot-i
pincushion

바느질 바구니
baneujil baguni | **sewing basket**

실
sil
thread

눈
noon
eye

실패
silpae
bobbin

고리
gori
hook

골무
golmoo
thimble

재단 초크
jaedan chokeu
tailor's chalk

재단 인체 모형
jaedan inche mohyeong
tailor's dummy

276　　한국어 hangookeo • **english**

레저 LEJEO • LEISURE

실을 꿰다
sil-eul kkweda
thread (v)

바늘땀
baneulttam
stitch

바느질하다
baneujilhada
sew (v)

꿰매다
kkwemaeda
darn (v)

시침질하다
sichimjilhada | **tack (v)**

재단하다
jaedanhada
cut (v)

니들포인트 자수
nideulpointeu jasu
needlepoint

자수
jasu
embroidery

코바늘
kobaneul
crochet hook

코바늘 뜨개질
kobaneul tteugaejil
crochet

마크라메
makeurame
macramé

조각보 깁기
jogakbo gibgi
patchwork

누비질하기
nubijilhagi
quilting

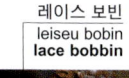

레이스 보빈
leiseu bobin
lace bobbin

레이스 만들기
leiseu mandeulgi
lace-making

베틀
beteul
loom

짜기
jjagi
weaving

어휘 eohwi • vocabulary

바늘땀을 풀다
baneulttam-eul pulda
unpick (v)

직물
jigmul
fabric

면
myeon
cotton

리넨 제품
linen jepoom
linen

폴리에스테르
pollieseutereu
polyester

나일론
naillon
nylon

실크
silkeu
silk

디자이너
dijaineo
designer

패션
paesheon
fashion

지퍼
jipeo
zip

뜨개질 바늘
tteugaejil baneul
knitting needle

양모
yangmo
wool

뜨개질하기 tteugaejilhagi
knitting

타래
tarae | **skein**

한국어 hangookeo • english 277

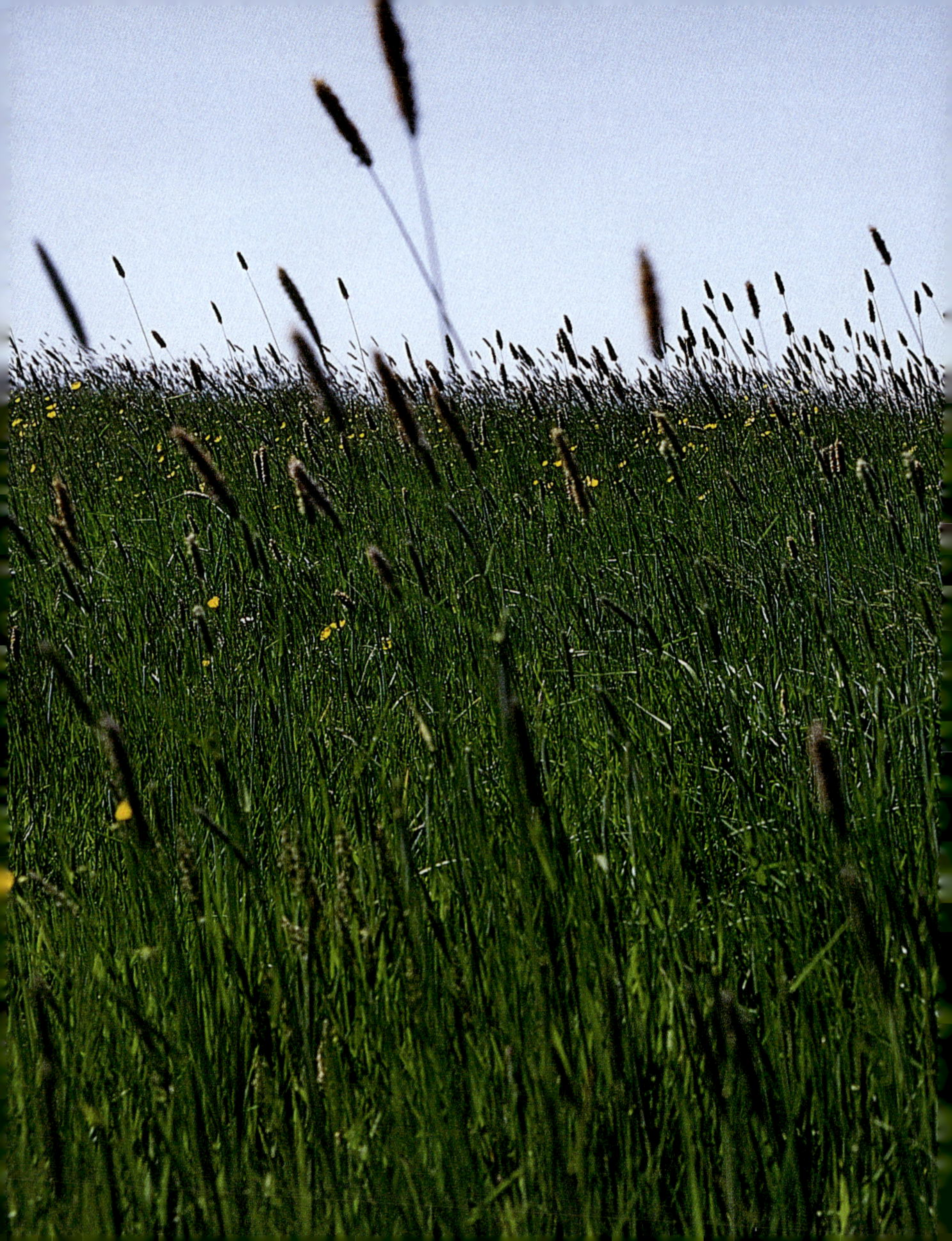

환경 hwan-gyeong
environment

환경 HWAN-GYEONG • **ENVIRONMENT**

우주 ujoo • space

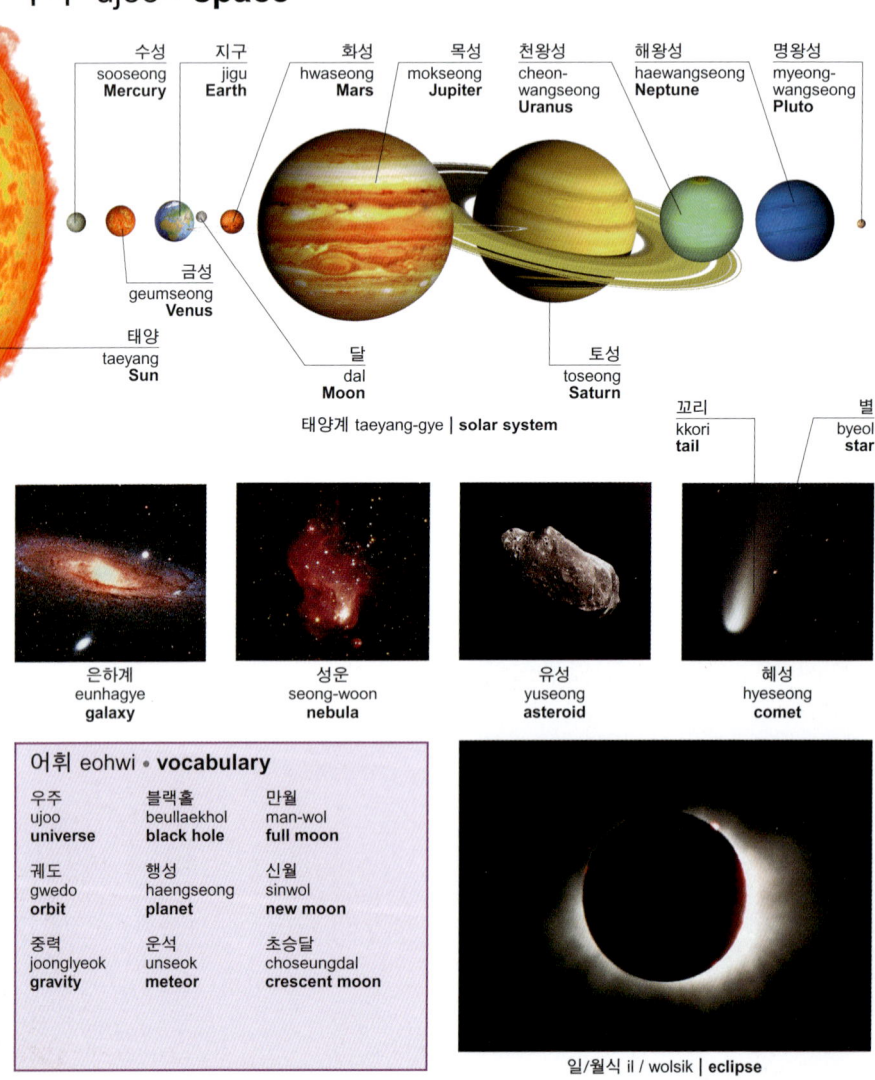

수성 sooseong **Mercury**
지구 jigu **Earth**
화성 hwaseong **Mars**
목성 mokseong **Jupiter**
천왕성 cheon-wangseong **Uranus**
해왕성 haewangseong **Neptune**
명왕성 myeong-wangseong **Pluto**
금성 geumseong **Venus**
태양 taeyang **Sun**
달 dal **Moon**
토성 toseong **Saturn**

태양계 taeyang-gye | **solar system**

꼬리 kkori **tail**
별 byeol **star**

은하계 eunhagye **galaxy**

성운 seong-woon **nebula**

유성 yuseong **asteroid**

혜성 hyeseong **comet**

어휘 eohwi • vocabulary

우주 ujoo **universe**	블랙홀 beullaekhol **black hole**	만월 man-wol **full moon**
궤도 gwedo **orbit**	행성 haengseong **planet**	신월 sinwol **new moon**
중력 joonglyeok **gravity**	운석 unseok **meteor**	초승달 choseungdal **crescent moon**

일/월식 il / wolsik | **eclipse**

한국어 hangookeo • **english**

환경 HWAN-GYEONG • **ENVIRONMENT**

우주 탐사 ujoo tamsa • space exploration

우주 왕복선
ujoo wangbokseon
space shuttle

추진 엔진
chujin enjin
thruster

레이더
leideo
radar

승무원 출입구
seungmoowon chool-ibgoo
crew hatch

우주복
ujoo-bok
space suit

추진 로켓
choojin loket
booster

우주인
ujoo-in | **astronaut**

달 착륙선 dal chaklyukseon | **lunar module**

발사대
balsadae
launch pad

발사
balsa
launch

위성
wiseong
satellite

우주 정거장
ujoo jeong-geojang
space station

천문학 cheonmunhak • astronomy

별자리
byeoljari
constellation

쌍안경
ssang-ahn-gyeong
binoculars

망원경
mang-wongyeong
telescope

삼각대
samgakdae
tripod

한국어 hangookeo • **english**

환경 HWAN-GYEONG • ENVIRONMENT

지구 jigu • Earth

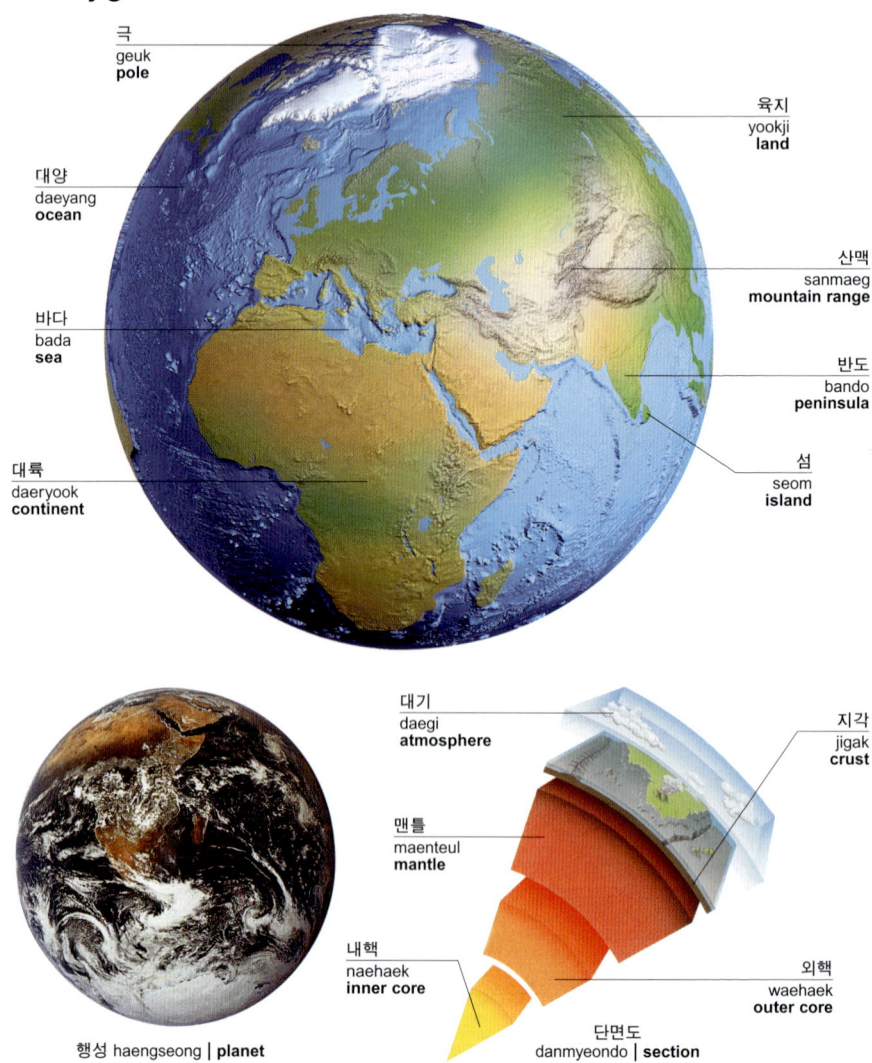

- 극 geuk **pole**
- 육지 yookji **land**
- 대양 daeyang **ocean**
- 산맥 sanmaeg **mountain range**
- 바다 bada **sea**
- 반도 bando **peninsula**
- 섬 seom **island**
- 대륙 daeryook **continent**

- 대기 daegi **atmosphere**
- 지각 jigak **crust**
- 맨틀 maenteul **mantle**
- 내핵 naehaek **inner core**
- 외핵 waehaek **outer core**

행성 haengseong | **planet**

단면도 danmyeondo | **section**

환경 HWAN-GYEONG · ENVIRONMENT

북극권 bookgeukgwon **Arctic Circle**

북회귀선 bookhoeigwiseon **Tropic of Cancer**

북극 bookgeug **North Pole**

북반구 bookbangu **Northern Hemisphere**

경도 gyeongdo **longitude**

위도 wido **latitude**

열대지방 yeoldaejibang **tropics**

남반구 nambangu **Southern Hemisphere**

남회귀선 namhoeigwiseon **Tropic of Capricorn**

적도 jeokdo **equator**

구역 guyeok | **zones**

용암 yong-am **lava**

재 jae **ash**

화산구 hwasangu **vent**

마그마 챔버 mageuma chaembeo **chamber**

마그마 mageuma **magma**

화산 hwasan | **volcano**

분화구 bunhwagu | **crater**

어휘 eohwi · vocabulary

지진 jijin **earthquake**

판 pan **plate**

분출하다 bunchulhada **erupt (v)**

미진 mijin **tremor**

한국어 hangookeo · english 283

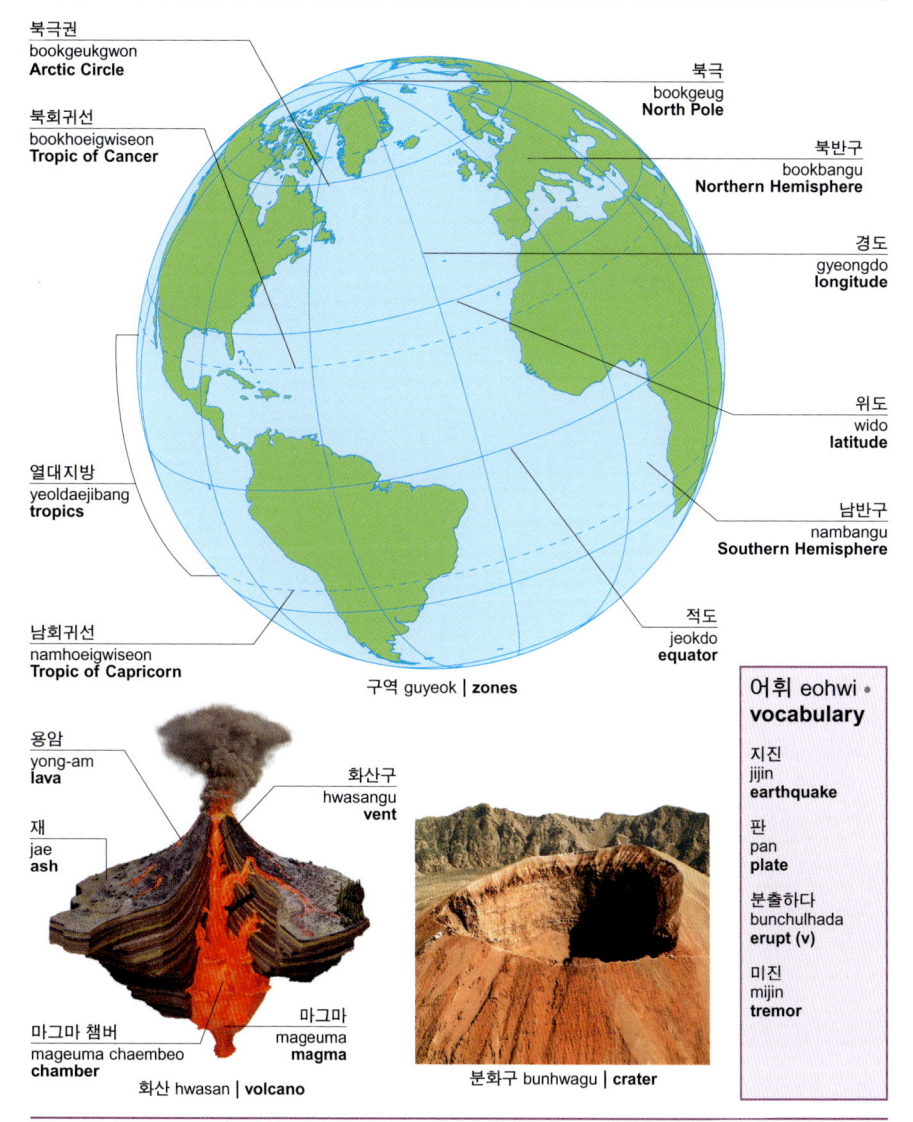

환경 HWAN-GYEONG • **ENVIRONMENT**

풍경 poong-gyeong • **landscape**

산
san
mountain

경사지
gyeongsaji
slope

강둑
gangdook
bank

강
gang
river

급류
geubryu
rapids

바위
bawi
rocks

빙하 bingha | **glacier**

계곡 gyegog | **valley**

언덕
eondeok
hill

고원
gowon
plateau

협곡
hyeobgog
gorge

동굴
dong-gul
cave

284 한국어 hangookeo • **english**

환경 HWAN-GYEONG • **ENVIRONMENT**

| 평원 pyeong-won **plain** |  사막 samak **desert** |  삼림지대 samrim jidae **forest** |  숲 soop **wood** |

| 열대우림 yeoldae-urim **rainforest** |  습지 seumji **swamp** |  목초지 mogchoji **meadow** |  초원 chowon **grassland** |

| 폭포 pogpo **waterfall** | 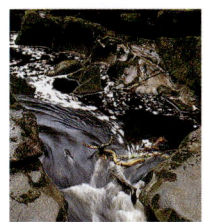 개울 gae-ul **stream** |  호수 hosoo **lake** |  간헐천 ganheolcheon **geyser** |

| 해안 hae-an **coast** |  절벽 jeolbyeok **cliff** |  산호초 sanhocho **coral reef** |  삼각강 samgakgang **estuary** |

한국어 hangookeo • english   285

환경 HWAN-GYEONG • **ENVIRONMENT**

날씨 nalssi • **weather**

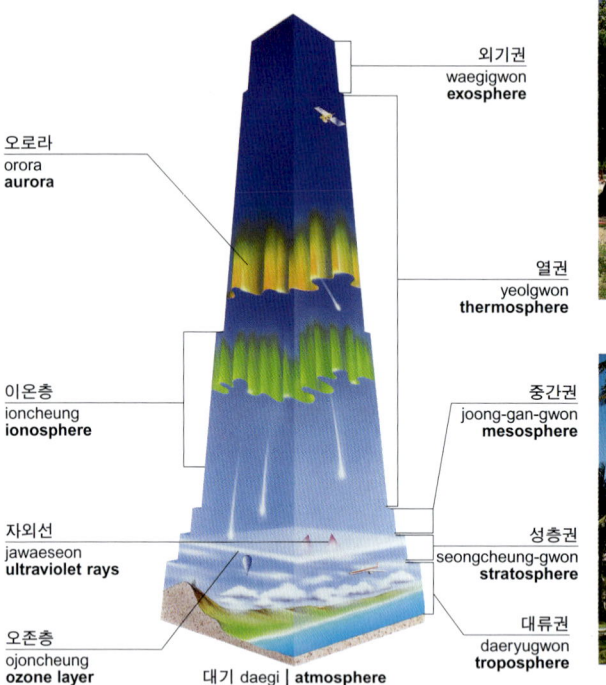

외기권
waegigwon
exosphere

오로라
orora
aurora

열권
yeolgwon
thermosphere

이온층
ioncheung
ionosphere

중간권
joong-gan-gwon
mesosphere

자외선
jawaeseon
ultraviolet rays

성층권
seongcheung-gwon
stratosphere

오존층
ojoncheung
ozone layer

대류권
daeryugwon
troposphere

대기 daegi | **atmosphere**

햇빛 haetbit | **sunshine**

바람 baram | **wind**

어휘 eohwi • **vocabulary**

진눈깨비 jinnoonkkaebi **sleet**	소나기 sonagi **shower**	더운 deo-un **hot**	건조한 geonjohan **dry**	바람부는 baramboo-neun **windy**	더워요/추워요. deowoeyo / choowoeyo **I'm hot/cold.**
우박 woobag **hail**	화창한 hwachanghan **sunny**	추운 choo-un **cold**	축축한 chookchookhan **wet**	강풍 gangpoong **gale**	비가 와요. biga wayo **It's raining.**
천둥 cheondoong **thunder**	흐린 heurin **cloudy**	따뜻한 ttatteuthan **warm**	습한 seumhan **humid**	기온 gi-on **temperature**	...도예요. ...doyeyo **It's ... degrees.**

286

한국어 hangookeo • **english**

환경 HWAN-GYEONG • **ENVIRONMENT**

구름 gooreum | **cloud**

비 bi | **rain**

번개 beongae **lightning**

폭풍 pogpoong | **storm**

옅은 안개 yeolbeun angae | **mist**

안개 angae | **fog**

무지개 mujigae **rainbow**

눈 noon | **snow**

서리 seori | **frost**

고드름 godeureum **icicle**

얼음 eol-eum | **ice**

동결 dong-gyeol | **freeze**

허리케인 heorikein | **hurricane**

토네이도 tonaeido | **tornado**

우기 woo-gi | **monsoon**

홍수 hongsoo | **flood**

한국어 hangookeo • english

환경 HWAN-GYEONG · **ENVIRONMENT**

암석 amseok · **rocks**

화성암 hwaseong-am · **igneous**

화강암
hwagang-am
granite

흑요석
heug-yoseok
obsidian

현무암
hyeonmuam
basalt

부석
buseok
pumice

퇴적암 toejeog-am · **sedimentary**

사암
sa-am
sandstone

석회암
seokhoe-am
limestone

백악
baeg-ak
chalk

수석
suseok
flint

역암
yeog-am
conglomerate

석탄
seoktan
coal

변성암 byeonseong-am · **metamorphic**

점판암
jeompan-am
slate

편암
pyeon-am
schist

편마암
pyeonma-am
gneiss

대리석
daeriseok
marble

보석 암석 boseog amseog · **gems**

루비
lubi
ruby

남옥
nam-ok
aquamarine

자수정
jasoojeong
amethyst

다이아몬드
daiamondeu
diamond

비취
bichwi
jade

흑옥
heug-ok
jet

에메랄드
emeraldeu
emerald

오팔
opal
opal

사파이어
sapaieo
sapphire

월장석
woljangseok
moonstone

석류석
seogryuseok
garnet

황옥
hwang-ok
topaz

전기석
jeongiseok
tourmaline

한국어 hangookeo · **english**

환경 HWAN-GYEONG • **ENVIRONMENT**

광물 gwangmul • **minerals**

| 석영 seog-yeong **quartz** |  운모 unmo **mica** |  유황 yoohwang **sulphur** |  적철석 jeogcheolseok **hematite** |  방해석 banghaeseok **calcite** |

| 공작석 gongjagseok **malachite** |  터키석 teokiseok **turquoise** |  줄마노 julmano **onyx** |  마노 mano **agate** |  흑연 heug-yeon **graphite** |

금속 geumsok • **metals**

| 금 geum **gold** |  은 eun **silver** |  백금 baekgeum **platinum** |  니켈 nikel **nickel** |  철 cheol **iron** |

| 구리 guri **copper** |  주석 jooseok **tin** |  알루미늄 alluminyum **aluminium** |  수은 sueun **mercury** |  아연 ayeon **zinc** |

한국어 hangookeo • **english**

289

환경 HWAN-GYEONG • **ENVIRONMENT**

동물 1 dongmul • **animals 1**
포유류 poyuryu • **mammals**

수염 / suyeom / **whiskers**

꼬리 / kkori / **tail**

토끼 / tokki / **rabbit**

햄스터 / haemseuteo / **hamster**

생쥐 / saengjwi / **mouse**

쥐 / jwi / **rat**

고슴도치 / goseumdochi / **hedgehog**

다람쥐 / daramjwi / **squirrel**

박쥐 / bagjwi / **bat**

너구리 / neoguri / **raccoon**

여우 / yeo-woo / **fox**

늑대 / neugdae / **wolf**

강아지 / gang-aji / **puppy**

새끼 고양이 / saekki goyang-i / **kitten**

동물의 새끼 / dongmul-ui saekki / **pup**

개 / gae / **dog**

고양이 / goyang-i / **cat**

수달 / sudal / **otter**

바다표범 / badapyobeom / **seal**

지느러미발 / jineureomibal / **flipper**

분수공 / boonsugong / **blowhole**

바다 사자 / bada saja / **sea lion**

바다코끼리 / badakokkiri / **walrus**

고래 / gorae / **whale**

돌고래 / dolgorae / **dolphin**

290   한국어 hangookeo • **english**

환경 HWAN-GYEONG • **ENVIRONMENT**

Korean	Romanization	English
가지진 뿔	gajijin ppul	**antler**
갈기	galgi	**mane**
말굽	malgub	**hoof**
혹	hok	**hump**
사슴	saseum	**deer**
얼룩말	eollookmal	**zebra**
기린	girin	**giraffe**
낙타	nagta	**camel**
코끼리 코	kokkiri ko	**trunk**
상아	sang-a	**tusk**
뿔	ppul	**horn**
하마	hama	**hippopotamus**
코끼리	kokkiri	**elephant**
코뿔소	koppulso	**rhinoceros**
호랑이	horang-i	**tiger**
갈기	galgi	**mane**
사자	saja	**lion**
원숭이	wonsoong-i	**monkey**
고릴라	gorilla	**gorilla**
코알라	koalla	**koala**
새끼 주머니	saekki jumeoni	**pouch**
발톱	baltob	**claw**
판다	panda	**panda**
캥거루	kaeng-georu	**kangaroo**
곰	gom	**bear**
흰곰	huingom	**polar bear**

한국어 hangookeo • **english**

환경 HWAN-GYEONG • **ENVIRONMENT**

동물 2 dongmul • **animals 2**
새 sae • **birds**

꼬리 kkori **tail**

| 카나리아 kanaria **canary** | 참새 chamsae **sparrow** | 벌새 beolsae **hummingbird** | 제비 jebi **swallow** | 까마귀 kkamagwi **crow** |

| 비둘기 bidulgi **pigeon** | 딱따구리 ttakttaguri **woodpecker** | 매 mae **falcon** | 부엉이 bueong-i **owl** | 갈매기 galmaegi **gull** |

독수리 doksuri **eagle**

펠리컨 pellikeon **pelican**

플라밍고 peullaming-go **flamingo**

황새 hwangsae **stork**

두루미 durumi **crane**

펭귄 peng-gwin **penguin**

타조 tajo **ostrich**

한국어 hangookeo • **english**

환경 HWAN-GYEONG • **ENVIRONMENT**

파충류 pachungryu • **reptiles**

거위 geowi | **goose**

백조 baekjo **swan**

공작 gongjak **peacock**

꿩 kkwong **pheasant**

칠면조 chilmyeonjo **turkey**

오스트리아 앵무새 oseuteuria aengmusae **cockatoo**

부리 buri **bill**

발톱 baltob **claw**

깃털 git-teol **feather**

날개 nalgae **wing**

앵무새 aengmusae **parrot**

비늘 bineul **scales**

악어(앨리게이터) ag-eo (aelligeiteo) **alligator**

도마뱀 domabaem **lizard**

이구아나 iguana **iguana**

껍데기 kkeobdaegi **shell**

바다 거북 bada geobook **turtle**

거북 geobook **tortoise**

뱀 baem **snake**

주둥이 joodung-i **snout**

악어 (크로커다일) ag-eo (keurokeodail) **crocodile**

한국어 hangookeo • **english** 293

환경 HWAN-GYEONG · **ENVIRONMENT**

동물 3 dongmul · **animals 3**
양서류 yangseoryu · **amphibians**

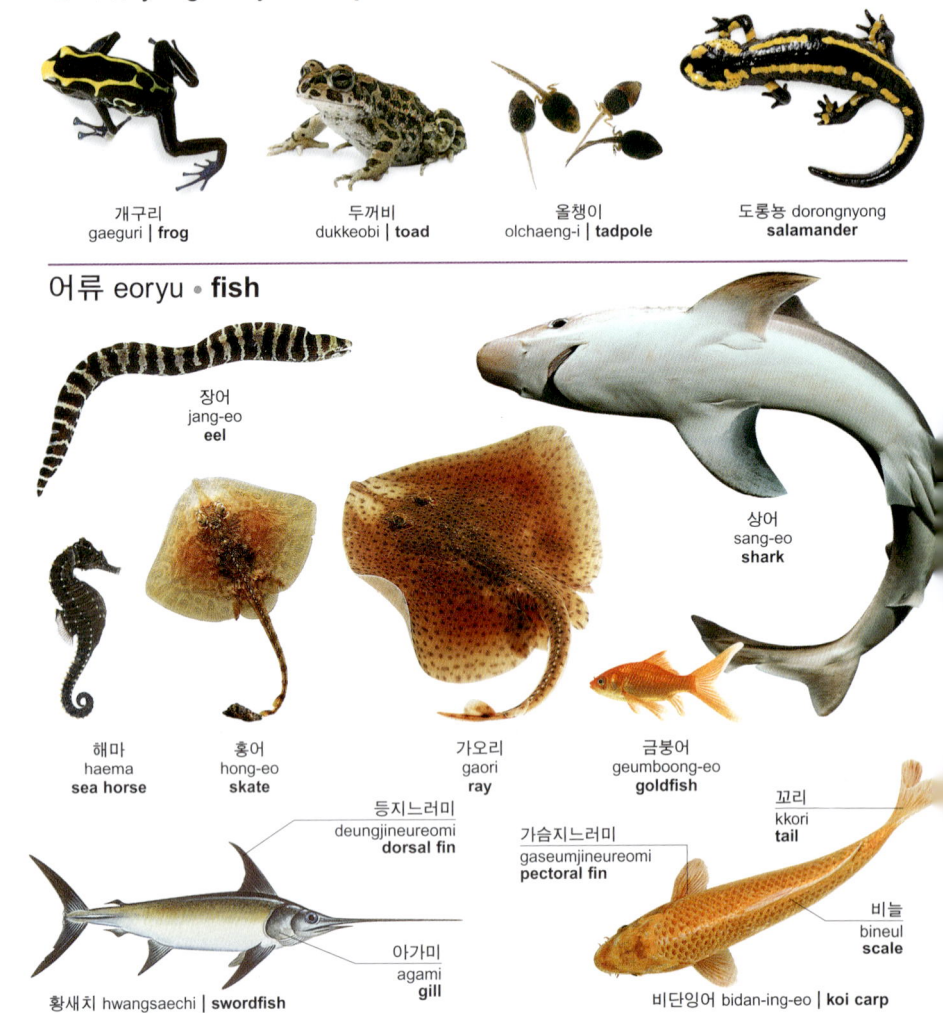

개구리	두꺼비	올챙이	도롱뇽 dorongnyong
gaeguri	**frog**	dukkeobi	**toad**	olchaeng-i	**tadpole**	**salamander**

어류 eoryu · **fish**

장어
jang-eo
eel

상어
sang-eo
shark

해마
haema
sea horse

홍어
hong-eo
skate

가오리
gaori
ray

금붕어
geumboong-eo
goldfish

등지느러미
deungjineureomi
dorsal fin

가슴지느러미
gaseumjineureomi
pectoral fin

꼬리
kkori
tail

아가미
agami
gill

비늘
bineul
scale

황새치 hwangsaechi | **swordfish**

비단잉어 bidan-ing-eo | **koi carp**

한국어 hangookeo · **english**

환경 HWAN-GYEONG · **ENVIRONMENT**

무척추 동물 mucheokchu dongmul · **invertebrates**

| 개미 gaemi **ant** | 흰개미 huingaemi **termite** | 벌 beol **bee** | 말벌 malbeol **wasp** | 딱정벌레 ttakjeongbeolle **beetle** |

더듬이 deodeum-i **antenna**

| 바퀴벌레 bakwibeolle **cockroach** | 나방 nabang **moth** | 나비 nabi **butterfly** | 고치 gochi **cocoon** | 애벌레 aebeolle **caterpillar** |

침 chim **sting**

| 귀뚜라미 gwitturami | **cricket** | 메뚜기 mettugi **grasshopper** | 사마귀 samagwi **praying mantis** | 전갈 jeongal **scorpion** | 지네 jine **centipede** |

| 잠자리 jamjari **dragonfly** | 파리 pari **fly** | 모기 mogi **mosquito** | 무당벌레 moodangbeolle **ladybird** | 거미 geomi **spider** |

| 민달팽이 mindalpaeng-i **slug** | 달팽이 dalpaeng-i **snail** | 지렁이류 jireong-i-ryu **worm** | 불가사리 bulgasari **starfish** | 홍합 honghab **mussel** |

| 게 ge | **crab** | 바닷가재 badatgajae | **lobster** | 문어 muneo | **octopus** | 오징어 ojing-eo | **squid** | 해파리 haepari | **jellyfish** |

한국어 hangookeo · **english**

295

환경 HWAN-GYEONG • **ENVIRONMENT**

식물 sikmul • **plants**

나무 namu • **tree**

가지
gaji
branch

잎
ip
leaf

잔가지
jangaji
twig

나무껍질
namukkeobjil
bark

뿌리
ppuri
root

나무 몸통
namu momtong
trunk

참나무 chamnamoo | **oak**

버드나무
beodeunamu
willow

포플러
popeulleo
poplar

유칼립투스
yukallibtuseu
eucalyptus

낙엽송
nagyeobsong
larch

너도밤나무
neodobamnamu
beech

자작나무
jajaknamu
birch

소나무
sonamu
pine

삼나무
samnamu
cedar

단풍나무
danpoongnamu
maple

느릅나무
neureumnamu
elm

라임 나무
laim namu
lime

호랑가시나무
horang-gasinamu
holly

산딸기류 열매
santtalgiryu
yeolmae
berry

야자수
yajasoo
palm

환경 HWAN-GYEONG · **ENVIRONMENT**

꽃식물 kkotsikmul · **flowering plant**

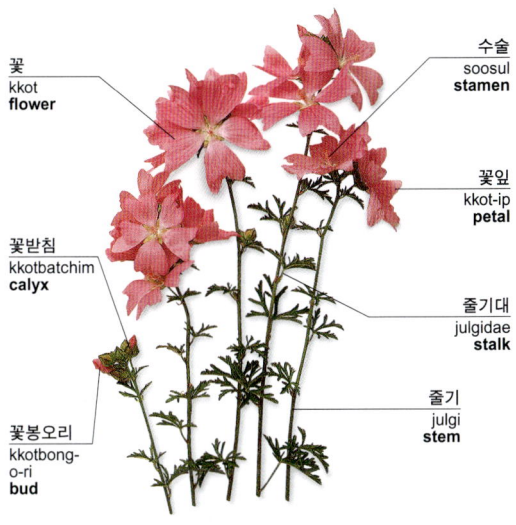

- 꽃 kkot **flower**
- 수술 soosul **stamen**
- 꽃잎 kkot-ip **petal**
- 꽃받침 kkotbatchim **calyx**
- 줄기대 julgidae **stalk**
- 줄기 julgi **stem**
- 꽃봉오리 kkotbong-o-ri **bud**

미나리아재비 minariajaebi **buttercup**

데이지 deiji **daisy**

엉겅퀴 eong-geongqwi **thistle**

민들레 mindeulle **dandelion**

헤더 hedeo **heather**

양귀비 yang-gwibi **poppy**

디지탈리스 digitalliseu **foxglove**

인동 indong **honeysuckle**

해바라기 haebaragi **sunflower**

클로버 keullobeo **clover**

블루벨 beullubel **bluebells**

프림로즈 peurimlojeu **primrose**

루핀 lupin **lupins**

쐐기풀 sswaegipul **nettle**

한국어 hangookeo · **english**

297

환경 HWAN-GYEONG • **ENVIRONMENT**

도시 dosi • **city**

거리
geori
street

연석
yeonseok
kerb

길모퉁이
gilmotung-i
street corner

상점
sangjeom
shop

교차로
gyocharo
intersection

일방 통행 시스템
ilbang tonghaeng siseutem
one-way system

보도
bodo
pavement

사무실 밀집 구역
samusil miljib guyeok
office block

가로등
garodeung
streetlight

골목
golmog
alley

주차장
juchajang
car park

도로 표지판
doro pyojipan
street sign

차량 진입 방지 말뚝
charyang jin-ib bangji malttuk
bollard

아파트 단지
apateu danji
apartment block

298 한국어 hangookeo • **english**

환경 HWAN-GYEONG • **ENVIRONMENT**

건물 geonmool • **buildings**

시청
sicheong
town hall

도서관
doseogwan
library

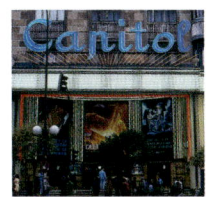

영화관
yeonghwagwan
cinema

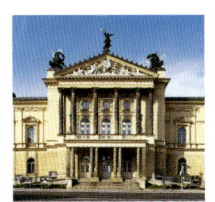

극장
geugjang
theatre

대학
daehak
university

지역 jiyeok • **areas**

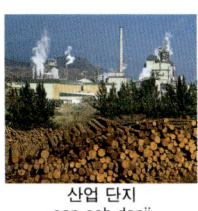

산업 단지
san-eob danji
industrial estate

도시
dosi
city

학교
hakgyo
school

고층 건물
gocheung geonmul
skyscraper

교외
gyo-wae
suburb

마을
ma-eul
village

어휘 eohwi • **vocabulary**

보행자 구역 bohaengja gooyeok **pedestrian zone**	골목 golmog **side street**	맨홀 maenhol **manhole**	배수구 baesoogoo **gutter**	교회 gyohoei **church**
거리 geori **avenue**	광장 gwangjang **square**	버스 정류장 beoseu jeongryujang **bus stop**	공장 gongjang **factory**	배수관 baesugwan **drain**

한국어 hangookeo • **english**

환경 HWAN-GYEONG · ENVIRONMENT

건축물 geonchookmool · architecture

건물 및 구조 geonmul mit goojo · buildings and structures

고층 건물
gocheung geonmul
skyscraper

작은 탑
jag-eun tab
turret

성
seong
castle

해자
haeja
moat

첨탑
cheomtab
spire

피니얼
pinieol
finial

교회
gyohoei
church

돔
dom
dome

모스크
moseukeu | **mosque**

박공
baggong
gable

탑
tap
tower

사원
sawon
temple

아치형 지붕
achihyeong jibung
vault

유대교 회당
yudaegyo hoeidang
synagogue

돌림띠
dollimtti
cornice

댐
daem
dam

다리
dari
bridge

기둥
gidung
pillar

성당 seongdang | **cathedral**

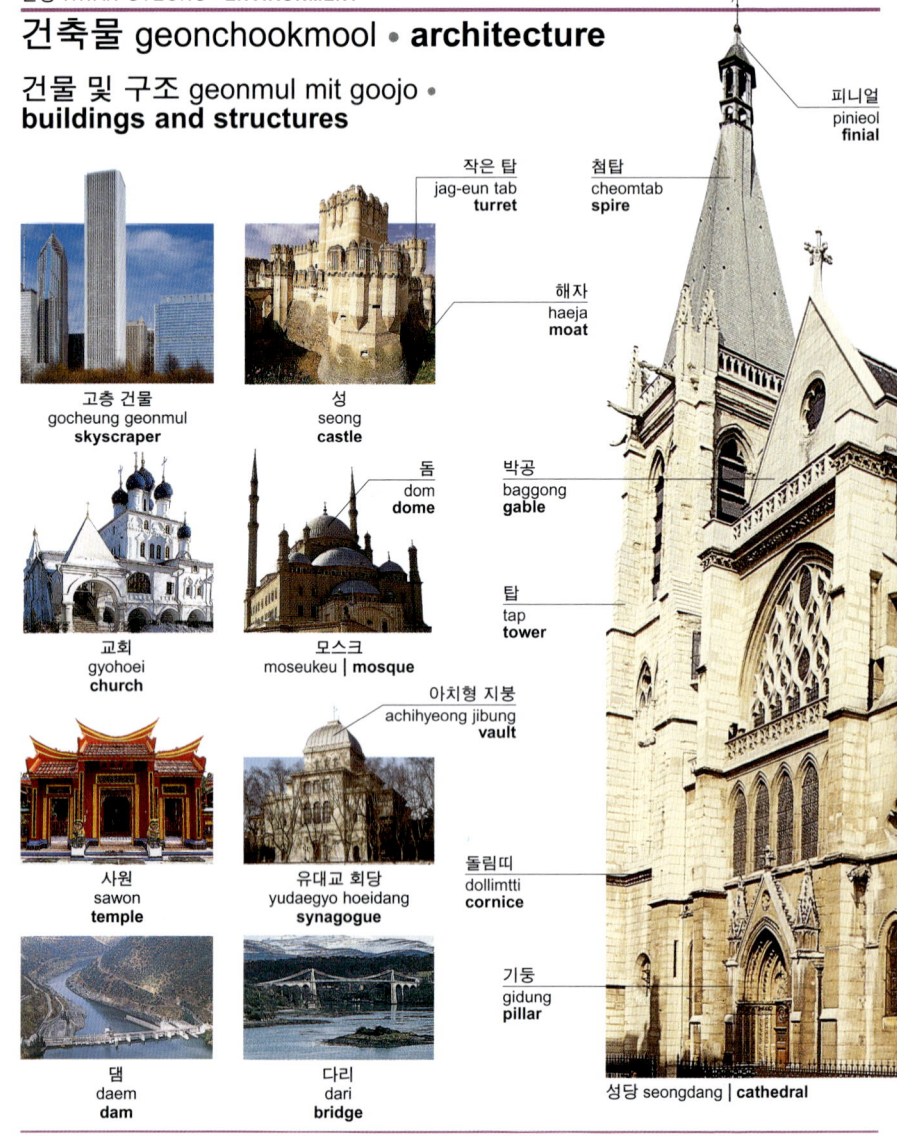

300 한국어 hangookeo · **english**

환경 HWAN-GYEONG • **ENVIRONMENT**

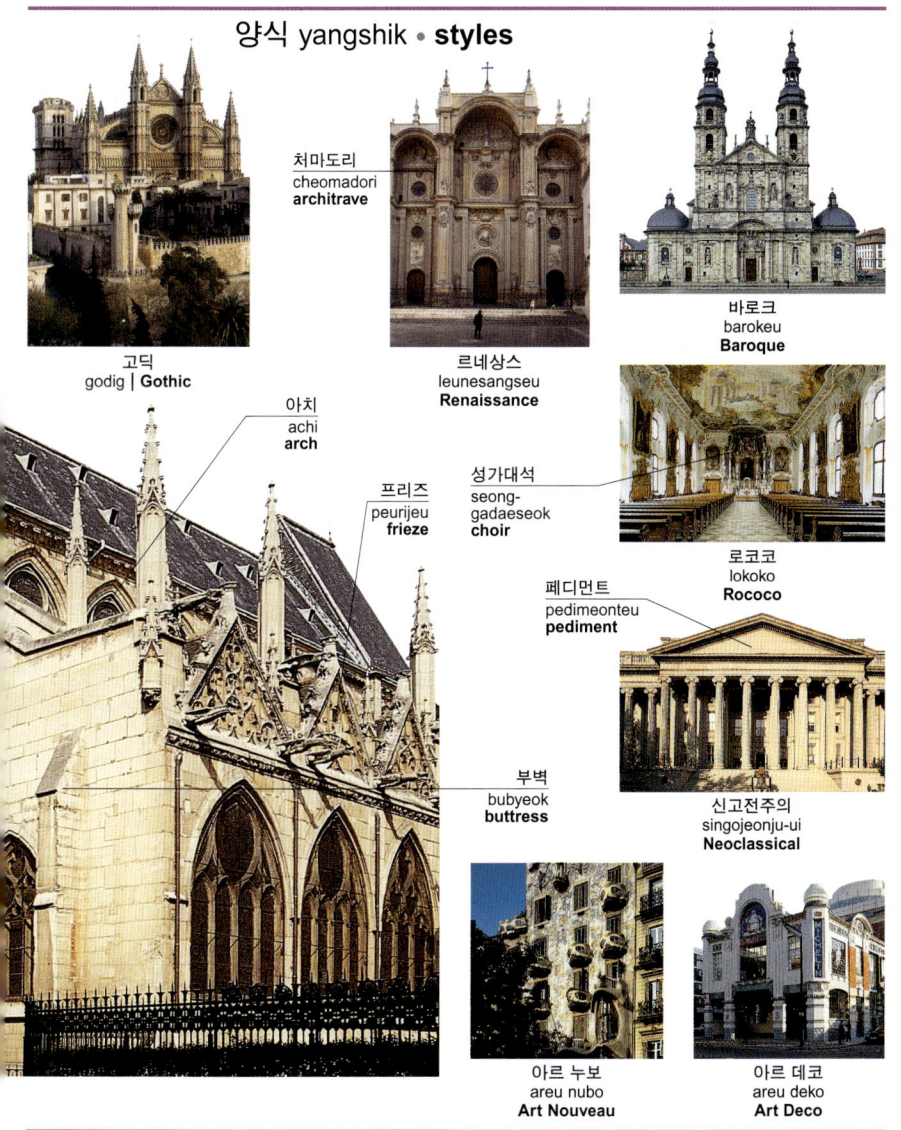

양식 yangshik • **styles**

처마도리
cheomadori
architrave

고딕
godig | **Gothic**

르네상스
leunesangseu
Renaissance

바로크
barokeu
Baroque

아치
achi
arch

프리즈
peurijeu
frieze

성가대석
seong-gadaeseok
choir

로코코
lokoko
Rococo

페디먼트
pedimeonteu
pediment

부벽
bubyeok
buttress

신고전주의
singojeonju-ui
Neoclassical

아르 누보
areu nubo
Art Nouveau

아르 데코
areu deko
Art Deco

한국어 hangookeo • **english** 301

참고 chamgo
reference

참고 CHAMGO · **REFERENCE**

시간 sigan · **time**

분침
bunchim
minute hand

시침
sichim
hour hand

시계
sigye
clock

초침
chochim
second hand

어휘 eohwi · **vocabulary**

초	지금	15분
cho	jigeum	sib-oh-bun
second	**now**	**a quarter of an hour**

분	나중에	20분
bun	najoong-eh	i-sib-bun
minute	**later**	**twenty minutes**

시간	30분	40분
sigan	sam-sib bun	sa-sib-bun
hour	**half an hour**	**forty minutes**

몇 시예요?
myeot si yeyo?
What time is it?

3시 정각이에요.
sae-si jeong-gag-ieyo
It's three o'clock.

1시 5분
han-si oh-bun
five past one

1시 10분
han-si sib-bun
ten past one

1시 15분
han-si sib-oh-bun
quarter past one

1시 20분
han-si i-sib-bun
twenty past one

1시 25분
han-si i-sib-oh-bun
twenty five past one

1시 30분
han-si sam-sib-bun
one thirty

2시 25분 전
du-si i-sib-oh-bun jeon
twenty five to two

2시 20분 전
du-si i-sib-bun jeon
twenty to two

2시 15분 전
du-si sib-oh-bun jeon
quarter to two

2시 10분 전
du-si sib-bun jeon
ten to two

2시 5분 전
du-si oh-bun jeon
five to two

2시 정각
du-si jeong-gag
two o'clock

한국어 hangookeo · **english**

참고 CHAMGO · **REFERENCE**

밤과 낮 bamgwa nat • **night and day**

자정 polnoch | **midnight**

일출 ilchool | **sunrise**

새벽 saebyeok | **dawn**

아침 achim | **morning**

일몰
ilmol
sunset

정오
jeong-oh
midday

황혼 hwanghon | **dusk**

저녁 jeonyeok | **evening**

오후 ohu | **afternoon**

어휘 eohwi • **vocabulary**

이른
ireun
early

정시
jeongsi
on time

늦은
neujeun
late

일찍 오셨네요.
iljjig osheotneyo
You're early.

늦으셨네요.
neujeusheotneyo
You're late.

곧 도착할 거예요.
got dochakhal geoyeyo
I'll be there soon.

시간 맞춰서 오세요.
sigan matchuoseo osaeyo.
Please be on time.

다음에 봐요.
da-eum-e bwayo
I'll see you later.

몇 시에 시작합니까?
myeot sie sijakhamnikka?
What time does it start?

언제 끝나요?
eonje kkeutnayo?
What time does it finish?

밤이 깊어지고 있어요.
bam-i gipeojigo isseoyo.
It's getting late.

얼마나 걸려요?
eolmana geollyeoyo?
How long will it last?

한국어 hangookeo • **english**

참고 CHAMGO • REFERENCE

달력 dallyeok • **calendar**

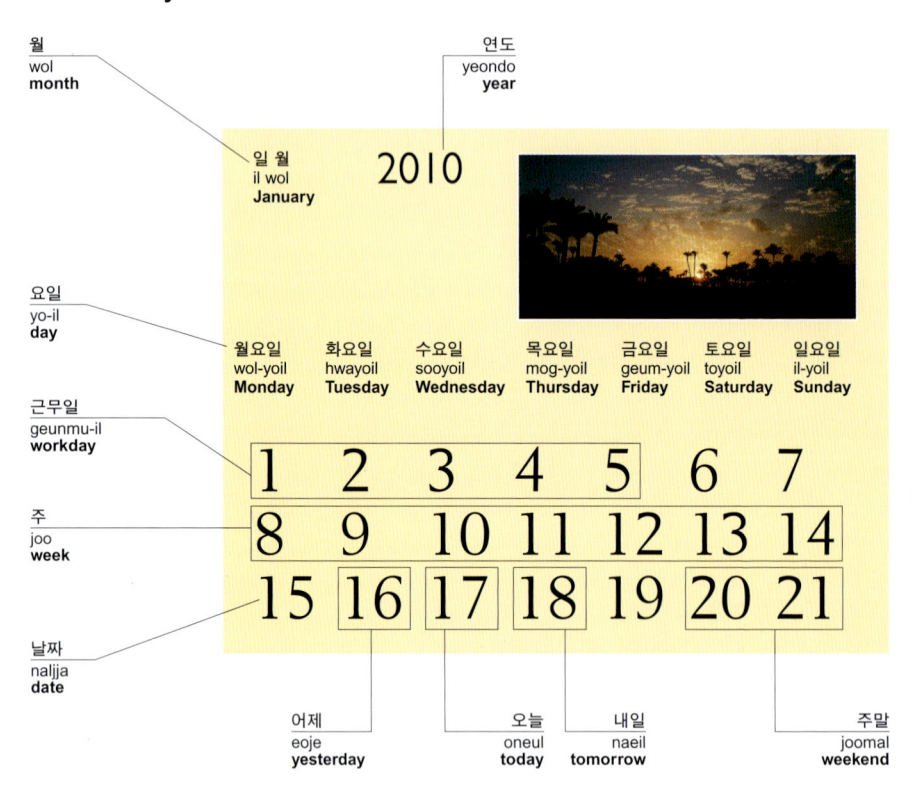

월
wol
month

연도
yeondo
year

일월
il wol
January

2010

요일
yo-il
day

월요일 / wol-yoil / **Monday**
화요일 / hwayoil / **Tuesday**
수요일 / sooyoil / **Wednesday**
목요일 / mog-yoil / **Thursday**
금요일 / geum-yoil / **Friday**
토요일 / toyoil / **Saturday**
일요일 / il-yoil / **Sunday**

근무일
geunmu-il
workday

주
joo
week

날짜
naljja
date

1 2 3 4 5 6 7
8 9 10 11 12 13 14
15 16 17 18 19 20 21

어제
eoje
yesterday

오늘
oneul
today

내일
naeil
tomorrow

주말
joomal
weekend

어휘 eohwi • **vocabulary**

| 일월 il-wol **January** | 삼월 sam-wol **March** | 오월 o-wol **May** | 칠월 chil-wol **July** | 구월 goo-wol **September** | 십일월 sib-il-wol **November** |
| 이월 i-wol **February** | 사월 sa-wol **April** | 유월 yoo-wol **June** | 팔월 pal-wol **August** | 시월 si-wol **October** | 십이월 sib-i-wol **December** |

한국어 hangookeo • **english**

참고 CHAMGO • **REFERENCE**

년 nyeon • **years**

1900   천구백 cheongoobaeg • **nineteen hundred**

1901   천구백일 cheongoobaeg-il • **nineteen hundred and one**

1910   천구백십 cheongoobaegsib • **nineteen ten**

2000   이천 icheon • **two thousand**

2001   이천일 icheon-il • **two thousand and one**

계절 gyejeol • **seasons**

봄	여름	가을	겨울
bom	yeoreum	ga-eul	gyeowool
spring	**summer**	**autumn**	**winter**

어휘 eohwi • **vocabulary**

세기
segi
century

십년
sib-nyeon
decade

천년
cheonnyeon
millennium

이 주 동안
i joo dong-an
fortnight

이번 주
i-beon joo
this week

지난 주
jinan joo
last week

다음 주
da-eum joo
next week

그저께
geujeokke
the day before yesterday

모레
more
the day after tomorrow

매주
maejoo
weekly

매월
maewol
monthly

매년
maenyeon
annual

오늘이 며칠이에요?
oh-neul-i myeochil-ieyo?
What's the date today?

이천십칠년 이월 칠일이에요.
icheonsibchilnyeon i-wol chil-il-i-aeyo.
It's February seventh, two thousand and seventeen.

한국어 hangookeo • **english**

숫자 sutja • **numbers**

0	영(공) yeong (gong) • **zero**	20	이십(스물) isib (seumul) • **twenty**
1	일(하나) il (hana) • **one**	21	이십일(스물하나) isib-il (seumulhana) • **twenty-**
2	이(둘) I (dool) • **two**	22	이십이(스물둘) isib-I (seumuldool) • **twenty-tw**
3	삼(셋) sam (set) • **three**	30	삼십(서른) samsib (seoreun) • **thirty**
4	사(넷) sa (net) • **four**	40	사십(마흔) sasib (maheun) • **forty**
5	오(다섯) oh (daseot) • **five**	50	오십(쉰) oh-sib (shin) • **fifty**
6	육(여섯) yook (yeoseot) • **six**	60	육십(예순) yooksib (yesoon) • **sixty**
7	칠(일곱) chil (ilgob) • **seven**	70	칠십(일흔) chilsib (ilheun) • **seventy**
8	팔(여덟) pal (yeodeol) • **eight**	80	팔십(여든) palsib (yeodeun) • **eighty**
9	구(아홉) goo (ah-hob) • **nine**	90	구십(아흔) goosib (aheun) • **ninety**
10	십(열) sib (yeol) • **ten**	100	백 baeg • **one hundred**
11	십일(열하나) sib-il (yeolhana) • **eleven**	110	백십 baegsib • **one hundred and ten**
12	십이(열둘) sib-I (yeoldul) • **twelve**	200	이백 i-baeg • **two hundred**
13	십삼(열셋) sibsam (yeolset) • **thirteen**	300	삼백 sambaeg • **three hundred**
14	십사(열넷) sibsa (yeolnet) • **fourteen**	400	사백 sabaeg • **four hundred**
15	십오(열다섯) sib-oh (yeoldaseot) • **fifteen**	500	오백 oh-baeg • **five hundred**
16	십육(열여섯) sib-yook (yeol-yeoseot) • **sixteen**	600	육백 yookbaeg • **six hundred**
17	십칠(열일곱) sibchil (yeol-ilgob) • **seventeen**	700	칠백 chilbaeg • **seven hundred**
18	십팔(열여덟) sibpal (yeol-yeodeol) • **eighteen**	800	팔백 palbaeg • **eight hundred**
19	십구(열아홉) sibgoo (yeol-ahob) • **nineteen**	900	구백 goobaeg • **nine hundred**

참고 CHAMGO · **REFERENCE**

1,000 — 천 cheon · **one thousand**
10,000 — 만 man · **ten thousand**
20,000 — 이만 i-man · **twenty thousand**
50,000 — 오만 oh-man · **fifty thousand**
55,500 — 오만 오천오백 oh-man oh-cheon-oh-baeg · **fifty-five thousand five hundred**
100,000 — 십만 sibman · **one hundred thousand**
1,000,000 — 백만 baegman · **one million**
1,000,000,000 — 십억 sib-eog · **one billion**

첫 번째 cheot beonjjae · **first**
두 번째 doo beonjjae · **second**
세 번째 sae beonjjae · **third**
네 번째 nae beonjjae · **fourth**
다섯 번째 daseot beonjjae · **fifth**
여섯 번째 yeoseot beonjjae · **sixth**
일곱 번째 ilgob beonjjae · **seventh**
여덟 번째 yeodeol beonjjae · **eighth**
아홉 번째 ahob beonjjae · **ninth**
열 번째 yeol beonjjae · **tenth**
열한 번째 yeolhan beonjjae · **eleventh**
열두 번째 yeoldu beonjjae · **twelfth**
열세 번째 yeolsae beonjjae · **thirteenth**
열네 번째 yeolnae beonjjae · **fourteenth**
열다섯 번째 yeoldaseot beonjjae · **fifteenth**
열여섯 번째 yeol-yeoseot beonjjae · **sixteenth**
열일곱 번째 yeol-ilgob beonjjae · **seventeenth**
열여덟 번째 yeol-yeodeol beonjjae · **eighteenth**
열아홉 번째 yeol-ahob beonjjae · **nineteenth**
스무 번째 seumoo beonjjae · **twentieth**
스물한 번째 seumulhan beonjjae · **twenty-first**
스물두 번째 seumuldoo beonjjae · **twenty-second**
스물세 번째 seumulsae beonjjae · **twenty-third**
서른 번째 seoreun beonjjae · **thirtieth**
마흔 번째 maheun beonjjae · **fortieth**
쉰 번째 shin beonjjae · **fiftieth**
예순 번째 yesoon beonjjae · **sixtieth**
일흔 번째 ilheun beonjjae · **seventieth**
여든 번째 yeodeun beonjjae · **eightieth**
아흔 번째 aheun beonjjae · **ninetieth**
백 번째 baeg beonjjae · **(one) hundredth**

한국어 hangookeo · **english**

참고 CHAMGO · **REFERENCE**

무게 및 치수 mooge mit chitsu · **weights and measures**

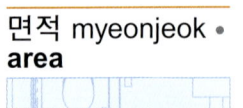

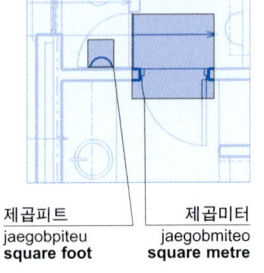

면적 myeonjeok · **area**

제곱피트
jaegobpiteu
square foot

제곱미터
jaegobmiteo
square metre

거리 geori · **distance**

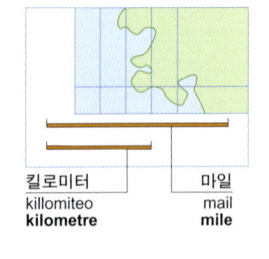

킬로미터
killomiteo
kilometre

마일
mail
mile

저울판
jeo-woolpan
pan

파운드
paundeu
pound

온스
onseu
ounce

킬로그램
killogeuraem
kilogram

그램
geuraem
gram

저울 jeowool | **scales**

어휘 eohwi · **vocabulary**

야드	톤	측정하다
yadeu	ton	cheugjeonghada
yard	**tonne**	**measure (v)**
미터	밀리그램	무게를 달다
miteo	milligeuraem	mugereul dalda
metre	**milligram**	**weigh (v)**

길이 gil-i · **length**

피트
piteu
foot

밀리미터
millimiteo
millimetre

센티미터
sentimiteo
centimetre

인치
inchi
inch

310　　　　　　　　　　　　　　　　　　　　　　　　한국어 hangookeo · **english**

참고 CHAMGO • **REFERENCE**

용량 yongryang • capacity

- 반 리터 / ban liteo / **half-litre**
- 파인트 / painteu / **pint**
- 부피 / boopi / **volume**
- 밀리리터 / milliliteo / **millilitre**

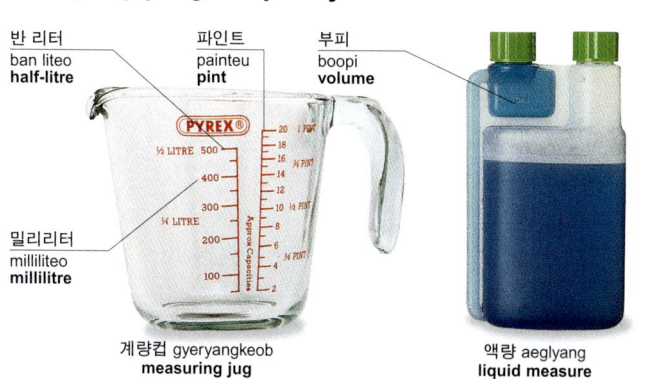

계량컵 gyeryangkeob
measuring jug

액량 aeglyang
liquid measure

어휘 eohwi • vocabulary

갤런
gaelleon
gallon

쿼트
qwoteu
quart

리터
liteo
litre

용기 yonggi • container

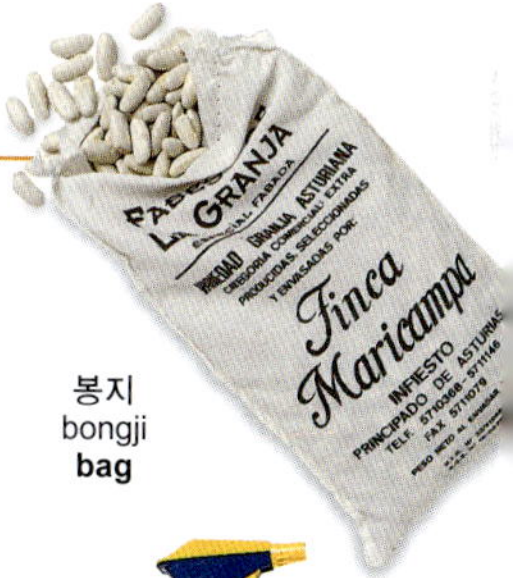

갑 / gab / **carton**

통 / tong / **packet**

병 / byeong / **bottle**

봉지 / bongji / **bag**

통 / tong / **tub**

병 byeong | **jar**

캔 / kaen / **can**

깡통 kkangtong | **tin**

분무기 bunmugi
liquid dispenser

덩어리 / deong-eori / **bar**

튜브 / tewbeu / **tube**

두루마리 / durumari / **roll**

팩 / paek / **pack**

스프레이 통 / seupeurei tong / **spray can**

한국어 hangookeo • **english** 311

참고 CHAMGO • **REFERENCE**

세계 지도 segye jido • **world map**

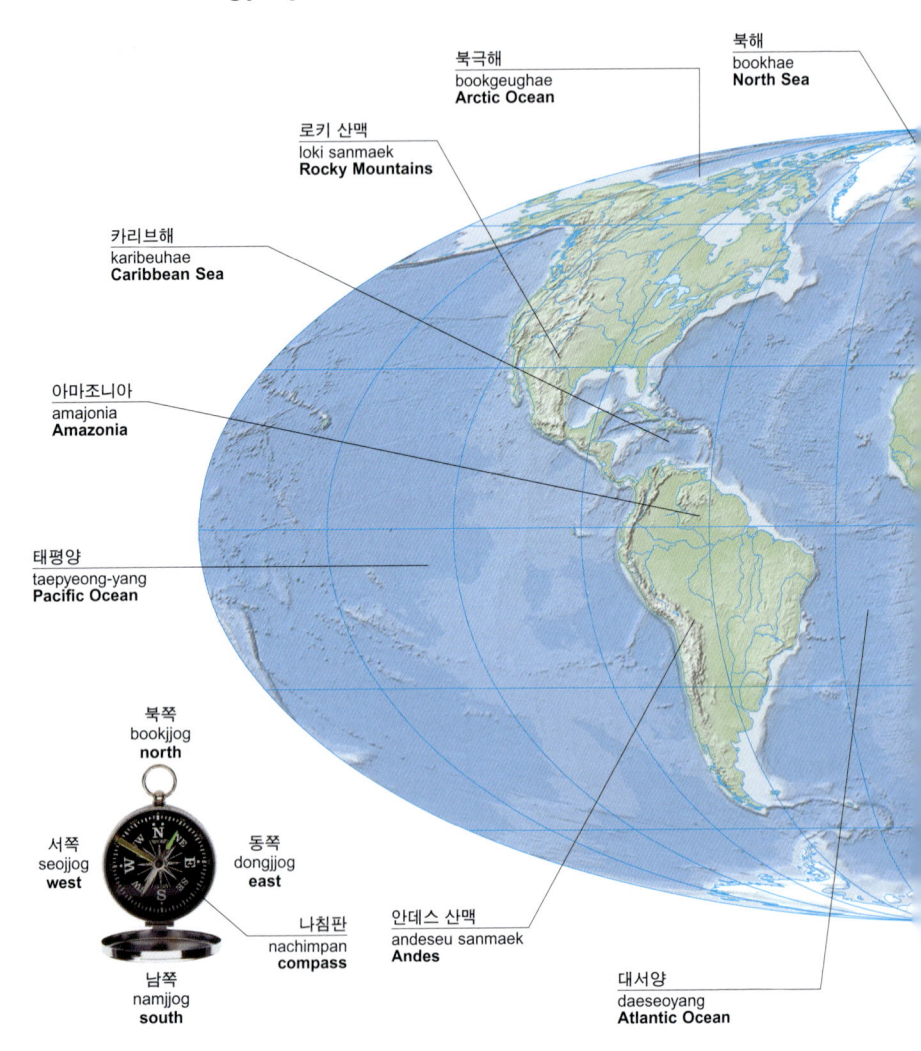

북극해
bookgeughae
Arctic Ocean

북해
bookhae
North Sea

로키 산맥
loki sanmaek
Rocky Mountains

카리브해
karibeuhae
Caribbean Sea

아마조니아
amajonia
Amazonia

태평양
taepyeong-yang
Pacific Ocean

북쪽
bookjjog
north

서쪽
seojjog
west

동쪽
dongjjog
east

나침판
nachimpan
compass

안데스 산맥
andeseu sanmaek
Andes

남쪽
namjjog
south

대서양
daeseoyang
Atlantic Ocean

312 한국어 hangookeo • **english**

참고 CHAMGO · **REFERENCE**

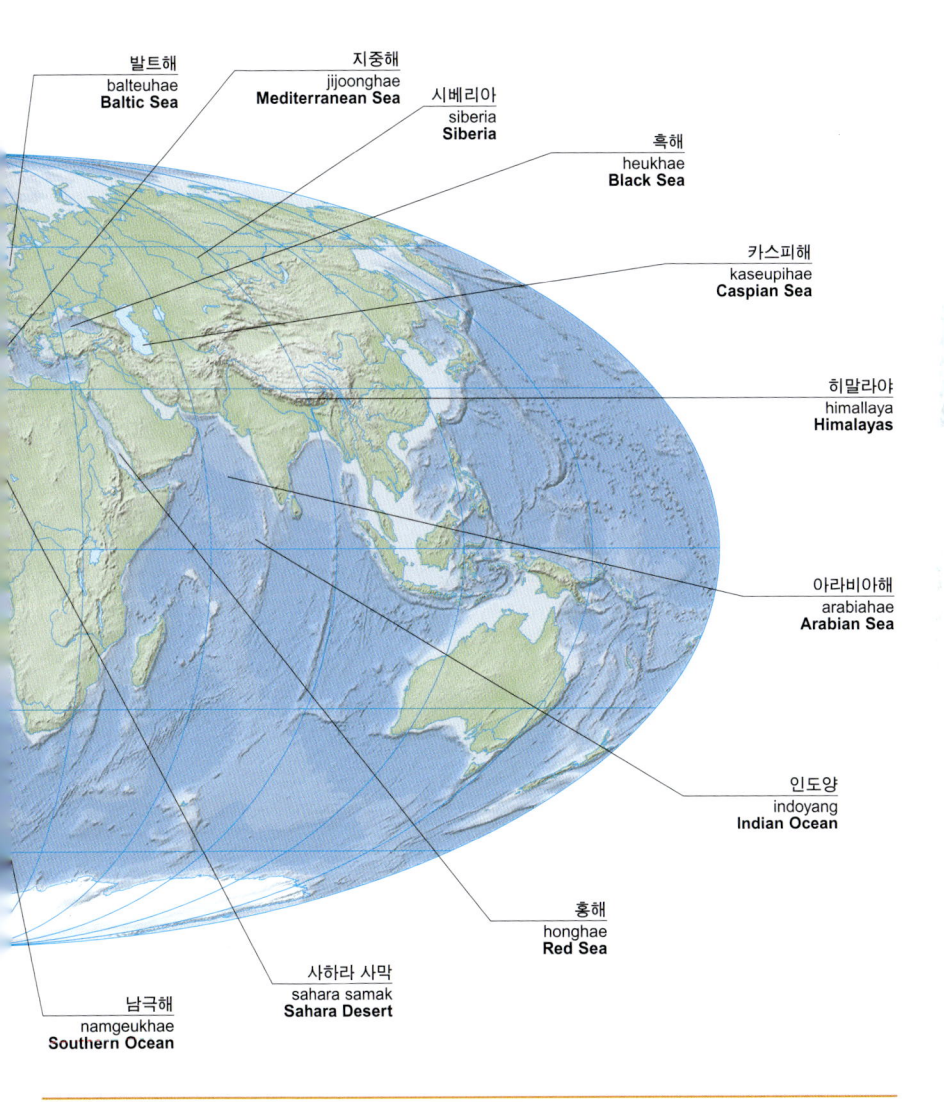

발트해
balteuhae
Baltic Sea

지중해
jijoonghae
Mediterranean Sea

시베리아
siberia
Siberia

흑해
heukhae
Black Sea

카스피해
kaseupihae
Caspian Sea

히말라야
himallaya
Himalayas

아라비아해
arabiahae
Arabian Sea

인도양
indoyang
Indian Ocean

홍해
honghae
Red Sea

사하라 사막
sahara samak
Sahara Desert

남극해
namgeukhae
Southern Ocean

한국어 hangookeo · **english**

참고 CHAMGO · **REFERENCE**

북 아메리카 및 중앙 아메리카 book amerika mit joong-ang amerika · **North and Central America**

바베이도스 babeidoseu · **Barbados**

캐나다 kaenada · **Canada**

코스타리카 koseutarika · **Costa Rica**

쿠바 kuba · **Cuba**

자메이카 jameika · **Jamaica**

멕시코 megsiko · **Mexico**

파나마 panama · **Panama**

트리니다드토바고 teurinidadeutobago · **Trinidad and Tobago**

미국 migook · **United States of America**

알래스카 allaeseuka · **Alaska**

앤티가 바부다 aentiga babuda · **Antigua and Barbuda**

바하마 bahama · **Bahamas**

바베이도스 babeidoseu · **Barbados**

벨리즈 bellijeu · **Belize**

캐나다 kaenada · **Canada**

코스타리카 koseutarika · **Costa Rica**

쿠바 kuba · **Cuba**

도미니카연방 dominikayeonbang · **Dominica**

도미니카 공화국 dominika gonghwagook · **Dominican Republic**

엘살바도르 elsalbadoreu · **El Salvador**

그린란드 geurinlandeu · **Greenland**

그레나다 geurenada · **Grenada**

과테말라 gwatemalla · **Guatemala**

아이티 aiti · **Haiti**

하와이 hawai · **Hawaii**

온두라스 ondooraseu · **Honduras**

자메이카 jameika · **Jamaica**

멕시코 megsiko · **Mexico**

니카라과 nikaragwa · **Nicaragua**

파나마 panama · **Panama**

푸에르토리코 puereutoriko · **Puerto Rico**

세인트키츠 네비스 saeinteukicheu naebiseu · **St Kitts and Nevis**

세인트루시아 saeinteuroosia · **St Lucia**

세인트빈센트 그레나딘 제도 seinteubinsenteu geurenadin jedo · **St Vincent and The Grenadines**

트리니다드토바고 teurinidadeutobago · **Trinidad and Tobago**

미국 migook · **United States of America**

314   한국어 hangookeo · **english**

참고 CHAMGO · **REFERENCE**

남아메리카 nam-amerika · **South America**

아르헨티나 areuhentina · **Argentina**

볼리비아 bollibia · **Bolivia**

브라질 beurajil · **Brazil**

칠레 chillae · **Chile**

콜롬비아 kollombia · **Colombia**

에콰도르 ekwadoreu · **Ecuador**

페루 peru · **Peru**

우루과이 urugwai · **Uruguay**

베네수엘라 benesuella · **Venezuela**

아르헨티나 areuhentina · **Argentina**
볼리비아 bollibia · **Bolivia**
브라질 beurajil · **Brazil**
칠레 chillae · **Chile**
콜롬비아 kollombia · **Colombia**
에콰도르 ekwadoreu · **Ecuador**
포클랜드 제도 pokeullaendeu jedo · **Falkland Islands**
프랑스령 기아나 peurangseuryeong giana · **French Guiana**
갈라파고스 제도 gallapagoseu jedo · **Galápagos Islands**
가이아나 gaiana · **Guyana**
파라과이 paragwai · **Paraguay**

페루 peru · **Peru**
수리남 surinam · **Suriname**
우루과이 urugwai · **Uruguay**
베네수엘라 benesuella · **Venezuela**

어휘 eohwi · **vocabulary**

국가 gookga **country**	영토 yeongto **territory**	지역 jiyeok **region**
나라 nara **nation**	식민지 sikminji **colony**	수도 sudo **capital**
대륙 daeryook **continent**	공국 gong-gook **principality**	
주 joo **state**	구역 guyeok **zone**	
지방 jibang **province**	지구 jigu **district**	

한국어 hangookeo · **english**

315

참고 CHAMGO · REFERENCE

유럽 yureob · **Europe**

프랑스 peurangseu · **France**

독일 dog-il · **Germany**

이탈리아 italia · **Italy**

폴란드 pollandeu · **Poland**

포르투갈 poreutugal · **Portugal**

러시아 연방 leosia yeonbang · **Russian Federation**

스페인 seupein · **Spain**

알바니아 albania · **Albania**
안도라 andora · **Andorra**
오스트리아 oseuteuria · **Austria**
발레아레스 제도 balleareseu jedo · **Balearic Islands**
벨라루스 bellaluseu · **Belarus**
벨기에 belgie · **Belgium**
보스니아 헤르체코비나 boseunia hereuchekobina · **Bosnia and Herzegovina**
불가리아 bulgaria · **Bulgaria**
코르시카 koreusika · **Corsica**
크로아티아 keuroatia · **Croatia**
체코 공화국 cheko gonghwagook · **Czech Republic**
덴마크 denmakeu · **Denmark**
에스토니아 eseutonia · **Estonia**

핀란드 pinlandeu · **Finland**
프랑스 peurangseu · **France**
독일 dog-il · **Germany**
그리스 geuriseu · **Greece**
헝가리 heong-gari · **Hungary**
아이스란드 aiseurandeu · **Iceland**
아일랜드 aillaendeu · **Ireland**
이탈리아 italia · **Italy**
칼리닌그라드 kallinin-geuradeu · **Kaliningrad**
코소보 kosobo · **Kosovo**
라트비아 lateubia · **Latvia**
리히텐슈타인 lihitenshootain · **Liechtenstein**
리투아니아 lituania · **Lithuania**
룩셈부르크 looksembureukeu · **Luxembourg**
마케도니아 makedonia · **Macedonia**
몰타 molta · **Malta**
몰도바 moldoba · **Moldova**
모나코 monako · **Monaco**
몬테네그로 montenegeuro · **Montenegro**

네덜란드 nedellandeu · **Netherlands**
노르웨이 noreuwei · **Norway**
폴란드 pollandeu · **Poland**
포르투갈 poreutugal · **Portugal**
루마니아 loo-mania · **Romania**
러시아 연방 leosia yeonbang · **Russian Federation**
산마리노 sanmarino · **San Marino**
사르디니아 sareudinia · **Sardinia**
세르비아 sereumia · **Serbia**
시실리 sisilli · **Sicily**
슬로바키아 seullobakia · **Slovakia**
슬로베니아 seullobenia · **Slovenia**
스페인 seupein · **Spain**
스웨덴 seuweden · **Sweden**
스위스 seuwiseu · **Switzerland**
우크라이나 ukeuraina · **Ukraine**
영국 yeong-gook · **United Kingdom**
바티칸 시티 batikan siti · **Vatican City**

아프리카 apeurika • **Africa**

이집트 ijibteu • **Egypt**

에티오피아 etiopia • **Ethiopia**

케냐 kenya • **Kenya**

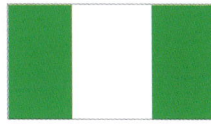

나이지리아 nai-jiria • **Nigeria**

남아프리카공화국 nam-apeurikagonghwagook • **South Africa**

우간다 woo-ganda • **Uganda**

알제리 aljeri • **Algeria**
앙골라 ang-golla • **Angola**
베냉 benaeng • **Benin**
보츠와나 bocheuwana • **Botswana**
부르키나 파소 bureukina paso • **Burkina Faso**
부룬디 buroondi • **Burundi**
카빈다 kabinda • **Cabinda**
카메룬 kameroon • **Cameroon**
중앙아프리카 공화국 joong-ang-apeurika gonghwagook • **Central African Republic**
차드 chadeu • **Chad**
코모로 komoro • **Comoros**
콩고 kong-go • **Congo**
콩고민주공화국 kong-gominjoogonghwagook • **Democratic Republic of the Congo**
지부티 jibuti • **Djibouti**
이집트 ijibteu • **Egypt**
적도 기니 jeogdo gini • **Equatorial Guinea**
에리트레아 eriteurea • **Eritrea**
에티오피아 etiopia • **Ethiopia**

가봉 gabong • **Gabon**
감비아 gambia • **Gambia**
가나 gana • **Ghana**
기니 gini • **Guinea**
기니비사우 ginibisau • **Guinea-Bissau**
코트디부아르 koteudibuareu • **Ivory Coast**
케냐 kenya • **Kenya**
레소토 lesoto • **Lesotho**
라이베리아 laiberia • **Liberia**
리비아 libia • **Libya**
마다가스카르 madagaseukareu • **Madagascar**
말라위 mallawi • **Malawi**
말리 malli • **Mali**
모리타니아 moritania • **Mauritania**
모리셔스 morisheoseu • **Mauritius**
모로코 moroko • **Morocco**
모잠비크 mojambikeu • **Mozambique**
나미비아 namibia • **Namibia**
니제르 nijereu • **Niger**

나이지리아 nai-jiria • **Nigeria**
르완다 leuwanda • **Rwanda**
상투메 프린시페 sangtume peurinsipei • **São Tomé and Principe**
세네갈 senegal • **Senegal**
시에라리온 sierarion • **Sierra Leone**
소말리아 somallia • **Somalia**
남아프리카공화국 nam-apeurikagonghwagook • **South Africa**
남수단 namsudan • **South Sudan**
수단 sudan • **Sudan**
스와질란드 seuwajillandeu • **Swaziland**
탄자니아 tanjania • **Tanzania**
토고 togo • **Togo**
튀니지 twiniji • **Tunisia**
우간다 woo-ganda • **Uganda**
서사하라 seosahara • **Western Sahara**
잠비아 jambia • **Zambia**
짐바브웨 jimbabeuwae • **Zimbabwe**

한국어 hangookeo • **english**

아시아 asia • **Asia**

방글라데시 bang-geulladesi • **Bangladesh**

중국 joong-gook • **China**

인도 indo • **India**

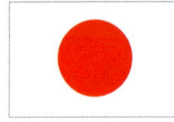

일본 ilbon • **Japan**

요르단 yoreudan • **Jordan**

필리핀 pillipin • **Philippines**

대한민국 daehanmingook • **South Korea**

태국 taegook • **Thailand**

터키 teoki • **Turkey**

아프가니스탄 apeuganiseutan • **Afghanistan**
아르메니아 areumenia • **Armenia**
아제르바이잔 ajereumaijan • **Azerbaijan**
바레인 barein • **Bahrain**
방글라데시 bang-geulladesi • **Bangladesh**
부탄 bootan • **Bhutan**
브루나이 beurunai • **Brunei**
캄보디아 kambodia • **Cambodia**
중국 joong-gook • **China**
키프로스 kipeuroseu • **Cyprus**
동티모르 dongtimoreu • **East Timor**
피지 piji • **Fiji**
조지아 jojia • **Georgia**
인도 indo • **India**

인도네시아 indonesia • **Indonesia**
이란 iran • **Iran**
이라크 irakeu • **Iraq**
이스라엘 iseura-el • **Israel**
일본 ilbon • **Japan**
요르단 yoreudan • **Jordan**
카자흐스탄 kajaheuseutan • **Kazakhstan**
쿠웨이트 kuweiteu • **Kuwait**
키르기스스탄 kireugiseuseutan • **Kyrgyzstan**
라오스 laoseu • **Laos**
레바논 lebanon • **Lebanon**
말레이시아 malleisia • **Malaysia**
몰디브 moldibeu • **Maldives**
몽고 mong-go • **Mongolia**
미얀마 (버마) miyanma

(beoma) • **Myanmar (Burma)**
네팔 nepal • **Nepal**
북한 bookhan • **North Korea**
오만 oh-man • **Oman**
파키스탄 pakiseutan • **Pakistan**
파푸아뉴기니 papua-newgini • **Papua New Guinea**
필리핀 pillipin • **Philippines**
카타르 katareu • **Qatar**
사우디아라비아 saudiarabia • **Saudi Arabia**
싱가폴 sing-gapol • **Singapore**
솔로몬제도 sollomonjedo • **Solomon Islands**
대한민국 daehanmingook • **South Korea**
스리랑카 seurirangka • **Sri Lanka**

한국어 hangookeo • **english**

참고 CHAMGO • REFERENCE

오스트랄라시아 oseuteurallasia
• Australasia

인도네시아 indonesia •
Indonesia

사우디아라비아 saudiarabia •
Saudi Arabia

베트남 beteunam • **Vietnam**

시리아 siri-a • **Syria**

타지키스탄 tajikiseutan • **Tajikistan**

태국 taegook • **Thailand**

터키 teoki • **Turkey**

투르크메니스탄 tureukeumeniseutan
• **Turkmenistan**

아랍 에미리트 연합국 arab emiriteu
yeonhabgook • **United Arab Emirates**

우즈베키스탄 ujeubekiseutan •
Uzbekistan

바누아투 banuatu • **Vanuatu**

베트남 beteunam • **Vietnam**

예멘 yemen • **Yemen**

호주 hojoo • **Australia**

뉴질랜드 newjillaendeu •
New Zealand

호주 hojoo • **Australia**

태즈메이니아 taejeumeinia •
Tasmania

뉴질랜드 newjillaendeu •
New Zealand

한국어 hangookeo • **english**

참고 CHAMGO · REFERENCE

불변화사 및 반의어 bulbyeonhwasa mit ban-ui-eo • particles and antonyms

까지
kkaji
to

부터
buteo
from

…을(를) 위해
…eu(reul) wuihae
for

…을(를) 향해서
…eul (reul) hyanghaeseo
towards

위
wi
over

아래
arae
under

따라서
ttaraseo
along

건너서
geonneoseo
across

앞에
ape
in front of

뒤에
dwi-eh
behind

…함께
…hamkke
with

…없이
…eobsi
without

위에
wi-eh
onto

… (안)으로
… (an)euro
into

전에
jeon-eh
before

후에
hoo-eh
after

안에
an-eh
in

밖에
bakk-eh
out

…에 의해
…e euihe
by

…까지
…kkaji
until

위에
wi-eh
above

아래에
arae-eh
below

이른
ireun
early

늦은
neujeun
late

안
an
inside

바깥
bakkat
outside

지금
jigeum
now

나중에
najoong-eh
later

위
wi
up

아래
arae
down

항상 …하다
hangsang …hada
always

결코 …않다
gyeolko …anta
never

…에
…eh
at

…을(를) 넘어서
…eul (reul) neom-eoseo
beyond

종종
jongjong
often

드물게
deumulge
rarely

…을(를) 관통해서
…eul (reul) gwantonghaeseo
through

…을(를) 돌아서
…eul (reul) dol-ah-seo
around

어제
eoje
yesterday

내일
naeil
tomorrow

…의 위에
…ui wi-eh
on top of

…의 옆에
…ui yeop-eh
beside

처음
cheo-eum
first

마지막
majimak
last

사이
sa-i
between

반대편의
bandaepyeon-ui
opposite

모두
modoo
every

일부
ilboo
some

가까운
gakkaun
near

먼
meon
far

대략
daeryak
about

정확히
jeonghwakhi
exactly

여기
yeogi
here

저기
jeogi
there

약간
yakgan
a little

많이
man-i
a lot

320 　　　　　　　　　　　　　　　　　　　　　　　　　　　　한국어 hangookeo • **english**

참고 CHAMGO · REFERENCE

큰 keun **large**	작은 jageun **small**	더운 deo-un **hot**	추운 choo-un **cold**
넓은 neolbeun **wide**	좁은 jobeun **narrow**	열린 yeollin **open**	닫힌 datchin **closed**
긴 gin **tall**	짧은 jjalbeun **short**	가득 찬 gadeuk chan **full**	텅 빈 teong bin **empty**
높은 nopeun **high**	낮은 najeun **low**	새로운 saero-un **new**	오래된 o-raedoen **old**
두꺼운 dukkeoun **thick**	얇은 yalbeun **thin**	밝은 gabyeo-un **light**	어두운 eodoo-un **dark**
가벼운 balgeun **light**	무거운 moogeo-un **heavy**	쉬운 she-un **easy**	어려운 eoryeo-un **difficult**
딱딱한 ttakttakhan **hard**	부드러운 budeureoun **soft**	비어 있는 bieo itneun **free**	사용 중인 sayong joong-in **occupied**
젖은 jeojeun **wet**	마른 mareun **dry**	강한 ganghan **strong**	약한 yakhan **weak**
좋은 jo-eun **good**	나쁜 nappeun **bad**	뚱뚱한 ddoongddoonghan **fat**	마른 mareun **thin**
빠른 ppareun **fast**	느린 neurin **slow**	어린 eorin **young**	늙은 neulgeun **old**
맞는 matneun **correct**	틀린 teullin **wrong**	더 좋은 deo joh-eun **better**	더 나쁜 deo nappeun **worse**
깨끗한 kkaekkeuthan **clean**	더러운 deoreoun **dirty**	검정색 geomjeongsaek **black**	흰색 huinsaek **white**
아름다운 areumdaun **beautiful**	추한 choohan **ugly**	재미있는 jaemi-itneun **interesting**	지루한 jiroohan **boring**
비싼 bissan **expensive**	싼 ssan **cheap**	아픈 apeun **sick**	건강한 geonganghan **well**
조용한 joyonghan **quiet**	시끄러운 sikkeureoun **noisy**	시작 sijak **beginning**	끝 kkeut **end**

한국어 hangookeo · **english**

참고 CHAMGO · REFERENCE
유용한 표현 yuyonghan pyohyeon · **useful phrases**

**필수 표현
pilsoo pyohyeon ·
essential phrases**

네
ne
Yes

아니요
aniyo
No

아마
ah-ma
Maybe

부탁합니다
butakhamnida
Please

감사합니다
gamsahamnida
Thank you

천만에요
cheonman-eyo
You're welcome

실례합니다
sillyehamnida
Excuse me

죄송합니다
joesonghamnida
I'm sorry

하지 마세요
haji maseyo
Don't

좋아요
joayo
OK

괜찮아요
gwaenchanayo
That's fine

맞아요
majayo
That's correct

틀려요
teullyeoyo
That's wrong

인사 insa · greetings

안녕하세요
annyeonghaseyo
Hello

잘 가세요
jal gaseyo
Goodbye

안녕하세요
annyeonghaseyo
Good morning

안녕하세요
annyeonghaseyo
Good afternoon

안녕하세요
annyeonghaseyo
Good evening

안녕히 주무세요
annyeonghi jumuseyo
Good night

잘 지내셨어요?
jal jinaesheosseoyo?
How are you?

제 이름은 ...입니다
je ireum-eun ...imnida
My name is ...

이름이 뭐예요?
ireum-i mwoyaeyo?
What is your name?

저 사람 이름이 뭐예요?
jeo salam ileum-i mwoyeyo?
What is his/her name?

...을(를) 소개하겠습니다.
...eul (reul) sogaehagesseumnida
May I introduce ...

이 분은 ...입니다.
i boon-eun ...imnida
This is ...

만나서 반갑습니다.
mannaseo bangabseumnida
Pleased to meet you

다음에 만나요
da-eum-eh mannayo
See you later

**표지판 pyojipan ·
signs**

관광 안내소
gwangwang annaeso
Tourist information

입구
ibgu
Entrance

출구
chulgu
Exit

비상구
bisang-gu
Emergency exit

미세요
miseyo
Push

위험
wiheom
Danger

금연
geum-yeon
No smoking

고장
gojang
Out of order

영업 시간
yeong-eob sigan
Opening times

무료 입장
muryo ibjang
Free admission

할인
hal-in
Reduced

세일
seil
Sale

노크하고 들어오시오
nokeuhago deul-eo-osio
Knock before entering

잔디에 들어가지 마세요
jandi-ae deul-eogaji masaeyo
Keep off the grass

도움 do-um · help

도와주세요.
dowajooseyo
Can you help me?

이해할 수 없어요
i-haehal soo eobseoyo
I don't understand

모르겠어요
moreugesseoyo
I don't know

영어할 줄 아세요?
yeong-eo-hal jul aseyo?
Do you speak English?

저는 영어를 할 수 있어요
jeo-neun yeong-eoreul hal su isseoyo
I speak English

천천히 말해 주세요
cheoncheonhi malhae juseyo
Please speak more slowly

글로 써 주세요
geullo sseo juseyo
Please write it down for me

...을(를) 잃어버렸어요
...eul (reul) ilh-eobeoryeosseoyo
I have lost ...

한국어 hangookeo · **english**

참고 CHAMGO · REFERENCE

방향 banghyang ·
directions

길을 잃어버렸어요
gil-eul il-eobeoryeosseoyo
I am lost

...이(가) 어디에 있어요?
...i(ga) eodi-eh isseoyo?
Where is the …?

가장 가까운 ...이(가) 어디에 있어요?
gajang gakkaun ...i(ga) eodi-eh isseoyo?
Where is the nearest …?

화장실이 어디예요?
hwajangsil-i eodiyaeyo?
Where are the toilets?

...에 어떻게 가요?
...e eotteoke gayo?
How do I get to …?

오른쪽으로
oreunjjog-euro
To the right

왼쪽으로
waenjjog-euro
To the left

곧장 앞으로
gotjang apeuro
Straight ahead

...이(가) 얼마나 멀어요?
...i(ga) eolmana meoreoyo?
How far is …?

도로 표지판
doro pyojipan ·
road signs

주의
joo-ui
Caution

진입 금지
jin-ib geumji
No entry

천천히
cheoncheonhi
Slow down

우회
uhoei
Diversion

우측 통행
ucheuk tonghaeng
Keep to the right

고속도로
gosokdoro
Motorway

주차 금지
joocha geumji
No parking

통과 못함
tong-gwa motham
No through road

일방통행
ilbangtonghaeng
One-way street

거주자 전용
geojoooja jeon-yong
Residents only

양보
yangbo
Give way

공사 중
gongsa joong
Roadworks

급커브
geubkeobeu
Dangerous bend

숙박시설
sookbaksiseol
accommodation

예약했습니다
yeyakhaetseumnida
I have a reservation

식당이 어디입니까?
sikdang-i eodi-imnikka?
Where is the dining room?

아침 식사가 언제입니까?
achim siksaga eonjeimnikka?
What time is breakfast?

...까지 돌아오겠습니다.
...kkaji dol-ah-ogeseumnida
I'll be back at … o'clock

내일 떠납니다.
naeil tteonamnida
I'm leaving tomorrow

먹고 마시기
meokgo masigi ·
eating and drinking

건배!
geonbae!
Cheers!

맛있어요/맛없어요
masisseoyo / mat-eobseoyo
It's delicious/awful

술/담배를 안 합니다.
sool / dambaereul an hamnida
I don't drink/smoke

저는 고기를 안 먹습니다
jeoneun gogireul an meokseumnida
I don't eat meat

저는 다 먹었어요. 감사합니다.
jeoneun da meog-eosseoyo. gamsahamnida
No more for me, thank you

더 먹어도 돼요?
deo meog-eodo dwaeyo?
May I have some more?

계산서 주세요.
gyesanseo juseyo
May we have the bill?

영주증 주세요.
yeongsujeung juseyo
Can I have a receipt?

흡연 구역
heub-yeon guyeok
Smoking area

건강 geongang ·
health

몸이 안 좋아요
mom-i an joh-ayo
I don't feel well

속이 안 좋아요
sok-i an joa-yo
I feel sick

여기가 아파요
yeogiga apayo
It hurts here

열이 있어요
yeol-i isseoyo
I have a temperature

저는 임신 ...개월입니다.
jeoneun imsin ...gaewolibnida.
I'm … months pregnant

...약 처방해 주세요.
...yak cheobanghae juseyo
I need a prescription for …

보통 ...을(를) 복용해요
botong ...eul(reul) bog-yonghaeyo
I normally take …

...에 알레르기가 있어요
...e alleleugiga isseoyo
I'm allergic to …

그 사람 괜찮을까요?
geu saram gwaenchan-eulkkayo?
Will he/she be alright?

한국어 hangookeo · english

한국어 색인 hangookeo saekin • **Korean index**

A

a-nallogue 179
a-oot-o-beubaunjeu 226
abeoji 22
abjeong 173
abokado 128
abryeok baelbeu 61
abseolja 167
achi 85, 301
achihyeong jibung 300
achim 64, 305
achim bwipe 156
achimsigsa 156
achimsiksayong sirieol 107
achim teibeul 156
achi pail 173
adeul 22
adong-yongpum maejang 104
adong 31
adongbog 30
ae-eokon 200
ae-eo maeteuriseu 267
ae-eo pilteo 202, 204
ae-neoji ba 113
aeb 99
aebeolle 295
aedam 142
aegche seje 77
aeglyang 311
aegmyeonga 97
aegsu 96
aekja 63
aekseseori 36, 38
aempeu 268
aengmusae 293
aenimeisheon 255
aentiga babuda 314
aepeullikeisheon 176
aepeuteosheibeu loshion 73
aewandongmul gage 115
aewandongmul saryo 107
ag-eo (aelligeiteo) 293
ag-eo (keurokeodail) 293
agami 294
ageo keullib 167
agi-uija 75
agi 23, 30
agi baguni 74
agi chimdae 74
agi nol-i ultali 75
agi shinbal 30
agwi 120
ah-ma 184, 322
aheun beonjjae 309
ahob beonjjae 309
aibeurou penseul 40
aikeob 269
aikon 177
ailaineo 40
aileul natda 26
aillaendeu 316

aion 233
airiseu 110
aiseu haki 224
aiseu haki lingkeu 224
aiseu haki seonsu 224
aiseu keopi 148
aiseu keurim 137, 149
aiseurandeu 316
aiseuti 149
aiseu seukeiteu 224
aiseu seukeiting 247
aishaedo 40
aissing 141
ajereumaijan 318
akasia 110
akbo 255, 256
akeuril mulgam 274
akgi 256, 258
akillesgun 16
akodieon pail 173
al-yak 109
alaetdan 141
albania 316
aljeri 317
allaeseuka 314
allameul matchuda 71
alleleugi 44
alluminyum 289
almaeng-i 122, 129, 130
alpalpa 184
amajonia 312
ambyeok deungban 248
amondeu 129, 151
amondeuyu 134
amseok 288
amsil 271
an-eh 320
an-gwa 49
an-naebangsong seolbi 209
an 320
anae 22
andeseu sanmaek 312
andora 316
... (an)euro 320
ang-golla 317
angae 287
angaekkot 110
angam 32
angkoreu 255
angyeong 51
angyeongjib 51
angyeongsa 51, 189
angyeongte 51
aniyo 322
anjang 206, 242
anjang gidung 206
anjangmeori 242
anjeon 75, 240
anjeon belteu 198, 211
anjeonbyeok 246
anjeon gamsitap 265

anjeonmo 186
anjeonpan 88
anjeonpin 47
anjok chaseon 194
anjooryu 151
anjuin 64
anlak-uija 63
anma 235
annae deseukeu 100
annae deseukeu jig-won 100
anneon bubun 64
annyeonghaseyo 322
annyeonghi jumuseyo 322
ansaeg (pibusaeg) 41
ap-eogeumni 50
ap-yuri 198
ap-yuri waipeo 198
apateu 59
apateu danji 298
apateu geonmul 59
apbaqwi 196, 210
apchima 50, 212
ape 320
apeuganiseutan 318
apeun 321
apeurika 317
apjeobsi 65
apni 50
apron 212
arab emiriteu yeonhabgook 318
arabiahae 313
arae-eh 320
arae 320
arae hwaldae 240
araeteok 14, 17
areu deko 301
areuhentina 315
areumdaun 321
areumenia 318
areu nubo 301
aroma oil 55
aroma taerapi 55
aryeong 251
asak-asakhan 127
aseuparageoseu 124
asia 318
ateurium 104
atichokeu 124
aut 225, 228
ayeon 289
ayeon dogeum 79
ayureumeda 55

B

ba 150, 152, 250
bab 158
babeidoseu 314
babekyu geurill 267
bada 264, 282
bada geobook 293
badak 62, 71

badak maeteu 267
badakokkiri 290
badanaeda 227
bada naksi 245
badapyobeom 290
bada saja 290
badatgajae 121, 295
badeun pyeonjiham 177
badi loshion 73
bae-ah 52
bae-e tada 217
bae 12, 126, 214
baebureun 64
baedal 98
baedang-geum 97
baedeuminteon 231
baeg-ak 85, 288
baeg 308
baegigwan 203, 204
baeglihyang 133
baegman 309
baegmireo 198
baegopeun 64
baegseuwing 233
baegwan 61
baegwangong 188
baegyeong 254
baegyeong hwamyeon 177
baejeongri 203
baeji 94
baekbodeu 226
baekgaemeon 272
baekgeum 289
baekgwasajeon 163
baekhab 110
baekhaendeu 231
baekhwajeom 105
baekjo 293
baekmi 130
baeknaejang 51
baeknyeoncho 128
baelbeu 207
baelleonseu hwil 276
baem 293
baenang 31, 37, 267
baeran 20, 52
baereul jeotda 241
baesim-wonseok 180
baesimwon 180
baesoo baelbeu 61
baesoogoo 72, 299
baesu 91
baesugwan 61, 299
baetdaekkeun 242
baetieori 167, 202, 260
baeteu 225, 228, 231
baetmeori 240
baeuda 163
baeujaui abeoji 23
baeujaui eomeoni 23

baeujaui namja hyeongje 23
baeujaui yeoja hyeongje 23
baewoo 179, 254
baeyeong 239
bageteu 138
baggatjok chaseon 194
baggong 300
bagiwi 290
bagsoochida 255
baguni 106, 207, 226, 263
bahama 314
bai-ae seullon 247
baijeo 205
baiollin 256
baireoseu 44
baiseu 78
baiteu 176
baji 32, 34,
bajil 133
ba kaunteo 150
bakk-eh 320
bakkat 320
bakmulgwan 261
bakodeu 106
bakpyeon 132
baksahak-wi 169
baksa nonmun 169
bakwibeolle 295
bakwireul galda 203
bakwitsal 207
bal-yeolche 61
bal 12, 15
balbadak 15
balbadak achi 15
balbol 15
balchi 50
baldeung 15
baldeung anjjok 15
baldwikkumchi 13, 15, 37
balgarak 15
balgeun 321
balgi bujeon 20
baljeongri 60
baljin 44
balkoni 59
balkoniseok 254
balle 255
balleareseu jedo 316
balli 231
balmok 13, 15
balmok gil-i 34
balpan 70
balpan sadari 82
balpyo 174
balpyoja 174
balsa 281
balsadae 281
balsamig sikcho 135
balteuhae 313
baltob 15, 291, 293

한국어 색인 HANGOOKEO SAEKIN • KOREAN INDEX

bam 129
bamgwa nat 305
ban-eum 256
ban-yeonjil chijeu 136
banana 128
banbaji 30, 33
banchang-go 47
banchik 223, 226
bandaepyeon-ui 320
bando 282
baneujil baguni 276
baneujilhada 277
baneujil yongpum 105
baneul 108, 276
baneul kkot-i 276
baneulpan 276
baneulttam-eul pulda 277
baneulttam 277
baneulttam jojeolgi 276
bang-eo jase 236
bang-gallo 58
bang-geulladesi 318
bang-ul tomato 124
bang-ul yangbaechu 123
bang 58
bangbuje 83
banggwang 20
banghaeseok 289
banghanbok 30
banghyang 260, 323
banghyangjishideung 198, 204
banghyangta 210, 241
bangjeongsigi 165
bangmok 118
bangpaje 217
bangpoongmak 265
bangsaseongwa 49
bangsong 179
bangsonghada 178
bangsooyongpoom 267
bangsu 245
bangsu paenti 30
bangyeonjil chijeu 136
banilla 132
banisi 79, 83
banji 36
banjireum 164
banjook 138
banjookhada 138
ban liteo 311
bannab-il 168
bansagyeong 50, 204, 207
bansatti 205
bansayobeob 54
bansongcheo 98
banuatu 319
baram 241, 286
barambooi-neun 286
barein 318
bareumicheuba uisik 26
baroreuk 301
baseuket 95
baseukeu sog-ot 35
ba seupoon 150
ba seutul 150
basoon 257

bat 182
batchimdae 166, 174, 274
batendeo 150, 191
batikan siti 316
batjulgeol-i 240
baton 235
bawi 284
bawi jeong-won 84
bballaebang 115
bbang 157
bbangryu 107, 138
beedae 72
begae 70
begaet-it 71
beibimoniteo 75
beibi paudeo 73
beigeul 139
beikeon 118, 157
beiking teurei 69
beiseu-lah-in 230
beiseu gita 258
beiseu keullalinet 257
bel 197
belboi 100
belgie 316
bellaluseu 316
bellijeu 314
beltou 32, 36
benaeng 317
benchi 250, 262
benesuella 315
benisheon beullaindeu 63
beob-hak 169
beob-won gyeongchal 180
beob 180
beobjeong 180
beobmu buseo 175
beobryul sangdam 180
beobwon-gongmuwon 180
beodeunamu 296
beogeo 154
beogeo seteu 154
beokeul 36
beol 295
beolchim ssoim 46
beoljib 134
beolle toechije 108, 267
beolsae 292
beomjoe 94
beomjoeja 181
beompeo 198
beomseon 215
beon 140, 155
beoneo 67
beong-eori janggab 30
beongae 287
beongkeo 232
beonho 226
beonji jeompeu 248
beonsigsikida 91
beoseot 125
beoseu 196
beoseu jeongryujang 197, 299
beoseupyo 197

beoseu teomi-neol 197
beoseu unjeonsa 190
beoteo 137, 156
beoteomilkeu 137
beotgida 67
beotimjul 266
beteul 277
beteunam 318
beu-inek 33
beullaegkeoreonteu 127
beullaekberi 127
beullaekhol 280
beullaek keopi 148
beullaek pooding 157
beullauseu 34
beulleijeo 33
beullendeo 66
beullokinghada 227
beullubel 297
beulluberi 127
beullu chijeu 136
beulluseu 259
beura 35
beurae-i-keu beullog 207
beurae-i-keureul jabda 207
beuraendi 145
beurajil 315
beurajilneot 129
beuraujeo 177
beuregpeoseuteu teurei 101
beureikeu 200, 204, 206
beureikeu oil taengkeu 202
beureikeu pedal 205
beureoshi, 40
beuri 142
beurioshoo 157
beurochi 36
beurogeuhwa 37
beurokolli 123
beurunai 319
bi 287
bibeurapon 257
bichibaeg 264
bichibol 265
bichi parasol 264
bichi taol 265
bichwi 288
bidan-ing-eo 294
bideum 39
bidio geim 269
bidiopon 99
bidulgi 292
bieo itneun 321
bigyae 186
bihaeng-gi 210
bihaeng beonho 212
bija 213
bijang 18
bijeuniseu-umeon 175
bijeuniseu 175
bijeuniseu georae 175
bijeuniseu hotel 101
bijeuniseumaen 175
bijeuniseuseok 211

bikeo 167
bikini 264
billida 168
bilmilbeonho 96, 99
bineul-eul beotgyeonaem 121
bineul 121, 293, 294
binil bongji 122
bin jari eobseum 266
bintiji 199
binu 73
binu batchim 73
binyogigwa 49
binyogigye 19
biolla 256
biot 31
biryo 91
biryoreul juda 91
bisang-gu 210, 322
bisang-gyedan 95
bisang lebeo 209
biseo 24
biseukit 113, 141
bishop 272
bissan 321
bit 38
bitamin 108
bitbyeon 164
bitda 38
biteo 145
biteu 259
biteu haendeul 78
biteu ppuri 125
bitgyeo na-gada 241
bitjang 59
bitjaru 77
bitjil-hada 38
biyool 165
blleosyo 40
bo-an biteu 80
bo-on mooljumeoni 70
bo-on nae-ui 267
boan 212
boangyeong 81, 167
bobseullei 247
bocheuwana 317
bodeu 241
bodeu geim 272
bodeuka 145
bodeuka orenji 151
bodo 298
bog-yeobgi 211
bog-yongryang 109
bogdo 79
bogjang 205
bogoseo 174
bogsahada 172
bogseosaijeu 251
bogsing ling 237
bohaengja gooyeok 299
boheom 203
bohodae 74, 224
boilleo 61
bojobakwi 207
bojo bunman 53
bojogae 15

bojonalgae 210
bojo shepeu 152
bok-eun 128
bokda 67
bokgeun 16
bokk-eum yori 158
boksoonga 126, 128
boktong 44
bolboi 231
bollibia 315
bolling-gong 249
bolling 249
born 307
bonaeda 177
bong-go 257
bongdol 244
bonghab 52
bongjewangu 74
bongji 311
bongori 111
bongsaryo jae-oe 152
bongsaryo poham 152
bongtu 98, 173
bonit 198
bonsa 175
boodu-e daeda 217
boodu 214, 216, 217
bookaegareuni 132
bookbangu 283
bookeug 283
bookgeughae 312
bookgeukgwon 283
bookhae 312
bookhan 318
bookhoeigwiseon 283
bookijog 312
bool 95
boom 95
boom maikeu 179
boomog 47
boongdae 47
boonhong 274
boonja 165
boonmo 165
boonryang 151
boonsu 85, 165
boonsugong 290
boonswae keopi 144
boopi 165, 311
boopyo 217
booshim 223, 230
boot 83, 274
bootan 318
bori 130, 184
boseog amseog 288
boseok 36, 181
boseok 38, 181
boseokryu 36
boseokryu segong 275
boseoksang 114, 188
boseunia hereuchekobina 316
briji 217
bubigang 19
bubun yeomsaek 39
bubyeok 301
bucheu 37, 223
budeureoun 129, 321
budong-aek 199

한국어 hangookeo • english 325

한국어 색인 HANGOOKEO SAEKIN • KOREAN INDEX

budongsan joong-gae-eobja 189
budongsan jung-gaeso 115
bueong-i 292
bugeulbugeul kkeulh-ida 67
bugu 61
buhwaljeol 27
buin-gwa 49
buin-gwa uisa 52
bujak-yong 109
bujojongsa 211
buke 35, 111
bul-eoseo kkeuda 141
bul-eul jipida 266
bul-im(ui) 20
bulgaria 316
bulgasari 295
bulgeun gogi 118
bulmyeonjeung 71
bulssosigae 266
bumonim 23
bun-yoo 137
bun 304
bunchim 304
bunchulhada 283
bunhwagu 283
bunjen beoneo 166
bunman-eul yudohada 53
bunman 57
bunmugi 89, 109, 311
bunryu jangchi 61
bupullida 139
bureukina paso 317
buri 293
buroondi 317
busang 46
buseo 49
buseok 288
butakhamnida 322
butbak-ijang 71
butda 67
buteo 320
bwipae 152
byeog 222
byeok 58, 186
byeokdeung 62
byeokdol 187
byeokji 82
byeokjireul bareuda 82
byeoknanlo 62
byeol 280
byeolchae 182
byeoljari 281
byeon-gi 61, 72, 104, 266
byeonabgi 60
byeonbiyak 109
byeong-ari 185
byeong-arikong 131
byeong-e deun saengsu 144
byeong-won 48
byeong 61, 75, 135, 311
byeongdong 48
byeongisol 72
byeongjorim 134
byeongree-gwa 49

byeongttagae 68, 150
byeonhoin 181
byeonhosa 180, 190
byeonhosa samuso 180
byeonjwa 61, 72
byeonseong-am 288
byeonsog lebeo 207
byeonsokgi 202
byoopaindeo 271

C

cha 144, 149, 156, 184
chache 202
chachook 205
chada 221, 223
chadan baelbeu 61
chadeu 317
chaeban 68,
chaeda 142
chaegkkoji 168
chaejeok 165
chaek 168
chaekgabang 162
chaekjang 63
chaeksang 162, 172
chaeksang jeongliham 172
chaeneol-eul bakkuda 269
chaeneol 178
chaengmoja 30, 265
chaesobat 182
chaeso bogwansil 67
chaeso hwadan 85
chaesoryu 107, 122, 124
chaeso saelleodeu 158
chaeuda 82
chagi 237, 239
chago 58, 199
chagryukhada 211
chaildeu lokeu 75
chakryoog jangchi 210
chalgwasang 46
cham-yeohada 174
chamchi 120
chamgireum 134
chamgo 303
chamkkae 131
chamma 125
chamnamoo 296
chamsae 292
chang-go 216
chang 177
changmoon 58, 96, 98, 186, 197, 209, 210
changpihan 25
changsang 46
chanmul kkogji 72
charyang jin-ib bangji malttuk 214, 298
chateu 48
chatjan 65
chatjujeonja 65
chayangmak 148
che-ongye 45
che 89
chein 206
chejo 235

chejoseonsu 235
chejung-gye 45
chekeo 272
chekeu-in deseukeu 213
chekeu-inhada 212
chekeueob 50
chekeukadeu 96
cheko gonghwagook 316
cheo-eum 320
cheobangjeon 45
cheogchu gyojeongsul 54
cheok 78
cheokchu 17
cheokgol 17
cheol-hak 169
cheol 289
cheolbong gyeong-gi 235
cheolbun 109
cheoldomang 209
cheoljareul sseuda 162
cheolmuljeom 114
cheolsa 79
cheoma 58
cheomadori 301
cheombu pail 177
cheomtab 300
cheon-wangseong 280
cheon-yeon seom-yoo 31
cheon 309
cheondo boksoonga 126
cheondoong 286
cheong-gwamul gage 114
cheong-gwamul sang-in 188
cheongbaji 31, 33
cheon gijeogwi 30
cheongjang 62
cheongsobu 188
cheongso dogu 77
cheongsohada 77
cheongsonyeon 23
cheonman-eyo 322
cheonmunhak 281
cheonnyeon 307
cheonsik 44
cheot beonjjae 309
cheoteuni 135
chepo 94
cheri 126
chero chida 91, 138
cheseu 272
cheseupan 272
cheugjeonghada 310
cheugryang 165
cheung-gyecham 59
cheung 58
cheyook 162
chia 50
chia gwanliyongpoom 108
chia gyojeong-gi 50
chida 224, 225, 229
chieorideo 220
chigeub juui 98
chigeun 50
chigwa ekseurei 50
chigwa semyeondae 50
chigwa uija 50

chigwa uisa 50, 189
chigwa wisaeng 72
chijeu 136, 156
chikeori 122
chikin beogeo 155
chikin neoget 155
chil (ilgob) 308
chil-wol 306
chilbaeg 308
chillae 315
chilli 143
chilmyeonjo 119, 185, 293
chilsib (ilheun) 308
chim 294
chimdae 70
chimdaebo 70
chimdae hyeoptak 70
chimdaekan 209
chimdae meoripan 70
chimdae seupeuring 70
chimgooryu 71, 74, 105
chimnang 267
chimsil 70
chimsildeung 70
chimsul 55
chimyeobsoo 86
chincheok 23
chingu 24
chinguleul sagwida 26
chipbodeu 79
chipseu gwajaryu 113
chiseok 50
chisil 50, 72
chisiljilhada 50
chit-sol 72
chitong 50
chiyak 72
cho-eumpa 52
cho 304
chobeol byeokji 83
chochim 304
choemyeonsul 55
chogyeongryang hang-gong-gi 211
choinjong 59
chojeom-eul matchuda 271
chojeom heurim 271
chojeom jojeolnasa 167
chojohaehaneun 25
chokollit 113
chokollit ba 113
chokollit bakseu 113
chokollit chib 141
chokollit keikeu 140
chokollit kuldae 168
chokollit milkeusheikeu 149
chokollit seupeuredeu 135
chong 94
choo-un 286, 321
choo 166
chooga jumun 153
chooga soohwamul 212
choohan 321
choojin loket 281
chookchookhan 286

chookgoo yoonipom 222
chookgu 222
chookgubog 31
chookgugong 222
chookgujang 220, 222
chookgu seonsu 222
chookjemadang 262
chooksohada 172
chool-ipgu 210
choolbal 213
choolbal launji 213
choolgoo doro 194
choolhyeol 46
choolsaeng 52
choolsaeng chejonge 53
choolsaeng jeungmyeongseo 26
choongchi 50
choongjeokto 85
choongsu 18
choowolhada 195
chorijo 143
chorog 274
chorog lentilkong 130
chowon 285
chucheon doseo 168
chujin enjin 281
chukha 26, 140
chukha keikeu 140
chukje 27
chulbaldae 234, 238
chulbalseon 234
chulbeomhada 217
chulgu 322
chuljang 175
chulsan-eul apdun 52
chulsan 53
chulsan jeon 52
chunggyeok-eul bat-eun 25
chungkyungchae 123
chusu gamsajeol 27
chwejang 18
chwihakhada 26
chwijighada 26
corku ddagae 150

D

da-eum joo 307
dabal 111
dacheul naerida 217
dadeumda 90
daebon 254
daeche chiryo 54
daechu 129
daechul 96, 168
daechuldae 168
daechulgeum 96
daechul yeyakhada 168
daedeulbo 186
daedu 131
daegakseon 164
daegi 282, 286
daegisil 45
daegiso 243
daegu 120
daehabsil 209

한국어 색인 HANGOOKEO SAEKIN • KOREAN INDEX

daehak-wonsaeng 169
daehak 168, 299
daehanmingook 318
daehoejeongyeong-gi 247
daehyeong beoseu 196
daein gwangye 24
daejang 18
daejeob 65
daejeobsi 65
daekeu 85
daem 300
daemeori 39
daemul lenjeu 167
daenamu 86, 122
daenseu 259
daepae 81
daepaejil-eul hada 79
daepaetbab 78
daepyo-i-sa 175
daeriseok 288
daerong 112
daeryak 320
daeryook 282, 315
daeryugwon 286
daeseoyang 312
daetoegol 17
daeyang 282
dai-eori 175
daiamondeu 273, 288
daibeo 238
daibing 239
daibing choolbal 239
daibinghada 238
daineomo 207
daininigroom 64
dajin gogi 119
dak 185
dakda 77
dakgogi 119
dakjang 185
dakyumenteori 178
dal 280
dal chaklyukseon 281
dalgyal 137
dalgyal hoorai 157
dalimjul 82
dalkomhan 124, 127, 155
dallida 291
dalligi 251
dallyeok 306
dalpaeng-i 295
dam-yo 171, 74
dambae 112, 184
dambaegab 112
damga twigin 159
damgeuda 130
damjang 85, 182, 243
dan-gwadaehak 169
dan-yeolcheung 61
danbalmeori 39
danchu 32
danchutgumeong 32
dandanhan 124
dandogjootaek 58
dang-geun 124
dangeori jooja 234
dangjeolim 159
dangjwadaewol 96

dangjwa yegeum 96
dangnagwi 185
dangnyobyeong 44
dangye 23
danlibjong 130
danmyeondo 282
danpa 179
danpoongnamu 296
dansang 235, 256
danyeoncho ultari 85
danyeonsaeng 86
darak 58
daramjwi 290
dari 12, 64, 119, 300
dari bohodae 225
darimi 76
darimipan 76
darimjilhada 76
daseot beonjjae 309
dat 214, 240
datchin 321
dateu 273
dateubodeu 273
daunlodeuhada 177
dayongdokal 80, 82
dayongdosil 76
dayook sigmul 87
ddangkong hobak 125
ddeulchae 217
ddoongddoonghan 321
dedeubol lah-in 221
deejaei 179
deiji 110, 297
dek che-eo 265
dellikateuseun 107, 142
denmakeu 316
deo-un 286, 321
deobeul 151, 230
deobeul basoon 257
deobeul beiseu 256
deobeul chimdae 70
deobeul keurim 137
deobeul loom 100
deodeum-i 295
deodoranteu 108
deodoranteu 73
deogeu-aut 229
deohada 165
deohagi 165
deo joh-eun 321
deol ik-eun 129
deomi 184
deompeutteureok 187
deo nappeun 321
deong-eori 311
deong-gul sigmul 87
deongkeu shoothada 227
deonjida 221, 227, 229, 245
deonjigi 237
deopeul koteu 31
deoreoun 321
deotchang 58
deseukeutob 177
deugjeomhada 223
deugjeom jiyeok 221
deukjeom 278
deulgeot 94

deulleobutji anhneun 69
deumulge 320
deung-gi upyeon 98
deung 13
deungbat-i 64
deungdae 217
deungheoli 13
deungja 242
deungjang-inmul 254
deungjineureomi 294
deungsanhwa 37, 267
deungsim seuteikeu 119
deurai 145
deurai dog 217
deuraipeullawoe 111
deureom 258
deureomeo 258
deureom saeteu 258
deureseu 34
deuresing-eul han 159
deuresing 47, 158
deuribeulhada 222
deuril 50
deuril biteu 78, 80
deurobshat 230
dibeu-idi 268
dibeu-idi peulleieo 268
digitalliseu 297
dijaineo 191, 277
dijel 199
dijel gigwancha 208
dijeoteu 153
dijiteol 179, 269
dijiteol kamera 270
dijiteol ladio 268
dijiteol peurojekteo 163
dil 133
diobteo 51
diwalli 27
do-eo lokeu 200
do-um 322
dobae-eopja 82
dobaehada 82
dobaepool 82
dobaepoolsol 82
dobaesol 82
dobeo seodaegi 120
dochak 213
doegamgi 269
doeineomgigi 231
doeochein 59
doeomaeteu 59
dog-il 316
dogani 166
dogi geureut 69
dogseosil 168
dogu 187, 233
dogu moeum 177
dokgam 44
dokki 95
dokseodeung 210
doksuri 292
dol 275
dolbinoo 73
dolboda 91
dolgorae 290
dollida 76
dollimtti 300

dom 300
doma 68
domabaem 293
domi 120
dominika gonghwagook 314
dominikayeonbang 314
domino 273
don 97
donan gyeongbogi 58
dong-gong 51
dong-gul 284
dong-gyeol 287
dong-gye seupocheu 247
dong 235
dongbukong 131
dongche 210
donggeoin 23
dongjak 227, 229, 233, 237, 245
dongjeon 97
dongjeon banhwangu 99
dongjeon jigab 37
dongjjog 312
dongjong yobeob 55
dongmaek 19
dongmul-ui saekki 290
dongmul-won 262
dongmul 290, 292, 294
dongryo 24
dongtimoreu 319
doo beonjjae 308
doogi 273
doro 194
doro gogsa 187, 195
dorongnyong 294
doro pyojipan 195, 298, 323
doro pyosi 194
doro yogeumso 194
doseo-gwan kadeu 168
doseogwan 168, 299
dosi 299
dosigan yeolcha 209
dotdae 240
dotori hobak 125
doyae 275
doyakpan 235, 238
dugaegol 17
dukkeobi 294
dukkeoun 321
dun-wi boonman 52
dupi 39
durumari 311
durumi 292
duryu 131
dutong 44
dwaeji 185
dwaejigamja 125
dwaejigogi 118
dwi-eh 320
dwijibgae 68
dwijibhida 241
dwitbaqwi 197
dwitjari 204
dwitjwaseok 200
dyupeullegseu 58
dyuseu 230

E

e-eo-baeg 201
...e euihe 320
egeukeob 65, 137
egseurei pandoggi 45
...eh 320
eiseu 230, 273
ekeullereu 140
ekseu-lei gigye 212
ekseurei 48
ekseurei sajin 50
ekwadoreu 315
ellibeiteo 59, 100, 104
elsalbadoreu 314
emeraldeu 288
enameljil 50
endeu-lah-ins 226
endeu jon 220
enjin 202, 204, 208, 210
eo-boo 189
eobmu 171
eobmusang jeomsimsigsa 175
...eobsi 320
eodeubaentiji 230
eodoo-un 321
eogeumni 50
eohang 217
eoje 306, 320
eokkae/dari gogi 119
eokkae 13
eokkaekkeun 37
eokkae pad 35
eol-eum-eul neoh-eun 151
eol-eum 120, 287
eol-eum eeobsi 151
eol-eumtong 150
eolgul 14, 41
eolgul keurim 73
eolgul maseukeu 225
eolini 23
eollookmal 291
eomeoni 22
eomji 15
eomjibalgarak 15
eon-eo 162
eondeok 284
eondeokoteu 83
eondeo pa 233
eong-geongqwi 297
eonlon 178
eorin-i jib 74
eorin 321
eorin sutak 185
eorin yangbaechut nip 123
eoryeo-un 321
eoryu 107, 120, 294
eoseon 217
epeuteoseonkeurim 108
eriteurea 317
eseuel-al kamela 270
eseukeolleiteo 104
eseupeureso 148
esetonia 316

한국어 hangookeo • english

한국어 색인 HANGOOKEO SAEKIN · KOREAN INDEX

etiopia 317
eukkaen 132, 159
eukkaeneun gigu 68
...eul (reul) dol-ah-seo 320
...eul (reul) gwantonghaeseo 320
...eul (reul) hyanghaeseo 320
...eul (reul) neom-eoseo 320
eum-agdaehak 169
eum-ak 162
eum-akga 191
eum-ak seutail 259
eumgeug 167
eumgye 256
eumgyeong 21
eumhaek 20
eumhwa 271
eumhyang gisa 179
eumnang 21
eumnopi 256
eumpyo 256
eumryang 179, 269
eumryo-keob 75
eumryo 107, 144, 156
eumseong mesiji 99
eumsigmul bunswaegi 61
eumsoon 20
eumyeonghwajang 41
eun 235, 289
eung-geub cheochi 47
eung-geubjeonhwagi 195
eung-geub seobiseu 94
eungdabhada 99, 163
eungdeungi 12
eunggeub 46
eunggeubsil 48
eunhaeng 96
eunhaeng jijeomjang 96
eunhaeng song-geum 96
eunhaeng susuryo 96
eunhagye 280
euntoehada 26
...eu(reul) wuihae 320
eyebeurou brushi 40

G

ga-eul 31, 307
gab-ojing-eo 121
gab 311
gabal 39
gabang maejang 104
gabangryu 37
gabong 317
gabpan 214
gabsangseon 18
gachook 182, 185
gachooktte 183
gadeuk chan 321
gadeureil 195
gae-ul 285
gae 290
gaebyeol yoksil 100
gaechalgu 209
gaeguri 294
gaeimgi 269

gaein choego girog 234
gaein jeon-yong-gi 211
gaeinshil 48
gaein teureineo 250
gaejeom 260
gaekcha 208
gaeksil 209, 210, 214
gaeksil beonho 100
gaeksildeul 100
gaeksil yeolsoe 100
gaelleon 311
gaemag gong-yeon 254
gaemi 295
gaengsinhada 168
gaeseukit 61
gae sseolmae 247
gagdo 164
gagdogi 165
gage an-aeseo meokgi 154
gageumryu 119
gagmak 51
gagong gogmul 130
gagujeom 115
gagyeok 152, 199, 237
gagyeok moglog 154
gaiana 315
gaideu too-eo 260
gaim(ui) 20
gajae 121
gajami 120
gajang wit dan 141
gajeong-yong gagu 105
gajeong-yongpum 107
gajeong 57
gajeong baedal 154
gajeonpum 66
gaji 125, 296
gajichida 91
gajijin ppul 291
gajok 22
gajookgoodu 32
gajook uiryu 205
gakgil-eul jegeohada 41
gakkaun 320
gakkuda 91
gakpi 15
gakppul 164
gaktisyu 70
gal-a noh-eun 132
galbi 119, 155
galgi 242, 291
galkwi 88
gallaemeori 39
gallapagoseu jedo 315
galmaegi 292
galqwijilhada 90
galsaeg lentilkong 131
galsaek 39, 274
galsaek milgaru 138
gam-ok 181
gam 128
gambang 181
gambia 317
gamcho satang 113
gamda 38, 245

gamdog 254
gamgi 44
gamgyulryu 126
gamja 124
gamjachip 151
gamjakal 68
gamjeon 46
gamjeong 25
gamsahamnida 322
gamsa kadeu 173
gan-i eumsikjeom 148
gan-i sooyeongjang 263
gan 18, 118
gana 317
ganeulgo gin peurangseu ppang 139
gang-aji 290
gang-uisil 169
gang 284
gangdook 284
ganghan 321
ganghwang 132
gangnangkong 122, 131
gangpan-e galda 67
gangpan 68
gangpoong 286
gangryeokbun 139
ganheolcheon 285
ganhosa 45, 48, 189
ganja twigim 154
ganjil 44
ganpyeon jori 130
gaori 294
garate 236
garibi 121
garimpan 66
garodeung 298
garoo chijeu 136
garooseje 76
garu 109
gasa 259
gaseokbang 181
gaseu beoneo 61
gaseum 12, 119
gaseum undong 251
gashi 46
gasog pedal 200
gasoo 191
gateo 35
gateum 165
gatgil 194
gaun 38, 169
gaunde chaseon 194
gawi 38, 47, 82, 276
ge 121, 295
geim 295
geiteu 247
geobera 110
geobmeogeun 25
geobook 293
geogjeongseureoun 25
geojeu 47
geolle 77
geolsoe 36
geom-eun pibu 41
geom-eun tti 237
geom 236

geomdo 236
geomi 295
geomjeong guyeok 272
geomjeongsaek 39, 274, 321
geomji 15
geompyowon 209
geomsa, 180
geomsaekhada 177
geonbae 323
geoncho 184
geonchookbuji 186
geonchookeobja 186, 188
geonchookmool 300
geonchukga 190
geonchukja 190
geonganghan 321
geongang sikpoomjeom 115
geonjigae 68
geonjohan 129, 286
geonmool 299
geonmul mit goojo 300
geonneoseo 320
geonpodo 129
geonseol 186
geonseolhada 186
geonseong 39, 41
geopum 148
geopumgi 68
geopum mog-yokje 73
georeumjogi-i 166
georeum juda 90
geori 299, 310
geori gapandae 154
geosil 62
geotkkeobjil 130
geoul 40, 71, 167
geowi 293
geowial 137
geowigogi 119
gesipan 173
geu-nae 263
geub-yeo 175
geub-yeo daesangja myeongdan 175
geubkeobeu 323
geubryu 241, 284
geubsugwan 61
geueullin pibu 41
geugjang 254, 299
geuk 282
geulgeo-naeda 77
geulkkol 177
geulladiolleoseu 110
geullaideo 211, 248
geullaiding 248
geulleobeu 228
geulloo geon 78
geum-yeon 322
geum-yoil 306
geum-yoong 97
geum 235, 289
geumbal 39
geumboong-eo 294
geumgwan-akgi 257
geumgyul 76

geumjeon chulnabgi 150
geumseong 280
geumsok-yong biteu 80
geumsok 79, 289
geumul-eul chida 245
geumul 222, 226, 227, 231, 244
geun-yook gyeonglyeon 44
geundae 123
geunlyeong undong 251
geunmu-il 306
geunsi 51
geunyook 16
geuraem 310
geuranari ppang 139
geurataeng geureut 69
geurauteu 83
geurenada 314
geurida 162
geurilpaen 69
geurim 63, 261, 274, 274
geurimmulgam 274
geurin 232
geurinlandeu 314
geuriseu 316
gi-on 286
gicha-ui yuhyeong 208
gicha 208
gichayeok 208
gichim-yak 108
gichim 44
gidung 186, 300
gieo 206
gieobakseu 202, 204
gieoreul bakkuda 207
gieoseutik 201
gigwan 68
gigwanchong 189
gigwansil 214
gigyegong 188
gigyeryu 187
gihahag 165
(gihonnyeo) ssi 23
gija 191
gijeogwi 75
gijeogwi baljin keurim 74
gijeogwi gabang 75
gijeogwi gyochedae 41
gijeogwi gyohwansil 104
gijeolhada 25, 44
gijoon tasu 233
gil-i 165, 310
gilmotung-i 298
gin 32, 321
ginae soohwamul 211, 213
gini 317
ginibisau 317
ginyeom-il 26
ginyeombi 261
ginyeompum 260
gip-i 165
gipogwan sujungi 80, 187
gireum 134
gireumae bogwanhan 143
girin 290
girog 234

한국어 색인 HANGOOKEO SAEKIN · KOREAN INDEX

giso 94, 180
gisool 79
gisu 242
gisusga 168
git-teol 293
gita bae 215
gita gong-ye 275
gitariseuteu 258
gita sangjeom 114
gita seupocheu 248
gitbal 221, 232
giwa 58, 187
gob-hagi 165
gobhada 165
gobseulmeori 39
gocheung geonmul 299, 300
gochi 295
gochu 124, 132
godeung-eo 120
godeureum 287
godig 301
godo 211
gogaek 38, 96, 104, 106, 152, 175, 180
gogaek seobiseu 104
gogaek seobiseu buseo 175
gogeul 247
goggwaeng-i 187
gogi damneun baguni 245
gogi keoting bangsik 118
gogiyong galgori 118
gogmul 130
gogseon 165
goguma 125
gohwajil 269
gohwan 21
gojang 203, 322
gojang gyeong-go pyosideung 201
gol 221, 223, 224
gol ae-eori-eo 223
golban 17
golboon 88
goldae 220, 222
goldongpumjeom 114
golgyeok 17
goljeol 46
golkipeo 222, 224
golla damgi 113
gol lah-in 220, 223, 224
golmog 298, 299
golmoo 276
golpa 133
golpeu 232
golpeu gabang 232
golpeugong 232
golpeu kateu 232
golpeu keulleob 233
golpeu koseu 232
golpeuseonsu 232
golpeu sinbal 233
golpool 86
gom-inhyeong 75
gom 291
gomoo boteu 215
gomu dojang 173

gomujanghwa 31, 89
gomujul 173
gong-ab deuril 187
gong-eul nohchim 220
gong-eul ppaetda 221
gong-eul sege chida 233
gong-eul tuigida 227
gong-geup jeon-won 60
gong-giga tonghage hada 91
gong-gi sillindeo 239
gong-gooham 80
gong-gook 315
gong-gu 165
gong-gu geol-i 78
gong-gyeok 220
gong-gyeok jiyeok 224
gong-won 262
gong-ye 274, 276
gong 75, 220, 221, 224, 226, 228, 230, 257
gongchaek 162, 172
gonghak 169
gonghang 212
gongjagseok 289
gongjak 293
gongjakyong kal 81
gongjang 299
gongjoongjebi 235
gongjungjeonhwa 99
gongjungjeonhwa booseu 99
gongpo yeonghwa 255
gongsa joong 323
gongsang-gwahak yeonghwa 255
goo (ah-hob) 308
goo-un 159
goo-wol 306
goobaeg 308
goobda 67, 138
goodongchook 202
goodu 34, 37
googae 19
googeub sangja 47
gook 158
gookga 315
gookhwa 110
gookja 68
gookjaeseon 212
gooklib gong-won 261
gooknaeseon 212
gool 121
goolchaggi 187
goomyeong boopyo 240
goomyeongboteu 214
goomyeong boteu 240
goomyeong jokki 240
goon-in 189
goon-yeob 110
gooreum 287
goosib (aheun) 308
gooyu 183
goppi 243
gorae 290
gorang 183

gori 36, 187, 276
gorilla 291
gosan sigmul 87
goseumdochi 290
gosog moteoboteu tagi 241
gosokdoro 194, 323
gosok yeolcha 208
gotgan 182
gowon 284
goyang-i 290
goyongju 24
grin ollibeu 143
gu-i yori 158
gu 164
guaba 128
gubo 243
gugang cheong-gyeolje 72
gugeubcha 94
gugeubdaewon 94
gugeun 86
gulle 242
gulttuk 58, 214
gundungi 13, 16
guri 289
guseumeori 127
guyeok 283, 315
guyeokjil 44
gwaeng-i 88
gwahak 162, 166
gwahakja 190
gwail baguni 126
gwail juseu 156
gwail keikeu 140
gwailkkeom 113
gwailppang 139
gwailryu 107, 126, 128
gwail tareuteu 140
gwail yogeotu 157
gwajajeom 113
gwang-go 269
gwangjang 299
gwangmul 289
gwangtaek-eul naeda 77
gwangtaekje 77
gwangwang-gaeg 260
gwangwang 260
gwangwang annaeso 261, 322
gwangwang beoseu 197, 260
gwangwang myeongso 260
gwanjanoli 14
gwanjeol 17
gwanjetab 212
gwanjoong 233, 254
gwanmok ultari 85, 90, 182
gwanyeok joongsim 273
gwasoowon 183
gwatemalla 314
gwayuk 124, 127, 129
gwedo 280
gwi 14
gwigeol-i 36
gwiri 130

gwitturami 295
gwontoo 236
gwontu janggab 237
gyebu 23
gyedan 59
gyedan moon 75
gyedan sonjabi 75
gyegipan 201
gyegog 284
gyejeol 307
gyeju 235
gyejwabeonho 96
gyemo 23
gyeodeulangi 13
gyeojassi 131
gyeolgwa 49
gyeolhon 26, 35
gyeolhonhada 26
gyeolhon piroyeon 26
gyeolko ...anta 320
gyeolseungseon 234
gyeomja 53, 167
gyeon-incha 203
gyeon-inhada 195
gyeong-gi 230, 243, 247
gyeong-gijang 222, 225, 234, 243
gyeong-gwangdeung 94
gyeong-gyeseon 225
gyeong-ungi 182
gyeong-wi 94
gyeongabgol 17
gyeongbihaeng-gi 211
gyeongbiwon 189
gyeongchal 94
gyeongchalbong 94
gyeongchalcha 94
gyeongchalgwan 94, 189
gyeongchalseo 94
gyeongchu 17
gyeongdo 283
gyeongjae 79
gyeongjakhada 91
gyeongjags nongjang 183
gyeongjehak 169
gyeongjeok 201, 204
gyeongjoomal 243
gyeongju-yong jajeongo 206
gyeongju 234
gyeongjuyong otobai 205
gyeongjyeon 239
gyeongma 243
gyeongmajang 243
gyeongryang beullog 187
gyeongsaji 284
gyeongwaryu 151
gyeongwaryu mit mallin gwail 129
gyeowool 31, 307
gyepi 133
gyeryangbong 202
gyeryangkeob 69, 150, 311
gyeryangseupun 109
gyeryuhada 217
gyeryuyong batjul 217

gyesan-won 106
gyesan 106
gyesandae 106
gyesangi 165
gyesanseo 152
gyo-wae 299
gyocharo 194, 298
gyoche 223
gyoche seonsu 223
gyodogwan 181
gyogwaseo 163
gyohoei 299, 300
gyohwan-won 99
gyojang seonsaengnim 163
gyoryu baljeongi 203
gyoryu jeonryu 60
gyosa 190
gyosang 46
gyosil 162
gyosoo 169
gyotong-gyeongchal 195
gyotong 194
gyotong chejeung 195
gyotongsinhodeung 194
gyul 126
gyul han jjok 126
gyunjilhwa 137

H

habgido 236
habpan 79
habseong 31
hacha beoton 197
hadeubodeu 79
hadeuweeo 176
hae-an 285
hae-an gyeongbidae 217
haebaragi 184, 297
haebaragissi 131
haebaragiyu 134
haebyeon 264
haebyeon bang-gallo 264
haebyeon sanchaeklo 265
haechibaeg 199
haedab 163
haedeokdaegu 120
haedeumeosin 258
haedeuraeseuteu 200
haedonghada 67
haeja 300
haekgwa 126
haelleowin 27
haem 119, 143, 156
haema 294
haembeogeo 155
haemeog 266
haemseuteo 290
haendeubaeg 37
haendeu beureikeu 203
haendeu deuril 81
haendeu kateu 233
haendeul-i oenjjog-e itneun cha 201
haendeul 201
haendeulba 207
haendeutaol 73

한국어 hangookeo · english 329

한국어 색인 HANGOOKEO SAEKIN · KOREAN INDEX

haendikaeb 233
haeng-geullaideo 248
haeng-geullaiding 248
haeng-gooda 76
haeng-ing pail 173
haengbokhan 25
haengin 27
haengseong 280, 282
haepari 295
haesanmul 121
haesigye 262
haetbit 286
haetgamja 124
haewangseong 280
hag-wi 169
hagbusaeng 169
hai daibing 239
haihil 37
haiking 263
haipai siseutaem 268
haji maseyo 322
hakeop 161
hakgwa 169
hakgyo 162, 299
haki 224
haki seutik 224
haksaeng 162
haksa mit seoksa nonmun 169
hal-abeoji 22
hal-in 322
hal-in sangpoom 106
halmeoni 22
hama 291
hambeogeo gage 154
hamgyo 214
hamgyotap 215
...hamkke 320
hang-gong-gi apboobun 210
hang-gong-gwoneul yaeyakhada 212
hang-gongmoham 215
hang-gongsa 210, 212
hang-gong seungmuwon 190
hang-gong upyeon 98
hang-goo 214, 216
hanggyun multishyu 47
hanghae 241
hanghaehada 240
hangman 217
hangman gwanrisojang 217
hangsang ...hada 320
hangso 181
hanhaesal-i 86
haniseu leiseu 243
hansumjitda 25
hapeu 256
hapeutaim 223
hapumhada 25
hasuyong-gol 241
hat chokollit 144, 156
hatdogeu 155
hateu 273
hawai 314
hebi metal 259

hedeo 297
hedeu 230
hedeupon 268
hedeuraiteu 198, 205
hedinghada 222
heeo deuraigi 38
heeoseupeurei 38
heijeulneot-yu 134
heijeulneot 129
hellikobteo 211
helmet 95, 204, 206, 220, 228
helseujang 101, 250
helseukeullueob 168
hengguda 38
heobeokji 12, 119
heobeu 133, 134, 206
heobeu jeong-won 84
heobeuti 149
heobeu yakpoom 108
heodeul gyeongju 235
heojeongyeong-gi 247
heong-gari 316
heori 12
heori baendeu 35
heorikein 287
heosuabi 184
heotgan 85, 185
heub-ibgu 61
heub-ib hoseu 77
heub-yeon 112
heubbigpi 44, 109
heubban 53
heug-ok 288
heug-yeon 289
heug-yoseok 288
heukbat-i 205
heukhae 313
heukppang 139, 149
heukson 187
heungboonhan 25
heurin 286
himallaya 313
himjul 17
hiteo 60
hiteo keonteurol 201
ho 164
hobag 125
hobagssi 131
hobeokeurapeuteu 215
hoching 23
hochul beoteun 48
hodu 129
hoduyu 134
hoei-banjook 83
hoei-jeonsik geonjogi 76
hoei-ui-log 174
hoei-ui 174
hoei-uisil 174
hoeigye buseo 175
hoeigyesa 97, 190
hoeihyang 122, 133
hoeihyangssi 133
hoeijeon uija 172
hoeisa 175
hoeisaek 39, 274
hoeisa pyeonjiji 173

hoeiuiui sahoereul matda 174
hoeng-gyeongmak 19
hoengdanbodo 195
hogoo 236, 249
hoheub 47
hoheubgigye 19
hoheupgi 239
hojoo 319
hok 291
hol-in-won 233
hol 232
holgeurein meoseutadeu 135
holteonek 35
hom aenteotaeinmeonteu 268
homilppang 138
hompeullaeiteu 228
homtong 58
hong-eo 120, 294
hong-eo jineureomi 120
hong-yeok 44
hongcha 149
hongchae 51
honghab 121, 295
honghae 314
hongsoo 287
honlanseureoun 25
hoodeu 31, 75
hoodu 25
hoo-eh 320
hoonje 118, 121, 143, 159
hoonje saengseon 143
hoonlyeonhada 251
horang-gasinamu 296
horang-i 291
horeumon 20
horopa 132
hoseu 89, 95
hoseu gamgae 89
hosinsul 237
hosoo 285
hotel 100, 264
huchu 64, 124, 152
hudugae 19
huingaemi 295
huingom 291
huin guyeok 272
huinja 137
huin milgaru 138
huin ppang 139
huinsaek pibu 41
huinsaek 39, 274, 321
huinsal gogi 118
hujinhada 195
hunje cheong-eo 157
husig kateu 152
hwa-mool 216
hwaboon 89
hwabunsu 87
hwachanghan 286
hwacho 110
hwaga 191
hwagang-am 298
hwagdaehada 172
hwagwan 111

hwahak 162
hwahwan 111
hwaiteu 145
hwaiteubodeu 162
hwaiteu chokollit 113
hwaiteukeoreonteu 127
hwajae gyeongbogi 95
hwajangdae 71
hwajangji 72
hwajangpum 41
hwajangseom 41
hwajangsil soonabjang 72
hwakdae 271
hwal 249
hwalbaegeun 16
hwaldong 77, 162, 183, 263
hwalgang 247
hwaljuro 212
hwalseon 60
hwamulchang 215
hwamulseon 215
hwamul yeolcha 208
hwamyeon 97
hwan-gyeong 279
hwan-yool 97
hwanan 25
hwang-galsaek 39
hwang-ok 288
hwanghon 305
hwangsae 292
hwangsaechi 120, 294
hwangseunghada 209
hwangso 185
hwanja 45
hwanjeonso 97
hwanpung-gi 66
hwasal 24
hwasaltong 249
hwasan 283
hwasang 45
hwasangu 283
hwaseong-am 288
hwaseong 280
hwayoil 306
hwibal-yoo 199
hwijeotda 67
hwil 198, 207
hwilcheeo 48
hwilcheeo tabseung ganeung 196
hwilkaeb 202
hwil neoteu 203
hwiping keurim 137
hyang-l cheomgadoen 130
hyangsinryo 132
hyangsoo gage 105
hyangsu 41
hyeo 19, 118
hyeobgog 284
hyeol-ab 44
hyeol-aeg geomsa 48
hyeon-akgi 256
hyeon-geum jadongchoolnabgi 97

hyeongeum-euro bakkuda 97
hyeongje 22
hyeongsa 94
hyeongwan 58
hyeongwandeung 58
hyeonmi 130
hyeonmigyeong 167
hyeonmuam 288
hyeonsanghada 271
hyeonsu hagang 248
hyeseong 280
hyooga 212
hyooga annae chaekja 212
hyoonggeun 16
hyoonggol 17
hyoosik 55
hyudaepon 99
hyudaeyong agi chimdae 75
hyujitong 177
hyungchu 17
hyunggwak 17

I

i (dool) 308
i-baeg 308
i-beon joo 307
i-cheung 104
i-cheung jeongmyeonseok 254
i-in-yong jajeongeo 206
i-maeil gyaejeong 177
i-makkeun 242
i-man 309
i-meil 177
i-min 212
i-mul 214
i-ning 228
i-nyeonsaeng 86
i-sib-bun 304
i-wol 306
ibalsa 39, 188
ibche gyocharo 194
ibchehyeong 164
ibeuning deureseu 34
ibgeumhada 96
ibgeum jeonpyo 96
ibgu 59, 322
ibhakcheo 168
ibjangryo 260
ibsul 14
ibulkeobeo 71
ibwonhada 48
icheung beoseu 196
idan pyeonghaengbong 235
idongchimdae 48
idugeun 16
igida 273
iguana 293
ihaseonyeom 44
ihon 26
ijayool 96
ijibteu 317
ijjog-eul weero 98

한국어 색인 HANGOOKEO SAEKIN · KOREAN INDEX

i joo dong-an 307
ijung chojeom 51
ik-eun 129
ikhin gogi 118, 143
ikonomiseok 211
iksahada 239
il (hana) 308
il-eo-nada 71
il-il i-sig jegong 101
il-il samsig jegong 101
il-inboon 64
il-wol 306
il-yoil 306
il / wolsik 280
ilbangtonghaeng 322
ilbang tonghaengro 194
ilbang tonghaeng siseutem 298
ilban uyoo 136
ilbon 318
ilboo 320
ilcheung 104
ilchool 305
ilgda 162
ilgob beonjjae 309
ilgwang-yokhada 264
ilgwanghwasang 46
ilheun beonjjae 309
ilhoeiyong 109
ilhoeiyong banchanggo 47
ilhoeiyong gijeogwi 30
ilhoeiyong kamera 270
ilhoeiyong myeondogi 73
iljeong 260
illegteurig gita 258
ilmol 305
ilpoom yori 152
ilsi jeongji 269
ima 14
imdaehada 58
imdaeryo 58
imin gada 26
imsin 52
imsinhada 20
imsinhan 52
imsin sam-gaewol 52
imsin teseuteu 52
imwon 24, 174
inchi 310
indae 17
indo 318
indonesia 319
indong 297
indoyang 313
indu 19
ing-geullishi horeun 257
ing-geullisi beuraegpeoseuteu 157
ing-geulliswi meoseutadeu 135
ingkeu 274
ingkeu paedeu 173
inhyeong 75
inhyeongjib 75
inkyubeiteo 53
inlainseukeiteu tagi 249
inmul 271

inmyeong gujowon 239, 265
insa 322
insabu 175
insaeng jungdaesa 26
inshullin 109
inswae 271
inswaehada 172
inteo-net 177
inteobyu jinhaengja 179
inteokom 59
ioncheung 286
ip 14, 122, 296
ipcha 144
ipdambae 112
irakeu 318
iran 318
ireun 305, 320
iryookhada 211
iseura-el 318
iseuteu 138
isib (seumul) 308
isib-I (seumuldool) 308
isib-il (seumulhana) 308
itallia 319
itmom 50
iut 24

J

ja 163, 165
jabcho 86
jabchoreul ppobda 91
jabda 220, 227, 229, 245
jabgi 237
jabji 107, 112
jadong 200
jadongcha 198, 200, 202
jadongcha beonhopan 198
jadongcha gyeongju 249
jadongcha sago 203
jadong eungdabgi 99
jadong iche 96
jadongmoon 196
jadu 126
jae 283
jaebongsa 191
jaebongteul 276
jaechaegi 44
jaecheol 129
jaedan chokeu 276
jaedanhada 277
jaedan inche mohyeong 276
jaedansa 191
jaegal 242
jaegayeolhada 154
jaegobmiteo 310
jaegobpiteu 310
jaehwalyongtong 61
jaejeu 259
jaek 203, 273
jaekit 32, 34
jaem 156
jaemi-itneun 321
jaemooldae 167
jaemooseolgyesa 97

jaeng-gijjilhada 183
jaengban 152, 154
jaepan-il 180
jaepojang 187
jaeryo 79, 187, 276
jaesaeng 269
jaeteuseuki 241
jaetteol-i 150
jag-eobbok 83
jag-eun jogakpum 260
jag-eun tab 300
jagal 88
jageun 321
jagi geureut 105
jagoong 20, 52, 52
jagoong gyeonggwan 20, 52
jagoongmun-i yeollim 52
jajaknamu 296
jajeong 304
jajeongeo 206
jajeongeo doro 206
jajeongeo geochidae 207
jajeongeo tada 207
jajeongeo tagi 263
jaju 274
jak-eobdae 78
jak-eobjang 78
jak-eun cheolkkeun 89
jakmoon 163
jal gaseyo 322
jam-ot 31
jam-otryu 31
jamae 22
jambia 317
jameika 314
jameika gyul 126
jamgeum gori 37
jamjari-e deulda 71
jamjari 295
jamjarireul jeongdonhada 71
jamong 126
jamsoobog 239
jamsooham 215
jamulsoe 59, 207
jamyeongjong sigye 70
jan 150, 152
jandibat 85, 90, 262
jandi bongtoo 88
jandikkaggi 88, 90
jandileul kkalda 90
jang-aein joochagooyeok 195
jang-aemul gyeongma 24
jang-aemul ttwieo-eoneomgi 243
jang-eo 294
jang-gwaryu mit mellonryu 127
jangaji 296
jangbi 238
jangbu tob 81
jangdae nop-ittwigi 234
janggab 36, 224, 233, 236, 246
janggi 18
janghakgeum 169

janglibjong 130
janglye 26
jangmi 110
jangnangam 75
jangnangam baguni 75
jangnangam jib 75
jangpa 179
jangpyeon yeonghwa 269
jangsik 82, 141
jangsikpoom 87
janyeo 23
jarangseureoun 25
jareuda 79
jareugi 91
jari 266
jarugeolle 77
jase 232
jaseog 167
jasinmanmanhan 25
jasoojeong 288
jasu 277
jat 129
jawaeseon 286
jawaeseon chadanjae 108, 265
jayeon chiryobeob 55
jayoohyeong 239
jayootoo la-in 226
jeanseo 174
jebi 292
jebing-gi 67
jechoje 91, 183
jedong lebeo 207
jegwajeom 114
jejarieum-ui 256
jejari ttwida 251
jel 38, 109
jellibin 113
jemok 168
jeo-wool 98
jeo-woolpan 310
jeob-anlenjeu 167
jeobchag teipeu 173
jeobji 60
jeobji maseyo 98
jeobmokhaeda 91
jeobsi 65
jeobsuwon 190
jeobyeong 239
jeochook-yaegeum 96
jeochook 96
jeogcheolseok 289
jeogdo gini 317
jeoggalsaek 39
jeogi 320
jeojageukseong 41
jeojanghada 177, 223
jeojeun 321
jeojibang uyoo 136
jeokdo 283
jeokmog hyeonsang 271
jeoksaeg lentilkong 131
jeol-im-yong yooriyong-gi 135
jeol-in gwail 135
jeol-yeon teipeu 81
jeolbyeok 285
jeoldo 94

jeolgoo 68
jeolgutgong-i 68
jeoljeonhyeong jeongu 60
jeom-an-gae 109
jeom-an-gi 109
jeomhwa 200
jeomhwa peulleogeu 203
jeomjeokgi 167
jeompan-am 288
jeompeu 237, 243
jeompeubol 226
jeompeuhada 227
jeomsim 64
jeomsim menew 152
jeomsu 220, 273
jeomsupan 225
jeomto 85, 275
jeon-ab 60
jeon-eh 320
jeon-gigong 188
jeon-gireinji 66
jeon-won keibeul 176
jeonbo 98
jeonchae yori 153
jeonche 129
jeondanji 96
jeondeung deuril 78
jeondugeun 16
jeong-eori 120
jeong-geuljim 263
jeong-gi ganhaengmul 168
jeong-gol-yobeob 54
jeong-gwonchigi 237
jeong-oh 305
jeong-won-ui teukjing 84
jeong-won dogu 88
jeong-wonsa 188
jeong-wonsu 86
jeong-won yangsik 84
jeong-yookjeom 114
jeong-yugmyeonche 164
jeongal 295
jeongbagji 217
jeongbigong 202, 203
jeongbo 261
jeongbo hwa-myeon 213
jeongcha geumji 195
jeongchihak 169
jeonggangi 12
jeonggangippyeo 17
jeonggwan 21
jeonghwakhi 320
jeonghyang 125, 133
jeonghyeong-waegwa 49
jeonghyeongsik jeong-won 84, 262
jeongi 60
jeongijadongcha 199
jeongi jujeonja 66
jeongi myeondogi 73
jeongiseok 288
jeongi yeolcha 208
jeongi yeon-gyeoldae 266
jeongja 20
jeongjaekkul 134
jeongjang 32, 34

한국어 hangookeo · english 331

한국어 색인 HANGOOKEO SAEKIN · KOREAN INDEX

jeongjeon 60
jeongji 269
jeongmaek 19
jeongmun 58
jeongnang 21
jeongsagakhyeong 164, 272
jeongsi 305
jeongsin-gwa 49
jeongwa 181
jeongyukjeom jooin 118, 188
jeonham 215
jeonhwa 99
jeonhwabeonho annae 99
jeonhwagi 99
jeonhwagi bonche 99
jeonhwareul geolda 99
jeonja hyeol-abgye 45
jeonja jepum 105, 107
jeonjareinji 66
jeonji gawi 89
jeonji tob 89
jeonkidam-yo 70
jeonlibseon 21
jeonmun-ui 49
jeonryeok 60
jeonryeokryang-gye 60
jeonryu 60
jeonseon 60
jeonsi 261
jeonsihoei 261
jeontoogi 211
jeonyeok 64, 305
jeonyeok menew 152
jeonyeoksigsa 158
jeori 37
jeotda 67
jeowool 69, 118, 166, 310
jeppangsa 139
jeteuwei 212
jeub-i man-eun 127
jeukseog sikpoom 107
jeung-geo 181
jeung-gi gigwancha 208
jeung-gwon beurokeo 97
jeung-gwon georaeso 97
jeung-in 180
jeungchuk geonmul 58
jewang jeolgae 52
jiab 55
jiab anma 54
jib 58
jibang 119, 315
jibdan chiryo 55
jibge 150, 167, 173
jibju-in 58
jiboong 58, 203
(jiboong-i itneun) beoseu jeongryuso 196
jibul 96
jibulhada 153
jibun 97
jibungchang 58
jibuti 317
jida 273
jido 261
jig-eob 188, 190

jigab 37
jigak 282
jigecha 186, 216
jigeum 304, 320
jiggag 165
jigjin 260
jigmul 277
jigryu jeonryu 60
jigsagakhyeong 164
jigseon 164
jigso 81
jigu 280, 282, 315
jihacheol 208
jihacheol noseondo 209
jihdo 194
jihasil 58
jihwibong 256
jihwija 256
jiin 24
jijidae 187
jijin 283
jijoonghae 313
jik-won 24
jikjang 21
jil 20
jilbyeong 44
jilju 243
jilmun 163
jilmunhada 163
jilshikhada 47
jim 100, 198, 213
jimbabeuwae 317
jimkan 196
jim seonban 209
jimun 94
jin-ib geumji 195, 323
jin 145
jinan joo 307
jinchal 45
jinchul-ibro 194
jine 295
jineureomibal 290
jingong bo-onbyeong 267
jingong cheongsogi 77, 188
jinhaengja 178
jinipro 58, 216
jinjeongje 109
jinju mokgeol-i 36
jinnoonkkaebi 286
jinsool 180
jintong 52
jintongje 47, 109
jintonik 151
jipeo 277
jipi sigmul 87
jipye 97
jireong-i ryu 295
jireum 32
jiri 162
jiroohan 321
jisa 175
jiseong 39, 41,
jisisahang 109
jiugae 163
jiyeok 298, 315
jjabjjalhan 155
jjagi 277

jjalbeun 32, 321
jjalbeun no 241
jjaljoomeoni 69
jji 244
jjida 67
jjin 159
jjipurim 25
jjogin meori 39
jo-eun 321
joayo 322
jobeun 321
jobumo 23
jogae 121
jogae kkeobjil 265
jogak 140, 275
jogakbo gibgi 277
jogakga 191
jogakhada 78
joging 263
jogjibge 40, 47, 167
jogyeonghada 91
jojesil 108
jojia 318
jojongsa 190, 211
jojongsil 208, 210
jokeo 273
jokki 33
jol-eobhada 26
jol-eobsik 169
jol-ida 67
joleobsaeng 169
jomyeong 105, 178
jomyeong seuwichi 201
jong-ari 13, 16
jong-arippyeo 17
jong-I gong-yae 275
jong-i jeobgi 275
jong-i keullip 173
jong-yang-gwa 49
jonghab bitaminje 109
jongjong 320
joo-ui 323
joo 306, 315
joobang-gong hwal kal 68
joobang 66, 152, 214
joobang yongpum 68, 105
joocha miteo 195
joodung-i 293
joog 157
joogeok 68
joogeunkkae 15
joohaeng girokgye 201
joohwang 274
jooin 64
jookda 26
jookini hobak 125
joolbatchimdae 258
joomal 306
joomeok 15, 237
joom lenjeu 270
joomunhada 153
joonbi undong-eul hada 251
joong-ang-apeurika gonghwagook 317
joong-ang bunridae 194

joong-gan-gwon 286
joong-gook 318
joong-goyongpoom gage 115
joongdok 46
joonghwanjasil 48
joongji 15
joonglib jiyeok 224
joonglyangbong 251
joonglyeok 280
joongpa 179
joongryeogbook 139
joongseongseon 60
joongsim 164
joopasoo 179
jooreumsal bangji 41
jooryu 145
jooryu diseupaenseo 150
joosagi 109, 167
joosawi 272
jooseok 289
jooseu 127
jooshim 222
joosik 97
jootga 97
jori 37
jori bangbeob 159
joridae 66
jorigae daieol 270
josa 94
josan 52
josansa 53
joseonso 217
joyonghan 321
juchahada 195
juchajang 298
judot 240
jul 81, 244, 258
julgi 111, 122, 297
julgidae 297
julja 80, 276
julmano 289
julneomgi 251
jumeoni 32
jung-ang bunli gosokdoro 195
jungjokgol 17
jungseong 39
jupasureul matchuda 179
jureumsal 15
juryu panmaejeom 115
jusa 48
juseu mit milkeusheikeu 149
juso 98
juyu peompeu 199
juyuso 199
juyuso madang 199
jwa-ik 228
jwabyeongi 61
jwaseog-yeol 210, 254
jwaseog annaewon 255
jwaseok 204, 208, 210, 242, 254, 264
jwaseok deungpatji 210
jwaseok wi seonban 210
jwayak 109
jwi 290

jyueolli bogwanham 36

K

kabinda 317
kabing pokeu 68
kadamon 132
kadeu 27, 273
kadeu han beol 273
kadeureul dollida 273
kadeu seullot 97
kadigeon 32
kaebinit 66
kaeb moja 36
kaebshul 109
kaedi 233
kaeibeulka 246
kaejueol 34
kaem belteu 203
kaemisol 35
kaemkodeo 260, 269
kaempeoseu 168
kaempeujang 266
kaempeupaieo 266
kaemping 266
kaemping baen 266
kaemping beo-nuh 267
kaemping chimdae 266
kaempinghada 266
kaen 145, 311
kaenada 314
kaenbeoseu 274
kaen eumryo 154
kaeng-georu 291
kaereowei 131
kaerieo 204
kaeshooneot 129, 151
kajaheuseutan 318
kajino 261
kakteil 71
kakteil sheikeo 150
kalgal-i 68, 118
kalla 32
kallinis-geuradeu 316
kalshoom 109
kamaera gage 115
kamangbereu 142
kambodia 318
kamera 178, 260
kamera keiseu 271
kamera keurein 178
kameramaen 178
kamerapon 270
kamera yoohyeong 270
kameroon 317
kamomailti 149
kampari 145
kanaria 292
kaneisheon 110
kanibal 27
kanmag-i 173, 194
kanu 214
ka odio 201
kape 148, 262
kapet 70
kapo-eira 237
kapuchino 148
karaban 266

한국어 색인 HANGOOKEO SAEKIN • KOREAN INDEX

karamel 113
karamel keurim 141
kare 158
kare garu 132
karibeuhae 312
kasaba 124
kaseteu peulleieo 269
kaseteu teipeu 269
kaseupihae 313
kasiteu 198, 207
katareu 318
kateteo 53
kateu 100, 106, 208, 213
kaunteo 96, 98, 100, 142, 272
kayak 241
kayak tagi 241
kebab 155, 158
kecheob 135
keibeul 79, 207
keibeul tibeu-i 269
keikeu 140
keikeu gage 114
keikeu goobgi 69
keikeu teul 69
keil 123
keipeo 143
keipeu gujueberi 128
kenya 317
keobbadchim 150
keolling 245
keomin 132
keompeoseu 165
keompyuteo 176
keonbagsyeon hiteo 60
keonbeieo belteu 106
keonbeoteobeul 199
keondishyeoneo 38
keonsilleo 40
keonteineo 216
keonteineohang 216
keonteineoseon 215
keonteuri 259
keonteurol 201, 204
keonteurolleo 269
keopeu 45
keopeul 24
keopeuseu beoteum 36
keopi 144, 148, 153, 156, 184
keopijan 65
keopi meosin 148, 150
keopi milkeusheikeu 149
keopipoteu 65
keoreonteu 129
keoseutadeu 140
keoseuteodeu keurim 140
keoteuleori 64
keoteun 63, 254
keullaepeo bodeu 179
keullaesik eum-ak 255, 259
keullalinet 257
keullenjeo 41
keulleob 273
keulleob hoegwan 232

keulleob saendeuwichi 155
keulleochi 200, 204
keullibbodeu 173
keullibeo 68
keullinik 48
keullobeo 297
keunaekaebeuroedue 139, 156
keuraenberi 127
keuraun 50
keurein 187, 216
keurepe 155
keurikaet seonsu 225
keuriket 225
keuriket gong 225
keurim 109, 137, 140, 157
keurim chijeu 136
keurim pai 141
keuriseu 225
keuroatia 316
keurobkeot 39
keuroseuba 207, 222, 235
keuroseukeonteuri seuki 247
keuroseu teureineo 250
keuruasang 156
ki 176
kibodeu 176, 258
ki chiryo 55
kijeumil 153
kikbodeu 238
kikbogsing 236
kikseutaeonchi 207
killogeuraem 310
killomiteo 310
king 272, 273
kipaedeu 98, 99
kipeuroseu 318
kireugiseuseutan 318
ki sonjabi 240
kiwi 128
kkae-eo-nada 71
kkaekkeuthan 321
kkaekkeuthan at 76
kkagjikong 122
kkaji 320
kkalttaegi 166
kkamagwi 292
kkangtong 311
kkangtong ttagae 68
kkeobdaegi 293
kkeobjil-eul beotgin 129
kkeobjil 118, 119, 127, 129, 137, 142
kkeobjil beotgin 121
kkeobjil beotgin saewoo 120
kkeom 113
kkeul 81, 274
kkeulh-ida 67
kkeun-i eobsseum 34
kkeun 35
kkeureo ollida 251
kkeut 321

kkeutbubun 36, 122, 246
kkochi 68
kkogji 164
kkori 121, 210, 242, 280, 290, 292, 294
kkorinalgae 210
kkot-ip 297
kkot 110, 297
kkotbat 85, 90
kkotbatchim 297
kkotbong-o-ri 297
kkot bubun 122
kkotbyeong 62, 111
kkotgaru allereugi 44
kkotjib 110,
kkotkkoji 111
kkotnamu 87
kkotsangchu 123
kkotsikmul 297
kkoturi 122
kkwemaeda 277
kkwong-gogi 119
kkwong 293
ko 14
koaila 291
kobaneul 277
kobaneul tteugaejil 277
kokeu 206
kokkeun 242
kokkiri 291
kokkiri ko 291
kokoa garu 148
kokoneot 129
kolla 144
kollabi 123
kollaju 275
kollipeullawoe 124
kollombia 315
kombain 182
komidi 255
komoro 317
kompaegteu 40
kondom 21
koneo 223
koneo peullaegeu 223
kong-go 317
kong-gominjoogonghwagook 317
kongnamul 122
kongpatt 119
konkeuriteu honhabgi 186
konseoteu 255, 258
kontaekteu lenjeu 51
koonghoo 236
kopi 44
koppulso 291
koreukeu 134
koreul golda 71
koreuset 35
koreusika 316
koriandeo 133
koseu 153
koseutarika 314
kosobo 316
koteu 32, 227
koteudibuareu 317
kotgoomung 14

kotiji chijeu 136
kotsuyeom 39
kuba 314
kuseukuseu 130
kusyeon 62
kuweiteu 318
kwaesogjeong 214
kwin 272, 273
kwinoa 130

L

la-im 126
ladieiteo 60, 202
ladio 179, 268
ladio bangsong-gook 179
ladio chaeneol-eul matchooda 269
laeb 259
laeb saendeuwichi 155
laedue chikeori 123
laelli 230
laelli juhaeng 249
laempeu 62, 207, 216
laenteoka 213
laepeuting 241
laiberia 317
laim namu 296
laiseu puding 140
laiteo 112
lajeubaeri jaem 134
lajeuberi 127
laket 230
laketbol 231
laket geim 231
laket jul 230
lakeuroseu 249
lamadan 27
lamikin 69
lanjeri 35, 105
laoseu 318
lapel 32
lateubia 316
laundeu 237
laundeunek 33
lebanon 318
lebeo 61, 150
ledeu 145
ledeukadeu 223
ledeu keoreonteu 127
lege 259
legeu peureseu 251
legingseu 31
leideo 214, 281
leidi ping-geo 141
leil 208
lein 234, 238
leinkoteu 32
leiseo 249
leiseu-eob syujeu 37
leiseu bobin 277
leiseu mandeulgi 277
lejeo 253
lekodeu gage 115
lemo-neideu 144
lemon 126
lemongeuraseu 133
lemon keodeu 134

lemonti 149
lenchi 81, 203
lenjeu 51, 270
lenjeu kaeb 270
lenjeu keiseu 51
lenjeu seje 51
leogbi 221
leogbi gyeong-gijang 221
leogbi yoonipom 221
leok 221
leom 145
leomaenkog 151
leoning meosin 250
leonji 251
leopeu 232
leosia yeonbang 318
leseulling 236
leseutorang 101, 152
lesoto 317
leteu! 230
leunesangseu 301
leuwanda 317
libaundeu 226
lib beureosi 40
lib geulloseu 40
libia 317
lib laineo 40
libon 26, 111, 141, 235
libseutig 40
lichi 128
lideum chejo 235
lideu sing-eo 258
ligeu 223
lihitenshootain 316
likyu-eo 145
lil 244
lim 206
limakong 131
limeo 80
limokeon 269
limoojin 199
limpeugye 19
linen jepoom 277
ling 235
linggeo-aek 53
ling tai 89
lipoteo 179
liteo 311
lituania 316
lobi 100, 255
lode-o 243
lodeu lolleo 187
logeonberi 127
logeu-inhada 177
log konseoteu 258
logo 31
loing meosin 250
loje 145
lojeumari 133
lokeo 239
loki sanmaek 312
lokoko 301
lol 139
lolleo 83
lolleo beullaindeu 63
lolleobeulleideu tagi 263
lolleo koseuteo 262
lolppang 143

한국어 색인 HANGOOKEO SAEKIN · KOREAN INDEX

lomaenseu 255
lompeo 30
long beil 35
loo-mania 316
looji 247
looksembureukeu 316
loosoo 228
looteo 78
lopeu 248
losyeon 41
loteori 195
lubabeu 127
lubi 288
lummeideu seobiseu 101
lum seobiseu 101
lupin 297

M

ma-eul 299
mabu 243
machagyeongju 243
machwigwa wisa 48
madagaseukareu 317
madang 58, 84
madi 256
mae 292
maechi 230
maedaneun kkotbaguni 84
maeg-a eumryo 144
maeg-a sikcho 135
maegbak 47
maegjutaeb 150
maein koseu 153
maejang annaedo 104
maejoo 307
maekju 145, 151
maenhol 299
maenikyueo 41
maenikyueo jegeoje 41
maenteul 282
maenyeon 307
maenyu moeum 177
maepyoso 209, 216, 255
maeteu 54, 235
maeteuriseu 70, 74
maeteuriseu keobeo 71
maeun 124
maeun sosiji 142
maewol 307
magae 166
magarin 137
mageuma 283
mageuma chaembeo 283
mageuneshoom 109
magja 167
magjasabal 167
magoogan 243
maheun beonjjae 309
maikeu 179, 258
mail 310
majangmasool 243
majeoreom 133
majimak 320
majipaen 141
makadamia 129
makdae 89

makdaegi 91, 133
makdae satang 113
makedonia 316
maketing buseo 175
makeuhada 227
makeurame 277
makgan 254
makgi 237
mal 185, 242
malbeol 295
malchaejjig 242
malgub 242, 291
mallawi 317
malleisia 318
malli 317
mallida 76
mallin gwail 156
mallin jadu 129
malttug-eul bakda 90
malttug-euro gojeonghada 91
malttug 90
mameolleideu 134, 156
man-i 320
man-wol 280
man 309
manchego 142
maneul 125, 132
maneul bunswaegi 68
mang-aji 185
mang-go 128
mang-wongyeong 281
manchi 80
manchiro chida 79
mangmak 51
manhwa 178
manhwachaek 112
manjae heulsuseon 214
mano 289
marakaseu 257
maraton 234
mareum 124
mareummelloo 128
mareummo 164
mareun 130, 321
maru undong 235
masaji 54
maseukara 40
maseukeu 189, 228, 239
maseukeupaek 41
maseuking teipeu 83
masimello 113
mat-eul cheomgahan gireum 134
matchumbok 35
matini 151
matjogae 121
matneun 321
mauseu 176
mauseupiseu 237
mayonejeu 135
MDF 79
mechuragi 119
mechurial 137
medal 235
megsiko 314
meikeueob 40

meipeul sireob 134
mellodi 259
mellon 127
melppang 35
melppangbaji 30
memo 190
memohada 163
memojang 173
memori 176
menew 148, 153, 154
meog-i-leul juda 183
meogeukeob 65
meokda 64
meokgi 75
meolli ttwigi 235
meolmiyak 109
meon 320
meongki seupaeneo 80
meonjileul teolda 77
meonjimag-i keobeo 83
meopin 140
meopin teurei 69
meoraeng 140
meori 12, 19
meori busang 46
meorikarak 14, 38
meorikkeun 39
meoripin 38
meorireul dadeumda 39
meorireul mallida 38
meorireul setinghada 38
meoritti 38
meoseu-tadeu 155
meseu 167
mesiji 100
mettugi 295
michu 17
mideung 204, 207
midieo 178
migook 314
migyeol seoryuham 172
mijanghada 82
mijin 283
mikkeureomteul 263
mikki 24
mikkireul dalda 245
mikkireul mulda 245
miksingbol 66, 69
miksing deseukeu 179
mil 130, 184
milda 67
mildae 89
milkeu chokollit 113
milkeu keopi 148
milkeusheikeu 137
milkeuti 149
milligeuraem 310
milliliteo 311
millimiteo 310
minariajaebi 297
mindaegu 120
mindalpaeng-i 295
mindeulle 123, 297
mineul 244
mingamseong 41
miniba 101
minibeoseu 197
minmulgogi naksi 245

minsomae 34
minsomae sheocheu 30, 33
minteu 113, 133
minteuti 149
minwon 94
misail 211
miseyo 322
misigchookgu 220
misik chookgu seonsu 220
misikchukguhwa, 220
miso 25
misool 162
misoolgwan 261
misulyongpoomjeom 115
miteo 310
miteo bagseu 81
miteubol 158
mitmyeon 164
miyanma (beoma) 318
miyong 40, 105
miyong gwanli 41
miyongsa 38, 188
miyongsil 115
mobil 74
mocharella 142
modaelling gong-goo 275
model 169
modeum saelleodeu 158
modoo 320
mog-yoil 306
mog-yok-yong deungsol 73
mog-yok-yong gaun 73
mog-yokhada 72
mog-yok soogeon 73
mog bojogi 46
mogchoji 182, 285
mogeun 39
mogi 295
mogijang 267
mogkaendi 109
mogong 15
mogppyeo busang 46
mogsu 188
moheom yeonghwa 255
mohyeong 190
mohyeong jejak 275
moja 36, 238
mojambikeu 317
mojongsab 89
mojong sangja 89
mok 12
mokdeolmi 13
mokgeol-i 36
mokgeol-i chein 36
mokgong-yong jeobchagjae 78
mokgong biteu 80
mokgongtob 81
mokgumeong 19
mokgwan-akgi 257
mokhwa 184
mokjae 79, 187, 275
mokjeogji 211
mokse-gong 275
mokseong 280

moktan 275
moldibeu 318
molding 63
moldoba 316
molta 316
mom-eul jjoog ppeotda 251
mom-eul pulda 251
momtongsal 121
monako 316
mong-go 318
mongtajoo 181
moniteo 53, 172
monopolli 272
monorael 208
montenegeuro 316
moo-yeon 199
moodae yangjjog kkeut 254
moodangbeolle 295
moogeo-un 321
moogwang 83, 271
mook-eun meori 39
mool-an-gyeong 238
mool 144, 238
mool bunsagi 95
mooljib 46
mool juda 90, 183
moollae 275
moolli 162
moolppurigae 89
mool tan seukachi wiseuki 151
moon 85, 182, 196, 198, 209
moonje 271
moonui 273
mooreup bohodae 204, 227
mooreup gil-i 34
mooseu 141
mooseungbu 233
mootongjoosa 52
mooyongdaehak 169
morae 85, 264
moraebat 263
moraeseong 265
moran 111
more 307
moreutareu 187
morisheoseu 317
moritania 317
moroko 317
moseukeu 300
mot 80
motdaegari 80,
moteo 88
motokeuroseu 249
moyang 164
moyu suyuhada 53
mu 14
mucheokchu dongmul 295
mudae 254
mudeukjeom 230
mugereul dalda 310
mugwedo beoseu 196
mugyun 47
muhwagwa 129
mujibang 137
mujibang uyoo 136

한국어 색인 HANGOOKEO SAEKIN · KOREAN INDEX

mujigae 287
mujigae song-eo 120
mujoe 181
mujoeseon-go 181
mulbyeong 65, 206, 267
muljoogi 89
mullichiryogwa 49
mullihak 169
mulnaeng-i 123
multishyu 74, 108
mun-uicheo 168
muneo 121, 295
mungu 105
munhak 162, 169
munja (eseu-en-eseu) 99
munjahaseyo! 99
munjilleo ssitda 77
munsin 41
mureup 12
mureupppyeo 17
muryo ibjang 322
musalgyun 137
museon antena 214
museon deuril 78
museon jeonhwagi 99
musul 237
muyeom 137
muyong-ga 191
myeon 164, 277
myeondo 73
myeondonal 73
myeoneuri 22
myeong-wangseong 280
myeongsang 54
myeongso 261
myeonhue sigan 48
myeonjeok 165, 310
myeonsapo 35
myeonsejeom 213
myeon yori 158
myeonsepyo 96
myujikeol 255

N

nabang 295
nabi 288
nabi nektai 36
nabjakhago doong-geun ppang 139
nabttaem-yong indu 81
nabttaemhada 79
nachimpan 240, 312
nae beonjjae 309
naebige-i-sheon 195
naebkin 65, 154
naebkinling 65
naebu 200
naebunbigwa 49
naebunbigye 19
naegi 273
naehaek 282
naeil 306, 320
naejang-eul ppaen dakgogi 119
naejang 118
naek 258
naembi 69
naeng-abchah-yu 135
naeng-gaksoo tong 202
naengdong-go 67
naengdong 121, 124
naengdonghada 67
naengdong yogeoteu 137
naengjang-go 67
naengjang/naengdong-go 67
naerida 217
naeteori paeg 78
naeya 228
nagta 291
nagyeobsong 296
nai-jiria 317
naillon 277
naipeu 65
naiteu 272
naiteu deulesseu 35
najeun 321
najeun eumjaripyo 256
najoong-eh 304, 320
nak-yeobsu 86
nakhasan 248
nakksitdae 244, 245
naknongjang 183
naksi-kkun 244
naksi 244
naksi baneul 244
naksi dogu sangja 244
naksi heoga 245
naksiyong gin gomujanghwa 244
naksiyong taekeul 245
naksi yoohyeong 245
nal 66, 78, 89, 246
nalda 211
nalgae 60, 119, 293
nalgeot-ui 124, 129
nalija 306
nalssi 286
nam-amerika 315
nam-apeurikagonghwagook 317
nam-ok 288
nambangu 283
namgeukhae 313
namhaksaeng 162
namhoeigwiseon 283
namibia 317
namja 23
(namja) ssi 23
namjaai 23
namjachingu 24
namja sooyeongbog 238
namjog 312
namjoka 23
nampyeon 22
namsaek 274
namseong 12, 13, 21
namseongbok 32, 105
namsudan 317
namu 86, 296
namukkeobjji 296
namu mangchi 275
namu momtong 296
namu sutgarak 68
nan 139
nancho 111
nangan 59
nanja 20
nanpo 20
nansi 51
nanso 20
nanuda 165
nanugi 165
napalgwan 20
nappeun 321
nara 315
nasa 80
ne 322
nedellandeu 316
nektai 32
nektaipin 36
nengdong sikpoom 107
neobchipo 120
neobi 165
neodobamnamu 296
neoguri 290
neoljoljeung 44
neolbeun 321
neotda 76
neoteu 80
nepal 318
neteuwokeu 176
neugdae 290
neujeun 305, 320
neukgangeun 16
neukgol 17
neulgeun 321
neulgeun jookini hobak 124
neureumnamu 296
neurin 31
neurin goobo 243
newjjillaendeu 319
newseu 178
newseu jinhaengja 179
nideul nojeu peullaieo 80
nideulpointeu jasu 277
nijereu 317
nikaragwa 314
nikel 289
nipeo 81
no 241
noajooda 245
nochool boojok 271
nochool gwada 271
nochoolgye 270
nochul 271
noe 19
noejintang 46
nog-aut 237
nog-eumsu 87
nogeumsil 179
nojeotneun bae 214
no jeotneun saram 241
nojeu keullib 238
nojeul 89
nokcha 149
nokdu 131
nokeo 59
nokhwa 269
nokhwabangsong 178
nokkeun 89
nol-i 75
nol-iteo 263
nollan 25
nomyeon jeoncha 196, 208
nong-eo 120
nong-ga 128
nong-gu 226
nong-guseonsu 226
nongbu 182, 189
nongjakmul 182, 184
nongjang-ui yuhyeong 183
nongjang 182, 184
nongjang anmadang 182
nongji 182
nooaekong 122, 131
noon 14, 51, 244, 276, 287
noon geomsa 51
noonkkeopul 51
noonmul 51
noonsatae 247
noonsseob 14, 51
nooreugi 237
noorebal 276
noreugi 137, 157
noreuwei 316
norubal 276
nosang kape 148
noseon beonho 196
noteubook 172, 176
nubi-ibul 71
nubijjilhagi 277
nuga 113
nyeon 307
nyuseu aengkeo 191

O

o-peun top 260
o-raedoen 321
o-wol 306
obeo pa 233
obeopeullo paipeu 61
obeun-eseo sayong ganeung 69
obeun 66
obeunjanggab 69
obimhugwa 49
obo-e 257
odeu ttuwallet 41
oenjjok 260
ogakhyeong 164
ogeumjul 16
oh (daseot) 308
oh-baeg 308
oh-man 309, 318
oh-sib (shin) 308
ohan 44
ohu 305
oi 125
oil 142, 199
oil taengkeu 204
ojing-eo 121, 295
ojoncheung 286
okesetuera 254, 256
okeseuteuraseok 254
okeura 122
oksang jeong-won 84
oksusu 130, 184
oksusugireum 135
oksusuppang 139
olchaeng-i 294
ollibeu 151
ollibeuyu 134
ollimmeori 39
ollimpyo 256
olseupaiseu 132
omeullet 158
omgyeo simda 91
ondo geiji 201
ondogye 167
ondooraseu 314
oneul 306
onjoogyul 126
onlah-in 177
onseu 310
onsil 85
onsu kkogji 72
opal 288
opera 255
opeun saendeuwichi 155
opeupiseuteu 247
opeusaidau 223
oraenjieideu 144
oregano 133
orenji 126
orenji juseu 149
oreunjjog unjeonseok 201
oreunjjok 260
ori 185
orial 137
oribal 239
origogi 119
orora 286
oseon 256
oseuteurallasia 319
oseuteuria 316
oseuteuria aengmusae 293
otdan 34
otgeol-i 70
otjang 70
otobai 204
otobai gyeongju 249

P

pa 125
pabkon 255
pachungryu 293
pada 90
pado 241, 264
pae 272
paechi 207
paedeu 53, 220

한국어 hangookeo · english

한국어 색인 HANGOOKEO SAEKIN • KOREAN INDEX

paeja 273
paek 311
paen 202, 258
paen beltue 203
paengchangjae honhap milgaroo 139
paenkeikeu 157
paenti 33, 35
paenti laineo 108
paepaeroni 142
paereogeullaiding 248
paereoshooting 248
paeri 215
paeri teomineol 216
paeseu 226
paeseuhada 220, 221, 223
paeseuteupudeu 154
paesheon 277
paesyeonpeurucheu 128
paeteon 276
pai 143, 158
pail 177
pail baksheu 173
pain-aepeul 128
pain-aepeul juseu 149
painteu 311
paipeu 112, 202
paipeu keoteo 81
pai teul 69
pajama 33
pajang 179
pajoah 128
paka 31, 33
pakiseutan 318
pal (yeodeol) 308
pal-wol 306
pal 13
palbaeg 308
palgag 133
palgakhyeong 164
palgeol-i 200, 210
palgubhyeo pyeogi 251
palji 36
palkkumchi 13
palleteu 186, 274
palsib (yeodeun) 308
palttug undong 251
palttuk 12
pamameori 39
pam hateu 122
pan 282
panama 314
panda 291
pangyeol 181
panhwa 275
panji 275
panmaewon 104
pansa 180
pap 259
papaya 128
papeurika 132
papua-newgini 319
paragwai 315
parang 274
parasol 148
pari 295
paruemaesan 142
paseu-nib 125

paseulli 133
paseuta 158
paseutel 274
paswaegi 172
pat 131
pate 142, 156
patio jeong-won 84
paudeo 40
paudeo peopu 40
paul bol 228
paul lah-in 229
paundeisyeon 40
paundeu 310
pedal-eul balbda 209
pedal 61, 206, 257
pedikyueo 41
pedimeonteu 301
peeboo 14
peeim-yong peseori 21
peeim 20
peeim gigu 21
peeimyak 21
peeowei 232
peinteu 83
peinteu pan 83
peinteureul chilhada 83
peinteutong 83
peiseuopeu seokeul 224
peiseuteuri 140, 149
peiseuteuri sol 69
pellikeon 292
pen 163
penchi 80
penchok 163
pendeonteu 36
peneolti 223
peneolti jiyeok 223
peng-gwin 292
penpal 24
pensing 249
pensing geom 249
peo do-eo charyang 200
peog 224
peogeolleo 84
peojeul matchoogi 273
peompeu 207
peompeuseu 37,
peonchi 173
peonchibaeg 237
peongkeu 203, 207, 259
peopeu peiseuteuri 140
peoteo 233
peotinghada 233
peru 315
peteuri jeobsi 166
peullaesi 270
peullaet beuraedeu 139
peullaetpom 208
peullaetpom beonho 208
peullai 266
peullai mikki 244
peullai naksi 245
peullajollaekong 131
peullaming-go 292
peullaseukeu 166
peulleieo 273
peullein chokollit 113

peulleogeu 60
peulleonjeo 81
peullib chateu 174
peulliseu 74
peullorangtaeng 141
peulloriseuteu 188
peulluteu 257
peuraideu chikin 155
peuraimeo 83
peuraipaen-ae bogeu 159
peuraipaen 69
peurangseu 316
peurangseuryeong giana 315
peureim 206, 267
peurenchi horeun 257
peurenchi meoseutadeu 135
peurenchi toseuteu 157
peuret 258
peurijeu 301
peurijia 110
peurikik 222
peurimlojeu 297
peurinteo 172, 176
peurinting 275
peuri waeiteu 250
peurodyuseo 254
peurogeuraem 176, 254, 269
peurogeuraeming 178
peuropelleo 211, 214
peuroseseo 176
peuroshooto 143
piano 256
piboogwa 49
picheo 151
pigo 181
pigoin 180
pigyeo seukeiting 247
pija 155
pija gage 154
piji 319
pik-eob 258
pikan 129
pikeunik 266
pikollo 257
pildeu 228
pillateseu 251
pilleo 83
pilleum 260, 271
pilleumtong 271
pilling 50, 140, 155
pillipin 319
pillo peiseuteuri 140
pilteo 270
pilteo keopi 148
piltong 163
pin 60, 249, 276
pinieol 300
pinlandeu 316
pintobin 131
pipet 167
piseu 272
piseutachio 129
pita beuredeu 139
piteu 310
piteuniseu 250

podaegi 75
poddeun gogi 119, 121
podo 127
podo gwasoowon 183
podo juseu 144
podonamoo 183
podossiyu 134
pogpo 285
pogpoong 287
pohaendeu 231
pointeu 273
pojang 111
pojangdoro 187
pojangro 85
pokeo 273
poketbol 249
pokeu 65, 207
pokeu eum-ak 259
pokeullaendeu jedo 315
pokgyeokgi 211
pokhaeng 94
poldeo 177
pollaloideu kamera 270
pollandeu 316
pollieseutereu 277
pollo 243
polnoch 305
pon 272
pool 87, 275
poong-gyeong 271, 284
poongsu 55
popeulleo 296
popeuri 111
popi 21
poreul ddeun 121
poreutugal 316
poseuteo 255
poseuteo mulgam 274
posoo 229
poteu 176
poteupollio 97
poteuwain 145
powodeu 222
poyuryu 290
ppaeda 165
ppaegi 165
ppah-eun mil 130
ppaldae 144, 154
ppalgang 274
ppallae baguni 76
ppallaejibge 76
ppallaetgam 76
ppallaetjul 76
ppalli gamgi 269
ppang-garu 138
ppang gwa milgaru 138
ppang han deong-i 139
ppangkal 68
ppang kkeobjil 139
ppang mandeulgi 138
ppangnamu yeolmae 124
ppareun 321
ppul 291
ppuri 124, 296
ppuri deopgaereul deop-eojuda 91
ppyam 14
ppyeo 17, 119, 121

ppyeoreul ballanaen 121
pudeu peuroseseo 66
puding-yong ssal 130
puereutoriko 314
pul-eul baeda 90
pul banjug teibeul 82
putgangnangkong 131
put seuteuraeb 241
pyaejeom 260
pye 18
pyegimul cheori 61
pyeon-am 288
pyeon-gyul 126
pyeondutong 44
pyeong-gyundae 235
pyeong-won 285
pyeonghaengbong 235
pyeonghaengbong 235
pyeonghaengsabyeon-hyeong 164
pyeonghaengseon 165
pyeongji gyeong-gi 243
pyeongmyeondo 261
pyeongmyeon tibeu-i 269
pyeongsangbok 33
pyeonja 242
pyeonji 98
pyeonjibja 191
pyeonjiham 58, 99
pyeonma-am 288
pyesugwan 61
pyo 89, 209, 213
pyobaekje 77
pyogibeob 256
pyojeok 249
pyojipan 104, 322
pyoto 85
pyujeu 60
pyujeu bakseu 60, 203

Q, R

qwoteu 311
radio sigye 70
raekoreu peullaei-eo 268
raem 176
reinji 67
reogeu 63
reosi a-woe 209
robeu 231
rodeu baikeu 206
rodeukon 187
rookeu 272
roopeuraek 198
roteo 211
rukolla 123

S

sa (net) 308
sa-am 288
sa-i 320
sa-ryoon gudong 199
sa-sib-bun 304
sa-wol 306
sab 88, 187, 265
sabaeg 308
sachon 22
sadari 95, 186

한국어 색인 HANGOOKEO SAEKIN · KOREAN INDEX

sadarikkol 164
sadugeun 16
sae 292
sae beonjjae 309
saebyeok 305
saechajang 199
saedan 199
saeg-inpyo 173
saeg-yeonpil 163
saegkkal 39, 274
saegwan samuso 216
saeinteukicheu naebiseu 314
saeinteuroosia 314
saejogae 121
saekki dwaeji 185
saekki goyang-i 290
saekki jumeoni 291
saekki ori 185
saekkisongarak 15
saekkiyang 185
saekki yeomso 185
saeksopon 257
saelleodeu 149
saendeo 78
saendeul 31, 37
saendeuwichi 155
saendeuwichi panmaedae 143
saeng-gang 125, 133
saeng-il 27
saeng-il chotbul 141
saeng-il keikeu 141
saeng-il pati 27
saengbangsong 178
saengjwi 290
saengkkul 134
saengmeori 39
saengmul 162
saengridae 108
saengseon jangsu 188
saengsig gigwan 20
saengsik 20
saengsikgye 19
saengsoo 144
saero-un 321
saetakso 115
saetopbokseu 269
sagak paenti 33
sagassi bbaege 68
sago 46
sagwa 126
sagwa juseu 149
sagwa sikcho 135
sagwasool 145
sagyeok 249
sahara samak 313
saideudaekeu 240
saideu lah-in 220, 226, 230
saideu mireo 198
saillo 183
sairen 94
saja 291
sajeon 163
sajeonggwan 21
sajin 271
sajin aekja 271

sajin aelbeom 271
sajin jakga 191
sajinjjigda 271
sajin panjeong 234
sajinsul 270
sakgu 215, 240
salchoongje 89, 183
salgu 126
salgyun 137
salgyun yong-aeg 51
salkogi 118
sallami 142
sallimmang 244
salmeun dalgyal 137, 157
salpohada 91
salsugu 89
sam (set) 308
sam-jeom lah-in 226
sam-sib bun 304
sam-wol 306
samagwi 14, 295
samak 285
sambaeg 308
samcheung 104
samchon 22
samdugeun 16
samgadot 240
samgagja 165
samgak bungdae 46
samgakdae 166, 270, 281
samgakgang 285
samgakgeun 16
samgakhyeong 164
samjumun gidung 225
samnamu 296
samrim jidae 285
samsib (seoreun) 308
samusil 24, 172, 174
samusil bipum 172
samusil miljip guyeok 298
samuyong somopum 173
san-ag jajeongeo 206
san-ag seuki 247
san-ak-yong otobai 205
san-eob danji 299
san 284
sanang-gam 119
sanbu-ingwa byeongsil 48
sanbuin-gwa 49
sanbuin-gwa uisa 52
sanchaekro 262
sang-a 291
sang-eo 294
sang-inbang 186
sang-wangol 17
sangcharim 65
sangdaebang 236
sangdam 45
sangdamsa 55
sangjeom 298
sangjeom jeom-won 188
sangroksu 86
sangsa 24, 174
sangseon gage 114, 120
sangtume peurinsipe 317
sanhocho 291
sanmaeg 282
sanmarino 316

sansoo 165
santtalgiryu yeolmae 296
sapaieo 288
sapari gong-won 262
sapeuran 132
sapo 81, 83
saram 11
sarang-e ppajida 26
sareudinia 316
saseo 168, 190
saseum 291
saseumgogi 118
sasib (maheun) 308
sataguni 12
satang-oksusu 122, 124
satang 113
satangryu 107, 113
satangsusu 184
saudiarabia 318
sauna 250
saundeu teuraek 255
sawi 22
sawodou ppang 139
sawo keurim 137
sawon 175, 300
sayong joong-in 321
seda 165
sedae 23
segeum 96
segi 307
segwan 212
segye jido 312
seibja 58
seiji 133
seil 322
selleori 122
selleoriak 124
semollina 130
semyeon-yongpoom 107
semyeondae 38, 61, 72
semyeongae pab-eob 72
senegal 317
sengsikgi 12
senteo-lain 226
senteo 228
senteo seokeul 222, 224, 226
sentimiteo 310
seo-kkarae 186
seobeo 176
seobeu-lah-in 230
seobeu 231
seobeuhada 231
seobeu silsu 230
seobinghada 64
seobiseu 93, 101
seobiseu charyang 212
seobiseu jegongja 177
seoboogeuk 255
seog-yeong 289
seogog 256
seogryuseok 288
seojae 63

seojeom 115
seoijjog 312
seokeul 254
seokhoe-am 288
seokit teuraeining 251
seokjaeyong biteu 80
seokkda 67, 138, 273
seokryu 128
seoksahag-ui 169
seoksoe-e goobda 67
seoktan 288
seolchihada 177
seolsa 44, 109
seoltang jorim gwail 129
seom-yujil 127
seom-yu yuyeonje 76
seom 282
seomoseutaet 61
seomyeong 96, 99
seon-injang 87
seon-wae moteo 215
seon-won 189, 241
seon 19, 165
seonban 67, 106
seonban gagonghada 79
seonchang 216
seonche 214, 240
seong-gadaeseok 301
seong-in 23
seong-woon 280
seong 300
seongbyeong 20
seongcheung-gwon 286
seongdae 19
seongdang 300
seongeullaseu 51, 265
seonggyo 20
seonghyeong-waegwa 49
seongjeok 163
seongo 181
seongtanjeol 27
seonhae-eomchida 239
seonjang 214
seonkeurim 108
seonmi 240
seonmi gabpan 214
seonmul 27
seonmul gage 114
seonpung-gi 60
seonsaengnim 162
seonsu 221, 231
seonsugwondaehoei 230
seonsureul naebonaeda 225
seontaen losheon 265
seopeo 241
seopeukaeseuting 245
seoping 241
seopingbodeu 241
seorab 66, 70, 172
seorabjang 70
seoreun beonjjae 309
seori 287
seoryugabang 37
seoryuham 172
seoryu kaebinit 172

seosahara 317
seoseupensheon 203, 205
seoyang daepa 125
sereumia 316
serye 26
setak 76
setak geonjogi 76
setakgi 76
setakhan ppallae baguni 76
setak seobiseu 101
seteu 178, 230, 254
seu-kuteo 205
seu-kwoeteu 251
seu-neo-deureom 257
seu-nooke 249
seu-nou-boding 247
seu-nou mobil 247
seukaechibook 275
seukaen 48, 52
seukaeneo 106, 176
seukai daibing 248
seukapeu 31, 36
seukechi 275
seukeiteu 247
seukeiteubodeu 249
seukeiteubodeu tagi 249, 263
seukeiteu tada 224
seukueraebeul 272
seukueraembeul egeu 157
seukeureipeo 82
seukeureom 221
seukeurin 176, 255, 269
seukeurol makdae 177
seukeuryudeuraibeo 80
seukeuryudeuraibeo biteu 80
seuki 241, 246
seuki bucheu 246
seuki hwaljooro 246
seuki jaket 246
seukijang 246
seuki jeompeu 247
seukin keeo 108
seuki seutik 246
seukitagi 246
seuki taneun saram 246
seukoop 68
seukubeo daibing 239
seukul beoseu 196
seukupeu 149
seukwosi 231
seulaideuhaneu 229
seulilleo 255
seullaidu 167
seullaiseo 139
seullaiseu 230
seullib 35
seullip-on 37
seullipeo 31
seulliping maeteu 267
seullobakia 316
seullobenia 316
seulpeun 25
seumaesi 231
seumateupon 99, 176

한국어 hangookeo · english

한국어 색인 HANGOOKEO SAEKIN · KOREAN INDEX

seumhan 286
seumji 285
seumjin 44
seumo 237
seumoo beonjjae 309
seumuldoo beonjjae 308
seumulhan beonjjae 309
seumulsae beonjjae 309
seung-gaek 216
seunghabcha 199
seungja 273
seungma 242, 263
seungmabaji 242
seungma buchee 242
seungmagil 263
seungma moja 242
seungmogeun 16
seungmoowon chool-ibgoo 281
seungmuwon 210
seupae-eo taieo 203
seupaeneo 80
seupaikeu 232
seuparing 236
seupeideu 273
seupeideu biteu 80
seupein 316
seupeonji 73, 74, 83
seupeulingkeulleo 89
seupeurei tong 311
seupeurokit 207
seupideu seukeiting 247
seupieopising 245
seupikeo 176, 258, 268
seupikeo seutaendeus 268
seupin 230
seupocheu 105, 219
seupocheu beura 35
seupocheu jaekit 33
seupocheuka 199
seupocheu pising 245
seupocheu seonsu 191
seuponji keikeu 140
seupoteuraiteu 259
seuri do-eo charyang 200
seurirangka 318
seuroin 223, 226
seuroteul 204
seutaendeu 88, 205, 268
seutail 39
seutaking 35
seutapeuruteu 128
seutauteu 145
seuteb meosin 250
seuteikeu 121
seuteinliseugang 79
seuteipeulleo 173
seuteipeulleo chim 173
seuteisheon wegeon 199
seutensil 83
seutere-oh 269
seuteuraikeu 228
seutereching 251
seutereiteu godegi 38
seutereseu 55
seuteuriming 259
seuteurokeu 231, 233, 239
seutew 158

seutik 224, 249
seutob-wochi 234
seuwajillandeu 317
seuweden 316
seuweden soonmu 125
seuweiteo 33
seuwichi 60
seuwinghada 232
seuwing yeonseumhada 233
seuwiseu 316
seuwiteu seupeuredeu 134
shaeshi 203
shallot 125
shat 151
shawoe 72
shawoehada 72
shawoejel 73
shawoe keoteun 72
shawoe kkogji 72
shawojang 266
shawosil moon 72
she-un 321
sheibing pom 73
sheocheu 33
sheoteo beoteun 270
sheoteulkok 231
shepeu 152, 190
shepeu moja 190
sheriju 145
shinbal gage 114
shin beonjjae 309
shinho 209
shokeu 47
shoopeomaket 106
shooseul hada 223, 227
shoping 103
shopingbaeg 106
shoping senteo 104
shyampoo 38
si-wol 306
sib (yeol) 308
sib-eog 309
sib-l (yeoldul) 308
sib-i-wol 306
sib-il (yeolhana) 308
sib-il-wol 306
sib-nyeon 307
sib-oh (yeoldaseot) 308
sib-oh-bun 304
sib-yook (yeol-yeoseot) 308
sibchil (yeol-ilgob) 308
siberia 313
sibgoo (yeol-ahob) 308
sibijjang 18
sibja seukeuryudeuraibeo 80
sibman 309
sibpal (yeol-yeodeol) 308
sibsa (yeolnet) 308
sibsam (yeolset) 308
sicheong 299
sichim 304
sichimjilhada 277
sideun kkot-eul jallanaeda 91

sierarion 317
sig-yong-yu 135
siga 112
sigan 234, 261, 304
siganpyo 197, 209, 261
sigbyeolpyo 53
sigdang 168
sigdangcha 209
sigeumchi 123
sigjeon sool 153
sigmul-ui yuhyeong 86
sigoljib jeong-won 84
sigryopumjeom 114
sigye 36, 304
sihab 237
sihabhada 229, 273
siheom 163
siheomgwan 166
sijak 321
sijang 115
sikbbang 138
sikcho-e jeol-in 159
sikcho 135, 142
sikdo 19
sikgi geonjodae 67
sikgiryu 64, 65
sikgi secheokgi 66
sikhim-mang 69
sikkeureoun 321
sikminji 315
sikmul 296
siktak-eul charida 64
siktak 64, 148
siktakbo 64
siktak maeteu 64
sil-eul kkweda 277
sil 276
silgamgae 245
silgeol-i 276
silheom 166
silheomsil 166
silkeu 277
silleonteu 83
sillindeo hedeu 202
sillyehamnida 322
silnae gaun 31, 32, 35
silnae siseuteum 60
silpae 276
siltarae 276
siltob 78
simbeoljeu 257
simda 183
simenteu 186
simhyeolgwangye 19
simjang 18, 122
simjang mabi 44
simjangnaegwa 49
simli chiryobeob 55
simpan 220, 225, 227, 226, 229, 230
simponi 256
simpye sosaengbeob 47
simsimhan 25
simto 91

sin-yongkadeu 96
sin 127
sinbalchang 37
sinbal hyeo 37
sinbalkkeun 35, 37
sinbalkkeun gumeong 37
sinbal maejang 104
sinbun jeungmyeong baeji 189
sinchae 12
sinche gyetong 19
sineo 83
sing-gapol 318
sing-geul 151, 230
sing-geul chimdae 70
sing-geul keurim 137
sing-geul loom 100
singirog-eul se-uda 234
singkeudae 66
singojeonju-ui 301
singyeong-waegwa 49
singyeong 19, 50
singyeonggye 19
sinhon-yeohaeng 26
sinhotan 240
sinjang 18
sinjeong 27
sinmun 112, 168
sinmun gage 112
sinsaeng-ah 53
sinseonhan 121, 127, 130
sinseonhan chijeu 136
sinseonhan gwail 157
sinwol 280
sireob 109
siri-a 318
sirieol 130, 156
siryeok 51
siseol gwanli samuso 266
siseutem 176
sisilli 316
sisingyeong 51
siso 263
siteu 71, 74, 241
snokeul 239
so 185
soagwa 49
soagwa byeongsil 48
sobang-gwan 95, 189
sobangcha 95
sobangdae 95
sobangseo 95
sodappang 139
soda woteo 144
sodogje 47
soegalkwi 88
soeseurang 88
soesusemi 81
soetob 81
soeumgi 203, 204
sog-eul chaeun 159
sogbo 243
sogdo jehan 195
sogeum-e jeol-in 137, 143
sogeum 64, 152
sogeum cheomgahan 129
sogeume bbulrin 121
sogeumul-e jeol-in 143

sogogi 118
sohwagi 95
sohwagye 19
sohwajeon 95
sohwanjang 180
sohyeong galqwi 89
soin 98
sojang 18
sok-eul chaeun ollibeu 143
sok-ot 32
sok 127
sokdogye 201, 204
soket 60, 80
soket lenchi 80
sokgisa 181
sokgyeo 130
sokka naeda 91
sok keoten 63
soknoonsseob 14, 51
soksanghan 25
sol 38, 77
solgi 9
sollomonjedo 319
somae 34
somaetdan 32
somallia 317
somyo 275
son-nalchigi 237
son 3, 15
sonagi 286
sonamu 296
sonata 256
sonbadak 15
sonbadakppyeo 17
song-aji 185
song-aji gogi 118
song-eo 120
song-gotni 50
songarak gwanjeol 15
songlo 124
sonja 22
sonjabi 37, 88, 106, 187, 196, 200, 230
sonjeondeung 267
sonjilhan 121
sonju 23
sonmogbaendeu 230
sonmok 13, 15
sonnim 64, 100
sonnyeo 22
sonsangdoen meorikarag 39
sonsugeon 36
sontob 15
sontobgawi 41
sontobjul 41
sontobkkakki 41
soo-uisa 189
soobi 220
soobi jiyeok 224
soohak 162, 164
soohwamul chatneun got 213
soohwamul keonbeieo belteu 212
soohwamul teureilleo 212
soojib 98

한국어 색인 HANGOOKEO SAEKIN • KOREAN INDEX

soojig anjeongpan 210
soojoong ballae 239
soojung-ikseon 215
sookbagboo 100
sookbaksiseol 323
sookje 163
sool tana geonpodo 129
soompyo 256
soomyeonje 109
soonjasan 97
soonmu 124
soop 285
sooran 159
soosang bihaeng-gi 211
soosangseuki 241
soosangseuki seonsoo 241
soosangseupocheu 241
sooseong 280
soosinhada 177
soosul 45, 49, 297
soosulsil 48
soot 266
sootae 52
sooyeong 123, 238
sooyeongbok 265
sooyeong dongjak 239
sooyeonghada 238
sooyeongjang 101, 238, 250
sooyeongseonsu 238
sooyoil 306
sopa 62
sopa bedeu 63
sopeuteu deuringkeu 154
sopeuteuwweo 176
sopo 99
sopoong 263
sori jireuda 25
soseu 135, 143, 155
soseuga jihwun 159
soseupaen 69
sosiji 118, 155, 157
sosong sageon 180
soyeomje 109
ssag-i teuda 91
ssal 130, 184
ssan 321
ssang-ahn-gyeong 281
ssangdongseon 215
ssangdungi 23
sseok-eun 127
sseolmaetagi 247
sseuda 162
sseulda 77
sseun 124
sseuraegijang 266
sseurebatgi 77
sseuregitong 61, 67, 172
sseurojim 237
ssi 127, 128
ssiat 88, 122, 130, 131
ssiatppang 139
ssidi 269
ssidi peulleieo 268
ssieomneun 127
ssi ppurida 90, 183
ssi ppurigi 91

ssitda 77
sswaegipul 297
stok 110
subak 127
subihada 229
subusu 223
sucheob 173
suchiryobeob 55
sudal 290
sudan 317
sudo 315
sudokkogji 61, 66
sudong 200
sudotmool 144
sudu 44
sueob 163
sueun 289
sugab 94
sugeon 73
sugeongeol-i 72
sugu 23
suhwakhada 91, 183
sujeong 20
sujeongche 51
sujeong chiryobeob 55
sujo 61
sujubeohaneun 25
sukmo 22
sumyeon 74
supeu 153, 158
supeu geureut 65
supeulle 158
supeulle geureut 69
supeu seupoon 65
supyo 96
supyochaek-ui nam-eun boobun 96
supyochaek 96
suri dogu 207
surinam 315
suryojeung 169
susaeng sigmul 86
susaeng sikmul-won 84
suseok 288
suseong mulgam 274
suseonhwa 111
susim-i gipeun jjog 239
susinja boodam tonghwa 99
susong 193
susu 130
susuryo 97
sutdol 81
sutgarak 65
sutja 308
suuihak 169
suyeom 290
suyeong tewbeu 265
suyu 53
suyu beura 53
swaegol 17
syampein 145
syeobeot 141
syeoteul beoseu 197
syoldeobaeg 37
syoo peiseuteuri 140

T

ta-akgi 257
tabaksang 46
tabkoteu 83
tabseung-gu beonho 213
tabseung-gwon 213
tae-ah 52
taeban 52
taebeullit 176
taeeonada 26
taegeuhada 229
taegeukgwon 237
taegook 318
taegwondo 236
taeilgae-i-teu 198
taejeumeinia 319
taekbae hoeisa 99
taekeulhada 220, 223
taeksi seungchajang 213
taeksi unjeonsa 190
taellaepeuromteo 179
taembeorin 257
taengkeu 61
taening keurim 41
taenning gigye 41
taenteupaek 266
taenteu pol 266
taepyeong-yang 312
taetjul 52
taeyang-gye 280
taeyang 280
taibeuraeikeu 230
taichew 35, 250
taieo 198, 205, 206
taieo abryeok 203
taieo lebeo 207
tail-eul buchida 82
taim-aut 220
taimeo 166
taiming 203
taing geuraundeu 232
taja 225, 228
tajikiseutan 318
tajo 292
takgu 231
takja 62
takomiteo 201
tal-uisil 104
tamarillo 128
tamchim 50
tamjo hwaldong 263
tampon 108
tamsaekhada 177
tanjania 317
tansan-i eobneun saengsoo 144
tansan eumryo 144
tansansoo 144
tap 300
tarae 277
taragon 133
tareuteu 142
tareuteu teul 69
tarotoran 124
taunhauseu 58
tawonhyeong 164
te 226

teesheocheu 32, 33
teh-ma pakeu 262
teibeul 210
teibeul seting 152
teikeuaut 154
teipeu diseupenseo 173
tekilla 145
tellebijeon-eul boda 269
tellebijeon seutewdio 178
tellebijeon sirijeu 178
tellebijeeon-eul kkeuda 269
tellebijyeon-eul kyeoda 269
telleo 96
teniseu 230
teniseuhwa 231
teniseu koteu 230
tenteu 267
tenteu jari 266
tenteureul chida 266
teobochajeo 203
teochidaun 220
teochi lah-in 221
teok 14
teokbagee 30
teokbat-i 30
teoki 318
teokiseok 289
teombeulleo 65
teomineol 212
teong bin 321
terapiseuteu 55
teraseu jutaek 58
teraseu kape 148
terebin-yoo 83
teseuteu 49
teukbyeol maenyu 152
teukbyeolseok 254
teullin 321
teuraedeu 207
teuraeg 234
teuraegteo 182
teuraeking 243
teurai 221
teuraiaeng-geul 257
teuraipeul 141
teurilleo 266
teurellisu 84
teureok 194
teureok unjeonsa 190
teureompet 257
teureongkeu 198
teureopeul 113
teurinidadeutobago 314
teurombon 272
teuwin loom 100
tewba 257
tewbeu 207, 311
ti 233
tibaeg 144
tieseo gong-eul chida 233
tim 220, 229
timpani 257
tin 238
tiseupun 65

tishu 108
tobjilhada 79
tochulgu 61
toebi 88
toebi deomi 85
toejang 223
toejeog-am 288
toewonhada 48
togeul 31
togo 317
tohada 44
tokeullib 207
tokki 290
tokkigogi 118
tomaksal 119
tomato 125, 157
tomato juseu 144, 149
tomato soseu 144
ton 310
tonaeido 287
toneo 41
toneomeonteu 233
tong-geunja 208
tong 311
tongchaero 132
tonghaengro 85
tonghuchu 132
tonghwa joong 99
tongjeon seonro 209
tongjorim 107
tongmil 130
tongmilgaru 138
tongmilppang 139
tongpoong-goo 210
tongro 106, 168, 210, 254
tongsin 98
tonig wotoo 144
too do-eo charyang 200
toogi 236
toosu 225, 229
toosu maundeu 228
topieori 87
toping 155
topi satang 113
toronhada 163
toseong 280
toseuteo 66
toseuteu 157
te souteuraeb 207
toseuteu saendeuwichi 149
toyang 85
toyoil 306
ttaemnab 79, 81
ttah-eun meori 39
ttakjeongbeolle 295
ttakttaguri 292
ttakttakhan 129, 321
ttakttakhan satang 113
ttal 22
ttalgi 127
ttalgi milkeushekeu 149
ttallang-i 74
ttangkong-yu 135
ttangkong 129, 151
ttangkong beoteo 135
ttaraseo 320

한국어 hangookeo • english 339

한국어 색인 HANGOOKEO SAEKIN · KOREAN INDEX

ttatteuthan 286
tte 183
tteudeo-naeda 82
tteugaejil baneul 277
tteugaejilhagi 277
tteugeoun eumryo 144
tti 236
ttogttagdanchu 30
ttukkeong 61, 66, 69
ttwie-eo-neom-gi 235
tuchang 234
tueoring jajeongeo 206
tueoring otobai 205
tuguhada 225
tuja 97
tupohwan 234
tureukeumeniseutan 318
twigida 67
twigin 159
twiniji 317
twitwi 191
tyoollib 111

U

u-ik 229
uchegook 98
uchegook jik-won 98
udeu 233
udeu seutein 79
udunsal seuteikeu 119
uhoei 195, 323
uhoeijeon geumji 195
uibut-adeul 23
uibuttal 23
uichi 50
uihak 169
uija 64
uijasik lipeuteu 246
uije 174
uiloe 49
uisa 45, 189
uisang 255
uiseong naebeegeesyeon 201
uisik bulmyeong 47
...ui wi-eh 320
...ui yeop-eh 320
ujeubekiseutan 318
ujoo-bok 281
ujoo-in 281
ujoo 280
ujoo jeong-geojang 281
ujoo tamsa 281
ujoo wangbokseon 281
ukeuraina 316
ulda 25
uldaeppyeo 19
undong-yong jajeongeo 250
undong 251
undongbok 31, 32
undongbok sang-ui 33
undong gigye 250
undonghwa 31, 37, 251
undongjang 168
undong seonsu 234
unjeonhada 195

unjeonsa 196
unjeonseok 95, 196
unmo 289
unseok 280
upyeon-yeopseo 112
upyeon-yogeum 98
upyeonbeonho 98
upyeon haengnang 98, 190
upyeonham 99, 100
upyeonhwan 98
upyeonjibaewon 98, 190
upyo 98, 112
upyo soojib 273
uri 185
urugwai 315
usan 36
utda 25
uyoo 136, 156
uyoopaek 136
uyooreul jjada 183
uyubyeong kkogji 75

W

wa-in sikcho 135
wae-eum jeolgaesul 52
wae-gwan 198
waebaqwi sonsoorye 88
waechool 75
waegigwon 286
waegwa uisa 48
waehaek 282
waehwan 97
waejang hadeu deuraibeu 176
waejang peullaesi 270
waemo 29
waerae hwanja 48
waesik 147
waeya 229
waieo bojeong 35
waieoseuteuripeo 81
wain 145, 151
wainjan 65
wain moglok 152
waipai 269
wakseu 41
wanchoong jangchi 74
wandoo jjagae 131
wandu 122
wangsaewoo 121
wangu 105
wanjanghyeong tewbeu 238
wapeul 157
washeo 80
websaiteu 177
weding deureseu 35
weding keikeu 141
weibeu godegi 38
weibeureul pyeoda 39
weiteo 148, 152
weiteubelteu 239
weiteuriseu 191
weji 233
wejihil 37
weosheo-aek tong 202

wi-eh 320
wi 18, 320
wido 283
wiheom 195, 322
wikit 225
wikitkipeo 225
winchi 214
windeuseopeo 201
windeuseoping 241
windeuseukeurin 205
wiseong 281
wiseongbangsong antaena 269
wiseuki 145
witmom il-eukigi 251
woesheo-aek 199
wok 69
wol-yoil 306
wol 306
wolgyeong 20
wolgyesu-ip 133
woljangseok 288
won-yang eo-eob 245
won-yang jeong-giseon 245
won-ye 90
won-yeyong baguni 88
won-yeyong gawi 89
won-yeyong janggab 89
won-yeyong jaru gawi 88
won-yeyongpumjeom 115
won 164
wonbandeonjigi 234
wondu 144
wongidung 164
wonhyeong tob 78
wonju 164
wonpiseu 31
wonppul 164
wonsi 51
wonsoong-i 291
woo-ganda 317
woo-gi 287
woobag 286
woteo chaembeo 61
woteo haejeodeu 232

Y

ya-wae hwaldong 262
yachae beogeo 155
yadeu 310
yaellokadeu 223
yaeneung peurogeuraem 178
yagmul chiryo 109
yagsok 175
yagu 228
yajasoo 86, 296
yak 109
yakcho 55, 86
yakcho chiryo 55
yakgan 320
yakgook 108
yakhan 321
yakhonhan keopeul 24
yakhonnam 24
yakhonnyeo 24

yakji 15
yaksa 108, 189
yalbge jeomin 119
yalbge sseolda 67
yalbge sseon 119, 139
yang-geug 167
yang-gochu-nang-i 125
yang-goji 118
yang-goong 249
yang-gwibi 297
yang-gwibi ssiat 138
yang-gyejang 183
yang 185
yangbaechu 123
yangbo 323
yangbokjeom 115
yangchihada 50
yangchisikmul 86
yangdong-i 77, 82, 264
yangdonjang 183, 185
yangjangjeom 115
yangjeot 137
yangmal 33
yangmo 277
yang mokjang 183
yangnyeomae jaeun 143, 159
yangpa 124
yangsangchoo 123
yangseoryu 294
yangshik 301
yangsikjang 183
yangson mangchi 187
yangsu 52
yangsu cheonja 52
yangsuga teojida 52
yasaengssal 130
yat-eun jjog 239
yebang jeobjong 45
yechogi 88
yeinseon 215
yemen 318
yeo-woo 290
yeobaewoo 191, 254
yeodeol beonjjae 309
yeodeun beonjjae 309
yeogaekseon hang-gu 216
yeogi 320
yeogwon 213
yeogwon simsa 213
yeohaeng-yong gabang 37
yeohaeng annaeseo 260
yeohaeng annaewon 260
yeohaengja supyo 97
yeohaengsa 114
yeohaengsa jig-won 190
yeohaksaeng 162
yeoja 23
(yeoja) ssi 23
yeojaai 23
yeojachingu 24
yeoja suyeongbok 238
yeojoka 23
yeoksa 162
yeoksajeok geonmul 261

yeol-ahob beonjjae 309
yeol-ilgob beonjjae 309
yeol-yeodeol beonjjae 309
yeol-yeoseot beonjjae 309
yeol 44
yeol beonjjae 309
yeolbeun angae 287
yeoldae-urim 285
yeoldae gwa-il 129
yeoldaejibang 283
yeoldaseot beonjjae 309
yeoldu beonjjae 309
yeolgigu 211
yeolgwon 286
yeolhan beonjjae 309
yeollin 321
yeolnae beonjjae 309
yeolsae beonjjae 309
yeolsoe 59, 207
yeomjang 118
yeomjanghan 143, 159
yeomjwa 46
yeomsaeg-yag 40
yeomsaeg 39
yeomso 185
yeomso chijeu 142
yeomso jeot 136
yeomtong 119
yeon-eo 120
yeon-geuk 254
yeon-gyeol 212
yeon-gyeoldogyo 214
yeon-gyeol kkeunkim 99
yeon-yoo 136
yeon-yukgi 68
yeonchak 209
yeondo 163, 306
yeong (gong) 308
yeong-ayong yoomocha 75
yeong-eobbu 175
yeong-eob sigan 322
yeong-gook 316
yeong-yangje 55
yeonghwa 255
yeonghwagwan 255, 299
yeonghwa seteujang 179
yeongi 95
yeongi tamjigi 95
yeongjang 180
yeongo 47, 109
yeongol 17
yeongryo taengkeu 203
yeongsujeung 152
yeongto 315
yeongu 169
yeongyeolhada 177
yeonjae 79
yeonjangjeon 223
yeonjangseon 78
yeonjil chijeu 136
yeonlakseon 215, 216
yeonlo taengkeu 204
yeonlyogye 201
yeonmahada 82
yeonmot 85
yeonpil 163, 275
yeonpilkkakki 163

한국어 색인 HANGOOKEO SAEKIN • KOREAN INDEX

yeonseok 298
yeonsokgeug 178
yeonsotong 112
yeop-euro jaejoo-neomgi 235
yeoreum 31, 307
yeoseong-yong gyeot-anjang 242
yeoseong 12, 13, 20
yeoseongbok 34, 105
yeoseong wisaengyongpoom 108
yeoseot beonjjae 309
yesoon beonjjae 309
yesuldaehak 169
yesulga 274
yesulsa 169
yeyak 45
yo-il 306
yocheolji 83
yochu 17
yodo 20
yoga 54
yoga jase 54
yogeoteu 137
yogeum 197, 209
yogol 17
yogwan 21
yojsil-yong maeteu 72
yokjo 72
yoksil 72
yong-am 283
yong-gol 214
yong-uija 94, 181
yonggi 311
yonghaeseong 109
yongje 83
yongjiham 172
yongryang 311
yongsucheol jeowool 166
yoo-wol 306
yooaesubi maemori 176
yoodang 137
yoogwang 83, 271
yoohwa mulgam 274
yoohwang 289
yoojoseon 215
yook (yeoseot) 308
yookbaeg 308
yookdugoo kkeobjil 132
yookdugu 132
yookgag lenchi 80
yookgakhyeong 164
yookji 282
yooksang-gyeong-gi 234
yooksib (yesoon) 308
yoomocha 75
yoomyeonghan yoojeok 261
yoonginage hada 139
yoorigeureut 65
yooryo chaeneol 269
yoosan 52
yoreudan 318
yoteu 215, 240
yoteutagi 240
yua 30
yua dolbogi 74
yua mog-yok 74

yua ujubog 30
yuayong byeongi 74
yuayongpum 107
yubang 12
yuchaessi 184
yuchaessiyu 135
yuchijang 94
yuchukgi 53
yudaegyo hoeidang 300
yudo 236
yudu 12
yueonjang-eul jakseonghada 26
yuginong 91, 118, 122
yugiseong pyegimul 61
yuhwa-aek 83
yuhyeong 199, 205
yujepum 107, 136
yujoe 181
yukallibtuseu 296
yukryu 118
yunipom 94, 189
yureob 316
yuribyeong 166
yuri geureut 69
yuri magdaegi 167
yuseong 280
yutong-gihan 109
yuwoljeol 27
yuyeon 199

한국어 **hangookeo** • english 341

영어 색인 yeongeo saekin • **English index**

A

à la carte 152
abdomen 12
abdominals 16
above 320
abseiling 248
acacia 110
accelerator 200
access road 216
accessories 36, 38
accident 46
account number 96
accountant 97, 190
accounts department 175
accused 180
ace 230, 273
Achilles tendon 16
acorn squash 125
acquaintance 24
acquitted 181
across 320
acrylic paints 274
actions 237, 229, 227, 233, 183
activities 263, 245, 162, 77
actor 254, 191
actors 179
actress 254
acupressure 55
acupuncture 55
Adam's apple 19
add v 165
address 98
adhesive tape 47
adjustable spanner 80
admissions 168
admitted 48
adult 23
advantage 230
adventure film 255
advertisement 269
adzuki beans 131
aerate v 91
Afghanistan 318
Africa 317
after 320
afternoon 305
aftershave 73
aftersun 108
agate 289
agenda 174
aikido 236
aileron 210
air bag 201
air conditioning 200
air cylinder 239
air filter 202, 204

air letter 98
air mattress 267
air stewardess 190
air vent 210
aircraft 210
aircraft carrier 215
airliner 210, 212
airport 212
aisle 106, 168, 210, 254
alarm clock 70
Alaska 314
Albania 316
alcoholic drinks 145
alfalfa 184
Algeria 317
Allen key 80
allergy 44
alley 298
alligator 293
allspice 132
almond 129
almond oil 134
almonds 151
along 320
alpine 87
alpine skiing 247
alternating current 60
alternative therapy 54
alternator 203
altitude 211
aluminium 289
Amazonia 312
ambulance 94
American football 220
amethyst 288
amniocentesis 52
amniotic fluid 52
amount 96
amp 60
amphibians 294
amplifier 268
anaesthetist 48
analogue 179
anchor 214, 240
Andes 312
Andorra 316
angle 164
angler 244
angry 25
animals 292, 294
animated film 255
ankle 13, 15
ankle length 34
anniversary 26
annual 86, 307
anorak 31, 33
answer 163
answer v 99, 163

answering machine 99
ant 295
antenatal 52
antenna 295
antifreeze 199, 203
antique shop 114
anti-inflammatory 109
antiseptic 47
antiseptic wipe 47
antiwrinkle 41
antler 291
apartment block 298
apéritif 153
aperture dial 270
apex 165
app 99
appeal 181
appearance 30
appendix 18
applaud v 255
apple 126
apple corer 68
apple juice 149
appliances 66
application 176
appointment 45, 175
apricot 126
April 306
apron 30, 50, 69, 212
aquamarine 288
Arabian Sea 313
arable farm 183
arc 164
arch 15, 85, 301
archery 249
architect 190
architecture 300
architrave 301
Arctic Circle 283
Arctic Ocean 312
area 165, 310
areas 299
arena 243
Argentina 315
arithmetic 165
arm 13
armband 238
armchair 63
Armenia 318
armpit 13
armrest 200, 210
aromatherapy 55
around 320
arrangements 111
arrest 94
arrivals 213

arrow 249
art 162
art college 169
Art Deco 301
art gallery 261
Art Nouveau 301
art shop 115
artery 19
artichoke 124
artist 274
arts and crafts 274, 276
ash 283
ashtray 150
Asia 318
asparagus 124
assault 94
assistant 24
assisted delivery 53
asteroid 280
asthma 44
astigmatism 51
astronaut 281
astronomy 281
asymmetric bars 235
at 320
athlete 234
athletics 234
Atlantic Ocean 312
ATM 97
atmosphere 282, 286
atrium 104
attachment 177
attack 220
attack zone 224
attend v 174
attic 58
attractions 261
aubergine 125
auburn 39
audience 254
August 306
aunt 22
aurora 286
Australasia 319
Australia 319
Austria 316
autocue 179
automatic 200
automatic door 196
autumn 31, 307
avalanche 247
avenue 299
avocado 128
awning 148
axe 95
axle 205
ayurveda 55
Azerbaijan 318

B

baby 23, 30
baby bath 74
baby care 74
baby changing facilities 104
baby monitor 75
baby products 107
baby sling 75
babygro 30
back 13
back brush 73
back seat 200
backboard 226
backdrop 254
backgammon 272
backhand 231
backpack 31, 37, 267
backstroke 239
backswing 233
bacon 118, 157
bad 321
badge 94
badminton 231
bag 311
bagel 139
baggage reclaim 213
baggage trailer 212
bags 37
baguette 138
Bahamas 314
bail 181
bait 244
bait v 245
bake v 67, 138
baked 159
baker 114, 139
bakery 107, 138
baking 69
baking tray 69
balance wheel 276
balcony 59, 254
bald 39
bale 184
Balearic Islands 316
ball 15, 75, 221, 224, 226, 228, 230
ball boy 231
ballet 255
balsamic vinegar 135
Baltic Sea 313
bamboo 86,122
banana 128
bandage 47
Bangladesh 318
banister 59
bank 96, 284
bank charge 96

영어 색인 YEONGEO SAEKIN • **ENGLISH INDEX**

bank manager 96
bank transfer 96
bap 139
bar 150, 152, 250, 256, 311
bar code 106
bar counter 150
bar mitzvah 26
bar snacks 151
bar stool 150
barb 244
Barbados 314
barbecue 267
barber 39, 188
bark 296
barley 130, 184
barn 182
Baroque 301
bars 74
bartender 150, 191
basalt 288
base 164, 229
base station 99
baseball 228
baseline 230
baseman 228
basement 58
basil 133
basin 50
basket 106, 207, 226
basket of fruit 126
basketball 226
basketball player 226
basque 35
bass clarinet 257
bass clef 256
bass guitar 258
bassoon 257
bat 225, 228, 231, 290
bat v 225, 229
bath mat 72
bath towel 73
bathrobe 73
bathroom 72
bathtub 72
baton 235, 256
batsman 225
batter 228
batteries 260
battery 167, 202
battery pack 78
battleship 215
bay leaf 133
be born v 26
beach 264
beach bag 264
beach ball 265
beach hut 264
beach towel 265
beach umbrella 264
beaker 167
beam 186, 235
bean sprout 122
beans 131, 144

bear 291
beat 259
beauty 40, 105
beauty treatments 41
bed 70
bed and breakfast 101
bed linen 71
bedding 74
bedroom 70
bedside lamp 70
bedside table 70
bedspread 70
bedspring 71
bee 295
beech 296
beef 118
beer 145, 151
beer tap 150
beetle 295
beetroot 125
before 320
beginning 321
behind 320
Belgium 316
Belize 314
bell 197
below 320
belt 32, 36, 236
bench 250, 262
Benin 317
berry 296
beside 320
bet 273
between 320
beyond 320
Bhutan 318
biathlon 247
bib 30
bicep curl 251
biceps 16
bicycle 206
bidet 72
biennial 86
bifocal 51
big toe 15
bike rack 207
bikini 264
bill 152, 293
binoculars 281
biology 162
biplane 211
birch 296
bird-watching 263
birds 292
birth 52
birth weight 53
birth certificate 26
birthday 27
birthday cake 141
birthday candles 141
birthday party 27
biscuit 113
biscuits 141
bishop 272

bit 242
bit brace 78
bite 46
bite v 245
bitter 124, 145
black 39, 272, 274
black belt 237
black coffee 148
black-eyed beans 131
black hole 280
black olive 143
black pudding 157
Black Sea 313
black tea 149
blackberry 127
blackcurrant 127
bladder 20
blade 60, 66, 78, 89
blanket 71, 74
blazer 33
bleach 77
blender 66
blister 46
block 237
block v 227
block of flats 59
blonde 39
blood pressure 44
blood test 48
blouse 34
blow dry v 38
blow out v 141
blowhole 290
blue 274
blue cheese 136
bluebells 297
blueberry 127
blues 259
blusher 40
board 241
board v 217
board games 272
boarding pass 213
bob 39
bobbin 276
bobsleigh 247
body 12
body lotion 73
body systems 19
bodywork 202
boil v 67
boiled egg 137, 157
boiled sweets 113
boiler 61
Bolivia 315
bollard 214, 298
bolt 59
bomber 211
bone 17, 119, 121
bone meal 88
boned 121
bongos 257
bonnet 198
book 168

book a flight v 212
book shop 115
bookshelf 63, 168
boom 95, 240
booster 281
boot 37
booties 30
bored 25
borrow v 168
Bosnia and Herzegovina 316
Botswana 317
bottle 61, 75, 135, 311
bottle opener 68, 150
bottled foods 134
bottled water 144
bottom tier 141
bounce v 227
boundary line 225
bouquet 35, 111
bouquet garni 132
bout 237
boutique 115
bow 240, 249
bow tie 36
bowl 61, 65, 112
bowl v 225
bowler 225
bowling 249
bowling ball 249
box 254
box file 173
box of chocolates 113
box of tissues 70
box office 255
boxer shorts 33
boxercise 251
boxing 236
boxing gloves 237
boxing ring 237
boy 23
boyfriend 24
bra 35
bracelet 36
braces 50
brain 19
brake 200, 204, 206
brake v 207
brake block 207
brake fluid reservoir 202
brake lever 207
brake pedal 205
bran 130
branch 175, 296
brandy 145
brass 256
Brazil 315
brazil nut 129
bread 157
bread knife 68
bread roll 143
breadcrumbs 139
breadfruit 124
breads 138

break a record v 234
break waters v 52
breakdown 203
breakfast 64, 156
breakfast buffet 156
breakfast cereals 107
breakfast table 156
breakfast tray 101
breast 12, 119
breast pump 53
breastbone 17
breastfeed v 53
breaststroke 239
breathing 47
breech birth 52
breeze block 187
brick 187
bridge 15, 214, 258, 273, 300
bridle 242
bridle path 263
Brie 142
briefcase 37
briefs 33, 35
brioche 157
broad bean 122, 131
broadcast 179
broadcast v 178
broccoli 123
brochure 175
brogue 37
bronze 235
brooch 36
broom 77
broth 158
brother 22
brother-in-law 23
browband 242
brown 274
brown bread 139, 149
brown flour 138
brown lentils 131
brown rice 130
browse v 177
browser 177
bruise 46
Brunei 319
brunette 39
brush 38, 40, 77, 83, 274
brush v 38, 50
Brussels sprout 122
bubble bath 73
bucket 77, 82, 265
buckle 36
bud 111, 297
buffet 152
buggy 232
build v 186
builder 186, 188
building site 186
buildings 299
built-in wardrobe 71
bulb 86
Bulgaria 316

한국어 **hangookeo** • english

343

영어 색인 YEONGEO SAEKIN · **ENGLISH INDEX**

bull 185
bull-nose pliers 80
bulldog clip 173
bullet train 209
bullseye 2 73
bumper 74, 198
bun 39, 140, 155
bunch 111
bungalow 58
bungee jumping 248
bunker 232
bunsen burner 166
buoy 217
bureau de change 97
burger 154
burger bar 154
burger meal 154
burglar alarm 58
burglary 94
Burkina Faso 317
burn 46
burner 67
Burundi 317
bus 196
bus driver 190
bus shelter 197
bus station 197
bus stop 197, 299
bus ticket 197
buses 196
business 175
business class 211
business deal 175
business lunch 175
business partner 24
business suit 32
business trip 175
businessman 175
businesswoman 175
butcher 118, 188
butcher's 114
butter 137, 156
butter beans 131
buttercup 297
butterfly 239, 295
buttermilk 137
butternut squash 125
buttock 13, 16
button 32
buttonhole 32
buttress 301
by 320
by airmail 98
bytes 176

C

cab 95
cabbage 123
cabin 210, 214
Cabinda 317
cabinet 66
cable 79, 207
cable car 246
cable television 269

cactus 87
caddy 233
caesarean section 52
café 148, 262
cafetière 65
cake shop 114
cake tin 69
cakes 140
calcite 289
calcium 109
calculator 165
calendar 306
calf 13, 16, 185
call button 48
calyx 297
cam belt 203
Cambodia 318
camcorder 260, 269
camel 291
Camembert 142
camera 178, 260, 270
camera case 271
camera crane 178
camera shop 115
cameraman 178
cameraphone 270
Cameroon 317
camisole 35
camomile tea 149
camp v 266
camp bed 266
Campari 145
camper van 266
campfire 266
camping 266
camping stove 267
campsite 266
campus 168
can 145, 311
can opener 68
Canada 314
canary 292
candied fruit 129
cane 89, 91
canine 50
canned drink 154
canoe 214
canter 243
canvas 274
cap 21, 36, 238
capacity 311
cape gooseberry 128
capers 143
capital 315
capoeira 237
cappuccino 148
capsize v 241
capsule 109
captain 214
car 198, 200
car accident 203
car hire 213
car park 298
car stereo 201
car wash 198

caramel 113
caravan 266
caraway 131
card 27
card slot 97
cardamom 132
cardboard 275
cardigan 32
cardiology 49
cardiovascular 19
cards 273
cargo 216
Caribbean Sea 312
carnation 110
carnival 27
carousel 212
carpenter 188
carpentry bits 80
carpet 71
carriage 208
carriage race 243
carrier 204
carrot 124
carrycot 75
cartilage 17
carton 311
cartoon 178
cartwheel 235
carve v 79
carving fork 68
case 51
cash v 97
cashew nut 129, 151
cashier 96, 106
casino 261
Caspian Sea 313
cassava 124
casserole dish 69
cassette player 269
cassette tape 269
cast 254
cast v 245
castle 300
casual wear 33, 34
cat 290
catamaran 215
cataract 51
catch v 220, 227, 229, 245
catcher 229
caterpillar 295
cathedral 300
catheter 53
cauliflower 124
cave 284
CD player 268
cedar 296
ceiling 62
celebration 140
celebration cakes 141
celebrations 27
celeriac 124
celery 122
cell 181
cello 256

cement 186
cement mixer 186
centimetre 310
centipede 295
Central African Republic 317
central reservation 194
centre 164
centre circle 222, 224, 226
centre field 228
centre line 226
centreboard 241
century 307
ceramic hob 66
cereal 130, 156
cervical vertebrae 17
cervix 20, 52
Chad 317
chain 36, 206
chair 64
chair v 174
chairlift 246
chalk 85, 288
chamber 283
champagne 145
championship 230
change v 209
change a wheel v 203
change channel v 269
change gear v 207
changing bag 75
changing mat 74
changing room 104
channel 178
charcoal 266, 275
charge 94, 180
chart 48
chassis 203
check-in v 212
check-in desk 213
checkout 106
checkup 50
cheddar 142
cheek 14
cheerleader 220
cheese 136, 156
chef 152, 190
chef's hat 190
chemist 108
chemistry 162
cheque 96
chequebook 96
cherry 126
cherry tomato 124
chess 272
chessboard 272
chest 12
chest of drawers 70
chest press 251
chestnut 129
chewing gum 113
chick 185
chickpeas 131
chicken 119, 185

chicken burger 155
chicken coop 185
chicken nuggets 155
chicken pox 44
chicory 122
child 23, 31
child lock 75
child seat 198, 207
childbirth 53
children 23
children's clothing 30
children's department 104
children's ward 48
child's meal 153
Chile 315
chill 44
chilli 124, 132, 143
chimney 58
chin 14
China 318
china 105
Chinese leaves 122
chip v 233
chipboard 79
chiropractic 54
chisel 81, 275
chives 133
chocolate 113
chocolate bar 113
chocolate cake 140
chocolate chip 141
chocolate coated 140
chocolate milkshake 149
chocolate spread 135
choir 301
choke v 47
chop 119, 237
chopping board 68
chorizo 143
choux pastry 140
christening 26
Christmas 27
chrysanthemum 110
chuck 78
church 298, 300
chutney 134
cider 145
cider vinegar 135
cigar 112
cigarettes 112
cinema 255, 299
cinema hall 255
cinnamon 133
circle 165, 254
circuit training 251
circular saw 78
circumference 164
cistern 61
citrus fruit 126
city 298, 299
clam 121
clamp 78, 166
clapper board 179
clarinet 257

영어 색인 YEONGEO SAEKIN · ENGLISH INDEX

clasp 36
classical music 255, 259
classroom 162
claw 291
clay 85, 275
clean v 77
clean clothes 76
cleaned 121
cleaner 188
cleaning equipment 77
cleaning fluid 51
cleanser 41
clear honey 134
cleat 240
cleaver 68
clementine 126
client 38, 175, 180
cliff 285
climber 87
climbing frame 263
clinic 48
clipboard 173
clitoris 20
clock radio 70
closed 260, 321
clothes line 76
clothes peg 76
clothing 205
cloud 287
cloudy 286
clove 125
clover 297
cloves 133
club 273
club sandwich 155
clubhouse 232
clutch 200, 204
coach 196
coal 288
coast 285
coaster 150
coastguard 217
coat 32
coat hanger 70
cockatoo 293
cockerel 185
cockle 121
cockpit 210
cockroach 295
cocktail 151
cocktail shaker 150
cocoa powder 148
coconut 129
cocoon 295
cod 120
coffee 144, 148, 153, 156, 184
coffee cup 65
coffee machine 148, 150
coffee milkshake 149
coffee table 62
cog 206
coin 97
coin return 99

cola 144
colander 68
cold 44, 286, 321
cold tap 72
cold-pressed oil 135
collage 275
collar 32
collarbone 17
colleague 24
collection 98
college 168
Colombia 315
colony 315
colouring pencil 163
colours 39, 274
comb 38
comb v 38
combat sports 236
combine harvester 182
comedy 255
comet 280
comic 112
commis chef 152
commission 97
communications 98
commuter 208
Comoros 317
compact 40
compact disc 269
company 175
compartment 209
compass 165, 312, 240
complaint 94
complexion 41
compliments slip 173
compost 88
compost heap 85
computer 176
concealer 40
conceive v 20
conception 52
concert 255, 258
concertina file 173
concourse 209
concussion 46
condensed milk 136
conditioner 38
condom 21
conductor 256
cone 164, 187
confectioner 113
confectionery 107, 113
confident 25
confused 25
conglomerate 288
Congo 317
conifer 86
connect v 177
connection 212
conning tower 215
console 269
constellation 281
construction 186
consultant 49

consultation 45
contact lenses 51
container 216, 311
container port 216
container ship 215
continent 282, 315
contraception 21, 52
contraction 52
control tower 212
controller 269
controls 201, 204
convector heater 60
convenience food 107
conveyer belt 106
convertible 199
cooked meat 118, 143
cooking 67
coolant reservoir 202
cooling rack 69
co-pilot 211
copper 289
copy v 172
cor anglais 257
coral reef 285
cordless drill 78
cordless phone 99
core 127
coriander 133
cork 134
corkscrew 150
corn 130, 184
corn bread 139
corn oil 135
cornea 51
corner 223
corner flag 223
cornice 300
Corsica 316
corset 35
Costa Rica 314
costume 255
cot 74
cottage cheese 136
cottage garden 84
cotton 184, 277
cotton balls 41
cough 44
cough medicine 108
counsellor 55
count v 165
counter 96, 98, 100, 142, 272
country 259, 315
couple 24
courgette 125
courier 99
courses 153
court 226
court case 180
court date 180
court officer 180
court official 180
courtroom 180
courtyard 58, 84
couscous 130

cousin 22
cow 185
cow's milk 136
crab 121, 295
cracked wheat 130
cradle 95
craft knife 80, 82
crafts 275
cramp 239
cramps 44
cranberry 127
crane 187, 216, 292
crash barrier 195
crater 283
crayfish 121
cream 109, 137, 140, 157
cream cheese 136
cream pie 141
crease 225
credit card 96
creel 245
creeper 87
crème caramel 141
crème pâtissière 140
crepe 155
crescent moon 280
crew 241
crew hatch 281
cricket 225, 295
cricket ball 225
cricketer 225
crime 94
criminal 181
criminal record 181
crisp 127
crispbread 139, 156
crisper 67
crisps 113, 151
Croatia 316
crochet 277
crochet hook 277
crockery 64
crockery and cutlery 65
crocodile 293
crocodile clip 167
croissant 156
crop 39, 183
crops 184
cross-country skiing 247
cross trainer 250
crossbar 207, 222, 235
crow 292
crown 50
crucible 166
crushed 132
crust 139, 282
cry v 25
crystal healing 55
Cuba 314
cube 164
cucumber 125
cuff 32, 45
cuff links 36

cultivate v 91
cultivator 182
cumin 132
curb 298
cured 118, 159, 143
curling 247
curling tongs 38
curly 39
currant 129
current account 96
curry 158
curry powder 132
curtain 63, 254
curved 165
cushion 62
custard 140
customer 96, 104, 106, 152
customer service department 175
customer services 104
customs 212
customs house 216
cut 46
cut v 38, 79, 277
cuticle 15
cutlery 64, 65
cuts 119
cutting 91
cuttlefish 121
cycle v 207
cycle lane 206
cycling 263
cylinder 164
cylinder head 202
cymbals 257
Cyprus 318
Czech Republic 316

D

daffodil 111
dairy 107
dairy farm 183
dairy produce 136
daisy 110, 297
dam 300
dance 259
dance academy 169
dancer 191
dandelion 123, 297
dandruff 39
dark 41, 321
darkroom 271
darn v 277
dartboard 273
darts 273
dashboard 201
date 129, 306
daughter 22
daughter-in-law 22
dawn 305
day 305, 306
dead ball line 221

한국어 hangookeo · english 345

영어 색인 YEONGEO SAEKIN • ENGLISH INDEX

deadhead v 91
deal v 273
debit card 96
decade 307
decay 50
December 306
deciduous 86
decimal 165
deck 214
deck chair 265
decking 85
decorating 82
decoration 141
decorator 82
deep end 239
deep-fried 159
deep sea fishing 245
deer 291
defence 181, 220
defendant 181
defender 223
defending zone 224
defrost v 67
degree 169
delay 209
deli 107
delicatessen 142
delivery 52, 98
deltoid 16
Democratic Republic of the Congo 317
Denmark 316
denomination 97
denominator 165
dental care 108
dental floss 50, 72
dental hygiene 72
dental x-ray 50
dentist 50, 189
dentist's chair 50
dentures 50
deodorant 73, 108
department 169
department store 105
departments 49
departure lounge 213
departures 213
depth 165
dermatology 49
descaled 121
desert 285
desiccated 129
designer 191, 277
desk 162, 172
desktop 177
desktop organizer 172
dessert 140, 153
destination 213
detached 58
detective 94
detergent 77
deuce 230
develop v 271
diabetes 44
diagonal 164

dial v 99
diameter 164
diamond 273, 288
diaphragm 19, 21
diarrhoea 44, 109
diary 175
dice 272
dictionary 163
die v 26
diesel 199
diesel train 208
difficult 321
dig v 90, 227
digestive 19
digital 179, 269
digital box 269
digital camera 270
digital projector 163
digital radio 268
dilation 52
dill 133
dimensions 165
dimple 15
dining car 209
dining room 64
dinner 64, 158
dinner plate 65
diopter 51
diploma 169
dipstick 202
direct current 60
direct debit 96
directions 260
director 254
directory enquiries 99
dirt bike 205
dirty washing 76
disabled parking 195
discharged 48
disconnected 99
discus 234
discuss v 163
disembark v 217
dishwasher 66
disinfectant solution 51
dispensary 108
disposable 109
disposable camera 270
disposable nappy 30
disposable razor 73
dissertation 169
distance 310
distributor 203
district 315
dive 239
dive v 238
diver 238
diversion 195
divide v 165
divided by 165
dividends 97
divider 173, 194
divorce 26
Diwali 27
DJ 179

Djibouti 317
do not bend v 98
dock 214, 216
dock v 217
doctor 45, 189
doctorate 169
documentary 178
dog 290
dog sledding 247
doll 75
doll's house 75
dolphin 290
dome 300
domestic flight 212
Dominica 314
Dominican Republic 314
dominoes 273
donkey 185
door 196, 198, 209
door chain 59
door knob 59
door knocker 59
door lock 200
doorbell 59
doormat 59
dormer 58
dorsal fin 294
dosage 109
double 151
double bass 256
double bassoon 257
double bed 71
double cream 137
double-decker bus 196
double room 100
doubles 230
dough 138
Dover sole 120
down 320
downhill skiing 247
download v 177
dragonfly 295
drain 61, 72, 299
drain cock 61
drainage 91
draining board 67
draughts 272
draw 223
draw v 162
drawer 66, 70, 172
drawing 275
drawing pin 173
dress 31, 34
dressage 243
dressed 159
dressed chicken 119
dressing 47, 158
dressing gown 31, 32, 35
dressing table 71
dribble v 223
dried flowers 111
dried fruit 156
drill 50
drill v 79
drill bit 78, 80

drinking cup 75
drinking fountain 262
drinks 107, 144, 156
drip 53
drive v 195, 233
driver 196
driver's cab 208
driver's seat 196
driveshaft 202
drop anchor v 217
dropper 109, 167
drops 109
dropshot 230
drown v 239
drum 258
drum kit 258
drummer 258
dry 39, 41, 130, 145, 286, 321
dry v 76
dry cleaners 115
dry dock 217
dual carriageway 195
duck 119, 185
duck egg 137
duckling 185
duffel coat 31
dugout 229
dumbbell 251
dumper truck 187
dungarees 30
dunk v 227
duodenum 18
dusk 305
dust v 77
dust pan 77
duster 77
dustsheet 83
duty-free shop 213
duvet 71
DVD 269
DVD player 268
dyed 39
dynamo 207

E

eagle 292
ear 14
early 305, 320
earrings 36
Earth 280, 282
earthenware dish 69
earthing 60
earthquake 283
easel 174, 274
east 312
East Timor 319
Easter 27
easy 321
easy cook 130
eat v 64
eat-in 154
eating 75
eau de toilette 41

eaves 58
éclair 140
eclipse 280
economics 169
economy class 211
Ecuador 315
eczema 44
Edam 142
edge 246
editor 191
eel 294
egg 20
egg cup 65, 137
egg white 137
eggs 137
Egypt 317
eight 308
eight hundred 308
eighteen 308
eighteenth 309
eighth 309
eightieth 309
eighty 308
ejaculatory duct 21
El Salvador 314
elbow 13
electric blanket 71
electric blood pressure monitor 45
electric car 199
electric drill 78
electric guitar 258
electric razor 73
electric shock 46
electric train 208
electrical goods 105, 107
electrician 188
electricity 60
electricity meter 60
elephant 291
eleven 308
eleventh 309
elm 296
email 98, 177
email account 177
email address 177
embarrassed 25
embossed paper 83
embroidery 277
embryo 52
emerald 288
emergency 46
emergency exit 210
emergency lever 209
emergency phone 195
emergency room 48
emergency services 94
emigrate v 26
emotions 25
employee 24
employer 24
empty 321
emulsion 83
enamel 50

영어 색인 YEONGEO SAEKIN • **ENGLISH INDEX**

encore 255
encyclopedia 163
end 321
end zone 220
endive 123
endline 226
endocrine 19
endocrinology 19
energy-saving bulb 60
engaged/busy 99
engaged couple 24
engine 202, 204, 208, 210
engine room 214
engineering 169
English breakfast 157
English mustard 135
engraving 275
enlarge v 172
enlargement 271
enquiries 168
ENT 49
entrance 59
entrance fee 260
envelope 98, 173
environment 280
epidural 52
epiglottis 19
epilepsy 44
episiotomy 52
equals 165
equation 165
equator 283
equipment 165, 233, 238
Equitorial Guinea 317
equity 97
Eritrea 317
erupt v 283
escalator 104
espresso 148
essay 163
essential oils 55
estate 199
estate agent 115, 189
Estonia 316
estuary 285
Ethiopia 317
eucalyptus 296
Europe 316
evening 305
evening dress 34
evening menu 152
events 243, 247
evergreen 86
evidence 181
examination 163
excess baggage 212
exchange rate 97
excited 25
excuse me 322
executive 174
exercise bike 250
exercises 251
exfoliate v 41

exhaust pipe 203, 204
exhibit v 261
exhibition 261
exit 210
exit ramp 194
exosphere 286
expectant 52
experiment 166
expiry date 109
exposure 271
extend v 251
extension 58
extension lead 78
exterior 198
external hard drive 176
extra time 223
extraction 50
extractor 66
eye 14, 51, 244, 276
eye shadow 40
eye test 51
eyebrow 14, 51
eyebrow brush 40
eyebrow pencil 40
eyecup 269
eyelash 14, 51
eyelet 37
eyelid 51
eyeliner 40
eyepiece 167

F

fabric 277
fabric conditioner 76
face 14
face cream 73
face mask 225
face-off circle 224
face pack 41
face powder 40
facial 41
factory 299
faint v 25, 44
fair 41
fairground 262
fairway 232
falcon 292
Falkland Islands 315
fall 237
fall in love v 26
Fallopian tube 20
family 22
famous ruin 261
fan 60, 202
fan belt 203
fans 258
far 320
fare 197, 209
farm 182, 183, 184
farmhouse 182
farmland 182
farmyard 182
farmer 182, 189
fashion 277

fast 321
fast food 154
fast forward 269
fastening 37
fat 119, 321
fat free 137
father 22
father-in-law 23
fault 230
feather 293
feature film 269
February 306
feed v 183
feijoa 128
female 12, 20
feminine hygiene 108
femur 17
fence 85, 182, 243
fencing 249
feng shui 55
fennel 122, 133
fennel seeds 133
fenugreek 132
fern 86
ferry 215, 216
ferry terminal 216
fertilization 20
fertilize v 91
fertilizer 91
festivals 27
fever 44
fiancé 24
fiancée 24
fibre 127
fibula 17
field 182, 222, 228, 234
field v 225, 229
field hockey 224
fifteen 308
fifteenth 309
fifth 309
fiftieth 309
fifty 308
fifty five thousand, five hundred 309
fifty thousand 309
fig 129
fighter plane 211
figure skating 247
Fiji 319
file 81, 177
filing cabinet 172
fill v 82
filler 83
fillet 119, 121
filleted 121
filling 50, 140, 155
film 260, 271
film set 179
film spool 271
filo pastry 140
filter 270
filter coffee 148
filter paper 167
fin 210, 239

finance 97
financial advisor 97
fingerprint 94
finial 300
finishing line 234
Finland 316
fire 95
fire alarm 95
fire brigade 95
fire engine 95
fire escape 95
fire extinguisher 95
fire station 95
firefighters 95
firelighter 266
fireman 189
fireplace 63
firm 124
first 309
first aid 47
first-aid box 47
first floor 104
first night 254
fish 107, 120, 294
fish and chips 155
fish farm 183
fish slice 68
fisherman 189
fishhook 244
fishing 244, 245
fishing boat 217
fishing permit 245
fishing port 217
fishing rod 244
fishmonger 188
fishmonger's 114, 120
fist 15, 237
fitness 250
five 308
five hundred 308
flag 221, 232
flageolet beans 131
flakes 132
flamingo 292
flan 142
flan dish 69
flare 240
flash 270
flash gun 270
flask 166
flat 59, 256
flat race 243
flat wood bit 80
flatbread 139
flatscreen TV 269
flavoured oil 134
flax 184
fleece 74
flesh 124, 127, 129
flex v 251
flight attendant 210
flight number 213
flint 288
flip chart 174
flip-flop 37

flipper 290
float 238, 244
float ball 61
flock 183
flood 287
floor 58, 62, 71
floor exercises 235
floor plan 261
Florentine 141
floret 122
florist 110, 188
floss v 50
flours 138
flower 297
flowerbed 85, 90
flowering plant 297
flowering shrub 87
flowers 110
flu 44
flute 139, 257
fly 244, 295
fly v 211
fly fishing 245
flyover 194
flysheet 266
foal 185
focus v 271
focusing knob 167
foetus 52
fog 287
foil 249
folder 177
foliage 110
folk music 259
follicle 20
font 177
food 118, 130, 149
food hall 105
food processor 66
foot 12, 15, 310
foot pedal 257
football 220, 222
football field 220
football player 220
football strip 31, 222
footballer 222
footboard 71
footpath 262
footstrap 241
for 320
forceps 53, 167
forearm 12
forecourt 199
forehand 231
forehead 14
foreign currency 97
foreskin 21
forest 285
fork 65, 88, 207
fork-lift truck 186, 216
formal 34
formal garden 84, 262
fortieth 309
fortnight 307
forty 308

한국어 **hangookeo** • english   347

영어 색인 YEONGEO SAEKIN · ENGLISH INDEX

forty minutes 304
forward 222
foul 222, 226
foul ball 228
foul line 229
foundation 40
fountain 85
four 308
four-door 200
four hundred 308
four-wheel drive 199
fourteen 308
fourteenth 309
fourth 309
fox 290
foxglove 297
fraction 165
fracture 46
fragile 98
fragranced 130
frame 51, 62, 206, 267
frame counter 270
France 316
freckle 15
free 321
free kick 222
free range 118
free-throw line 226
free weights 250
freesia 110
freeze 287
freeze v 67
freezer 67
freight train 208
freighter 215
French bean 122
French fries 154
French Guiana 315
French horn 257
French mustard 135
French pleat 39
French toast 157
frequency 179
fresh 121, 127, 130
fresh cheese 136
fresh fruit 157
freshwater fishing 245
fret 258
fretsaw 81
Friday 306
fridge-freezer 67
fried 159
fried chicken 155
fried egg 157
friend 24
frieze 301
frog 294
from 320
front crawl 239
front door 58
front wheel 196
frontal 16
frost 287
froth 148
frown 25

frozen 121, 124
frozen food 107
frozen yoghurt 137
fruit 107, 126, 128
fruit bread 139
fruit cake 140
fruit farm 183
fruit gum 113
fruit juice 127, 156
fruit tart 140
fruit yoghurt 157
fry v 67
frying pan 69
fuel gauge 201
fuel tank 204
full 64, 266, 321
full board 101
full moon 280
fumble 220
funeral 26
funnel 166, 214
furniture shop 115
furrow 183
fuse 60
fuse box 60, 203
fuselage 210
futon 71

G

gable 300
Gabon 317
Galápagos Islands 315
galaxy 280
gale 286
galley 214
gallon 311
gallop 243
galvanised 79
Gambia 317
game 119, 230, 273
game show 178
games 272
gangway 214
garage 58, 199
garden 84, 261
garden centre 115
garden features 84
garden pea 122
garden plants 86
garden styles 84
garden tools 88
gardener 188
gardening 90
gardening gloves 89
garland 111
garlic 125, 132
garlic press 68
garnet 288
garter 35
gas burner 61
gasket 61
gate 85, 182, 247
gate number 213
gauze 47, 167

gear lever 207
gearbox 202, 204
gears 206
gearstick 201
gel 38, 109
gems 288
generation 23
generator 60
genitals 12
geography 162
geometry 165
Georgia 318
gerbera 110
Germany 316
get a job v 26
get married v 26
get up v 71
geyser 285
Ghana 317
giant slalom 247
gifts shop 114
gill 294
gin 145
gin and tonic 151
ginger 39, 125, 133
giraffe 291
girder 186
girl 23
girlfriend 24
girth 242
glacier 284
gladiolus 110
gland 19
glass 69, 152
glass bottle 166
glass rod 167
glasses 51, 150
glassware 64
glaze v 139
glider 211, 248
gliding 248
gloss 83, 271
glove 36, 224, 233, 236, 246
glue 275
glue gun 78
gneiss 288
go to bed v 71
go to sleep v 71
goal 221, 223, 224
goal area 223
goal line 220, 223, 224
goalkeeper 222, 224
goalpost 220, 222
goat 185
goat's cheese 142
goat's milk 136
goggles 238, 247
going out 75
gold 235, 289
goldfish 294
golf 232
golf bag 233
golf ball 233
golf clubs 233

golf course 232
golf shoe 233
golf trolley 233
golfer 232
gong 257
good 321
good afternoon 322
good evening 322
good morning 322
good night 322
goodbye 322
goose 119, 293
goose egg 137
gooseberry 127
gorge 284
gorilla 291
Gothic 301
grade 163
graduate 169
graduate v 26
graduation ceremony 169
graft v 91
grains 130
gram 310
granary bread 139
grandchildren 23
granddaughter 22
grandfather 22
grandmother 22
grandparents 23
grandson 22
granite 288
grape juice 144
grapefruit 126
grapeseed oil 134
graphite 289
grass 86, 262
grass bag 88
grasshopper 295
grassland 285
grate v 67
grated cheese 136
grater 68
gratin dish 69
gravel 88
gravity 280
graze 46
greasy 39
Greece 316
green 129, 232, 274
green olive 143
green peas 131
green salad 158
green tea 149
greengrocer 188
greengrocer's 114
greenhouse 85
Greenland 314
Grenada 314
grey 39, 274
grill v 67
grill pan 69
grilled 159
groceries 106

grocer's 114
groin 12
groom 243
ground 132
ground coffee 144
ground cover 87
ground floor 104
ground sheet 267
groundnut oil 135
group therapy 55
grout 83
guard 236
Guatemala 314
guava 128
guest 64, 100
guidebook 260
guided tour 260
guilty 181
Guinea 317
Guinea-Bissau 317
guitarist 258
gull 292
gum 50
gun 94
gutter 58, 299
guy rope 266
Guyana 315
gym 101, 250
gym machine 250
gymnast 235
gymnastics 235
gynaecologist 52
gynaecology 49
gypsophila 110

H

haberdashery 105
hacksaw 81
haddock 120
haemorrhage 46
hail 286
hair 14, 38
hair dye 40
hair straightener 38
hairband 38
hairdresser 38, 188
hairdresser's 115
hairdryer 38
hairpin 38
hairspray 38
hairtie 39
Haiti 314
half an hour 304
half board 101
halibut fillets 120
half-litre 311
half time 223
hall of residence 168
hallway 59
halter 243
halter neck 35
ham 119, 143, 156
hammer 80

348   한국어 **hangookeo** · english

영어 색인 YEONGEO SAEKIN · ENGLISH INDEX

hammer v 79
hammock 266
hamper 263
hamster 290
hamstring 16
hand 13, 15
hand drill 81
hand fork 89
hand luggage 211, 213
hand rail 59
hand towel 73
handbag 37
handbrake 203
handcuffs 94
handicap 233
handkerchief 36
handle 36, 88, 106, 187, 200, 230
handlebar 207
handrail 196
handsaw 81, 89
handset 99
hang v 82
hang-glider 248
hang-gliding 248
hanging basket 84
hanging file 173
happy 25
harbour 217
harbour master 217
hard 129, 321
hard cheese 136
hard hat 186
hard shoulder 194
hardboard 79
hardware 176
hardware shop 114
hardwood 79
haricot beans 131
harness race 243
harp 256
harvest v 91, 183
hat 36
hatchback 199
have a baby v 26
Hawaii 314
hay 184
hay fever 44
hazard 195
hazard lights 201
hazelnut 129
hazelnut oil 134
head 12, 19, 81, 230
head v 222
head injury 46
head office 175
head teacher 163
headache 44
headboard 70
headlight 198, 205
headphones 268
headrest 200
headsail 240
health 44
health centre 168

health food shop 115
heart 18, 119, 122, 273
heart attack 44
heater 60
heater controls 201
heating element 61
heavy 321
heavy metal 259
hedge 85, 90, 182
hedgehog 290
heel 13, 15, 37
height 165
helicopter 211
hello 322
helmet 95, 204, 206, 220, 224, 228
hem 34
hematite 289
hen's egg 137
herb 55, 86
herb garden 84
herbaceous border 85
herbal remedies 108
herbal tea 149
herbalism 55
herbicide 183
herbs 133, 134
herbs and spices 132
herd 183
hexagon 164
hi-fi system 268
high 321
high chair 75
high definition 269
high dive 239
high-heeled shoe 37
high jump 235
high speed train 208
highlights 39
hiking 263
hill 284
Himalayas 313
hip 12
hippopotamus 291
historic building 261
history 162
history of art 169
hit v 224
hob 67
hockey 224
hockey stick 224
hoe 88
hold 215, 237
holdall 37
hole 232
hole in one 233
hole punch 173
holiday 212
holiday brochure 212
holly 296
home 58
home delivery 154
home entertainment 268
home furnishings 105

home plate 228
homeopathy 55
homework 163
homogenized 137
Honduras 314
honeycomb 135
honeymoon 26
honeysuckle 297
hood 31, 75
hoof 242, 291
hook 187, 276
hoop 226, 277
horizontal bar 235
hormone 20
horn 201, 204, 291
horror film 255
horse 185, 235, 242
horse race 243
horse riding 242, 263
horseradish 125
horseshoe 242
hose 95
hose reel 89
hosepipe 89
hospital 48
host 64
hostess 64
hot 124, 286, 321
hot-air balloon 211
hot chocolate 144, 156
hot dog 155
hot drinks 144
hot tap 72
hot-water bottle 70
hotel 100, 264
hour 304
hour hand 304
house 58
household products 107
hovercraft 215
hub 206
hubcap 202
hull 214, 240
human resources department 175
humerus 17
humid 286
hummingbird 292
hump 291
hundred 308
hundred and ten 308
hundred thousand 308
hundredth 309
Hungary 316
hungry 64
hurdles 235
hurricane 287
husband 22
husk 130
hydrant 95
hydrofoil 215
hydrotherapy 55
hypnotherapy 55
hypoallergenic 41
hypotenuse 164

I

ice 120, 287
ice and lemon 151
ice bucket 150
ice climbing 247
ice cream 137, 149
ice cube 151
ice hockey 224
ice hockey player 224
ice hockey rink 224
ice maker 67
ice skate 224
ice-skating 247
iced coffee 148
iced tea 149
Iceland 316
icicle 287
icing 141
icon 177
identity badge 189
identity tag 53
igneous 288
ignition 200
iguana 293
illness 44
immigration 212
impotent 20
in 320
in brine 143
in front of 320
in-goal area 221
in oil 143
in sauce 159
in syrup 159
in-tray 172
inbox 177
inch 310
incisor 50
incubator 53
index finger 15
India 318
Indian Ocean 312
indicator 198, 204
indigo 274
Indonesia 319
induce labour v 53
industrial estate 299
infection 44
infertile 20
infield 228
inflatable dinghy 215
information 261
information screen 213
inhaler 44, 109
injection 48
injury 46
ink 275
ink pad 173
inlet 61
inline skating 249
inner core 282

inner tube 207
inning 228
innocent 181
inoculation 45
insect repellent 108, 267
inside 320
inside lane 194
insomnia 71
inspector 94
install v 177
instep 15
instructions 109
instruments 256, 258
insulating tape 81
insulation 61
insulin 109
insurance 203
intensive care unit 48
inter-city train 209
intercom 59
intercostal 16
intercourse 20
interest rate 96
interior 200
internal systems 60
international flight 212
internet 177
intersection 298
interval 254
interviewer 179
into 320
invertebrates 295
investigation 94
investment 97
ionosphere 286
Iran 318
Iraq 318
Ireland 316
iris 51, 110
iron 76, 109, 233, 289
iron v 76
ironing board 76
island 282
Israel 318
Italy 316
itinerary 260
IUD 21
Ivory Coast 317

J

jack 203, 273
jacket 32, 34
jade 288
jam 134, 156
Jamaica 314
January 306
Japan 318
jar 134, 311
javelin 234
jaw 14, 17
jazz 259
jeans 31, 33
jelly bean 113
jellyfish 295

한국어 hangookeo · english 349

영어 색인 YEONGEO SAEKIN • ENGLISH INDEX

Jerusalem artichoke 125
jet 288
jet skiing 241
jetty 217
jetway 212
jeweller 114, 188
jewellery 36
jewellery box 36
jewellery making 275
jigsaw 78
jigsaw puzzle 273
jodhpurs 242
jog on the spot 251
jogging 251, 263
joint 17, 119
joker 273
Jordan 318
journal 168
journalist 190
judge 180
judo 236
jug 65
juices and milkshakes 149
juicy 127
July 306
jump 237, 243
jump v 227
jump ball 226
junction 194
June 306
Jupiter 280
jury 180
jury box 180

K

kale 123
Kaliningrad 316
kangaroo 291
karate 236
kayak 241
kayaking 241
Kazakhstan 318
kebab 155, 158
keel 214
keep net 244
kendo 236
Kenya 317
kernel 122, 129, 130
ketchup 135
kettle 66
kettledrum 257
key 59, 176, 207
keyboard 176, 258
keypad 97, 99
kick 237, 239
kick v 221, 223
kickboxing 236
kickstand 207
kid 185
kidney 18, 119
kilogram 310
kilometre 310
kimono 35

king 272, 273
king prawn 121
kippers 157
kitchen 66, 152
kitchen knife 68
kitchenware 68, 105
kitten 290
kiruit 128
knead v 138
knee 12
knee length 34
knee pad 205
knee support 227
kneecap 17
knickers 35
knife 65
knife sharpener 68, 118
knight 272
knitting 277
knitting needle 277
knock out 237
knuckle 15
koala 291
kohlrabi 123
koi carp 294
kumquat 126
kung fu 236
Kuwait 318
Kyrgyzstan 318

L

labels 89
labia 20
laboratory 166
lace 35, 37
lace bobbin 277
lace making 277
lace-up 37
lacrosse 249
lactose 137
ladder 95, 186
ladle 68
ladybird 295
lake 285
lamb 118, 185
lamp 62, 207, 217
land 282
land v 211
landing 59
landing gear 210
landing net 244
landlord 58
landscape 271, 284
landscape v 91
lane 234, 238
languages 162
Laos 318
lapel 32
laptop 172, 176
larch 296
large 321
large intestine 18
larynx 19
last week 307

late 16, 305
later 304
latitude 283
Latvia 316
laugh v 25
launch 281
launch pad 281
launderette 115
laundry 76
laundry basket 76
laundry service 101
lava 283
law 169, 180
lawn 85, 90
lawn rake 88
lawnmower 88, 90
lawyer 180, 190
lawyer's office 180
laxative 109
lead singer 258
leaded 199
leaf 122, 296
leaflets 96
league 223
lean meat 118
learn v 163
leather shoes 32
leathers 205
Lebanon 318
lecture theatre 169
lecturer 169
leek 125
left 260
left field 228
left-hand drive 201
leg 12, 119
leg pad 225
leg press 251
legal advice 180
legal department 175
leggings 31
leisure 258, 254, 264
lemon 126
lemon curd 134
lemon grass 133
lemon sole 120
lemonade 144
length 165, 310
lens (camera) 270
lens (eye) 51
lens (glasses) 51
lens cap 270
lens case 51
Lesotho 317
lesson 163
let! 231
letter 98
letterbox 58, 99
letterhead 173
lettuce 123
lever 61, 150
lever arch file 173
Liberia 317
librarian 168, 190
library 168, 299

library card 168
Libya 317
licence plate 198
liquorice 113
lid 61, 66
Liechtenstein 316
life events 26
life jacket 240
life raft 240
lifeboat 214
lifebuoy 240
lifeguard 239, 265
lifeguard tower 265
lift 59, 100, 104
ligament 17
light 178, 321
light a fire v 266
light aircraft 211
lighter 112
lighthouse 217
lighting 105
lightmeter 270
lightning 287
lights 94
lights switch 201
lily 110
lime 126, 296
limestone 288
limousine 199
line 165, 244
line of play 233
linen 105, 277
linen basket 76
linesman 223, 230
lingerie 35, 105
lining 32
lining paper 83
link 36
lintel 186
lion 291
lip 14
lip brush 40
lip gloss 40
lip liner 40
lipstick 40
liqueur 145
liquid 77
liquid dispenser 311
liquid measure 311
literature 162, 169
Lithuania 316
litre 311
little finger 15
little toe 15
live 60, 178
live rail 209
liver 18, 118
livestock 183, 185
living room 62
lizard 293
load v 76
loaf 139
loan 96, 168
loans desk 168
lob 230

lobby 100, 255
lobster 121, 295
lock 59, 207
lockers 239
log on v 177
loganberry 127
logo 31
loin 121
lollipop 113
long 32
long-grain 130
long-handled shears 88
long jump 235
long sight 51
long wave 179
longitude 283
loom 277
loose leaf tea 144
lorry 194
lorry driver 190
lose v 273
loser 273
love 230
low 321
luge 247
luggage 100, 198, 213
luggage department 104
luggage hold 196
luggage rack 209
lumbar vertebrae 17
lunar module 281
lunch 64
lunch menu 152
lung 18
lunge 251
lupins 297
lure 244
Luxembourg 316
lychee 128
lymphatic 19
lyrics 259

M

macadamia 129
mace 132
Macedonia 316
machine gun 189
machinery 187
mackerel 120
macramé 277
Madagascar 317
magazine 107, 112
magma 283
magnesium 109
magnet 167
maid service 101
mailbag 98, 190
main course 153
mains supply 60
mainsail 240
make a will v 26
make friends v 26
make the bed v 71

영어 색인 YEONGEO SAEKIN • ENGLISH INDEX

make-up 40
making bread 138
malachite 288
Malawi 317
Malaysia 318
Maldives 318
male 12, 21
Mali 317
mallet 78, 275
Malta 316
malt vinegar 135
malted drink 144
mammals 290
man 23
manager 24, 174
managing director 175
Manchego 142
mane 242, 291
mango 128
manhole 299
manicure 41
mantle 282
manual 200
map 261
maple 296
maple syrup 134
maracas 257
marathon 234
marble 288
March 306
margarine 137
marina 217
marinated 143, 159
marine fishing 245
marjoram 133
mark v 227
market 115
marketing department 175
marmalade 134, 156
marrow 124
Mars 280
marshmallow 113
martial arts 237
martini 151
marzipan 141
mascara 40
mashed 159
masher 68
mask 189, 228, 236, 239, 249
masking tape 83
masonry bit 80
massage 54
mast 240
master's 169
mat 54, 83, 235, 271
match 230
material 79, 187, 276
maternity 49
maternity ward 48
maths 162, 164
matte 82
mattress 70, 74
Mauritiana 317

Mauritius 317
May 306
maybe 322
mayonnaise 135
MDF 79
meadow 285
meal 64
measles 44
measure 150, 151
measure v 310
measurements 165
measuring jug 69, 311
measuring spoon 109
meat 119
meat and poultry 106
meat tenderizer 68
meatballs 158
meathook 118
mechanic 188, 203
mechanical digger 187
mechanics 202
medals 235
media 178
medical examination 45
medication 109
medicine 109, 169
medicine cabinet 72
meditation 54
Mediterranean Sea 313
medium wave 179
meeting 174
meeting room 174
melody 259
melon 127
memory 176
memory stick 176
men's clothing 32
menstruation 20
menswear 105
menu 148, 153, 154
menubar 177
mercury 310
Mercury 280
meringue 140
mesosphere 286
messages 100
metacarpal 17
metal 79, 289
metal bit 80
metamorphic 288
metatarsal 17
meteor 280
metre 310
Mexico 314
mica 289
microlight 211
microphone 179, 258
microscope 167
microwave oven 66
midday 305
middle finger 15
middle lane 194
midnight 305
midwife 53
migraine 44

mile 310
milk 136, 156
milk v 183
milk carton 136
milk chocolate 113
milkshake 137
millennium 307
millet 130
milligram 310
millilitre 311
millimetre 310
mince 119
mineral 144, 289
minibar 101
minibus 197
mint 113, 133
mint tea 149
minus 165
minute 304
minute hand 304
minutes 174
mirror 40, 71, 167
miscarriage 52
Miss/Ms 23
missile 211
mist 287
mitre block 81
mitt 228
mittens 30
mix v 67, 138
mixed salad 158
mixing bowl 66, 69
mixing desk 179
moat 300
mobile 74
mobile phone 99
model 169, 190
model making 275
modelling tool 275
moisturizer 41
molar 50
Moldova 316
mole 14
Monaco 316
Monday 306
money 97
Mongolia 318
monitor 53, 172
monkey 291
monkfish 120
Monopoly 272
monorail 208
monsoon 287
month 306
monthly 307
monument 261
Moon 280
moonstone 288
moor v 217
mooring 217
mop 77
morning 305
Morocco 317
mortar 68, 167, 187
mortgage 96

Moses basket 74
mosque 300
mosquito 295
mosquito net 267
moth 295
mother 22
mother-in-law 23
motor 88
motor racing 249
motorbike 204
motorbike racing 249
motorcross 249
motorway 194
moulding 63
mountain 284
mountain bike 206
mountain range 282
mouse 176, 290
mousse 141
mouth 14
mouth guard 237
mouthwash 72
move 273
mow v 90
Mozambique 317
mozzarella 142
Mr 23
Mrs 23
mudguard 205
muffin 140
muffin tray 69
mug 65
mulch v 91
multiply v 165
multivitamin tablets 109
mumps 44
mung beans 131
muscles 16
museum 261
mushroom 125
music 162
music school 169
musical 255
musical score 255
musical styles 259
musician 191
mussel 121, 295
mustard 155
mustard seed 131
Myanmar (Burma) 318

N

naan bread 139
nail 15, 80
nail clippers 41
nail file 41
nail scissors 41
nail varnish 41
nail varnish remover 41
Namibia 317
nape 13
napkin 65
napkin ring 65
nappy 75

nappy rash cream 74
narrow 321
nation 315
national park 261
natural 256
natural fibre 31
naturopathy 55
nausea 44
navel 12
navigate v 240
near 320
nebula 280
neck 12, 258
neck brace 46
necklace 36
nectarine 126
needle 109, 276
needle-nose pliers 80
needle plate 276
needlepoint 277
negative 271
negative electrode 167
neighbour 24
Neoclassical 301
Nepal 318
nephew 23
Neptune 280
nerve 19, 50
nervous 19, 25
net 217, 222, 226, 227, 231
net v 245
net curtain 63
Netherlands 316
nettle 297
network 176
neurology 49
neutral 60
neutral zone 224
new 321
new moon 280
new potato 124
New Year 27
New Zealand 319
newborn baby 53
news 178
newsagent 112
newspaper 112
newsreader 179, 191
next week 306
nib 163
Nicaragua 314
nickel 289
niece 23
Niger 317
Nigeria 317
night 305
nightdress 35
nightie 31
nightwear 31
nine 308
nine hundred 308
nineteen 308
nineteen hundred 307

한국어 hangookeo • english 351

영어 색인 YEONGEO SAEKIN • ENGLISH INDEX

nineteen hundred and one 307
nineteen ten 307
nineteenth 309
ninetieth 309
ninety 308
ninth 309
nipple 12
no 322
no entry 195
no right turn 195
no stopping 195
non-stick 69
noodles 158
normal 39
north 312
North and Central America 314
North Korea 318
North Pole 283
North Sea 312
Northern Hemisphere 283
Norway 316
nose 14, 210
nose clip 238
noseband 242
nosebleed 44
nosewheel 210
nostril 14
notation 256
note 97, 256
note pad 173
notebook 163, 172
notes 191
notice board 173
nougat 113
November 306
now 304
nozzle 89
number 226, 308
numerator 165
nurse 45, 48, 189
nursery 74
nursing 53
nursing bra 53
nut 80
nutmeg 132
nuts 151
nuts and dried fruit 129
nylon 277

O

oak 296
oar 241
oats 130
objective lens 167
oboe 257
obsidian 288
obstetrician 52
occupations 188, 190
occupied 321
ocean 282
ocean liner 215

octagon 164
October 306
octopus 121, 295
odometer 201
oesophagus 19
off licence 115
off-piste 247
offal 118
offers 106
office 24, 172, 174
office block 298
office equipment 172
office supplies 173
offside 223
oil 142, 199
oil paints 274
oil tank 204
oil tanker 215
oils 134
oily 41
ointment 47, 109
okra 122
old 321
olive oil 134
olives 151
Oman 318
omelette 158
on time 305
on top of 320
oncology 49
one 308
one billion 309
one million 309
one thousand 309
one-way street 194
one-way system 298
onion 124
online 177
onto 320
onyx 289
opal 288
open 260, 321
open sandwich 155
open-top 260
opera 255
operating theatre 48
operation 48
operator 99
ophthalmology 49
opponent 236
opposite 320
optic 150
optic nerve 51
optician 51, 189
orange 126, 274
orange juice 148
orangeade 144
orbit 280
orchestra 254, 256
orchestra pit 254
orchid 111
order v 153
oregano 133
organic 91, 118, 122
organic waste 61

origami 275
ornamental 87
orthopedics 49
osteopathy 54
ostrich 292
otter 290
ounce 310
out 225, 228, 320
out of bounds 226
out of focus 271
outboard motor 215
outbuilding 182
outdoor activities 262
outer core 282
outfield 229
outlet 61
outpatient 48
outside 320
outside lane 194
out-tray 172
oval 164
ovary 20
oven 66
oven glove 69
ovenproof 69
over 320
over par 233
overalls 82
overdraft 96
overexposed 271
overflow pipe 61
overhead locker 210
overtake v 195
overture 256
ovulation 20, 52
owl 292
oyster 121
ozone layer 286

P

Pacific Ocean 312
pack 311
pack of cards 273
packet 311
packet of cigarettes 112
pad 53, 220, 224
paddle 241
paddling pool 263
paddock 242
paediatrics 49
painkiller 47, 109
paint 83
paint v 83
paint tin 83
paint tray 83
painter 191
painting 62, 261, 274
paints 274
pak-choi 123
Pakistan 318
palate 19
palette 274
pallet 186
palm 15, 86, 296

palm hearts 122
pan 310
pan-fried 159
Panama 314
pancakes 157
pancreas 18
panda 291
panty liner 108
papaya 128
paper clip 173
paper napkin 154
paper tray 172
papier-maché 275
paprika 132
Papua New Guinea 319
par 233
parachute 248
parachuting 248
paragliding 248
Paraguay 315
parallel 165
parallel bars 235
parallelogram 164
paramedic 94
parcel 99
parents 23
park 262
park v 195
parking meter 195
Parmesan 142
parole 181
parrot 293
parsley 133
parsnip 125
partner 23
pass 226
pass v 220, 223
passcode 99
passenger 216
passenger port 216
passion fruit 128
Passover 27
passport 213
passport control 213
pasta 158
pastels 274
pasteurized 137
pasting brush 82
pasting table 82
pastry 140, 149
pastry brush 69
pasture 182
patch 207
patchwork 277
pâté 142, 156
path 58, 85
pathology 49
patient 45
patio garden 85
pattern 276
pause 269
pavement 298
pavement café 148
paving 85
pawn 272

pay v 153
pay in v 96
pay per view channel 269
paying-in slips 96
payment 96
payphone 99
payroll 175
peach 126, 128
peacock 293
peanut 129, 151
peanut butter 135
pear 127
peas 131
pecan 129
pectoral 16
pectoral fin 294
pedal 61, 206
pedal v 207
pedestrian crossing 195
pedestrian zone 299
pedicure 41
pediment 301
peel v 67
peeled prawns 120
peeler 68
pelican 292
pelvis 17
pen 163, 185
penalty 222
penalty area 223
pencil 163, 275
pencil case 163
pencil sharpener 163
pendant 36
penfriend 24
penguin 292
peninsula 282
penis 21
pentagon 164
peony 111
people 12, 16
people carrier 199
pepper 64, 124, 152
peppercorn 132
pepperoni 142
percentage 165
percussion 257
perennial 86
perfume 41
perfumery 105
pergola 84
periodical 168
perm 39
perpendicular 165
persimmon 128
personal best 234
personal organizer 173, 175
personal trainer 250
Peru 315
pesticide 89, 183
pestle 68, 167
pet food 107
pet shop 115

영어 색인 YEONGEO SAEKIN • ENGLISH INDEX

petal 297
petri dish 166
petrol 199
petrol pump 199
petrol station 199
petrol tank 203
pharmacist 108, 189
pharynx 19
pheasant 119, 293
phillips screwdriver 81
philosophy 169
Philippines 319
photo album 271
photo finish 234
photo frame 271
photofit 181
photograph 271
photograph v 271
photographer 191
photography 270
physical education 162
physics 162, 169
physiotherapy 49
piano 256
piccolo 257
pick v 91
pick and mix 113
pickaxe 187
pickled 159
pickup 258
picnic 263
picnic bench 266
pie 158
pie tin 69
piece 272
pier 217
pies 143
pig 185
pig farm 183
pigeon 292
pigeonhole 100
piglet 185
pigsty 185
pigtails 39
Pilates 251
pill 21, 109
pillar 300
pillion 204
pillow 70
pillowcase 71
pilot 190, 211
pin 60, 237, 249, 276
PIN 96
pincushion 276
pine 296
pine nut 129
pineapple 128
pineapple juice 149
pink 274
pint 311
pinto beans 131
pip 128
pipe 112, 202
pipe cutter 81

pipette 167
piping bag 69
pistachio 129
pitch 225, 256, 266
pitch v 229
pitch a tent v 266
pitcher 151, 229
pitcher's mound 228
pitches available 266
pith 126
pitta bread 139
pizza 154
pizza parlour 154
place mat 64
place setting 65
placenta 52
plain 285
plain chocolate 113
plain flour 139
plait 39
plane 81
plane v 79
planet 280, 282
plant v 183
plant pot 89
plants 86, 296
plaque 50
plaster 47, 83
plaster v 82
plastic bag 122
plastic pants 30
plastic surgery 49
plate 65, 283
plateau 284
platform 208
platform number 208
platinum 289
play 254, 269
play v 229, 273
player 221, 231, 273
playground 263
playhouse 75
playing 75
playpen 75
plea 180
please 322
Plimsoll line 214
plough v 183
plug 60, 72
plum 126
plumb line 82
plumber 188
plumbing 61
plunger 81
plus 165
Pluto 280
plywood 79
pneumatic drill 187
poach v 67
poached 159
pocket 32
pod 122
podium 235, 256
point 273

poisoning 46
poker 273
Poland 316
polar bear 291
Polaroid camera 270
pole 245, 282
pole vault 234
police 94
police car 94
police cell 94
police officer 94
police station 94
policeman 189
polish 77
polish v 77
politics 169
polo 243
polyester 277
pomegranate 128
pommel 242
pommel horse 235
pond 85
ponytail 39
pool 249
pop 259
popcorn 255
poplar 296
popper 30
poppy 297
poppy seeds 138
porch 58
porch light 58
pore 15
pork 118
porridge 156
port 145, 176, 214, 216
porter 100
portfolio 97
porthole 214
portion 64
portrait 271
Portugal 316
positive electrode 167
post office 98
postage 98
postal order 98
postal worker 98
postbox 99
postcard 112
postcode 98
postgraduate 169
poster 255
poster paint 274
postman 98, 190
postmark 98
pot plant 110
pot up v 91
potato 124
potpourri 111
potted plant 87
potter's wheel 275
pottery 275
potty 74
pouch 291
poultry 119

poultry farm 183
pound 310
pour v 67
powder 77, 109
powder puff 40
powdered milk 137
power 60
power cable 176
power cut 60
practice swing 233
pram 75
praying mantis 295
pregnancy 52
pregnancy test 52
pregnant 52
premature 52
premolar 50
prerecorded 178
prescription 45
present 27
presentation 174
presenter 178
preservative 83
preserved fruit 134
preserving jar 135
press 178
press-up 251
presser foot 276
pressure valve 61
price 152, 199
price list 154
prickly pear 128
primer 83
primrose 297
principality 315
print 271
print v 172
printer 172, 176
printing 275
prison 181
prison guard 181
private bathroom 100
private jet 211
private room 48
probe 50
problems 271
processed grains 130
procession 27
processor 176
producer 254
program 176
programme 254, 269
programming 178
promenade 265
propagate v 91
propeller 211, 214
proposal 174
prosciutto 143
prosecution 180
prostate 21
protractor 165
proud 25
prove v 139
province 315
prow 215

prune 129
prune v 91
psychiatry 49
psychotherapy 55
public address system 209
puck 224
pudding rice 130
Puerto Rico 314
puff pastry 140
pull up v 251
pulp 127
pulse 47
pulses 130
pumice 288
pumice stone 73
pump 37, 207
pumpkin 125
pumpkin seed 131
punch 237
punchbag 237
puncture 203, 207
pup 290
pupil 51, 162
puppy 290
purple 274
purse 37
pushchair 75
putt v 233
putter 233
pyjamas 33
pyramid 164

Q

Qatar 318
quadriceps 16
quail 119
quail egg 137
quart 311
quarter of an hour 304
quarterdeck 214
quartz 289
quay 216
queen 272, 273
question 163
question v 163
quilt 71
quilting 277
quince 128
quinoa 130
quiver 249

R

rabbit 118, 290
raccoon 290
race 234
racecourse 243
racehorse 243
racing bike 205, 206
racing dive 239
racing driver 249
rack 166
racquet 230
racquet games 231

영어 색인 YEONGEO SAEKIN • ENGLISH INDEX

racquetball 231
radar 214, 281
radiator 60, 202
radicchio 123
radio 179, 268
radio antenna 214
radio station 179
radiology 49
radish 124
radius 17, 164
rafter 186
rafting 241
rail 208
rail network 209
rain 287
rainbow 287
rainbow trout 120
raincoat 31, 32
rainforest 285
raisin 129
rake 88
rake v 90
rally 230
rally driving 249
RAM 176
Ramadan 26
ramekin 69
rap 259
rapeseed 184
rapeseed oil 135
rapids 240, 284
rash 44
rasher 119
raspberry 127
raspberry jam 134
rat 290
rattle 74
raw 124, 129
ray 294
razor blade 73
razor-shell 121
read v 162
reading light 210
reading list 168
reading room 168
reamer 80
rear light 207
rear-view mirror 198
rear wheel 197
receipt 152
receive v 177
receiver 99
reception 100
receptionist 100, 190
record 234, 269
record player 268
record shop 115
recording studio 179
rectangle 164
rectum 21
recycling bin 61
red 145, 274
red card 223
red eye 271
red kidney beans 131

red lentils 131
red meat 118
red mullet 120
Red Sea 313
reduce v 172
reel 244
reel in v 245
refectory 168
referee 220, 222, 226
referral 49
reflector 50, 204, 207
reflector strap 205
reflexology 54
refrigerator 67
reggae 259
region 315
register 100
registered post 98
regulator 239
reheat v 154
reiki 55
reins 242
relationships 24
relatives 23
relaxation 55
relay race 235
release v 245
remote control 269
Renaissance 301
renew v 168
rent 58
rent v 58
repair kit 207
report 174
reporter 179
reproduction 20
reproductive 19
reproductive
  organs 20
reptiles 293
research 169
reserve v 168
respiratory 19
rest 256
restaurant 101, 152
result 49
resurfacing 187
resuscitation 47
retina 51
retire v 26
return 231
return address 98
return date 168
rev counter 201
reverse v 195
reverse charge call 99
rewind 269
rhinoceros 291
rhombus 164
rhubarb 127
rhythmic gymnastics 235
rib 17, 119
rib cage 17
ribbon 27, 39, 111, 141, 235

ribs 155
rice 130, 158, 184
rice pudding 140
rider 242
riding boot 242
riding crop 242
riding hat 242
rigging 215, 240
right 260
right field 229
right-hand drive 201
rim 206
rind 119, 127, 136, 142
ring 36
ring finger 15
ring ties 89
rings 235
rinse v 38, 76
ripe 129
rise v 139
river 284
road bike 206
road markings 194
road signs 195
roadroller 187
roads 194
roadworks 187, 195
roast 158
roast v 67
roasted 129
robe 38, 169
rock climbing 248
rock concert 258
rock garden 84
rocket 123
rocks 284, 288
Rocky Mountains 312
Rococo 301
rodeo 243
roll 139, 311
roll v 67
roller 83
roller blind 63
roller coaster 262
rollerblading 263
rolling pin 69
romance 255
Romania 316
romper suit 30
roof 58, 203
roof garden 84
roof tile 187
roof rack 198
rook 272
room 58
room key 100
room number 100
room service 101
rooms 100
root 39, 50, 124, 296
rope 248
rose 89, 110, 145
rosé 145
rosemary 133

rotor blade 211
rotten 127
rough 232
round 237
round neck 33
roundabout 195
route number 196
router 78
row 210, 254
row v 241
rower 241
rowing boat 214
rowing machine 250
rubber 163
rubber band 173
rubber boots 89
rubber ring 265
rubber stamp 173
rubbish bin 61, 67
ruby 288
ruck 221
rudder 210, 241
rug 63
rugby 221
rugby pitch 221
rugby strip 221
ruler 163, 165
rum 145
rum and cola
  151
rump steak 119
run 228
run v 228
runner bean 122
runway 212
rush 86
Russian Federation 318
Rwanda 317
rye bread 138

S

sad 25
saddle 206, 242
safari park 262
safe 228
safety 75, 240
safety barrier 246
safety goggles 81, 167
safety pin 47
saffron 132
sage 133
Sahara Desert 313
sail 241
sailing 240
sailing boat 215
sailor 189
salad 149
salamander 294
salami 142
salary 175
sales assistant 104
sales department
  175
salmon 120

saloon 199
salt 64, 152
salted 121, 129, 137, 143
San Marino 316
sand 85, 264
sand v 82
sandal 31, 37
sandcastle 265
sander 78
sandpaper 81, 83
sandpit 263
sandstone 288
sandwich 155
sandwich counter 143
sanitary towel 108
São Tomé and
  Principe 317
sapphire 288
sardine 120
Sardinia 316
sashimi 121
satellite 281
satellite dish 269
satellite navigation
  (satnav) 195, 201
satsuma 126
Saturday 306
Saturn 280
sauce 134, 143, 155
sauces and condiments
  134
saucepan 69
Saudi Arabia 318
sauna 250
sausage 118, 155, 157
sauté v 67
save v 177, 223
savings 96
savings account 97
savoury 155
saw v 79
saxophone 257
scaffolding 186
scale 121, 256, 294
scales 45, 69, 98, 118, 166, 212, 293, 310
scallop 121
scalp 39
scalpel 81, 167
scan 48, 52
scanner 106, 176
scarecrow 184
scared 25
scarf 31, 36
schist 288
scholarship 169
school 162, 169, 299
school bag 162
school bus 196
schoolboy 162
schoolgirl 162
science 162, 166
science fiction film 255
scientist 190

영어 색인 YEONGEO SAEKIN • ENGLISH INDEX

scissors 38, 47, 82, 276
scoop 68, 149
scooter 205
score 220, 256, 273
score a goal v 223
scoreboard 225
scorpion 295
scotch and water 151
Scrabble 272
scrambled eggs 157
scrape v 77
scraper 82
screen 97, 176, 255, 269
screen wash 199
screen wash reservoir 202
screw 80
screwdriver 80
screwdriver bits 80
script 254
scrollbar 177
scrotum 21
scrub v 77
scrum 221
scuba diving 239
sculpting 275
sculptor 191
sea 264, 282
sea bass 120
sea bream 120
sea horse 294
sea lion 290
sea plane 211
seafood 121
seal 290
sealant 83
seam 34
seamstress 191
search v 177
seasonal 129
seasons 306
seat 61, 204, 209, 210, 242, 254
seat back 210
seat belt 198, 211
seat post 206
seating 254
secateurs 89
second 304, 309
second floor 104
second hand 304
second-hand shop 115
section 282
security 212
security bit 80
security guard 189
sedative 109
sedimentary 288
seed 122, 127, 130
seed tray 89
seeded bread 139
seedless 127
seedling 91
seeds 88, 131

seesaw 263
segment 126
self-defence 237
self-raising flour 139
self-tanning cream 41
semi-hard cheese 136
semi-skimmed milk 136
semi-soft cheese 136
semidetached 58
seminal vesicle 21
semolina 130
send v 177
send off 223
Senegal 317
sensitive 41
sentence 181
September 306
serve 231
serve v 64, 231
server 176
service included 152
service line 230
service not included 152
service provider 177
service vehicle 212
serving spoon 68
sesame seed 131
sesame seed oil 134
set 178, 230, 254
set v 38
set honey 134
set sail v 217
set square 165
set the alarm v 71
seven 308
seven hundred 308
seventeen 308
seventeenth 309
seventh 309
seventieth 309
seventy 308
sew v 277
sewing basket 276
sewing machine 276
sexually transmitted disease 20
shade 41
shade plant 87
shallot 125
shallow end 239
shampoo 38
shapes 164
share price 97
shares 97
shark 294
sharp 256
sharpening stone 81
shaving 73
shaving foam 73
shears 89
shed 84
sheep 185
sheep farm 183
sheep's milk 137
sheet 71, 74, 241

shelf 67, 106
shell 129, 137, 265, 293
shelled 129
shelves 66
sherry 145
shiatsu 54
shield 88
shin 12
ship 214
shipyard 217
shirt 33
shock 47
shocked 25
shoe department 104
shoe shop 114
shoes 34, 37
shoot v 223, 227
shop 114, 298
shop assistant 188
shopping 104
shopping bag 106
shopping centre 104
short 32, 321
short-grain 130
short sight 51
short wave 179
shorts 30, 33
shot 151
shotput 234
shoulder 13
shoulder bag 37
shoulder blade 17
shoulder pad 35
shoulder strap 37
shout v 25
shovel 187
shower 72, 286
shower block 266
shower curtain 72
shower door 72
shower gel 73
shower head 72
showjumping 243
shredder 172
shuffle v 273
shutoff valve 61
shutter 58
shutter release 270
shuttle bus 197
shuttlecock 231
shy 25
Siberia 313
Sicily 316
side 164
side effects 109
side order 153
side plate 65
side saddle 242
side street 299
sidedeck 240
sideline 220, 226, 230
Sierra Leone 317
sieve 68, 89
sieve v 91
sift v 138

sigh v 25
sightseeing 260
sign 104
signal 209
signature 96, 98
silencer 203, 204
silk 277
silo 183
silt 85
silver 235, 289
simmer v 67
Singapore 319
singer 191
single 151
single bed 71
single cream 137
single room 100
singles 230
sink 38, 61, 66
sinus 19
siren 94
sirloin steak 119
sister 22
sister-in-law 23
sit-up 251
site manager's office 266
six 308
six hundred 308
sixteen 308
sixteenth 309
sixth 309
sixtieth 309
sixty 308
skate 120, 247, 294
skate v 224
skate wings 120
skateboard 249
skateboarding 249, 263
skein 277
skeleton 17
sketch 275
sketch pad 275
skewer 68
ski 241, 246
ski boot 246
ski jacket 246
ski jump 247
ski pole 246
ski run 246
ski slope 246
skier 246
skiing 246
skimmed milk 136
skin 14, 119, 128
skin care 108
skinned 121
skipping 251
skirt 30, 34
skull 17
skydiving 248
skyscraper 299, 300
slalom 247
slate 288
sledding 247
sledgehammer 187

sleeping 74
sleeping bag 267
sleeping compartment 209
sleeping mat 267
sleeping pill 109
sleepsuit 30
sleet 286
sleeve 34
sleeveless 34
slice 119, 139, 140, 230
slice v 67
sliced bread 138
slicer 139
slide 167, 263
slide v 229
sling 46
slip 35
slip-on 37
slip road 194
slippers 31
slope 284
slotted spoon 68
Slovakia 316
Slovenia 316
slow 321
slug 295
small 321
small intestine 18
small of back 13
smartphone 99, 176
smash 231
smile 25
smoke 95
smoke alarm 95
smoked 118, 121, 143, 159
smoked fish 143
smoking 112
snack bar 113, 148
snail 295
snake 293
snare drum 257
sneeze 44
snooker 249
snore v 71
snorkel 239
snout 293
snow 287
snowboarding 247
snowmobile 247
snowsuit 30
soak v 130
soap 73, 178
soap dish 73
soccer 222
socket 60, 80
socket wrench 80
socks 33
soda bread 139
soda water 144
sofa 62
sofa bed 63
soft 129, 321
soft cheese 136

한국어 hangookeo • english

355

영어 색인 YEONGEO SAEKIN · ENGLISH INDEX

soft drink 144, 154
soft toy 75
software 176
softwood 79
soil 85
solar system 280
solder 79, 80
solder v 79
soldering iron 81
soldier 189
sole 15, 37
solids 164
Soloman Islands 319
soluble 109
solvent 83
Somalia 317
somersault 235
son 22
son-in-law 22
sonata 256
song 259
sorbet 141
sorrel 123
sorting unit 61
soufflé 158
soufflé dish 69
sound boom 179
sound technician 179
soundtrack 255
soup 153, 158
soup bowl 65
soup spoon 65
sour 127
sour cream 137
sourdough bread 139
south 312
South Africa 317
South Korea 318
South Sudan 317
Southern Hemisphere 283
Southern Ocean 313
souvenirs 260
sow v 90, 183
soya beans 131
space 280
space exploration 281
space shuttle 281
space station 281
space suit 281
spade 88, 265, 273
Spain 316
spanner 80
spare tyre 203
spark plug 203
sparkling 144
sparring 237
sparrow 292
spatula 68, 167
speaker 174, 176, 258,
speaker / loudspeaker 268
speaker stand 268
spearfishing 245
specials 152

spectators 233
speed boating 241
speed limit 195
speed skating 247
speedboat 214
speedometer 201, 204
spell v 162
sperm 20
sphere 164
spices 132
spicy sausage 142
spider 295
spike v 90
spikes 233
spin 230
spin v 76
spin dryer 76
spinach 123
spine 17
spire 300
spirit level 80, 187
splashback 66
spleen 18
splint 47
splinter 46
split ends 39
split peas 131
spoke 207
sponge 73, 74, 83
sponge cake 140
sponge fingers 141
spool 245
spoon 65
sport fishing 245
sports 105, 220, 236, 248
sports car 198
sports field 168
sports jacket 33
sportsman 191
spotlight 259
sprain 46
spray 109
spray v 91
spray can 311
spray gun 89
spring 307
spring balance 166
springgreens 123
spring onion 125
springboard 235, 238
sprinkler 89
sprinter 234
sprocket 207
square 164, 272, 299
square foot 310
square metre 310
squash 231
squat 251
squid 121, 295
squirrel 290
Sri Lanka 318
St Kitts and Nevis 314
St Lucia 314

St Vincent and the Grenadines 314
stabilisers 207
stable 185, 243
stadium 223
staff 175, 256
stage 167, 254
stages 23
stainless steel 79
stair gate 75
staircase 59
stake 90
stake v 91
stalk 122, 297
stalls 254
stamen 297
stamp 98
stamp collecting 273
stamps 112
stance 232
stand 88, 205, 268
stapler 173
staples 173
star 280
star anise 133
starfish 295
starfruit 128
start school v 26
starter 153
starting block 234, 238
starting line 234
state 315
statement 180
stationery 105
statuette 260
steak 121
steam v 67
steam train 208
steamed 159
steeplechase 243
steering wheel 201
stem 111, 112, 297
stencil 83
stenographer 181
step machine 250
stepdaughter 23
stepladder 82
stepfather 23
stepmother 23
stepson 23
stereo 269
sterile 47
stern 240
stew 158
stick 224, 249
sticks 133
sticky tape 173
still 144
sting 46, 295
stir v 67
stir-fry 158
stirrer 150
stirrup 242
stitch 277
stitch selector 276

stitches 52
stock broker 97
stock exchange 97
stocking 35
stocks 97, 110
stomach 18
stomach ache 44
stone 36, 275
stone fruit 126
stop 269
stop button 197
stopper 166
stopwatch 234
store directory 104
stork 292
storm 287
stout 145
straight 39, 165
straight on 260
straighten v 39
strap 35
strapless 34
stratosphere 286
straw 144, 154
strawberry 127
strawberry milkshake 149
stream 285
streaming 260
street 298
street corner 298
street sign 298
street stall 154
streetlight 298
stress 55
stretch 251
stretcher 94
strike 228, 237
string 230, 256, 258
string of pearls 36
strip v 82
stroke 44, 231, 233, 239
strong 321
strong flour 139
stub 96
study 63, 162
stuffed 159
stuffed olive 143
stump 225
styles 39, 239, 301
submarine 215
subsoil 91
substitute 223
substitution 223
subtract v 165
suburb 299
succulent 87
suction hose 77
Sudan 317
sugarcane 184
suit 273
sultana 129
summer 31, 307
summons 180

sumo wrestling 237
Sun 280
sunbathe v 264
sunbed 41
sunblock 108, 265
sunburn 46
Sunday 306
sunflower 184, 297
sunflower oil 134
sunflower seed 131
sunglasses 51, 265
sunhat 30, 265
sunny 286
sunrise 305
sunroof 202
sunscreen 108
sunset 305
sunshine 286
suntan lotion 265
supermarket 106
supplement 55
supply pipe 61
support 187
suppository 109
surf 241
surfboard 241
surfcasting 245
surfer 241
surfing 241
surgeon 48
surgery 45, 48
Suriname 315
surprised 25
sushi 121
suspect 94, 181
suspenders 35
suspension 203, 205
swallow 292
swamp 285
swan 293
Swaziland 317
sweater 33
sweatshirt 33
swede 125
Sweden 316
sweep v 77
sweet 124, 127, 155
sweet potato 125
sweet shop 113
sweet spreads 134
sweet trolley 152
sweetcorn 122, 124
sweets 113
swim v 238
swimmer 238
swimming 238
swimming pool 101, 238, 250
swimsuit 238, 265
swing 263
swing v 232
swiss chard 123
switch 60
Switzerland 316
swivel chair 172

영어 색인 YEONGEO SAEKIN • ENGLISH INDEX

sword 236
swordfish 120, 294
symphony 256
synagogue 300
synchronized swimming 239
synthetic 31
Syria 318
syringe 109, 167
syrup 109
system 176

T

T-shirt 30, 33
tab 173
table 64, 148
table tennis 231
tablecloth 64
tablet 176
tack v 241, 277
tackle 245
tackle v 220, 223
tackle box 244
tadpole 294
tae-kwon-do 236
tag v 229
Tai Chi 236
tail 121, 210, 242, 280, 290, 294
tail light 204
tailbone 17
tailgate 198
tailplane 210
tailor 191
tailor's 115
tailor's chalk 276
tailor's dummy 276
tailored 35
Tajikistan 318
take a bath v 72
take a shower v 72
take-away 154
take notes v 163
take off v 211
talcum powder 73
tall 321
tamarillo 128
tambourine 257
tampon 108
tan 41
tandem 206
tangerine 126
tank 61
Tanzania 317
tap 61, 66
tap water 144
tape dispenser 173
tape measure 80, 276
target 249
target shooting 249
tarmac 187
taro root 124
tarragon 133
Tasmania 319

tattoo 41
tax 96
taxi driver 190
taxi rank 213
tea 144, 149, 184
tea with lemon 149
tea with milk 149
teabag 144
teacup 65
teacher 162, 190
team 220, 229
teapot 65
tear 51
teaspoon 65
teat 75
techniques 79, 159
teddy bear 75
tee 233
tee-off v 233
teeing ground 232
teenager 23
telegram 98
telephone 99
telephone box 99
telescope 281
television series 178
television studio 178
temperature 286
temperature gauge 201
temple 14, 300
ten 308
ten thousand 309
tenant 58
tend v 91
tendon 17
tennis 230
tennis court 230
tennis shoes 231
tenon saw 81
tent 267
tent peg 266
tent pole 266
tenth 309
tequila 145
terminal 212
termite 295
terrace café 148
terraced 58
territory 315
terry nappy 30
test 49
test tube 166
testicle 21
text (SMS) 99
textbook 163
Thailand 318
thank you 322
Thanksgiving 27
the day after tomorrow 307
the day before yesterday 307
theatre 254, 299
theme park 262
therapist 55

thermals 267
thermometer 45, 167
thermosphere 286
thermostat 61
thesis 169
thick 321
thigh 12, 119
thimble 276
thin 321
third 309
thirteen 308
thirteenth 309
thirtieth 309
thirty 308
this way up 98
this week 307
thistle 297
thoracic vertebrae 17
thread 276
thread v 277
thread guide 276
thread reel 276
three 308
three-door 200
three hundred 308
three-point line 226
thriller 255
throat 19
throat lozenge 109
throttle 204
through 320
throw 237
throw v 221, 227, 229
throw-in 223, 226
thruster 281
thumb 15
thunder 286
Thursday 306
thyme 133
thyroid gland 18
tibia 17
ticket 209, 213
ticket barrier 209
ticket inspector 209
ticket office 209, 216
tie 32
tie-pin 36
tiebreak 230
tiger 291
tights 35, 251
tile 58, 272
tile v 82
till 106, 150
tiller 240
timber 187
time 234, 304
time out 220
timer 166
times 165, 261
timetable 197, 209, 261
timing 203
tin 289, 311
tinned food 107
tip 36, 122, 246
tissue 108

title 23, 168
to 320
toad 294
toast 157
toasted sandwich 149
toaster 66
tobacco 112, 184
today 306
toddler 30
toe 15
toe clip 207
toe strap 207
toenail 15
toffee 113
toggle 31
Togo 317
toilet 61, 72, 104, 266
toilet brush 72
toilet roll 72
toilet seat 72
toiletries 41, 107
toll booth 194
tomato 125, 157
tomato juice 144, 149
tomato sauce 154
tomorrow 306
tone 310
toner 41
tongs 150, 167
tongue 19, 37, 118
tonic water 144
tonne 310
tool rack 78
toolbar 177
toolbelt 186
toolbox 80
tools 187
tooth 50
toothache 50
toothbrush 72
toothpaste 72
top coat 83
top dress v 90
top tier 141
topaz 288
topiary 87
topping 155
topsoil 85
torch 267
tornado 287
tortoise 293
touch line 221
touchdown 221
tour 260
tour bus 260
tourer 205
touring bike 206
tourist 260
tourist attraction 260
tourist bus 197
tourist information 261
tourmaline 288
tournament 233
tow away v 195
tow truck 203
towards 320

towel rail 72
towels 73
tower 300
town hall 299
townhouse 58
toy 75
toy basket 75
toys 105
track 208, 234
tracksuit 31, 32
tractor 182
traffic 194
traffic jam 195
traffic light 194
traffic policeman 195
trailer 266
train 35, 208
train v 91, 251
train station 208
trainer 37
trainers 31, 251
tram 196, 208
transfer 223
transformer 60
transmission 202
transplant v 91
transport 194
trapezium 164
trapezius 16
trash 177
travel agent 190
travel agent's 114
travel-sickness pills 109
traveller's cheque 97
tray 152, 154
tray-table 210
tread 207
tread water v 239
treadmill 250
treble clef 256
tree 86, 296
trekking 243
trellis 84
tremor 283
triangle 164, 257
triceps 16
trifle 141
trim v 39, 90
trimester 52
trimmer 88
Trinidad and Tobago 314
tripod 166, 270, 281
trolley 48, 100, 106, 208, 213
trolley bus 196
trombone 257
Tropic of Cancer 283
Tropic of Capricorn 283
tropical fruit 128
tropics 283
troposphere 286
trot 243
trough 183
trousers 32, 34

한국어 hangookeo • english 357

영어 색인 YEONGEO SAEKIN • ENGLISH INDEX

trout 120
trowel 89, 187
truffle 113, 125
trug 88
trumpet 257
truncheon 94
trunk 291, 296
trunks 238
try 221
tub 311
tuba 257
tube 311
Tuesday 306
tug boat 215
tulip 111
tumble dryer 76
tumbler 65
tuna 120
tune v 179
tune the radio v 269
tuning peg 258
Tunisia 317
turbocharger 203
turf v 90
Turkey 318
turkey 119, 185, 293
Turkmenistan 318
turmeric 132
turn 238
turn v 79
turn the television off v 269
turn the television on v 269
turnip 124
turpentine 83
turquoise 289
turret 300
turtle 293
tusk 291
tutu 191
tweezers 40, 47, 167
twelfth 309
twelve 308
twentieth 309
twenty 308
twenty-first 309
twenty minutes 304
twenty-one 308
twenty-second 309
twenty-third 309
twenty thousand 309
twenty-two 308
twig 296
twin room 100
twine 89
twins 23
twist ties 89
two 308
two-door 200
two hundred 308
two o'clock 304
two thousand 307
two thousand and one 307

tyre 198, 205, 206
tyre lever 207
tyre pressure 203

U

Uganda 317
ugli 126
Ukraine 316
ulna 17
ultrasound 52
ultraviolet rays 286
umbilical cord 52
umbrella 36
umpire 225, 229, 230
uncle 22
unconscious 47
uncooked meat 142
under 320
under par 233
undercoat 83
underexposed 271
undergraduate 169
underground map 209
underground train 209
underpass 194
underwear 32, 35
underwired 35
uniform 94, 189
United Arab Emirates 318
United Kingdom 316
United States of America 314
universe 280
university 299
unleaded 199
unpasteurised 137
unpick v 277
unsalted 137
until 320
up 320
upper circle 254
upset 25
Uranus 280
ureter 21
urethra 20
urinary 19
urology 49
Uruguay 315
usher 255
uterus 20, 52
utility room 76
Uzbekistan 318

V

V-neck 33
vacuum cleaner 77, 188
vacuum flask 267
vagina 20
valance 71
valley 284
valve 207
vanilla 132
Vanuatu 319

varnish 79, 83
vas deferens 21
vase 63, 111
Vatican City 316
vault 235, 300
veal 118
vegetable garden 85
vegetable oil 135
vegetable plot 182
vegetables 107, 122, 124
veggie burger 155
veil 35
vein 19
Venetian blind 63
Venezuela 315
venison 118
vent 283
ventouse cup 53
Venus 280
verdict 181
vest 33, 35
vet 189
vibraphone 257
vice 78
video game 269
video phone 99
video tape 269
Vietnam 318
viewfinder 271
village 299
vine 183
vinegar 135, 142
vineyard 183
vintage 199
viola 256
violin 256
virus 44
visa 213
vision 51
visiting hours 48
visor 205
vitamins 108
vocal cords 19
vodka 145
vodka and orange 151
voice message 99
volcano 283
volley 231
volleyball 227
voltage 60
volume 165, 179, 269, 311
vomit v 44

W

waders 244
waffles 157
waist 12
waistband 35
waistcoat 33
waiter 148, 152
waiting room 45

waitress 191
wake up v 71
walk 243
walking boot 37
walking boots 267
wall 58, 186, 222
wall light 62
wallet 37
wallpaper 82, 177
wallpaper v 82
wallpaper brush 82
wallpaper paste 82
walnut 129
walnut oil 134
walrus 290
ward 48
wardrobe 70
warehouse 216
warm 286
warm up v 251
warrant 180
wash v 38, 77
washbasin 72
washer 80
washer-dryer 76
washing machine 76
wasp 295
waste disposal 61, 266
waste disposal unit 61
waste pipe 61
wastebasket 172
watch 36
watch television v 269
water 144, 238
water v 90, 183
water bottle 206, 267
water chamber 61
water chestnut 124
water garden 84
water hazard 232
water jet 95
water plant 86
water polo 239
watercolour paints 274
watercress 123
waterfall 285
watering 89
watering can 89
watermelon 127
waterproofs 245, 267
waterskier 241
waterskiing 241
watersports 241
wave 241, 264
wavelength 179
wax 41
weak 321
weather 286
weaving 277
website 177
wedding 26, 35
wedding cake 141
wedding dress 35
wedding reception 26
wedge 37, 233

Wednesday 306
weed v 91
weed killer 91
weeds 86
week 306
weekend 306
weekly 307
weigh v 310
weight 166, 244
weight bar 251
weight belt 239
weight training 251
wellington boots 31
west 312
western 255
Western sahara 317
wet 286, 321
wet wipe 75, 108
wetsuit 239
whale 290
wheat 130, 184
wheel 198, 207
wheel nuts 203
wheelbarrow 88
wheelchair 48
wheelchair access 197
whiplash 46
whipped cream 137
whisk 68
whisk v 67
whiskers 290
whisky 145
white 39, 145, 272, 274
white bread 139
white chocolate 113
white coffee 148
white currant 127
white flour 138
white meat 118
white rice 130
white spirit 83
whiteboard 162
whiting 120
whole 129, 132
whole milk 136
wholegrain 131
wholegrain mustard 135
wholemeal bread 139
wholemeal flour 138
Wi-Fi 269
wicket 225
wicket-keeper 225
wide 321
width 165
wife 22
wig 39
wild rice 130
willow 296
win v 273
wind 241, 286
windbreak 265
windlass 214
window 58, 96, 98, 177, 186, 197, 209, 210
windpipe 18

영어 색인 YEONGEO SAEKIN • ENGLISH INDEX

windscreen 198
windscreen wiper 198
windshield 205
windsurfer 241
windsurfing 241
windy 286
wine 145, 151
wine glass 65
wine list 152
wine vinegar 135
wing 119, 210, 293
wing mirror 198
wings 254
winner 273
winter 31, 307
winter sports 247
wipe v 77
wire 79
wire cutter 80
wire strippers 81

wire wool 81
wires 60
with 320
withdrawal slip 96
without 320
witness 180
wok 69
wolf 290
woman 23
womb 52
women's clothing 34
womenswear 105
wood 79, 233, 275, 285
wood glue 78
wood shavings 78
wood stain 79
wooden spoon 68
woodpecker 292
woodwind 257
woodworking 275

wool 277
work 172
workbench 78
workday 306
workshop 78
worktop 66
world map 312
worm 295
worried 25
wound 46
wrap 155
wrapping 111
wreath 111
wrench 81, 203
wrestling 236
wrinkle 15
wrist 13, 15
wristband 230
writ 180
write v 162

X
x-ray 48
x-ray film 50
x-ray machine 212
x-ray viewer 45

Y
yacht 215, 240
yam 125
yard 310
yawn v 25
year 163, 306
yeast 138
yellow 274
yellow card 223
Yemen 318
yes 322
yesterday 306
yoga 54

yoga pose 54
yoghurt 137
yolk 137, 157
you're welcome 322

Z
Zambia 317
zebra 291
zero 308
zest 126
Zimbabwe 317
zinc 289
zip 277
zone 283, 315
zoo 262
zoology 169
zoom lens 270

한국어 **hangookeo** • english

감사 gamsa • **Acknowledgments**

DORLING KINDERSLEY would like to thank Christine Lacey for design assistance, Georgina Garner for editorial and administrative help, Kopal Agarwal, Polly Boyd, Sonia Gavira, Cathy Meeus, and Sant Sameer for editorial help, Claire Bowers for compiling the DK photo credits, Nishwan Rasool for picture research, and Suruchi Bhatia, Miguel Cunha, Mohit Sharma, and Alex Valizadeh for app development and creation.

The publisher would like to thank the following for their kind permission to reproduce their photographs:
Abbreviations key: (a-above; b-below/bottom; c-centre; f-far; l-left; r-right; t-top)

123RF.com: Andrey Popov / andreypopov 23bc; Andriy Popov 34tl; Brad Wynnyk 172bc; Daniel Ernst 179tc; Hongqi Zhang 24cla, 175cr; Ingvar Bjork 60c; Kobby Dagan 259c; leonardo255 269c; Liubov Vadimovna (Luba) Nel 39cla; Ljupco Smokovski 75crb; Oleksandr Marynchenko 60bl; Olga Popova 33c; oneblink 49bc; Robert Churchill 94c; Roman Gorielov 33bc; Ruslan Kudrin 35bc, 35br; Subbotina 39cra; Sutichak Yachaingkham 39tc; Tarzhanova 37tc; Vitaly Valua 39tl; Wavebreak Media Ltd 188bl; Wilawan Khasawong 75cb; **Action Plus:** 224bc; **Alamy Images:** 154t; A.T. Willett 287bcl; Alex Segre 105ca, 195cl; Ambrophoto 24cra; Blend Images 168gcr; Cultura RM 33r; Doug Houghton 107fbr; Hugh Threlfall 35tl; 176tr; Ian Allenden 48br; Ian Dagnall 270t; Levgen Chepil 250bc; Imagebroker 199tl, 249c; Keith Morris 178c; Martyn Evans 210b; MBI 175tl; Michael Burrell 213cra; Michael Foyle 184bl; Oleksiy Maksymenko 105tc; Paul Weston 168br; Prisma Bildagentur AG 246b; Radharc Images 197tr; RBtravel 112tl; Ruslan Kudrin 176t; Sasa Huzjak 258t; Sergey Kravchenko 37ca; Sergio Azenha 270bc; Stanca Sanda (iPad is a trademark of Apple Inc., registered in the U.S. and other countries) 176bc; Stock Connection 287bcr; tarczas 35cr; Vitaly Suprun 176cl; Wavebreak Media ltd 39cl, 174b, 175tr; **Allsport/Getty Images:** 238cl; **Alvey and Towers:** 209 acr, 215bcl, 215bcr, 241cr; **Peter Anderson:** 188cbr, 271br. **Anthony Blake Photo Library:** Charlie Stebbings 114cl; John Sims 114tcl; **Andyalte:** 98tl; **Arcaid:** John Edward Linden 301bl; Martine Hamilton Knight, Architects: Chapman Taylor Partners, 213cl; Richard Bryant 301br; **Argos:** 41tcl, 66cbl, 66cl, 66br, 66bcl, 69cl, 70bcl, 71t, 77tl, 269tc, 270bl; **Axiom:** Eitan Simanor 105bcr; Ian Cumming 104; Vicki Couchman 148cr; **Beken Of Cowes Ltd:** 215cbc; **Bosch:** 76rc, 76tc, 76tcl; **Camera Press:** 38tr, 256t, 257cr; Barry J. Holmes 148tr; Jane Hanger 159cr; Mary Germanou 259bc; **Corbis:** 78b; Anna Clopet 247br; Ariel Skelley / Blend Images 52l; Bettmann 181rl, 181br; Blue Jean Images 48bl; Bo Zauders 156t; Bob Rowan 152bl; Bob Winsett 247br; Brian Bailey 247br; Chris Rainer 247ctl; Craig Aurness 215bl;

David H.Wells 249cbr; Dennis Marsico 274bl; Dimitri Lundt 236bc; Duomo 211tl; Gail Mooney 277ctcr; George Lepp 248c; Gerald Nowak 239b; Gunter Marx 248cr; Jack Hollingsworth 231bl; Jacqui Hurst 277cbr; James L. Amos 247bl, 191ctr, 220bcr; Jan Butchofsky 277cbc; Johnathan Blair 243cr; Jose F. Poblete 191br; Jose Luis Pelaez,Inc 153tc; Karl Weatherly 220bl, 247ctr; Kelly Mooney Photography 259tl; Kevin Fleming 249bc; Kevin R. Morris 105tr, 243tl, 243tc; Kim Sayer 249tcr; Lynn Goldsmith 258t; Macduff Everton 231bcl; Mark Gibson 249bl; Mark L. Stephenson 249tcl; Michael Pole 115tr; Michael S. Yamashita 247ctcl; Mike King 247cbl; Neil Rabinowitz 214br; Pablo Corral 115bc; Paul A. Sounders 169br, 249ctcl; Paul J. Sutton 224c, 224br; Phil Schermeister 227b, 248tr; R. W Jones 309; Richard Morrell 189bc; Rick Doyle 241ctr; Robert Holmes 97br, 277ctc; Roger Ressmeyer 169tr; Russ Schleipman 229; The Purcell Team 211ctr; Vince Streano 194t; Wally McNamee 220br, 220bcl, 224bl; Wavebreak Media LTD 191bc; Yann Arhus-Bertrand 249tl; **Demetrio Carrasco / Dorling Kindersley (c) Herge / Les Editions Casterman:** 112ccl; **Dorling Kindersley:** Banbury Museum 35c; Five Napkin Burger 152c; **Dixons:** 270cl, 270cr, 270bl, 270bcl, 270bcr, 270cccr; **Dreamstime.com:** Alexander Podshivalov 179tr, 191cr; Alexxl66 268tl; Andersastphoto 176tc; Andrey Popov 191bl; Arne9001 190tl; Chaoss 26c; Designsstock 269cl; Monkey Business Images 26clb; Paul Michael Hughes 162tr; Serghei Starus 190bc; Isselee 292fcrb; Zerbor 296tr; **Education Photos:** John Walmsley 26tl; **Empics Ltd:** Adam Day 236br; Andy Heading 243c; Steve White 249cbc; **Getty Images:** 48bcl, 94tr, 100t, 114bcr, 154bl, 287tr; George Doyle & Ciaran Griffin 22cr; David Leahy 162tl; Don Farrall / Digital Vision 176c; Ethan Miller 270bl; Inti St Clair 179bl; Liam Norris 188cr; Sean Justice / Digital Vision 24br; **Dennis Gilbert:** 106tc; **Hulsta:** 70t; **Ideal Standard Ltd:** 72r; **The Image Bank/Getty Images:** 58t; **Impact Photos:** Eliza Armstrong 115cr; Philip Achache 246t; **The Interior Archive:** Henry Wilson, Alfie's Market 114bl; Luke White, Architect: David Mikhail, 59tl; Simon Upton, Architect: Phillippe Starck, St Martins Lane Hotel 100bc, 100br; **iStockphoto.com:** asterix0597 163tl; EdStock 190br; RichLegg 26bc; SorinVidis 27cr; **Jason Hawkes Aerial Photography:** 216t; **Dan Johnson:** 35r; **Kos Pictures Source:** 215cbl, 240tc, 240tr; David Williams 216b; **Lebrecht Collection:** Kate Mount 169bc; **MP Visual.com:** Mark Swallow 202t; **NASA:** 280cr, 280ccl, 281tl; **P&O Princess Cruises:** 214bl; **P A Photos:** 181br; **The Photographers' Library:** 186bl, 186bc, 186t; **Plain and Simple Kitchens:** 66t; **Powerstock Photolibrary:** 169tl, 256t, 287rc; **PunchStock:** Image Source 195tr; **Rail Images:** 208c, 208 cbl, 209br; **Red**

Consultancy: Odeon cinemas 257br; **Redferns:** 259br; Nigel Crane 259c; **Rex Features:** 106br, 259tc, 259bl, 280b; Charles Ommaney 114tcr; J.F.F Whitehead 243cl; Patrick Barth 101rl; Patrick Frilet 189cbl; Scott Wiseman 287bl; **Royalty Free Images:** Getty Images/Eyewire 154bl; **Science & Society Picture Library:** Science Museum 202b; **Science Photo Library:** IBM Research 190cla; NASA 281cr; **SuperStock:** Ingram Publishing 62; Juanma Aparicio / age fotostock 172t; Nordic Photos 269tl; **Skyscan:** 168t, 182c, 298; Quick UK Ltd 212; **Sony:** 268bc; **Robert Streeter:** 154br; **Neil Sutherland:** 82tr, 83tl, 90t, 118c, 188ctr, 196tl, 196tr, 299cl, 299bl; **The Travel Library:** Stuart Black 264t; **Travelex:** 97cl; **Vauxhall:** Technik 198t, 199tl, 199tr, 199cl, 199cr, 199ctcl, 199ctcr, 199ctl, 199tcr, 200; **View Pictures:** Dennis Gilbert, Architects: ACDP Consulting, 106t; Dennis Gilbert, Chris Wilkinson Architects, 209tr; Peter Cook, Architects: Nicholas Crimshaw and partners, 208t; **Betty Walton:** 185br; **Colin Walton:** 2, 4, 7, 9, 10, 28, 40l, 42, 56, 92, 95c, 99tl, 99tc, 102, 116, 120t, 138t, 146, 150t, 160, 170, 191ctcl, 192, 218, 252, 260br, 260l, 261r, 261c, 261cr, 271cbl, 271cbr, 271ctl, 278, 287br, 302.

DK PICTURE LIBRARY:
Akhil Bahkshi; Patrick Baldwin; Geoff Brightling; British Museum; John Bulmer; Andrew Butler; Joe Cornish; Brian Cosgrove; Andy Crawford and Kit Hougton; Philip Dowell; Alistair Duncan; Gables; Bob Gathany; Norman Hollands; Kew Gardens; Peter James Kindersley; Vladimir Kozlik; Sam Lloyd; London Northern Bus Company Ltd; Tracy Morgan; David Murray and Jules Selmes; Musée Vivant du Cheval, France; Museum of Broadcast Communications; Museum of Natural History; NASA; National History Museum; Norfolk Rural Life Museum; Stephen Oliver; RNLI; Royal Ballet School; Guy Ryecart; Science Museum; Neil Setchfield; Ross Simms and the Winchcombe Folk Police Museum; Singapore Symphony Orchestra; Smart Museum of Art; Tony Souter; Erik Svensson and Jeppe Wikstrom; Sam Tree of Keygrove Marketing Ltd; Barrie Watts; Alan Williams; Jerry Young.

Additional photography by Colin Walton.

Colin Walton would like to thank:
A&A News, Uckfield; Abbey Music, Tunbridge Wells; Arena Mens Clothing, Tunbridge Wells; Burrells of Tunbridge Wells; Gary at Di Marco's; Jeremy's Home Store, Tunbridge Wells; Noakes of Tunbridge Wells; Ottakar's, Tunbridge Wells; Selby's of Uckfield; Sevenoaks Sound and Vision; Westfield, Royal Victoria Place, Tunbridge Wells.

All other images © Dorling Kindersley
For further information see: www.dkimages.com

360   한국어 hangookeo • english